# 义务教育均衡发展目标与标准研究

彭世华 伍春辉 张晓春 著

教育科学出版社
·北京·

# 内容提要

本书通过梳理前人关于义务教育均衡发展的研究成果并总结近些年我国的实践经验，深化和丰富了区域内义务教育均衡发展的理论，辨析和明确了区域内（主要是县域内和省域内）、均衡发展水平、省级目标和标准等概念的含义，提出了区域内义务教育均衡发展的指标体系及其测评、预测的方法，建立了区域内义务教育均衡发展目标选择和标准制定的理论框架。研究过程中，主要以辽宁、湖南、四川3省12县（市、区）141所学校为样本，对其2009年义务教育教育均衡发展状况进行了测评，并对其2015—2020年发展趋势进行了直接预测和综合预测。在此基础上，选择了湖南省2020年义务教育均衡发展的省级目标，制定了相应标准，并采取现场检验和专家检验相结合的方法进行了检验。

本书针对义务教育均衡发展的重大理论和实践问题，对区域内义务教育均衡发展省级目标选择和标准制定进行了深入探讨，创造性地提出了一整套比较严谨的理论框架和实际操作体系，而且重视数理统计的应用，具有较高的理论参考价值和实际应用价值，是广大教育行政和科研工作者有益的参考书，也可供教育类相关专业师生参考。

本书得到国家社会科学基金资助。

# 目　　录

**第一章　绪　　论** …………………………………………………………… 1
　第一节　义务教育均衡发展省级目标与标准研究的背景、综述与概念 …… 1
　　一、义务教育均衡发展省级目标与标准研究的背景 ………………………… 1
　　二、义务教育均衡发展省级目标与标准研究的综述 ………………………… 2
　　三、区域内义务教育均衡发展省级目标与标准研究的概念 ………………… 4
　第二节　区域内义务教育均衡发展省级目标与标准研究的设计 …………… 6
　　一、区域内义务教育均衡发展省级目标与标准研究的对象及含义 ………… 6
　　二、区域内义务教育均衡发展省级目标与标准研究的假设、思路与重点 …… 10
　　三、区域内义务教育均衡发展省级目标与标准研究的方法、样本与资料 …… 12
　第三节　区域内义务教育均衡发展省级目标与标准研究的特点和难点 …… 15
　　一、区域内义务教育均衡发展省级目标与标准研究的特点 ………………… 15
　　二、区域内义务教育均衡发展省级目标与标准研究的难点 ………………… 18

**第二章　区域内义务教育均衡发展的指标体系、测量与评价标准** ………… 20
　第一节　区域内义务教育均衡发展的指标体系 ……………………………… 20
　　一、区域内义务教育均衡发展指标体系的研究综述 ………………………… 20
　　二、区域内义务教育均衡发展指标体系的设计 ……………………………… 21
　　三、县域义务教育均衡发展的指标体系 ……………………………………… 23
　　四、省域义务教育均衡发展的指标体系 ……………………………………… 29
　第二节　区域内义务教育均衡发展总体水平的测量 ………………………… 32
　　一、区域内义务教育总体发展水平的测量 …………………………………… 32
　　二、区域内义务教育总体均衡水平的测量 …………………………………… 34
　　三、区域内义务教育均衡发展指标体系的权重设计 ………………………… 41
　第三节　区域内义务教育均衡发展水平的评价标准 ………………………… 50
　　一、区域内义务教育均衡发展水平评价标准研究综述 ……………………… 50
　　二、区域内义务教育总体发展水平评价标准的制定 ………………………… 51
　　三、区域内义务教育总体均衡水平评价标准的制定 ………………………… 53

**第三章　区域内义务教育均衡发展的测评** …………………………………… 60
　第一节　区域内义务教育均衡发展测评的理论架构 ………………………… 60
　　一、区域内义务教育均衡发展测评的研究综述 ……………………………… 60

二、区域内义务教育均衡发展测评的概念、目的和意义 ………………… 61
　　三、区域内义务教育均衡发展测评的设计 ………………………………… 62
第二节　县域内义务教育均衡发展测评与分析 ………………………………… 63
　　一、2009年县域内义务教育均衡发展的测评 …………………………… 63
　　二、2009年县域内义务教育均衡发展测评结果的比较分析 …………… 64
　　三、2009年县域内义务教育均衡发展测评指标的敏感性分析 ………… 71
　　四、2009年县域内义务教育均衡发展测评结果的总体水平差异分析 … 76
第三节　省域内义务教育均衡发展测评与分析 ………………………………… 78
　　一、2009年省域内义务教育均衡发展的测评 …………………………… 78
　　二、2009年省域内义务教育均衡发展测评结果的比较分析 …………… 79
　　三、2009年省域内义务教育均衡发展测评指标的敏感性分析 ………… 81
　　四、2009年省域内义务教育均衡发展测评结果的总体水平差异分析 … 86

## 第四章　区域内义务教育均衡发展的预测（上） ……………………………… 88
第一节　区域内义务教育发展预测的理论架构 ………………………………… 88
　　一、区域内义务教育均衡发展预测的研究综述 …………………………… 88
　　二、区域内义务教育均衡发展预测的途径 ………………………………… 91
　　三、区域内义务教育均衡发展预测的设计 ………………………………… 96
第二节　区域内义务教育均衡发展的直接预测与分析 ………………………… 98
　　一、区域内义务教育均衡发展直接预测的方法 …………………………… 98
　　二、2015/2020年县域内义务教育均衡发展的直接预测与分析 ……… 105
　　三、2015/2020年省域内义务教育均衡发展的直接预测与分析 ……… 107
第三节　区域内义务教育均衡发展的比较预测与评估 ………………………… 108
　　一、区域内义务教育均衡发展比较预测的设计 …………………………… 108
　　二、2015/2020年样本省域义务教育拨款水平的比较预测 …………… 109
　　三、2015/2020年样本省域义务教育拨款水平比较预测的综合评估 … 115

## 第五章　区域内义务教育均衡发展的预测（下） ……………………………… 118
第一节　区域内义务教育均衡发展的综合预测及其理论架构 ………………… 118
　　一、区域内义务教育均衡发展综合预测的研究综述 ……………………… 118
　　二、2015/2020年区域内义务教育均衡发展综合预测的设计 ………… 119
　　三、2020年区域内义务教育均衡发展综合预测结果的评价标准 ……… 122
第二节　县域内义务教育均衡发展的综合预测与分析 ………………………… 127
　　一、2015/2020年县域内义务教育均衡发展的综合预测 ……………… 127
　　二、2020年县域内义务教育均衡发展综合预测结果的比较分析 ……… 128
　　三、2020年县域内义务教育均衡发展综合预测指标的敏感性分析 …… 135
　　四、2020年县域内义务教育均衡发展综合预测结果的总体水平差异分析 …… 140

第三节　省域内义务教育均衡发展的综合预测与分析 …………………… 142
　　　一、2015/2020年省域内义务教育均衡发展的综合预测 ………………… 142
　　　二、2020年省域内义务教育均衡发展综合预测结果的比较分析 ……… 142
　　　三、2020年省域内义务教育均衡发展综合预测指标的敏感性分析 …… 145
　　　四、2020年省域内义务教育均衡发展综合预测结果的总体水平差异
　　　　　分析 ………………………………………………………………………… 150

第六章　区域内义务教育均衡发展省级目标的选择 ………………………………… 151
　　第一节　区域内义务教育均衡发展省级目标选择的理论架构 …………… 151
　　　一、区域内义务教育均衡发展省级目标选择的研究综述 ……………… 151
　　　二、区域内义务教育均衡发展省级目标选择的设计 …………………… 155
　　　三、区域内义务教育均衡发展省级目标选择的数值选取 ……………… 157
　　第二节　县域内义务教育均衡发展省级目标的选择 ……………………… 159
　　　一、县域内义务教育均衡发展省级目标选择的背景分析 ……………… 159
　　　二、2020年湖南省县域内义务教育均衡发展省级目标的选择 ………… 161
　　　三、2020年湖南省县域内义务教育均衡发展省级目标选择的检验 …… 166
　　第三节　省域内义务教育均衡发展省级目标的选择 ……………………… 174
　　　一、省域内义务教育均衡发展省级目标选择的背景分析 ……………… 174
　　　二、2020年湖南省省域内义务教育均衡发展省级目标的选择 ………… 175
　　　三、2020年湖南省省域内义务教育均衡发展省级目标选择的检验 …… 181

第七章　区域内义务教育均衡发展省级标准的制定与检测 ………………………… 186
　　第一节　区域内义务教育均衡发展省级标准制定的理论架构 …………… 186
　　　一、区域内义务教育均衡发展省级标准制定的研究综述 ……………… 186
　　　二、区域内义务教育均衡发展省级标准的概念、规范和意义 ………… 187
　　　三、区域内义务教育均衡发展省级标准制定的设计 …………………… 191
　　第二节　区域内义务教育均衡发展省级标准的制定 ……………………… 194
　　　一、《县域内/省域内义务教育均衡发展省级标准》制定的设计 ……… 194
　　　二、《县域内/省域内义务教育均衡发展省级标准》制定的检验 ……… 195
　　　三、《2020年湖南省县域内义务教育均衡发展省级标准》…………… 196
　　　四、《2020年湖南省省域内义务教育均衡发展省级标准》…………… 204
　　第三节　区域内义务教育均衡发展省级标准的检测 ……………………… 209
　　　一、区域内义务教育均衡发展省级标准检测的目的、依据与软件 …… 209
　　　二、区域内义务教育均衡发展省级标准检测的结果与偏离指数 ……… 211
　　　三、区域内义务教育均衡发展省级标准检测的数据、步骤与检验 …… 218

附　录
　　第二章附录 ……………………………………………………………………… 220

一、《县域内义务教育均衡发展指标体系》编码对应表 ········· 220
二、《省域内义务教育均衡发展指标体系》编码对应表 ········· 222
三、区域内义务教育均衡指数计算软件使用说明 ············· 224
第三章附录 ······································· 226
一、2009年县域内义务教育均衡发展测评结果 ············· 226
二、2009年县域内义务教育均衡发展测评结果的单项均衡水平差异分析 ··· 246
三、2009年省域内义务教育均衡发展测评结果 ············· 251
四、2009年省域内义务教育均衡发展测评结果的单项均衡水平差异分析 ··· 258
第五章附录 ······································· 260
一、2015年县域内义务教育均衡发展综合预测结果 ··········· 260
二、2020年县域内义务教育均衡发展综合预测结果及标准差比较分析 ···· 281
三、2020年县域内义务教育均衡发展综合预测结果的单项均衡水平差异
　　分析 ······································· 304
四、2015年省域内义务教育均衡发展综合预测结果 ··········· 309
五、2020年省域内义务教育均衡发展综合预测结果 ··········· 316
六、2020年省域内义务教育均衡发展综合预测结果的单项均衡水平差异
　　分析 ······································· 322
第六章附录 ······································· 325
2020年湖南省县域内义务教育均衡发展省级目标选择的检验结果 ····· 325

后　记 ········································· 332

# 第一章 绪 论

本书是国家社会科学基金"十一五"规划教育学重点课题"区域内义务教育均衡发展的实证研究"（AHA090004）的核心子课题——"区域内义务教育均衡发展省级目标和标准研究"的研究成果，其他子课题是"区域内义务教育均衡发展的理论与实践研究"、"区域内义务教育均衡发展的资源配置研究"、"保障区域内弱势群体均等接受义务教育的研究"、"推进区域内义务教育均衡发展模式的实验研究"、"区域内义务教育均衡发展的体制创新研究"。根据总课题的分工，本课题主要研究区域内义务教育均衡发展省级目标选择和标准制定的理论、方法，并具体选择一个样本省的省级目标，制定相应的标准。一般来讲，执行目标的依据主要是标准，检验义务教育均衡发展的依据也主要是标准。由此可以认为，目标研究和选择只是过程，最终目的是研究和制定标准。同时，义务教育均衡发展的标准总是有特定的区域限制的。因此，本书定名为《区域内义务教育均衡发展目标与标准研究》。本章主要界定省级目标与标准研究的概念和对象，提出研究的目标、路径和方法。

## 第一节 义务教育均衡发展省级目标与标准研究的背景、综述与概念

### 一、义务教育均衡发展省级目标与标准研究的背景

义务教育均衡发展研究特别是区域内义务教育均衡发展研究，是近些年来教育科学甚至是社会科学研究的一大热点领域，也是社会普遍关注的一大热点问题。随着经济社会的快速发展和教育学研究的深入开展，实现义务教育均衡发展已经成为国家教育发展乃至社会经济发展的战略目标之一，被列入了各级政府的重要议事日程。中共中央、国务院颁布的《国家中长期教育改革和发展规划纲要（2010—2020年）》（2010）和教育部颁布的《关于贯彻落实科学发展观进一步推进义务教育均衡发展的意见》（2010）均明确提出，到2012年实现区域内义务教育初步均衡发展，到2020年实现区域内义务教育基本均衡发展。

从2009年开始，教育部提出各省要逐步探索确定本省市义务教育均衡发展的目标和标准。同年7月，教育部督导团办公室提出了义务教育均衡发展评估的指标体系，实际上是提出了县域义务教育均衡发展的指标体系；2011年3月21日正式发文（教督办函〔2011〕3号），征求对《县域义务教育均衡发展督导评估办法（征求意见稿）》的意见。2011年3月起，教育部先后与16个省签署了《义务教育均衡发展备忘录》。

与此同时，对义务教育均衡发展的研究也从理论层面走向了实践层面，即开始研究具体的操作办法。为此，2009年，国家社会科学基金"十一五"规划把《区域内义务教育均衡发展的实证研究》列为教育学八大重点课题之一。基于这个背景，总课题把"区域内义务教育均衡发展的省级目标和标准研究"列为其核心研究任务。

本课题研究的目标是：①充分认识和运用义务教育均衡发展的规律，考察区域教育发展的现实基础、环境条件和可能前景，遴选区域内义务教育均衡发展的基本问题，研究并提出区域内义务教育均衡发展省级目标选择和标准制定的理论框架；②选择湖南省《2020年县域内义务教育学校均衡发展的省级目标》以及制定相应的省级标准、选择湖南省《2020年省域内义务教育均衡发展的省级目标》以及制定相应的省级标准；③研究上述省级标准的检测办法，研究开发出相应软件，并以此为依据对若干区域的义务教育均衡发展状况进行检测。

本课题研究的意义：①科学的目标和标准作为政府规划、监测和推进区域内义务教育均衡发展的基本政策、可操作性工具，对认识和运用义务教育均衡发展的规律、克服狭隘的经验主义、促进义务教育均衡发展和改进教育管理，以及对在省域内促进义务教育均衡发展，具有重要意义；②研究区域内义务教育均衡发展的省级目标和标准，对吸引公众参与区域内义务教育均衡发展、使均衡从观念和原则走向政策和实践，引导学生、家长、学校、政府等相关主体正确认识义务教育均衡发展，加强政府监控和社会各界监督义务教育均衡发展，具有重要意义；③教育发展的目标和标准是教育管理的重要手段，研究区域内义务教育均衡发展的省级目标和标准，对丰富教育管理学的理论和方法，具有重要意义。

## 二、义务教育均衡发展省级目标与标准研究的综述

国外对区域内义务教育均衡发展目标和标准的研究是与教育发展规划相联系的。20世纪60年代，美国安德鲁斯和克里斯滕森以未来可以预测为前提，提出战略规划的理论。此后，许多国家和国际组织制定了不少教育发展规划，提出了各自的教育发展目标，包括义务教育均衡发展的目标。但对义务教育均衡发展目标和标准的研究，主要体现在学校办学标准和学生学习质量标准的研究上，尚未发现单独研究区域内义务教育均衡发展目标和标准的成果。不过，经济合作与发展组织（OECD）《教育发展指标体系》和联合国教科文组织《教育发展指标体系》，可以作为教育发展测评的重要依据。我国较早提出义务教育均衡发展目标的是蓝维、张景斌，但其"目标"与本课题目标的含义是不同的。[1] 2003年，袁振国提出"建立义务教育发展均衡系数，明确教育均衡发展目标"，认为"义务教育发展的均衡系数就是通过一套比较敏感而又重要的教育指标进行动态分析，通过建立适当的数学模型，得出教育发展水平的一个基准值，不同地区、不同学校的发展程度可以通过与基准值的比较，获得发展的偏离程度"。[2] 这是"区域内义务教育均衡发展标准和目标"研究的较早成果。目前，浙江、广东、广西、黑龙江、贵州、湖南、安徽、山西等省（自治区）教育行政部门制定了《义务教育学校办学标准》（标准化学校建设或验收标准）。

不难看出，义务教育均衡发展的目标和标准是一个区域的概念，特别是行政区域

的概念。研究义务教育均衡发展的目标和标准，特别是选择目标和制定标准，必须界定在特定的区域内。另外，目前对义务教育均衡发展的省级目标和标准研究还十分薄弱，甚至还没有建立起相应概念。比如，现有成果基本停留在构建区域内义务教育均衡发展指标体系的环节上，没有深入到研究区域内义务教育均衡发展目标和标准的层面。现有指标体系的构建方法主要是基于实践经验而不是教育测量，缺乏厚实的理论支撑，不够科学和规范，不能进行质的描述和量的显示。现有指标体系的结构不够完善，侧重教育投入因素，对教育过程、教育产出与教育效率比较忽视；侧重县域，对省域内均衡发展重视不够；对均衡含义的理解不够全面。如上述省市政府颁发的《义务教育学校办学标准》，仅仅提出发展水平的最低标准，而没有提出相互间最大差距即均衡水平的标准。从另一方面说，区域内义务教育均衡发展目标和标准属于《区域内义务教育均衡发展规划》的范畴。研究区域内义务教育均衡发展目标和标准，必须研究均衡发展规划。

  教育发展规划起源于苏联，1925年，苏联制定了世界上第一个教育发展规划。20世纪60年代开始，教育规划的理论和实践成为世界多数国家与国际组织发展教育的重要手段之一。联合国教科文组织和OECD《亚洲的教育规划》（1962）、《发展中国家的教育规划》（1963），蒂伯金《教育规划手册》，对指导教育规划发挥了一定作用。亨利·麦克卡斯克（Henry F. Mc Cusker）和哈里·罗滨逊（Harry J. Robinson）的《教育发展：教育规划在中国经济增长中的角色》，比较全面地介绍了20世纪60年代中国教育发展规划的情况。联合国教科文组织的《学校入学率预测方法》、《教育规划程序》、《教育规划手册》、《教育规划的统计需求》等，对推动教育规划方法的研究发挥了重要作用。从70年代开始，系统方法逐渐被引入到教育规划中。1986年，摩尼斯·拉萨（Moonis Raza）的《教育规划：一种长期预测》共收集了19篇有关教育规划的论文。1991年美国罗杰·考夫曼（Roger Kaufman）、杰丽·赫尔曼（Jerry Herman）的《教育战略规划——新思考、新构建和新活力》，对教育战略规划形式、方法和实施进行了全面论述，代表目前教育规划研究的最高水平。在国内，教育规划已成为各级政府推进教育发展与改革的重要工具。徐名滴的《教育发展战略导论》（1989）是我国研究教育规划比较早的著作。郝克明、谈松华的《走向21世纪的中国教育：中国教育发展战略研究》（1996）提出了未来15年中国教育发展的指导思想、战略目标以及措施、政策建议，是研究中国教育发展规划的重要成果。1997年10月，教育部教育发展规划司与联合国教科文组织在山西省大同市召开了"教育规划理论与方法研讨会"，周贝隆等提交了22篇论文，成为中国教育规划研究的标志性成果。2006年4月，教育部发展规划司编辑、中国大百科全书出版社出版的《教育规划理论与实践》，全面总结了教育规划的理论和方法，是目前最权威的著作。但总的来讲，我国对教育规划研究尚处于探索阶段。[3]

  显然，教育发展规划指一定历史时期内一个国家或地区，对教育发展目标（包括规模、速度、结构和学校布局等）及实现目标的途径、步骤、措施等拟订的最优化安排。在构成要素上，由指导思想（战略方针）、发展目标、实现目标的行动部署和工作重点、途径和措施等组成。区域内义务教育均衡发展规划属于教育发展规划的子系统，指区域根据国家相关政策和区域经济社会发展的实际，对一定时期义务教育均衡发的目标、速度及实现的步骤、措施等拟定的最优化安排，其构成要素、表现形态、固有特性等见表1-1。

表1-1 区域内义务教育均衡发展规划的一般含义

| 分类 | 区域内义务教育均衡发展规划的含义分解 |
|---|---|
| 构成要素 | 指导思想（战略方针），即区域内义务教育均衡发展规划的总纲 |
| | 目标，即完成或实现区域内义务教育均衡发展的总要求和总水平、总任务，包括定性指标和定量指标，规定了时间期限和指标体系 |
| | 工作重点，即对实现目标具有关键性、有优势的或需要特别加强的部门、环节、要素或次区域 |
| | 行动部署，即从时间上来安排区域内义务教育均衡发展规划的实施 |
| | 措施 |
| 表现形态 | 按周期分为短期规划（3—5年）、中期规划（10—15年）、长期规划（15年以上） |
| | 按覆盖的地域分为全国性规划、省级规划、地市级规划、县市级规划、学校规划 |
| | 按覆盖的领域分为综合性规划和特定领域规划（如师资、校舍、学生、课程规划等） |
| 固有特性 | 全局性，在国家有关规划指导下制定，且是区域经济社会发展规划的重要组成部分 |
| | 适应性，与经济社会和各类教育的发展水平相适应，不能超前或滞后 |
| | 政府主导性，由政府主导制定，反映政府对义务教育均衡发展的意图、预期目标及对策，是政府对义务教育均衡发展进行宏观管理的重要调控手段之一 |

### 三、区域内义务教育均衡发展省级目标与标准研究的概念

如上所述，义务教育均衡发展省级目标与标准是一个区域的概念。界定义务教育均衡发展省级目标与标准研究的概念，首先要界定区域的概念。区域，是一个含义比较丰富的空间概念。地理学意义上的区域是指按自然地理特征划分的地域单元；政治学意义上的区域指按行政权力划分的行政单元，其边界与行政区划界线相重合，我国目前主要是乡（镇）域、县域、市（地级市）域、省域；社会学意义上的区域指语言、信仰和民族关系特征上的人类社会群落，其边界可以超越行政区划界限和地理区域；经济学意义上的区域则有几种解释。[4]鉴于本课题研究的是省级目标和标准，因而是指按行政区划划分的县域和省域。

区域内即本课题的区域运动仅指区域内部的运动及其影响因素，或对区域的影响因素主要考虑内部（不是外部因素不重要，而是为了研究方便）。从区域义务教育均衡发展的资源配置来讲，外部的影响只考虑现行财政体制下上级财政对区域转移支付的比例（只考虑上级财政随着经济的不断发展而对区域转移支付总额的增加，而不考虑转移支付的比例可能增加或减少），以及现行政策条件下外部对区域的支持力度（见图1-1）。而实际上，影响义务教育均衡发展的主要是教育经费配置，在现行体制下，义务教育经费配置主要是县级以上政府的责任。

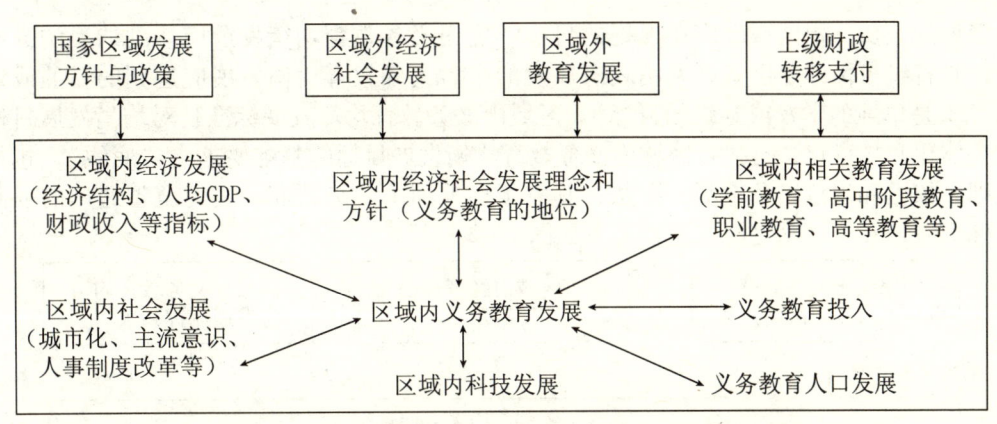

**图 1-1　影响区域内义务教育均衡发展的主要因素示意图**

均衡即平衡，原指物理学上一物体在方向相反、力量相等的两个外力作用下所处的相对静止状态；均衡发展指事物之间以及事物内部诸要素之间有差异的、协调的、和谐的可持续发展。区域内义务教育均衡发展，指通过法律和政策等手段，合理配置教育资源，为居民提供相对均等的义务教育机会和条件，以实现区域内义务教育相对平衡发展、学校的可持续发展和受教育者的教育权利、过程和结果的相对均衡。[5]这是政府应该履行的基本职责，是发展义务教育的应有态度，其一般含义见表1-2。

**表1-2　区域内义务教育均衡发展的一般含义**

| 分类 | 区域内义务教育均衡发展的含义分解 |
| --- | --- |
| 空间角度 | 义务教育阶段学生之间均衡发展 |
| | 义务教育学校之间均衡发展 |
| | 义务教育区域（主要是县域、省域）之间均衡发展 |
| 要素角度 | 义务教育资源（校园、校舍、图书、仪器、经费、师资等）配置均衡 |
| | 义务教育教学质量（在校生巩固率、课程合格率、毕业率等）的均衡 |
| | 义务教育成就（适龄儿童入学率、在校生巩固率、毕业生升学率等）的均衡 |
| | 义务教育管理（资源投入产出比、办学特色等）的均衡 |
| 时间角度 | 义务教育起点（适龄儿童入学率等）的均衡 |
| | 义务教育过程（教育资源配置、教学管理等）的均衡 |
| | 义务教育结果（教学质量、成就等）的均衡 |
| 水平角度 | 义务教育发展水平（普及率、教学质量等）的均衡 |
| | 义务教育均衡水平的均衡 |
| | 义务教育均衡发展特色（学生个性发展和学校、区域办学特色等）的均衡 |

通过上述分析可以看出，区域内义务教育均衡发展目标属区域内义务教育均衡发

展规划的范畴，指区域政府在规划的目标年度内义务教育均衡发展应达到的目的或结果，其省级目标即是由省级人民政府颁发的全省义务教育均衡发展应达到的目的或结果（不是单纯的学校或县级的目标）。区域内义务教育均衡发展标准是对均衡发展目标的具体化和规范化，是执行区域内义务教育均衡发展目标的基本要求或"底线"，包括原则、依据和规范以及检测的办法，其省级标准即由省级政府颁发的全省通用的强制性标准。这几个概念之间的逻辑关系如图1-2所示。

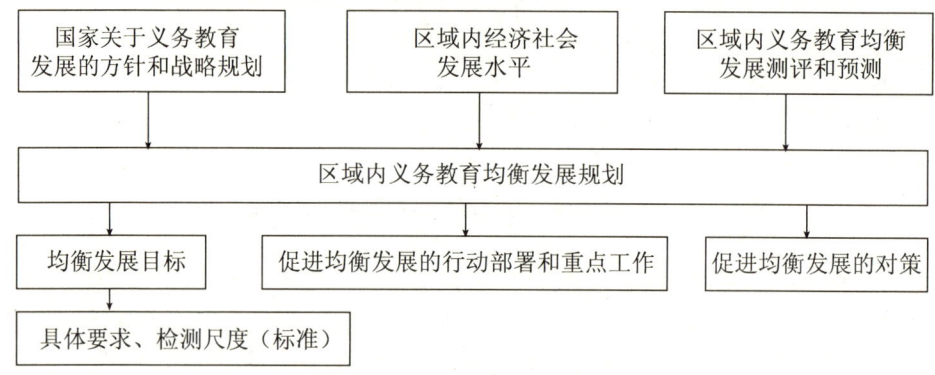

图1-2　区域内义务教育均衡发展目标和标准等概念之间的逻辑关系

## 第二节　区域内义务教育均衡发展省级目标与标准研究的设计

### 一、区域内义务教育均衡发展省级目标与标准研究的对象及含义

#### （一）区域内义务教育均衡发展省级目标与标准研究的一般对象

1. 区域对象（地理对象）。义务教育均衡发展的着眼点和落脚点是学生，最终目的是促进学生发展的最大化和相互之间相对均衡的发展。但学生之间相对均衡的发展有一个比较范围，或者说有一个区域范围。比如说是在所在学校之内，还是在所在县域之内，抑或是在所在省域之内。如果是在县域或省域之内，那就是区域的概念了。因此说，义务教育均衡发展省级标准是一个区域（地理）概念。从理论上讲，区域内义务教育均衡发展省级目标和标准涉及所有不同层级的行政区域乃至经济和地理区域，分别不同类型的区域来选择目标及制定标准最为准确，如果地理跨度太大必然影响目标和标准的科学性。但任何目标的选择及标准的制定都是需要一定代价或者成本的，如果要分别所有区域选择目标及制定标准是不现实的。因此，按照义务教育性质及管理体制，本课题确定按照行政区域的维度，主要研究县域内义务教育均衡发展、省域内义务教育均衡发展。其中，县域内义务教育均衡发展主要是义务教育学校之间的均衡发展；省域内义务教育均衡发展主要是县域之间的均衡发展。

这主要是因为义务教育发展实行以县为主的体制，乡镇的责任和调控权力都比较有限，而且县是我国最重要、最稳定的行政区划。促进县域义务教育的均衡发展，在一定意义上就是促进了义务教育在省域范围内的均衡发展。县域内发展的差异比较小,且县级政府的调控力度比较大,近年来国家也加大了对义务教育和县级财政的转移力度,因而目前县域内也有条件促进义务教育均衡发展。促进省域内义务教育的均衡发展,是促进义务教育均衡发展的较高目标,也是最终实现义务教育在全国范围内均衡发展的关键环节,而且省级政府的调控力度比较大,因而要引起足够重视。至于省域之间义务教育的均衡发展,即全国范围内实现学生或学校之间的均衡发展,虽然是长远目标和最终目标,但从我国现有的区域差异和经济发展水平来看,目前还不具备相应条件。

2. 成果对象。本书研究区域内义务教育均衡发展的省级目标与标准,其最终成果必然是要制定省域的省级目标与标准。本课题研究中选取的3个样本省,从理论上讲应该都选择省级目标、制定省级标准。但考虑到研究工作的人力、物力条件,本课题主要是研究和提供选择省级目标、制定省级标准的基础理论、基本方法、相关数据,同时确定研究湖南省的县域内和省域内均衡发展的省级目标与标准,对另外两个样本省就不再重复选择目标和制定标准。但由于理论、方法相同,数据基本收集齐全,要对这两个省域选择目标和制定标准也已经比较容易了。

3. 时间对象。从理论上讲,区域内义务教育均衡发展省级目标与标准是一个时间概念,不同时期甚至不同年度应该有不同的目标与标准。也就是说,目标与标准涉及所有年度,分年度选择目标及制定标准最为准确,时间跨度太大必然影响科学性。但任何目标的选择及标准的制定都是需要一定时间的,不是即时可以完成的,而且分年度选择目标及制定标准在经济上也是不合算的。参照国民经济和社会规划的时段划分,本书确定区域内义务教育均衡发展省级目标和标准的时间对象是2020年(选择目标的预测依据是2020年)。

### (二) 区域内义务教育均衡发展省级目标与标准研究的相对对象

区域内义务教育均衡发展是一个比较的概念,在理论上其比较的单位应该是所有学生,比较的范围应该是全国所有地方。但鉴于我国在今后较长时期内仍将存在包括义务教育在内的区域发展的严重不平衡性,本课题对均衡发展的比较范围有较大程度的缩小。

县域内义务教育均衡发展的比较,主要是对县域内义务教育学校之间均衡发展进行比较,所以又可以称之为县域内义务教育学校均衡发展比较。因为促进县域内义务教育均衡发展的着眼点和落脚点是促进义务教育学校的均衡发展,学校之间的均衡发展是整个义务教育均衡发展的基础和实施主体。而且义务教育学校的均衡发展本身已经包含了促进学生之间的均衡发展,实现了学校之间的均衡发展,就基本实现了县域内义务教育的均衡发展。测评和预测时,主要是进行学校之间的比较,比较的标准值是全县平均数;对测评和预测结果进行分析时,比较的标准值为全省平均数(如没有全省平均数则用所在省的3个样本县域的平均数)比较,这主要是体现"省级"的要求、表达"省级"的含义。

省域内义务教育均衡发展的比较,主要是对省域内各个县域之间的比较,所以又可称之为省域内县域间义务教育均衡发展比较。测评和预测时,主要进行县域之间的比较,比较的标准值是全省平均数,这主要是体现"省级"的要求、表达"省级"的含义。因此,《区域内义务教育均衡发展省级目标与标准》又可分解为《县域内义务教育均衡发展的省级目标与标准》、《省域内义务教育均衡发展的省级目标和标准》。

正因为区域内义务教育均衡发展省级目标和标准是一个比较的概念，因而它们既具有统一性，又具有一定的差异性。

第一，区域内义务教育发展，均衡是相对的，不均衡是绝对的。均衡是为了促进义务教育发展和社会公平，但均衡需要具备包括教育在内的社会经济条件，不能脱离历史条件片面地追求均衡；不均衡在一定条件下也有利于发展，但不均衡的幅度要控制在社会允许的限度之内，否则将会影响义务教育的发展和社会公平，甚至会引发社会不安定因素。

第二，一般来讲，区域内义务教育均衡发展的规律与区域内义务教育发展的规律是一致的，即区域内义务教育均衡发展水平是受经济社会发展水平约束的，或者说义务教育均衡发展的水平与经济社会的发达程度之间是呈正相关的。从总体或长远来讲，经济社会发展水平较高的区域，义务教育均衡发展的水平应该较高。但经济社会发展水平与区域内义务教育均衡发展水平之间有一个政府的作用，也就是说，经济社会发展水平可以促进义务教育的均衡发展，但不能自然实现义务教育的均衡发展。政府的作用发挥得好，义务教育均衡发展的水平就比较高，或者说义务教育均衡水平与经济社会发展水平比较相适应；反之，政府的作用发挥得不好，义务教育均衡发展的水平就比较低，或者说义务教育均衡水平就低于经济社会发展特定阶段所应有的水平。

第三，区域内义务教育均衡发展的省级目标和标准是有一定的适用范围的。一是地域范围。作为省级目标和标准，无疑是分省制定和全省通用的，即每个省都应该制定自己的义务教育均衡发展的省级目标和标准。作为全省通用，即所有县域和学校都应该执行和达到这个目标与标准。即使目前只提倡县域内均衡发展的义务教育学校，也必须有均衡发展的全省统一要求。但省域之内经济社会发展的差异也很大，县域有发达、较发达和欠发达之分，义务教育学校有优秀、一般和较差之分，地域还有城乡之别。为解决这个统一性和差异性的矛盾，本课题还按照发达地区、较发达地区、欠发达地区和农村、城市，分别选择均衡发展省级目标和标准的数值，以反映区域间以及城乡学校间发展不均衡的实际。二是时间范围。不同时间，包括义务教育在内的经济社会发展水平不同，区域内义务教育均衡发展的省级目标和标准自然也有所区别，不能混为一谈。

### （三）区域内义务教育均衡发展省级目标与标准研究的含义

如上所述，本课题研究的是县域内、省域内义务教育均衡发展的省级目标和标准。要准确理解这个概念的含义，还要进一步分析"义务教育均衡发展"的含义。首先，义务教育均衡发展最本质或最终体现的是均衡发展水平。其次，义务教育均衡发展的水平包括义务教育事业发展的水平、义务教育均衡的水平、义务教育均衡发展的特色（区域内义务教育各个主体或指标在均衡发展方式、内容、结果上有别于常态的特点），对这三层意义分别有不同的概念及比较的对象、比较的程度和衡量的依据（见表1-3）。对均衡发展特色的测评，一般要根据具体指标的实际制定，可以在指标体系中予以说明，而且均衡发展特色目前不是义务教育均衡发展的突出问题。因此，本课题研究区域内义务教育均衡发展，主要是对义务教育的发展水平、均衡水平及偏离水平进行研究。再次，义务教育均衡发展水平最本质或最终体现的是均衡发展的结果，而不是促进均衡发展的过程或者措施。为此，下面对区域内义务教育的发展水平、均衡水平的含义进行分析。

表1-3 区域内义务教育均衡发展的含义及其表达

| 表达方式 | | 比较对象 | 水平的等次（程度）表达 | 衡量依据 |
| --- | --- | --- | --- | --- |
| 发展水平 | 总体发展水平 | 过去的发展水平 | 非常发达、比较发达、一般发达、不太发达、不发达 | 发展指数 |
| | 单项发展水平 | | | |
| 均衡水平 | 总体均衡水平 | 其他主体的均衡水平 | 非常均衡、比较均衡、一般均衡、不太均衡、不均衡 | 均衡指数 |
| | 单项均衡水平 | | | |
| 偏离水平 | 总体偏离水平 | 均衡发展的标准 | 偏离指数 | 偏离指数 |
| | 单项偏离水平 | | | |

1. 区域内义务教育发展水平的含义。区域内义务教育发展水平（教育事业发展的水平）即区域内义务教育各个指标相对过去的发展水平。对发展水平的常规指标和单项指标的测量，无论是在理论上还是在实践上都有了一套成熟的方法，这里不再说明。为了便于测评和比较区域内义务教育发展水平，本课题还建立了单项发展水平、总体发展水平及总体发展指数的概念。单项发展水平的测量已经有了比较成熟的经验，这里不再重复。总体发展水平一般用等次来表达，本课题采用"非常发达"、"比较发达"、"一般发达"、"不太发达"、"不发达"五个等次。划分总体发展水平等次（程度）的依据和方法，是在求出总体发展指数的基础上基于模糊数学的隶属函数而划定的。总体发展指数指衡量区域内义务教育总体发展水平的综合指标，其测量方法是：在求出各指标"实际发展水平"与选定的"基准值"的比值后，再与该指标相应的权重相乘得出。

2. 区域内义务教育均衡水平的含义。区域内义务教育均衡水平是一个相对概念，即区域内义务教育各主体之间（包括个体之间、个体与全局或局部之间、全局与局部之间等，本课题主要是县域内各个学校之间、省域内各个县域之间）各项指标的相对差异水平（标准差和差异系数）。为了便于比较，本课题建立了单项均衡水平和总体均衡水平的概念。单项均衡水平（标准差和差异系数）的测量，本课题明确其方法如下。

标准差是测度区域内义务教育主体的各项指标之间均衡发展离散趋势最重要的指标。其计算公式如下：

$$SD = \sqrt{\frac{\sum_{j}^{n}(Y_j - \overline{Y})^2}{n}}$$

式中，$Y_j$ 表示均衡发展对象的某项指标，$\overline{Y}$ 表示均衡发展对象的该项指标与其他对象的该项指标的平均值，$n$ 为对象个数。其中比较的标准：县域内（学校间）比较的标准值是所在县域的平均水平（如有全县统计数据则用全县统计数据，没有全县统计数据则用该县样本学校的算术平均数）；省域内比较的标准值是所在省域的平均水平（如有全省统计数据则用全省统计数据，没有全省统计数据则用该省样本县域的算术平均数）；省域间比较的标准值是全国的平均水平（如有全国统计数据则用全国统计数据，没有全国统计数据则用样本省域的算术平均数）。

差异系数是测度区域内义务教育各个指标的均衡水平差异的重要参数。它是一组数据的标准差与其均值之比，是测度数据离散程度的相对指标。差异系数主要用于比较不同总体或样本数据的离散程度。差异系数越大，说明数据的离散程度越大；差异系数越小，说明数据的离散程度也越小。计算公式为：

$$CV_S = \frac{SD}{\overline{Y}}$$

为了测量和比较区域内义务教育的总体均衡水平，本课题还建立了总体均衡水平（程度）及总体均衡指数的概念。总体均衡水平一般用等次来表达，本课题采用"非常均衡"、"比较均衡"、"一般均衡"、"不太均衡"、"不均衡"五个等次。划分总体均衡水平等次的依据是总体均衡指数。所谓总体均衡指数，指衡量区域内义务教育总体均衡水平的综合指标。对总体均衡指数的测量，目前还没有公认的体系和方法。本课题在借鉴人类发展指数、社会进步指数的基础上，结合区域内义务教育均衡发展的实际情况提出了一个指标体系及指数编制方法。在实际应用中，不仅要确定各个对象的单个指数的计算方法，更重要的是要确定各个对象的总的指数组成体系。一般来说，总量指数是由两个不同时期的总量对比形成的相对数。为了分析总量指数变动中各因素的影响方向和程度，可把总量指数分解成若干个因素指数。我们把由总量指数及若干个因素指数构成的数量关系式称作指数体系。

3. 区域内义务教育均衡发展偏离指数的含义。制定区域内义务教育的均衡发展目标和标准之后，必然要以其为基准，对区域内义务教育均衡发展的状况进行检测，其结果是偏离指数。所谓区域内义务教育均衡发展的偏离指数，是区域内义务教育均衡发展各项指标（包括发展指标和均衡指标）相对区域内义务教育均衡发展标准的偏离程度。其计算公式为：

某项指标的偏离指数 = （某项指标的实际值 – 该指标的标准值）÷该指标的标准值

由于区域内义务教育均衡发展省级目标和标准是有特定时段的，以义务教育均衡发展标准为基准、以偏离指数为依据，对区域内义务教育进行检测，其时间点应该选在达到或接近达到标准所确定的目标年度时间。否则，距离目标年度时间过远，必定距离义务教育均衡发展的目标较远，导致检测到的偏离指数过大，从而可能失去了检测的意义。因此，本课题在进行区域内义务教育均衡发展测评和预测时，就没有进行偏离指数检测。

## 二、区域内义务教育均衡发展省级目标与标准研究的假设、思路与重点

### （一）区域内义务教育均衡发展省级目标与标准研究的假设

区域内义务教育均衡发展省级目标与标准研究是基于以下假设：不同区域间包括义务教育均衡发展在内的教育发展规律是相同的，而这种规律是可以掌握和运用的；包括义务教育均衡发展在内的教育发展现状及其趋势是可以测评和预测的，教育测评、教育预测、教育发展规划等的理论和方法，为人们认识区域内义务教育均衡发展的复

杂的未来态势提供了可能；在比较全面、客观和准确地把握区域内义务教育均衡发展的未来态势的基础上，可以选择出比较科学可行的省级目标；选择出了比较科学可行的区域内义务教育均衡发展省级目标，确定了区域内义务教育均衡发展的基本理论和概念，设计了比较科学的义务教育均衡发展的测评方法，就可以制定出区域内义务教育均衡发展的省级标准。

### （二）区域内义务教育均衡发展省级目标与标准研究的思路

本课题对区域内义务教育均衡发展省级目标与标准的研究，大致分为六步：第一步，梳理区域内义务教育均衡发展省级目标和标准的研究状况，确定本课题研究的大致框架；第二步，提出区域内义务教育均衡发展的指标体系和测评方法，并对样本区域进行测评，以在实践中界定区域内义务教育均衡发展各指标的含义及其测评办法；第三步，提出区域内义务教育均衡发展的预测指标体系和方法，并对样本区域进行预测，重点是进行综合预测；第四步，提出区域内义务教育均衡发展省级目标的指标体系和选择方法，并选择样本区域的省级目标；第五步，根据区域内义务教育均衡发展的省级目标，制定区域内义务教育均衡发展的省级标准；第六步，研究省级标准的运用，即如何以区域内义务教育均衡发展省级标准为基准，对区域内义务教育均衡发展状况进行检测。（具体见图1-3）

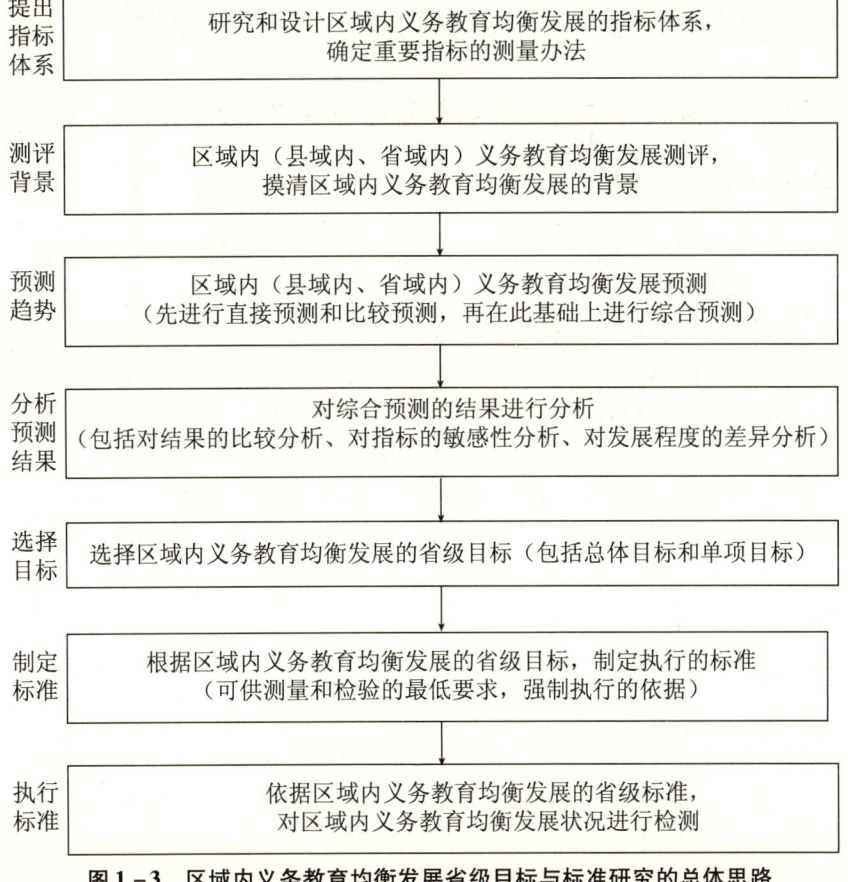

**图1-3 区域内义务教育均衡发展省级目标与标准研究的总体思路**

### (三) 区域内义务教育均衡发展省级目标与标准研究的重点

区域内义务教育均衡发展的省级目标选择和省级标准制定，关键是要准确测评区域内义务教育均衡发展的现实背景，准确预测目标年度区域内义务教育均衡发展的基本趋势或大致水平，以及在政府可能干预下所能达到的基本趋势或大致水平。在预测的基础上分析目标年度区域内义务教育均衡发展应该达到一个什么样的水平（选择目标的总体水平），以及为了达到这个总体水平，政府要对哪些方面采取干预措施（体现在目标选择的具体指标项目之中）、可能的干预力度（体现在具体指标项目选择的数值之中）。很明显，区域内义务教育均衡发展测评及预测是省级目标选择和省级标准制定的关键，也是本课题研究的重点。区域内义务教育均衡发展测评、预测的设计思路见表1-4。

表1-4 区域内义务教育均衡发展测评、预测的设计

| 统计单位 | 比较单位 | 比较范围 | 比较标准 | 结果分析的比较标准 |
| --- | --- | --- | --- | --- |
| 县域 | 学校 | 所在县 | 所在县域平均数 | 所在省域平均数 |
| 省域 | 县域 | 所在省 | 所在省域平均数 | 3个样本省域平均数 |

说明：对省域内义务教育均衡发展测评或预测结果进行比较分析时，比较的标准采用3个样本省域或全国平均数，其主要目的是分析该省域内义务教育均衡发展水平在全国中的相对位置。

## 三、区域内义务教育均衡发展省级目标与标准研究的方法、样本与资料

### (一) 区域内义务教育均衡发展省级目标与标准研究的方法

区域内义务教育均衡发展省级目标和标准研究的基本方法是实证法，主要有：①专家会议法，是指根据规定的原则选定一定数量的专家，按照一定的方式组织专家会议，发挥专家整体的智能结构效应，对预测对象未来的发展趋势及状况，做出判断的方法；②访谈法，即通过与研究对象口头交谈来收集资料；③调查法，即通过有计划地接触和广泛了解，掌握有关教育的历史、现状和发展趋势，并进行分析综合，得出科学的结论；④测量法，本研究所指为社会测量法，又称社会计量法，是指对社会现象的定量研究；⑤统计法，即采用描述统计、分类统计、制作统计表或统计图，然后计算集中趋势、离中趋势来描述有关信息。在此基础上进一步使用推断统计法，通过现有均衡指标去推断未来的均衡发展水平。

本课题研究中最突出的方法是下大工夫探索进行定量分析，对所有指标包括传统意义上的定性指标以及综合性指标都探索设计了统计分析的数学模型，试图予以量化。比如师资的职称结构、学生对学习的满意度、社区对义务教育均衡发展的反响等尽量予以量化；对县域内和省域内义务教育均衡发展省级标准的所有指标都予以量化，并进行量的测评和比较；对区域内义务教育均衡发展的主体（县域内和省域内）的总体发展状况和目标、总体均衡状况和目标，都探索设计了一套统计分析的数学模型来进

行量的衡量。

## （二）区域内义务教育均衡发展省级目标与标准研究的样本

1. 区域内义务教育均衡发展测评和预测的样本。区域内义务教育均衡发展测评、预测的样本，按经济发达、较发达、欠发达标准选取了辽宁、湖南、四川3个省。每个样本省按照经济发达、欠发达标准各抽选样本县1个，从较发达地级市的市辖区中抽选1个区作为较发达县的代表，共9个样本县。（见表1-5）

表1-5　样本县选取及分类

| 发达县 | 辽宁省辽中县、湖南省醴陵市、四川省双流县 |
|---|---|
| 较发达县 | 辽宁省鞍山市铁西区、湖南省邵阳市双清区、四川省德阳市旌阳区 |
| 欠发达县 | 辽宁省阜蒙县、湖南省泸溪县、四川省乐至县 |

样本学校的选取办法：一是只选取小学（六年制）和初中（三年制）。因为农村小学教学点（初小）多数已经挂靠到邻近的小学（六年制），九年一贯制学校数量较少，这两类学校不具有代表性。二是每个样本县（区）内，按办学水平优、一般、较差标准抽选1/10的小学（六年制）和初中（三年制）样本，每类不足3所抽足3所（其中，地级市的市辖区如有农村学校，应按照好和差的标准分别抽选小学1所、初中1所）；县域另按好和差的标准抽选城关镇小学（六年制）2所，按照中等水平的标准抽选城关镇初中（三年制）1所。其中，城区的学校和城关镇的学校作为城市学校的代表，其他学校作为农村学校代表。样本学校共计92所，其中，小学（六年制）55所（农村35所、城市20所）、初中（三年制）37所（农村28所、城市9所）。（见表1-6）

表1-6　测评和预测的样本学校

| | 小学（六年制） | 初中（三年制） |
|---|---|---|
| 优秀学校 | 辽宁省辽中县满都户九年一贯制学校、六间房九年一贯制学校，鞍山市铁西区育才小学（城市），阜蒙县新北小学（城市）、蒙古实验小学；湖南省醴陵市五里牌小学（城市）、双塘小学，泸溪县白沙小学（城市）、明德小学（城市）、伍溪镇五中（小学部）、五里州学校，邵阳市双清区龙须塘小学（城市）、华竹小学；四川省双流县实验小学（城市）、双流县万安小学，德阳市实验小学（城市）、德阳市第一小学（城市）、德阳市孝泉民族小学，乐至县城东小学（城市）、城西小学（城市）、宝林小学、新中小学 | 辽宁省辽中县辽中镇二中、满都户九年一贯制学校、六间房九年一贯制学校，鞍山市铁西区育才中学（城市），阜蒙县卧凤沟中学；湖南省醴陵市城北中学（城市）、浦口中学，邵阳市双清区昭陵中学，泸溪县一中初中部（城市）、泸溪县四中；四川省双流县东升一中（城市）、华阳二中，德阳市第二中学（城市）、旌阳区柏龙镇初中，乐至县高寺中学 |

(续表)

| | 小学（六年制） | 初中（三年制） |
|---|---|---|
| 一般学校 | 辽宁省辽中县茨榆坨小学、养士堡九年一贯制学校，鞍山市铁西区跃进小学（城市），阜蒙县福兴地小学、泡子小学；湖南省醴陵市杉仙小学、狮子坡小学，泸溪县洗溪学校（小学部）、移民小学，邵阳市双清区洛阳洞小学（城市）、红旗小学；四川省双流县锦江小学，德阳市华山路学校（城市）、德阳市西街小学（城市）、德阳市旌阳区天元镇中心小学，乐至县龙门小学、吴元鑫小学 | 辽宁省辽中县养士堡九年一贯制学校、辽中镇一中、茨榆坨初中，鞍山市铁西区42中（城市），阜蒙县第一中学；湖南省醴陵市船湾中学，泸溪县伍溪镇五中，邵阳市双清区姚喆中学；四川省双流县西航一中、德阳市第七中学（城市），乐至县太来中学 |
| 较差学校 | 辽宁省辽中县大黑九年一贯制学校、老观坨九年一贯制学校，鞍山市铁西区新陶小学（城市）、阜蒙县卧凤沟小学；湖南省醴陵市先农坛小学、孙家湾小学，泸溪县踏虎学校、青草学校，邵阳市双清区新村小学（城市）、严塘小学；四川省双流县兴隆小学、棠湖小学（城市），德阳市东街小学（城市）、德阳市旌阳区开发区小学（城市）、美丰寿丰实验学校，乐至县朝阳小学 | 辽宁省辽中县老观坨九年一贯制学校，鞍山市铁西区38中（城市），阜蒙县福兴地中学、泡子中学；湖南省醴陵市枫林中学、邵阳市双清区高崇山中学、泸溪县洗溪学校初中部；四川省双流县合江学校、德阳市岷江东路逸夫学校中学部（城市），乐至县凉水中学 |

说明：注明"城市"的学校为城市学校，共29所（小学20所、初中9所）；其他为农村学校，共63所（小学35所、初中28所）。

2. 区域内义务教育均衡发展省级目标选择和标准制定的样本。本课题以湖南省作为选择区域内义务教育均衡发展省级目标、制定省级标准的样本，即选择湖南省县域内义务教育均衡发展的省级目标，并制定相应的省级标准。

3. 区域内义务教育均衡发展省级目标选择和标准制定的检验样本。为了提高区域内义务教育均衡发展省级目标选择和省级标准制定的科学性，本课题对省级目标选择和省级标准制定进行了必要检验。在选取检验样本时，一是坚持与区域内义务教育均衡发展省级目标选择和标准制定的对象一致，即在湖南省选取样本。二是具体样本的选取注意与区域内义务教育均衡发展测评和预测的样本适当错开，以避免循环论证。为此，按经济发达、较发达、欠发达标准选取了湖南省3个样本县域，即株洲市芦淞区、沅江市、慈利县。

区域内义务教育均衡发展省级目标选择和标准制定的检验样本学校的选取办法，大致与前面相同，即：一是只选取小学（六年制）和初中（三年制）。因为农村小学教学点（初小）多数已经挂靠到邻近的小学（六年制），九年一贯制学校数量较少，这两类学校不具有代表性。二是每个样本县（区）内，按办学水平优、一般、较差标准抽选1/10的小学（六年制）和初中（三年制）样本，每类不足3所抽足3所（其中，地级市的市辖区如有农村学校，应按照好和差的标准分别抽选小学1所、初中1所）；县域另按好和差的标准抽选城关镇小学（六年制）2所，按照中等水平的标准抽选城关镇初中（三年制）1所。其中，城区的学校和城关镇的学校作为城市学校的代表，其他学校作为农村学校代表。样本学校共计49所,其中,小学(六年制)27所(农村15所、城市12所)、初中(三年制)22所(农村13所、城市9所)。(见表1-7)

表1-7 目标与标准检验的样本学校

| | 小学(六年制) | 初中(三年制) |
|---|---|---|
| 优秀学校 | 芦淞区建设镇何家坳小学(城市)、芦淞区庆云樟树坪小学(城市)、芦淞区淞欣小学、慈利县阳镇金慈实验小学(城市)、慈利县杨柳铺小学、慈利县零溪小学、沅江市桔园小学(城市)、茶盘洲中心小学、共华镇中心小学 | 芦淞区外国语学校(城市)、慈利县零阳镇一鸣中学(城市)、慈利县杨柳铺镇中学、慈利县零溪镇中学、沅江市政通实验学校(城市)、共华镇中学、南大膳镇中学 |
| 一般学校 | 芦淞区建宁镇栗树山小学(城市)、芦淞区庆云山小学(城市)、芦淞区枫溪街道办事处湘江小学、慈利县零阳镇一完小(城市)、慈利县通津铺小学、慈利县苗市小学、沅江市凌云塔小学(城市)、志成完小、草尾镇中心小学 | 芦淞区建设镇体育路中学(城市)、慈利县零阳镇城西中学(城市)、慈利县通津铺镇中学、慈利县苗市镇中学、沅江市琼湖中学(城市)、南嘴镇中学、泗湖山镇中学 |
| 较差学校 | 芦淞区贺家土小学(城市)、芦淞区南方一小(城市)、芦淞区五里墩镇金轮侨心小学、慈利县零阳镇双岗中心完小、慈利县岩泊渡小学、慈利县甘堰小学、沅江市莲花塘小学(城市)、莲子塘小学、余家村小学 | 芦淞区株洲市七中(城市)、芦淞区淞欣初中、慈利县零阳镇城北中学(城市)、慈利县岩泊渡镇中学、慈利县甘堰镇中学、沅江市庆云山中学(城市)、新华中学、华田中学 |

说明:注明"城市"的学校为城市学校,其他为农村学校。

**(三)区域内义务教育均衡发展省级目标与标准研究的资料收集**

作为实证研究,本课题收集了大量的资料,包括:样本省域、县域各级政府部门的所有相关年报统计资料(包括公开出版物和内部资料),样本学校的所有相关统计资料,并辅以必要的调查研究;经济和社会发展预测的数据,主要采用政府发改委和社科院的有关研究结论,如无特殊需要,不另进行预测。资料收集的分工是:辽宁省由湖南师范大学(以下简称"湖南师大")范晓玲教授、谭文硕士、曾凡梅硕士,长沙师范学校(以下简称"长沙师专")匡代军博士、蔡华副教授负责;湖南省由长沙师专伍春辉博士、谭日辉博士、黄文静博士,湖南师大姜鹭硕士、谭文硕士、曾凡梅硕士负责;四川省由长沙师专伍春辉博士、谭日辉博士、黄文静博士,湖南师大姜鹭硕士负责。

## 第三节 区域内义务教育均衡发展省级目标与标准研究的特点和难点

### 一、区域内义务教育均衡发展省级目标与标准研究的特点

从课题研究的实际来看,区域内义务教育均衡发展省级目标和标准研究作为一个

新的课题、一个有显著社会科学性质的教育科学课题、一个尝试主要采取量化研究方法的课题，其研究的特点是比较多的，比较突出的有如下几点。

1. 需要界定和提出一整套相关的概念。到目前为止，区域内义务教育均衡发展的省级目标选择和省级标准制定还是一个新的领域，许多概念还是比较模糊的，甚至有的概念还没有提出来。根据区域内义务教育均衡发展省级目标和标准研究的需要，本课题试图界定和提出一整套相关的概念，包括基础性概念，如区域内，义务教育均衡发展，区域内义务教育均衡发展的省级目标和标准，义务教育发展水平、均衡水平和均衡发展水平的含义及其表达方式（等次及数值），区域内义务教育均衡发展（包括发展和均衡）的评价标准；过渡性概念，如区域内义务教育均衡发展测评和预测，以及测评和预测的分析（包括结果比较分析、指标敏感性分析、发展水平的差异分析、均衡水平的差异分析）；结果性概念，如区域内义务教育均衡发展省级目标选择和省级标准制定、偏离指数，等等。（见表1-8）

2. 需要分析和设计一整套相关的数学模型。根据区域内义务教育均衡发展的省级目标选择和省级标准制定的需要，必须对区域内义务教育均衡发展的现状进行测评，对趋势进行预测，还要对测评和预测的情况进行分析，这就要分析和设计一整套相关的数学模型，包括指标体系及其计算方法。而到目前为止，除了区域内义务教育均衡发展指标体系有些研究成果之外，这方面的数学模型研究还是很少的。根据课题研究的需要，本课题通过分析比较，设计了一整套相关的数学模型，包括区域内义务教育均衡发展测评和预测的指标体系与计算方法、发展水平和均衡水平的计算方法、发展水平和均衡水平的评价标准及其计算方法、区域内义务教育均衡发展的检测及其偏离度的测算等。（见表1-8）

3. 需要收集和分析一整套相关的数据。区域内义务教育均衡发展的省级目标选择和省级标准制定，是建立在对区域内义务教育均衡发展现状进行测评、对发展趋势进行预测、对测评和预测进行分析的基础上的，而且这些测评和预测必须比较全面和拥有足够的样本量，需要收集和分析一整套相关的数据。因此，本课题选取了3个样本省（每省52项指标）、9个样本县（每县57项指标）、92所样本学校，并收集和分析了一整套相关的数据（见表1-8）。虽然工作量已经十分巨大，但从课题研究的需要来看，这个样本数及相关数据还是显得有些偏少。

表1-8 本课题的概念、数学模型和数据体系

| 概念 | | | 数学模型 | 数据 |
|---|---|---|---|---|
| 1. 区域内（县域内、省域内），义务教育均衡发展，区域内义务教育均衡发展的省级目标和标准 | | | 指标体系与计算方法 | / |
| 2. 义务教育均衡发展水平 | 发展水平 | 发展水平概念 | 计算方法 | / |
| | | 发展指数（包括总体和单项） | 计算方法 | |

（续表）

| | | | 概念 | 数学模型 | 数据 |
|---|---|---|---|---|---|
| 2. 义务教育均衡发展水平 | | 均衡水平 | 均衡水平概念 | 计算方法 | / |
| | | | 差异系数（包括总体和单项） | 计算方法与软件 | / |
| | | 偏离水平 | 偏离指数概念 | 计算方法 | |
| | | | 偏离指数（包括总体和单项） | 计算方法与软件 | |
| 3. 区域内（县域内、省域内）义务教育均衡发展水平评价标准 | | 发展水平评价标准 | 总体评价标准 | 标准与计算方法 | / |
| | | | 单项评价标准 | 标准与计算方法 | |
| | | 均衡水平评价标准 | 总体评价标准 | 标准与计算方法 | / |
| | | | 单项评价标准 | 标准与计算方法 | / |
| 4. 区域内（县域内、省域内）义务教育均衡发展测评 | | 测评 | | 指标体系与方法 | 9个样本县、3个样本省6个年度的单项和总体测评结果，以及对它们的分析 |
| | | 分析 | 结果比较分析 | 指标体系与方法 | |
| | | | 指标敏感性分析 | 指标体系与方法 | |
| | | | 发展水平的差异分析 | 指标体系与方法 | |
| | | | 均衡水平的差异分析 | 指标体系与方法 | |
| 5. 区域内（县域内、省域内）义务教育均衡发展预测 | | 直接预测 | | 指标体系与方法 | 9个样本县、3个样本省2个年度的单项和总体直接预测结果 |
| | | 比较预测 | | 途径与方法 | 江苏和日本、我国台湾地区的比较预测 |
| | | 综合预测 | 结果 | 途径与方法 | 9个样本县、3个样本省2个年度的单项和总体比较预测结果 |
| | | | 结果比较分析 | 指标体系与方法 | 9个样本县、3个样本省2020年分析结果 |
| | | | 指标敏感性分析 | 指标体系与方法 | |
| | | | 发展水平的差异分析 | 指标体系与方法 | |
| | | | 均衡水平的差异分析 | 指标体系与方法 | |

(续表)

| 概念 | | 数学模型 | 数据 |
|---|---|---|---|
| 6. 区域内（县域内、省域内）义务教育均衡发展省级目标选择 | 县域内均衡发展目标选择 | 目标的指标体系，选择的依据与程序 | 2020年湖南省县域内、省域内义务教育均衡发展省级目标 |
| | 省域内均衡发展目标选择 | | |
| 7. 区域内（县域内、省域内）义务教育均衡发展省级标准的制定 | 省级总体标准（发展和均衡）选择 | 制定的依据与程序 | 2020年湖南省县域内、省域内义务教育均衡发展省级标准 |
| | 省级单项标准（发展和均衡）选择 | | |
| 8. 区域内（县域内、省域内）义务教育均衡发展检测 | 偏离指数概念 | 检测的程序与方法 | 2020年湖南省县域内、省域内义务教育均衡发展检测软件 |
| | 偏离指数的测算（包括发展和均衡、总体与单项） | | |

## 二、区域内义务教育均衡发展省级目标与标准研究的难点

从课题研究的实际来看，区域内义务教育均衡发展省级目标和标准研究还是一个新课题，而且主要采取量化研究的方法，因而研究的难点比较多。

1. 可以借鉴的研究成果比较少。到目前为止，区域内义务教育均衡发展省级目标和标准研究还是一个新课题，尤其是区域内义务教育均衡发展的预测和对预测结果的分析，对义务教育均衡发展水平的评价标准，对区域内义务教育均衡发展省级目标选择和标准制定的方法，目前几乎还没有可以借鉴的参考资料。此外，为了对传统意义上的定性指标和综合性指标进行量化而必须建立的数学模型等，也缺少系统而科学的参考资料。

2. 对区域内义务教育均衡发展进行预测的难度比较大。比如，预测需要有大量可靠的数据来支撑，而数据收集和甄别的工作量特别大，而且对区域内义务教育均衡发展预测有多种方法，不同的预测方法往往会出现不同的预测结果。为了寻得科学合理的预测结果，就需要选择合适的方法，或者选择几种方法进行预测并对所出现的不同预测结果进行综合分析（预测），而且预测还要设计合适的数学模型进行统计分析，对模型的科学性要进行严谨的检验。此外，区域内义务教育均衡发展水平与政府的"努力"程度直接相关，但对政府的"努力"程度的预测也是比较困难的。

3. 缺少区域内义务教育均衡发展水平与经济社会发展水平之间的比较科学的参照系。选择区域内义务教育均衡发展省级目标的依据，无疑是经济、社会（包括教育）发展的水平，但一定的经济社会发展水平应该对应义务教育均衡发展的什么水平，目

前缺少比较科学的参照系，而且寻找和研究比较科学、简便和为社会接受的这个参照系，也有很大难度。

4. 课题的研究成果难以达到完全正确。区域内义务教育均衡发展省级目标选择和省级标准制定是建立在预测的基础之上的，和任何预测一样，对区域内义务教育均衡发展预测的结果也具有一定的不确定性。而且本课题主要属于社会科学的范畴，这个性质决定其研究结论与研究者的特性、所选择的角度和方法（如预测方法）是有一定关联的，而本课题的研究成员不可能做到有充分的代表性和权威性，选取的研究方法也不可能做到完全科学。另外，上级政府特别是中央政府的支持对区域内义务教育均衡发展的影响十分重大，但上级政府的这种支持是变化的（不是恒定不变的），所以没有列为本课题的研究范围。科研成果只有经过实践检验才能证明其科学性，本课题的研究成果也同样需要经过一定时间的检验或实施才能产生效果。

## 参考文献

［1］蓝维，张景斌. 义务教育均衡发展目标与学校发展模式的选择［J］. 教育研究，2002（2）.
［2］袁振国. 建立教育发展均衡系数，切实推进教育均衡发展［J］. 人民教育，2003（6）.
［3］高书国. 教育战略规划——复杂—简单理论［M］. 北京：教育科学出版社，2009.
［4］彭世华. 发展区域教育学［M］. 北京：教育科学出版社，2003.
［5］彭世华. 县域基础教育均衡发展研究［M］. 北京：高等教育出版社，2008.

# 第二章 区域内义务教育均衡发展的指标体系、测量与评价标准

区域内义务教育均衡发展表现为区域内义务教育相应指标的数值增加和相互间结构的演变,因而区域内义务教育均衡发展的省级目标和标准是一个指标体系。为此,无论选择区域内义务教育均衡发展的省级目标,还是测评和预测区域内义务教育均衡发展,以及评价区域内义务教育均衡发展的水平(发展水平和均衡水平),都要依据一个指标体系。因此,研究和设计区域内(县域内、省域内)义务教育均衡发展的指标体系、区域内义务教育均衡发展的评价标准,以及区域内义务教育发展水平、均衡水平及各个指标的测量方法,是本课题研究的前提性、基础性工作。

## 第一节 区域内义务教育均衡发展的指标体系

### 一、区域内义务教育均衡发展指标体系的研究综述

对教育均衡发展乃至区域内义务教育均衡发展指标体系的研究,是近年来的一个热点,不少学者和教育行政部门都有这方面的成果。2006年,翟博的《教育均衡发展:理论、指标及测算方法》,将教育均衡发展的指标体系分为"教育机会均衡指数"、"教育资源配置均衡指数"、"教育质量均衡指数"、"教育成就均衡指数"4个一级指标、25个二级指标,并详细阐述了测算方法,这是目前国内进行区域义务教育均衡发展研究的重要参考资料。[1]李强、吴中元的《教育均衡发展评价指标体系的构建》,结合天津市基础教育发展的情况,设计出了2个一级指标、6个二级指标、11个三级指标。[2]马晓强、刘芳的《关于实施区域基础教育均衡发展评估的几个问题》等,提出了5个一级指标和13个二级指标。[3]关于学校之间均衡发展的指标体系,2008年,张惠在《义务教育校际均衡监测指标的研究》中提出了3个一级指标和14个二级指标。[4]2009年,楼世洲、宁业勤在《县域教育均衡发展督导评估方案研究》中提出了7个一级指标、21个二级指标。[5]2011年3月,教育部教育督导团办公室组织拟定了《县域义务教育均衡发展督导评估办法(征求意见稿)》。该文件中实际上也提出了县域义务教育均衡发展的指标体系,它确定评估认定的主要内容是:县级人民政府推进义务教育均衡发展的情况,包括义务教育经费的三个增长,教育经费投入向薄弱学校、边远农村学校倾斜的情况;学校布局规划、义务教育学校标准化建设、薄弱学校改造、优质教

育资源辐射、适龄儿童就近入学情况；进城务工人员随迁子女、留守儿童、残疾儿童少年平等接受义务教育情况；教师资源配置和培训、校长和教师定期交流与流动以及对口支援薄弱学校情况。县域内义务教育学校之间差距的情况，包括小学和初中生均预算内公用经费、教职工年人均收入；小学和初中学科教师配齐率、具有高级专业技术职务的教师比例、骨干教师比例、生师比；小学和初中平均班额、大班额班数比例、生均校舍面积和教学仪器设备值、生均图书、生均计算机；小学和初中课程开齐率、学生体质健康合格率、学生学业质量和学校特色等。

上述研究成果虽然对本课题研究都有一定的参考价值，但是否可以直接借鉴，仍需要在大量调查研究和征求意见的基础上，宏观和微观相结合，进行整体思考和设计。比如教育部教育督导团办公室组织拟定的《县域义务教育均衡发展督导评估办法（征求意见稿）》的指标体系，就包括促进义务教育均衡发展的过程（措施）、义务教育均衡发展的结果（状态）两部分。区域内义务教育均衡发展指标体系是否需要包括这两个部分，应该可以探讨。

再比如区域内义务教育均衡发展是否需要一个总体均衡发展程度的指标，目前有一定分歧。袁振国曾提出了教育均衡指数观、杨东平及周金燕提出了教育公平发展指数权重观、翟博提出了教育均衡指数体系及其权重。沈有禄、谯欣怡认为，教育均衡发展的指数体系虽有可取之处，但不主张构造一个总的均衡指数。在借鉴欧盟教育公平测度指标体系的基础上，他们按照充足性原则、水平公平原则、垂直公平原则、机会均等原则、财政中立原则，将教育资源分为人力资源、财力资源、物力资源三个角度来分析，并结合个体间、群体间的差异与低于最低限度门槛的个体与群体，构建了4大类、19个二级的均衡指标体系。[6]他们关于不要总的均衡指数的观点，虽然有可取之处，但是否要对县域内、省域内义务教育均衡发展水平有一个总的测评，还需具体分析。

## 二、区域内义务教育均衡发展指标体系的设计

### （一）区域内义务教育均衡发展指标体系设计的目的、对象与结构

研究设计区域内义务教育均衡的指标体系，目的是寻找最能反映区域内义务教育均衡发展特征的重要指标及结构，为区域内义务教育均衡发展测评和预测以及区域内义务教育均衡发展省级目标选择和省级标准制定等，提供一套系统的指标体系。根据对研究对象的设定，本课题共设计了两套区域内义务教育均衡发展指标体系：县域内义务教育均衡发展指标体系（表2-1），省域内义务教育均衡发展指标体系（表2-2）。

如前所述，区域内义务教育均衡发展的标准是根据区域内义务教育均衡发展的目标制定的，区域内义务教育均衡发展的目标是根据区域内义务教育均衡发展预测的数据选择的，而区域内义务教育均衡发展预测又是在区域内义务教育均衡发展测评的基础上确立其指标体系和方法的。可以说，这几个环节所使用的指标体系大体是一致的，只是目标选择时可能根据各个指标的敏感性不同而有所取舍。也就是说，区域内义务教育均衡发展的其他相关指标体系，如测评、预测和目标选择、标准制定的指标体系，

都可以县域内义务教育均衡发展指标体系（表2-1）和省域内义务教育均衡发展指标体系（表2-2）为依据，或由它们变换而来。

### （二）区域内义务教育均衡发展指标体系的设计原则

1. 全面性和敏感性原则。全面性即力求比较全面地反映区域内义务教育均衡发展的情况。如既重视教育资源存量对义务教育均衡发展的作用，又重视被测对象在取得义务教育均衡发展成就时所获得的教育资源的差异性；既重视义务教育均衡发展的成就，又重视义务教育均衡发展的效率。敏感性原则，即选取的指标应该对区域内义务教育均衡发展比较敏感。如原来设计有"从外地流入人口子女、少数民族子女、残疾儿童的入学率和巩固率"，"生均基建经费"指标，由于实际测评中前一个指标完全不敏感（目前几乎已经全部入学），后一个指标只有部分学校存在基建问题（大部分学校已经建设完成），因而取消了这两个指标。

2. 针对性原则。本课题主要是研究县域内/省域内义务教育均衡发展的省级目标选择和省级标准制定，而县域内的比较对象是学校之间，省域内的比较对象是县域之间。因此，设计区域内义务教育均衡发展省级目标和标准研究的指标体系时，要重点考虑县域内义务教育学校之间均衡发展、省域内县域义务教育均衡发展的特点，反映它们的特殊规律和现实情况。比如，设计县域内义务教育均衡发展的指标体系时，就要突出学校之间的比较，充分考虑目前各地正在大力推行的"标准化学校建设"的要求，以及小学适龄儿童入学率按学校所在学区进行核算的要求等；设计省域内义务教育均衡发展的指标体系时，就要突出县域之间的比较，充分考虑义务教育以县为主的体制，县级政府管理义务教育均衡发展的基本措施等。

3. 科学性和目的性原则。科学性即客观反映义务教育的办学规律和教学质量规律。其中，目标指标体系只是预设，需要在选择目标时根据目标的指标选取情况来确定。目的性即指标的设计力图围绕均衡发展水平来展开（重要性原则），能够反映均衡发展的真实信息（真实性原则），能够反映均衡发展的差异（敏感性原则）。

4. 可操作性原则。即指标尽可能具体化，使之可以测量，比如更多反映义务教育均衡发展的结果而不是促进均衡发展的过程等。对均衡发展水平的测评分为发展水平和均衡水平两个维度，均衡发展特色由于难以测量而取消。

5. 可比性原则。即所选择的指标尽可能是通用的，可以横向比较的。

### （三）区域内义务教育均衡发展指标体系的设计步骤

第一步，预设。2010年2月7日，课题主持人提出区域内义务教育均衡发展指标体系的设想，经过课题组成员3次讨论之后，对该指标体系进行了全面修改。6月5日，课题主持人参加总课题汇报会议，根据总课题组的要求继续修改该指标体系，并于6月24日和6月30日由课题组再次进行讨论，然后由湖南省教育厅分发到长沙、益阳、邵阳三市进行问卷调查，7月3日根据调查情况，课题组对上述指标体系做了大的修改。

第二步，采用专家会议法和德尔斐法，评审并修订区域内义务教育均衡发展指标体系。7月5日至7日，课题组特邀北京师范大学杜育红教授、华中师范大学范先佐教授、湖南省标准化研究院盛立新研究员，以及湖南省教育厅教育督导室主任雷桂平博士，湖南省教育科学研究院副院长李三福教授、欧阳河研究员、黄龙威研究员，长沙、益阳、邵阳三市的教育局官员和中小学校长代表，对指标体系进行论证。专家们认为，均衡发展最重要的指标是资源配置，最敏感的指标是"义务教育经费"和"师资"，教育机会指标只要保留"小学适龄儿童入学率"、"外地流入学生入学率"就可以了；资源配置指标中，只有"生均公用经费"、"生均基建经费"和"县域义务教育经费占财政支出比例"比较重要；教师的年龄结构只能依靠自然减员来解决；师德、教学能力、教师人均接受培训天数、教师向农村和薄弱学校流动虽然重要，但很难测量；"校园绿化率"不是均衡发展的重要指标；家长对寄宿制学校建设的满意度、对义务教育均衡发展督导、扶持经济困难学生、教育质量评价导向等指标，也建议删除。

第三步，试测指标体系。根据专家论证的意见，课题组对指标体系进行了修改，然后于7月14日至16日分赴长沙、桃江、新邵三县采集数据和试测指标体系。其中，谭日辉博士和姜鹭硕士到桃江县，伍春辉博士、黄文静博士和龙莹硕士赴长沙县，范晓玲教授、蔡华副教授和谭文硕士赴新邵县。根据试测情况，对指标体系又进行了修订，正式形成了《县域内义务教育均衡发展指标体系》（表2-1）、《省域内义务教育均衡发展指标体系》（表2-2）。当然，在以后的再测评和预测中，又陆续根据实践所反映的情况做了进一步完善。比如"生均基建经费"，不同的发展阶段有不同的投入水平，难以作为均衡发展的指标来衡量；由于目前县域间经济发展水平相差很大，用"县域义务教育经费占财政支出比例"来衡量均衡发展也有困难。因此，这些指标后来都没有保留。

## 三、县域内义务教育均衡发展的指标体系

表2-1 县域内义务教育均衡发展指标体系[1]

| 一级 | 二级 | 三级 | | 发展水平 | 均衡水平 | |
|---|---|---|---|---|---|---|
| | | | | | 标准差 | 差异系数 |
| 1.教育机会 | 1.1 小学适龄儿童入学率[2]（%） | | | | | |
| | 1.2 巩固率[3]（%） | 1.2.1 小学 | | | | |
| | | 1.2.2 初中 | | | | |
| 2.资源配置 | 2.1 经费（元/年·生） | 2.1.1 教育事业费[4] | 小学 | | | |
| | | | 初中 | | | |
| | | 2.1.2 公用经费[5] | 小学 | | | |
| | | | 初中 | | | |

(续表)

| 一级 | 二级 | 三级 | | 发展水平 | 均衡水平 | |
|---|---|---|---|---|---|---|
| | | | | | 标准差 | 差异系数 |
| 2. 资源配置 | 2.2 师资 | 2.2.1 数量（生师比[6]） | 农村小学 | | | |
| | | | 农村初中 | | | |
| | | | 城市小学 | | | |
| | | | 城市初中 | | | |
| | | 2.2.2 初中教师专业对口率[7]（%） | | | | |
| | | 2.2.3 职称结构[8] | 小学 | | | |
| | | | 初中 | | | |
| | | 2.2.4 年人均收入[9]（万元） | 小学 | | | |
| | | | 初中 | | | |
| | 2.3 校园校舍 | 2.3.1 生均校园面积[10]（m²） | 小学 | | | |
| | | | 初中 | | | |
| | | 2.3.2 生均校舍面积[11]（m²） | 小学 | | | |
| | | | 初中 | | | |
| | | 2.3.3 生均运动场（馆）面积[12]（m²） | 小学 | | | |
| | | | 初中 | | | |
| | 2.4 设施设备 | 2.4.1 运动场(馆)达标校(%) | 小学 | | | |
| | | | 初中 | | | |
| | | 2.4.2 体育器械达标校(%) | 小学 | | | |
| | | | 初中 | | | |
| | | 2.4.3 音乐器材达标校(%) | 小学 | | | |
| | | | 初中 | | | |
| | | 2.4.4 美术器材达标校(%) | 小学 | | | |
| | | | 初中 | | | |
| | | 2.4.5 理科仪器达标校(%) | 小学 | | | |
| | | | 初中 | | | |
| | | 2.4.6 实验开出率[13]（%） | 小学 | | | |
| | | | 初中 | | | |

(续表)

| 一级 | 二级 | 三级 | | 发展水平 | 均衡水平 | |
|---|---|---|---|---|---|---|
| | | | | | 标准差 | 差异系数 |
| 2. 资源配置 | 2.4 设施设备 | 2.4.7 生均图书[14]（册） | 小学 | | | |
| | | | 初中 | | | |
| | | 2.4.8 生均计算机[15]（台） | 小学 | | | |
| | | | 初中 | | | |
| | | 2.4.9 班级多媒体比例[16]（%） | 小学 | | | |
| | | | 初中 | | | |
| | 2.5 学校布局 | 2.5.1 校均规模[17]（人） | 农村小学 | | | |
| | | | 农村初中 | | | |
| | | | 城市小学 | | | |
| | | | 城市初中 | | | |
| | | 2.5.2 班额控制[18]（人） | 农村小学 | | | |
| | | | 农村初中 | | | |
| | | | 城市小学 | | | |
| | | | 城市初中 | | | |
| 3. 学校管理 | 3.1 全面执行教学计划[19]（%） | | | | | |
| | 3.2 校舍利用率[20]（%） | 3.2.1 小学 | | | | |
| | | 3.2.2 初中 | | | | |
| 4. 教育质量 | 4.1 学生合格率[21]（%） | 4.1.1 农村学生 | | | | |
| | | 4.1.2 城市学生 | | | | |
| | 4.2 学生对学习的满意度[22]（%） | | | | | |
| | 4.3 社区对义务教育均衡发展的反响[23] | | | | | |
| 总体发展指数[24] | | | | | | |
| 总体均衡指数[25] | | | | | | |

说明：（1）本表测评的单位是学校，再以此为据统计测量出全县均衡发展的水平。发展水平是县域样本学校的平均数，比较的单位是学校，比较的标准值是所在县的全县平均数。

（2）小学适龄儿童入学率：学区小学年龄段人口中在校学生数与该年龄段人口之比。与当地现行学制和规定入学年龄相对应的那部分应入学的人口称为适龄人口，适龄人口中的在校生所占比例为适龄人口入学率。实际统计时，一般以学年初为统计的时间标准。计算公式为：

小学适龄儿童入学率＝学年初小学适龄人口中在校学生数÷学年初小学适龄人口数×100%

先分别在样本学校测量，再以此统计测量出全县均衡发展的水平。

(3) 巩固率,与"流失率"相对。计算公式为:

巩固率=(学年初在校学生总数-中途停学离校生总数)÷学年初在校学生总数×100%

巩固率先分别在样本学校测量,再以此统计测量出全县均衡发展的水平。

(4) 教育事业费(这里指义务教育事业费),指国家财政支出中用于义务教育事业的教育经常性费用,按用途分为人员经费和公用经费。人员经费包括工资、补助工资、职工福利费、助学金(奖学金);公用经费包括公务费、业务费、修缮费、小型设备购置费、差额补助费及其他费用。按年度计算的生均义务教育事业费为年生均义务教育事业费。计算公式为:

年生均教育事业费=全年教育事业费÷年均在校生数

学校的义务教育事业费主要由政府下拨,一般以下拨数为准。先分别在样本学校测量,再以此统计测量出全县均衡发展的水平。

(5) 公用经费(这里指生均义务教育公用经费),指义务教育事业费中用于保证和改善办学条件的公共开支部分,是平均每名义务教育学生耗费的义务教育事业费中的公用经费。包括:①公务费,如办公费、邮电费、水电费、公用取暖费、行政人员差旅费、毕业生派遣费、车船保养维修和燃料费、会议费、行政设备维修费、炊事管理和维修费、宣传费、校园绿化费、清洁卫生费等;②设备和图书购置费;③修缮费,如公用房屋等建筑物及附属设备的修缮费、公房租金、零星土建工程费用;④业务费,如教学所需的消耗性开支,含医疗卫生材料、试验用工具、器皿等低值易耗品、试剂、材料,专业资料讲义及实习等费用;⑤其他费用。计算公式为:

年生均公用经费=(年度义务教育事业费-年度人员经费年均)÷在校生数

学校的义务教育公用经费主要由政府下拨,一般以下拨数为准。先分别在样本学校测评,再统计测量出全县均衡发展的水平。

(6) 生师比,学校学生人数与教师人数的比例关系。计算公式为:

生师比=年均在校生数÷年均教师总数

先分别在样本学校测量,再以此统计测量出全县均衡发展的水平。

(7) 初中教师专业对口率:指初中语文、数学、英语、物理、化学、生物6门课程的教师中,所学专业与所教课程学科的一致率。计算公式为:

初中教师专业对口率=6门课程的专业对口教师÷6门课程的教师总数

先分别在样本学校测量,再以此统计测量出全县均衡发展的水平。

(8) 教师职称结构:小学指中高、小高、小中、小初、没有职称的教师人数比例;初中指中高、中一、中二、没有职称的教师人数比例。

合理的教师职称结构为"纺锤形",即两头小,中间大,中高与中二(小中)教师分布于纺锤的两头,中一(小高)居于其间;职称结构的比较,可用非参数统计方法 Ridit,统计各个对象(学校、县域等)中高、中一、中二(小一)教师人数,计算每个县的平均 Ridit 值,再进行比较;平均值 Ridit 越大,职称结构越合理。职称结构的 Ridit 分析办法如下。

第一步,设定标准组。所有县的中高、中一、中二教师人数合并作为标准组,将标准组各职称结构的人数与累计人数(移下一行)相加除以总人数,并计算出标准组的 Ridit 平均值,计算公式为:

$$R_{标} = \frac{\sum_{j=1}^{3} C_j R_j}{N}$$

其中,$C_1$、$C_2$、$C_3$ 分别为中高、中一、中二教师的总人数,$R_j$ 为相应的 Ridit 值,$N = C_1 + C_2 + C_3$。$R_j$ 的计算如下:

| 职称 | 合计数（C） | $C_1 = \frac{1}{2} \times C$ | （2）累计并移入下一行 | $D =$ （3）＋（4） | Ridit 值 $= \frac{D}{N}$ |
|---|---|---|---|---|---|
| （1） | （2） | （3） | （4） | （5） | （6） |
| 中高 | $C_1$ | $C_1'$ | 0 | $d_1$ | $R_1$ |
| 中一 | $C_2$ | $C_2'$ | $C_1$ | $d_2$ | $R_2$ |
| 中二 | $C_3$ | $C_3'$ | $C_1 + C_2$ | $d_3$ | $R_3$ |

理论上 $R_{标} = 0.5$。

第二步，计算对比组的平均 Ridit 值 $\overline{R}_j$。

$$\overline{R}_j = \frac{\sum_{i=1}^{3} b_{ij} R_i}{a_j}$$

$\overline{R}_j$ 值越大，结构越好。

| 职称 | $A_1$ 县 | $A_2$ 县 | $A_1$ 县 | 合计 | Ridit 值 |
|---|---|---|---|---|---|
| 中高 | $b_{11}$ | $b_{12}\cdots$ | $b_{1j}$ | $C_1$ | $R_1$ |
| 中一 | $b_{21}$ | $b_{22}\cdots$ | $b_{2j}$ | $C_2$ | $R_2$ |
| 中二 | $b_{31}$ | $b_{32}\cdots$ | $b_{3j}$ | $C_3$ | $R_3$ |
| 合计 | $a_1\cdots$ | $a_2\cdots$ | $a_j$ | $N$ | |

先分别在样本学校测量，再以此统计测量出全县均衡发展的水平。

（9）教师年人均收入，含工资、福利、加班工资、附加工资、各种津贴、保险和各种奖金。不论是以货币形式还是以实物形式，均应统计在学校工资总额内。计算公式为：

教师年人均收入 ＝ 教师人均年平均工资 ＋ 教师人均其他收入

先分别在样本学校测量，再以此统计测量出全县均衡发展的水平。

（10）生均校园面积，亦称"生均学校用地面积"，包括校舍建筑用地、体育用地和集中绿化用地。国家对各级各类学校有不同的定额要求。计算公式为：

生均校园面积 ＝ 总用地面积 ÷ 在校生总数

先分别在样本学校测量，再以此统计测量出全县均衡发展的水平。

（11）生均校舍面积：校舍总建筑面积包括教室、图书馆、教工宿舍及住宅、实验室、实习工厂及附属用房、学生食堂、教工食堂、学生宿舍、福利及附属用房等，不包括危房。计算公式为：

生均校舍面积 ＝ 校舍建筑总面积 ÷ 在校生总数

先分别在样本学校测量，再以此统计测量出全县均衡发展的水平。

（12）生均运动场（馆）面积包括室内室外。计算公式为：

生均运动场（馆）面积 ＝ 体育运动场（馆）总面积 ÷ 在校生总数

先分别在样本学校测量，再以此统计测量出全县均衡发展的水平。

体育器械达标校、音乐器材达标校、美术器材达标校、理科仪器达标校，先在学校层面用"是"、"否"统计，再在县级层面用比例统计。

（13）实验开出率：学校已开出的实验课与课程标准规定的实验课总数的比例。计算公式为：

实验开出率 ＝ 已开出的实验课时数 ÷ 课程标准规定的实验课总学时数 ×100%

先分别在样本学校测量，再以此统计测量出全县均衡发展的水平。

（14）生均图书，学校平均每名学生占有的图书册数。计算公式为：

生均图书 = 学校拥有的图书总册数 ÷ 在校生总数

先分别在样本学校测量，再以此统计测量出全县均衡发展的水平。

（15）生均计算机，以每名学生配备的电脑台数计算，小学、初中分开统计。计算公式为：

生均计算机 = 学校拥有的计算机总台数 ÷ 在校生总数

先分别在样本学校测量，再以此统计测量出全县均衡发展的水平。

（16）班级多媒体比例，学校所有班级拥有多媒体的比例。计算公式为：

班级多媒体比例 = 学校拥有的多媒体教室总数 ÷ 学校班级总数 × 100%

先分别在样本学校测量，再以此统计测量出全县均衡发展的水平。

（17）校均规模，平均每个学校拥有的学生数量，县级层面是全学生数与全县学校数之比，学校层面不填。计算公式为：

县校均规模 = 全县学生总数 ÷ 全县学校数

（18）班额控制，学校平均每个班级学生的数量。按适度班级规模的要求，国家对各类学校及城镇、农村中小学的班均学生数有一定的要求。班额控制以小学 45 人/班、初中 50 人/班为基准。计算公式为：

班额控制 = 学生总数 ÷ 班级总数

先分别在样本学校测量，再以此统计测量出全县均衡发展的水平。

（19）全面执行教学计划等级由课题组评价，其等次为优秀、良好、中等、较差。

（20）校舍利用率，学校固定资产利用率及学校校舍总建筑面积利用程度指标。学校校舍实用面积与校舍总建筑面积的比例，用百分率表示。计算公式为：

校舍利用率 = 校舍实用面积 ÷ 校舍总建筑面积 × 100%

先分别在样本学校测量，再以此统计测量出全县均衡发展的水平。

（21）学生合格率：抽样 2005 年、2009 年二、四、六、八年级第二学期课程学生成绩情况。为了体现均衡发展，各年以及各个年级的学生合格率同等重要。计算公式为：

各个年级的学生合格率 = 该年级合格人数 ÷ 该年级全部在校生人数 × 100%

再对各个年级的学生合格率求算术平均。最后对各年的学生合格率求算术平均。县域学生合格率均衡水平以 100% 为基准，计算标准差和差异系数。小学对学生的合格评价是分等级，因此计算优秀率，将上面计算公式中的合格率全部换成优秀率就行。以全县平均优秀率为基准，计算标准差和差异系数。

先分别在样本学校测量，再以此统计测量出全县均衡发展的水平。

（22）学生对学习的满意度：在样本学校随机抽取两个班，询问学生对学习的满意度，满意度分五个等次：很满意、满意、较满意、不满意、很不满意。等级权数确定见下表：

| 学习满意度 | 很满意 | 满意 | 较满意 | 不满意 | 很不满意 |
|---|---|---|---|---|---|
| 权数 | 1 | 0.8 | 0.6 | 0.3 | 0 |

CSD 计算公式如下：

|  | $X_1$ | $X_2$ | $X_3$ | $X_4$ | $X_5$ |
|---|---|---|---|---|---|
| CSD | $n_1$ | $n_2$ | $n_3$ | $n_4$ | $n_5$ |

$CSD = (\sum X_i n_i) \times 100 / N$

$X_i$ 为满意等级的权值；$n_i$ 为具有 $X_i$ 等级的样本数；$N$ 为总样本数。

学生对学习的满意度的均衡水平计算（学校之间比较），以 80%—95% 为基准，计算标准差和差异系数。

(23) 社区对义务教育均衡发展的反响，只测评 2009 年的情况，从学校周边随机抽取 10 户居民，询问如有适龄子女就读义务教育学校，是否希望到别的学校就读［分 5 个指标予以考察：很满意、满意、较满意、不满意、很不满意］。

满意程度等级权数确定见下表：

| 满意等级 | 很满意 | 满意 | 较满意 | 不满意 | 很不满意 |
| --- | --- | --- | --- | --- | --- |
| 权数 | 1 | 0.8 | 0.6 | 0.3 | 0 |

CSD 计算公式如下：

| | $X_1$ | $X_2$ | $X_3$ | $X_4$ | $X_5$ |
| --- | --- | --- | --- | --- | --- |
| CSD | $n_1$ | $n_2$ | $n_3$ | $n_4$ | $n_5$ |

$$CSD = (\sum X_i n_i) \times 100/N$$

$X_i$ 为满意等级的权值；$n_i$ 为具有 $X_i$ 等级的样本数；$N$ 为总样本数。

(24) 总体发展指数计算公式：

$$D = \sum_{i=1}^{k} \frac{x_i}{n_i} \times \omega_i$$

其中，$D$ 为区域内义务教育总发展指数，$k$ 为区域内义务教育均衡发展指标体系中指标总数目，$x_i$ 为区域内义务教育均衡发展指标体系中某一指标的"实际发展水平"，$n_i$ 为区域内义务教育均衡发展指标体系中某一指标的"基准值"，$\omega_i$ 为区域内义务教育均衡发展指标体系中某一指标的权重。

(25) 总体均衡指数计算公式：

$$INDEX = \left[ \frac{1}{4} (P_1^3 + P_2^3 + P_3^3 + P_4^3) \right]^{\frac{1}{3}}$$

其中，$P_1$ 教育机会均衡水平，$P_2$ 资源配置均衡水平，$P_3$ 教育管理均衡水平，$P_4$ 教育质量均衡水平。先分别在样本学校测量，再以此统计测量出全县均衡发展的水平。

## 四、省域内义务教育均衡发展的指标体系

表 2-2 省域内义务教育均衡发展指标体系[1]

| 一级 | 二级 | 三级 | | 发展水平 | 均衡水平 | |
| --- | --- | --- | --- | --- | --- | --- |
| | | | | | 标准差 | 差异系数 |
| 1. 教育机会 | 1.1 小学适龄儿童入学率(%) | | | | | |
| | 1.2 巩固率(%) | 1.2.1 小学 | | | | |
| | | 1.2.2 初中 | | | | |
| 2. 资源配置 | 2.1 经费(元/年·生) | 2.1.1 教育事业费 | 小学 | | | |
| | | | 初中 | | | |
| | | 2.1.2 公用经费 | 小学 | | | |
| | | | 初中 | | | |

(续表)

| 一级 | 二级 | 三级 | | 发展水平 | 均衡水平 | |
|---|---|---|---|---|---|---|
| | | | | | 标准差 | 差异系数 |
| 2.资源配置 | 2.2 师资 | 2.2.1 数量(生师比) | 小学 | | | |
| | | | 初中 | | | |
| | | 2.2.2 初中教师专业对口率(%) | | | | |
| | | 2.2.3 职称结构 | 小学 | | | |
| | | | 初中 | | | |
| | | 2.2.4 年人均收入（万元） | 小学 | | | |
| | | | 初中 | | | |
| | | 2.2.5 年人均培训经费(元)[2] | 小学 | | | |
| | | | 初中 | | | |
| | 2.3 校园校舍 | 2.3.1 生均校园面积($m^2$) | 小学 | | | |
| | | | 初中 | | | |
| | | 2.3.2 生均校舍面积($m^2$) | 小学 | | | |
| | | | 初中 | | | |
| | | 2.3.3 生均运动场(馆)面积($m^2$) | 小学 | | | |
| | | | 初中 | | | |
| | 2.4 设施设备 | 2.4.1 运动场(馆)达标校(%) | 小学 | | | |
| | | | 初中 | | | |
| | | 2.4.2 体育器械达标校(%) | 小学 | | | |
| | | | 初中 | | | |
| | | 2.4.3 音乐器材达标校(%) | 小学 | | | |
| | | | 初中 | | | |
| | | 2.4.4 美术器材达标校(%) | 小学 | | | |
| | | | 初中 | | | |
| | | 2.4.5 理科仪器达标校(%) | 小学 | | | |
| | | | 初中 | | | |
| | | 2.4.6 实验开出率(%) | 小学 | | | |
| | | | 初中 | | | |
| | | 2.4.7 生均图书(册) | 小学 | | | |
| | | | 初中 | | | |

（续表）

| 一级 | 二级 | 三级 | | 发展水平 | 均衡水平 | |
|---|---|---|---|---|---|---|
| | | | | | 标准差 | 差异系数 |
| 2.资源配置 | 2.4 设施设备 | 2.4.8 生均计算机（台） | 小学 | | | |
| | | | 初中 | | | |
| | | 2.4.9 班级多媒体比例(%) | 小学 | | | |
| | | | 初中 | | | |
| | 2.5 学校布局 | 2.5.1 特殊学校设立的比例(%) | | | | |
| | | 2.5.2 校均规模(人) | 小学 | | | |
| | | | 初中 | | | |
| | | 2.5.3 班额控制(人) | 小学 | | | |
| | | | 初中 | | | |
| | | | 小学 | | | |
| | | | 初中 | | | |
| 3.县域管理 | 3.1 标准化学校比例(%) | | | | | |
| | 3.2 校长交流比例[4](%) | | 小学 | | | |
| | | | 初中 | | | |
| | 3.3 校舍利用率(%) | 3.3.1 小学 | | | | |
| | | 3.3.2 初中 | | | | |
| 4.教育质量 | 4.1 九年制义务教育完成率[5](%) | | | | | |
| | 4.2 社区对义务教育均衡发展的反响(%) | | | | | |
| 总体发展指数 | | | | | | |
| 总体均衡指数 | | | | | | |

说明：（1）本表测评的单位是县域，再以此为据统计测评到省域。发展水平是样本县的平均数，比较的单位是县域，比较的标准值是所在省的全省平均数。其他说明参见表2-1。

先分别在样本县域测量，再以此统计测量出全省均衡发展的水平。

（2）教师年人均培训经费，培养和训练教师所花费的开支，包括职前培训费和在职培训费，培训期间付给受培训者的薪金，支付的培训费、旅费及生活设施费等。

教师年人均培训经费＝全县年培训经费总额÷全县教师平均人数

先分别在样本县域测量，再以此统计测量出全省均衡发展的水平。

（3）特殊学校设立的比例，30万以上人口县必须设特殊学校1所。

（4）校长交流比例，指基于促进义务教育均衡发展的校长交流比例，计算公式为：

校长交流比例＝年交流的校长人数÷年校长总数×100%

先分别在样本县域测量,再以此统计测量出全省均衡发展的水平。

(5) 九年制义务教育完成率,计算公式为:

九年制义务教育完成率 = 初中某届毕业生人数 ÷ 该届当年小学一年级时入学人数 × 100%

如,2009 年义务教育完成率 = 2009 年初中毕业生人数 ÷ 2000 年小学一年级入学人数 × 100%。

先分别在样本县域测量,再以此统计测量出全省均衡发展的水平。

## 第二节 区域内义务教育均衡发展总体水平的测量

### 一、区域内义务教育总体发展水平的测量

《表 2-1 县域内义务教育均衡发展指标体系》和《表 2-2 省域内义务教育均衡发展指标体系》中,对各个单项指标(包括单项发展水平和单项均衡水平)的测量方法已经予以明确,而总体水平(包括总体发展水平和总体均衡水平)的测量方法由于比较复杂,这里需要单独进行论述。

#### (一) 区域内义务教育的总体发展指数及其测量设计

区域内义务教育总体发展水平是以总体发展指数来衡量的。如表 2-1、表 2-2,本书在设计区域内义务教育均衡发展指标体系时,提出了区域内义务教育总体发展指数的概念。所谓总体发展指数,即反映区域内义务教育总体发展水平(程度)的综合指标。总体发展指数是一个相对的概念,本课题将其测算方法确定为"比较法"。将各指标"实际发展水平"与选定的"基准值"的比值,作为衡量区域内义务教育发展水平高低的依据,因为只有通过与一套"基准值"的比较得出的数值,才能在不同年度之间进行比较。计算区域义务教育总体发展指数的步骤为:

第一,根据指标的敏感性和实际情况对要计算的指标体系进行筛选,最终剔除了"校均规模"这一指标,其他指标不变;

第二,对个别指标发展水平进行转换,如生师比、班额控制等(以其倒数代替);

第三,计算出每一个指标"实际发展水平"相对于参考"基准值"的比值;

第四,将各指标所得比值(即对样本区域贡献的发展水平)与其相应权重(第二章中均衡发展指标体系各级指标权重)相乘并求和,最终得出区域义务教育总体发展指数。

用公示表示如下:

$$D = \sum_{i=1}^{k} \frac{x_i}{n_i} \times \omega_i$$

其中,$D$ 为区域内义务教育总体发展指数,$k$ 为区域内义务教育均衡发展指标体系中指标总数目,$x_i$ 为区域内义务教育均衡发展指标体系中某一指标的"实际发展水平",$n_i$ 为区域内义务教育均衡发展指标体系中某一指标的"基准值",$\omega_i$ 为区域内义务教育均衡发展指标体系中某一指标的权重。

如在计算2009年湖南省醴陵义务教育总体发展指数时，"生均教育事业费"（小学）这一指标相对于参考"基准值"的比值为0.9798，这一指标对应的权重为0.0157，则该指标对醴陵贡献的义务教育发展指数是：$0.9798 \times 0.0157 = 0.0154$。计算出所有指标对醴陵贡献的义务教育发展指数并求和，即为醴陵义务教育总体发展指数。

### （二）区域内义务教育总体发展水平"基准值"的选择

本课题确立的区域内义务教育总体发展水平的"基准值"体系包括两部分：①县域内义务教育发展水平的"基准值"体系；②省域内义务教育发展水平的"基准值"体系。每一"基准值"体系均由动态基准和静态基准两部分组成。县域内义务教育发展水平的"基准值"体系中，三级指标中的教育事业费、公用经费和教师年人均收入等3个指标的基准值为动态基准，其余指标为静态基准；省域内义务教育发展水平的"基准值"体系中，三级指标中的教育事业费、公用经费、教师年人均收入和年人均培训经费等4个指标的基准值为动态基准，其余指标为静态基准。具体基准值的选择情况见表2-3。

表2-3 区域内义务教育发展水平的基准值

| 区域 | 基准值的选取 |
|---|---|
| 县域 | 1. "小学适龄儿童入学率"及"巩固率"均以99.5%为参考基准[1] |
| | 2. 生均教育"事业费"和"公用经费"均以2009年县域内义务教育均衡发展测评所得出的这两个指标的"三省平均值"为最低参考基准，以后每年增加11%[2] |
| | 3. "生师比"参考基准依据国家规定的义务教育标准值确定，即农村小学、农村初中、城市小学、城市初中的生师比分别为：23、18、19、13.5 |
| | 4. "初中教师专业对口率"的参考基准为100%[3] |
| | 5. 教师的"职称结构"以2009年"三省平均值"为参考基准 |
| | 6. 教师的"年人均收入"以2009年该指标的"三省平均值"为最低参考基准，参考基准将逐年增加11%[4] |
| | 7. 小学、初中生均校园面积参考基准分别为20平方米/生、25平方米/生；小学、初中生均校舍面积参考基准分别为5平方米/生、5.5平方米/生；学生、初中生均运动场（馆）面积参考基准分别为2.3平方米/生、3.3平方米/生。对于这三项三级指标（二级指标为校园校舍），其最大值规定为1，当计算出的指标发展指数大于1时，以1替换 |
| | 8. 运动场（馆）达标校、体育器械达标校、音乐器材达标校、美术器材达标校、理科仪器达标校和实验开出率等的参考基准均为100%；生均图书以国家规定的义务教育标准为参考，小学、初中分别为30、40；生均计算机的参考基准为0.25（小学）和0.33（初中） |
| | 9. 由于校均规模大小难以衡量义务教育发展程度，因此校均规模这一指标在发展指数测算中予以取消。把"校均规模"的权重0.0460转给"九年制义务教育完成率" |

（续表）

| 区域 | 基准值的选取 |
|---|---|
| 县域 | 10. 农村小学、农村初中、城市小学、城市初中的班额控制分别选择40、45、40、45 |
| | 11. 校舍利用率的参考基准确定为80% |
| | 12. 学生合格率、学生对学习的满意度、九年制义务教育完成率、社区对义务教育均衡发展反响的参考基准确定为100% |
| | 教师年人均培训经费以2009年"三省平均值"为"最低参考基准"，每增加一年则在原来基础上增加11% |
| | 特殊学校建设的参考基准确定为100% |
| | 其他指标的基准值与县域内相同。同样，"校均规模"这一指标在发展指数测算中取消，其权重0.0448划给"校长交流比例" |

说明：（1）这个水平与2009年县域内义务教育均衡发展测评所得出的这两个指标的平均值相当，而且实际上达到100%是很难的，超过100%则存在特殊原因，不属于应该和可以达到的水平。

（2）因为2009年义务教育经费的投入是没有达到应有比例的（全国财政性教育投入远远没有达到GDP的4%），而且到2020年全国经济增长率估计可以保持在9%以上。

（3）因为初中教师专业对口应该是保证教学质量的基本要求。

（4）2009年，义务教育经费的投入是没有达到应有水平的，义务教育教师的工资水平是比较低的，而且到2020年，全国经济增长率估计可以保持在9%以上。

## 二、区域内义务教育总体均衡水平的测量

### （一）区域内义务教育的总体均衡指数及其测量设计

区域内义务教育总体均衡水平是以总体均衡指数来衡量的。如表2-1、表2-2，本课题在设计区域内义务教育均衡发展指标体系时，提出了区域内义务教育总体均衡指数的概念。所谓总体均衡指数，即反映区域内义务教育总体均衡水平（程度）的综合指标。本课题确定其测量办法如下。

首先，根据区域内义务教育均衡发展的不同指标体系确定均衡指数体系的组成。

其次，确定每一个指标的最大值和最小值。比如入学率、巩固率，其均衡指数的最小值为0%，最大值为100%，各级教育数据指标差异系数的最小值和最大值的标准为0和1。具体可根据前述有关教育均衡水平分析的方法计算出每个指标的差异系数。

再次，将上述指数按照教育均衡指数分别作简单平均，分别得出教育机会均衡指数、教育资源配置均衡指数、教育质量均衡指数、教育管理均衡指数；然后再将这四方面的指数作简单平均，其结果就是区域内义务教育均衡指数。为了使指数计算精确，本研究借鉴从1995年起联合国开发计划署陆续开发的有关人类发展指数的计算方法。用下列公式计算教育均衡指数，这里用 $P$ 表示指标：

$$\mathrm{EEI}_i = \left[\frac{1}{n}(P_1^3 + P_2^3 + \cdots + P_n^3)\right]^{\frac{1}{3}}$$

计算的结果是总的差异系数。因为差异系数越小,越均衡;差异系数越大,越不均衡。最后的均衡指数是根据差异系数计算结果转换而来,具体转换办法是:

均衡指数 = 1.00 − 差异系数

### (二) 区域内义务教育总体均衡指数的计算根据

1. 县域内义务教育总体均衡指数的计算总公式:

$$\mathrm{EEI}_i = \left[\frac{1}{n}(P_1^3 + P_2^3 + \cdots + P_n^3)\right]^{\frac{1}{3}}$$

定义:$P_1$ = 教育机会,$P_2$ = 资源配置,$P_3$ = 学校管理,$P_4$ = 教育质量,$P_5$ = 总均衡指数

第零层公式:

$$P_5 = \left[\frac{1}{4}(P_1^3 + P_2^3 + P_3^3 + P_4^3)\right]^{\frac{1}{3}}$$

第一层公式:

$$P_1 = \left[\frac{1}{2}(P_{11}^3 + P_{12}^3)\right]^{\frac{1}{3}}$$

$$P_2 = \left[\frac{1}{5}(P_{21}^3 + P_{22}^3 + P_{23}^3 + P_{24}^3 + P_{25}^3)\right]^{\frac{1}{3}}$$

$$P_3 = \left[\frac{1}{2}(P_{31}^3 + P_{32}^3)\right]^{\frac{1}{3}}$$

$$P_4 = \left[\frac{1}{4}(P_{41}^3 + P_{42}^3 + P_{43}^3 + P_{44}^3)\right]^{\frac{1}{3}}$$

第二层公式:

$$P_{11} = \text{———}$$

$$P_{12} = \left[\frac{1}{2}(P_{121}^3 + P_{122}^3)\right]^{\frac{1}{3}}$$

$$P_{21} = \left[\frac{1}{2}(P_{211}^3 + P_{212}^3)\right]^{\frac{1}{3}}$$

$$P_{22} = \left[\frac{1}{4}(P_{221}^3 + P_{222}^3 + P_{223}^3 + P_{224}^3)\right]^{\frac{1}{3}}$$

$$P_{23} = \left[\frac{1}{3}(P_{231}^3 + P_{232}^3 + P_{233}^3)\right]^{\frac{1}{3}}$$

$$P_{24} = \left[\frac{1}{9}(P_{241}^3 + P_{242}^3 + P_{243}^3 + P_{244}^3 + P_{245}^3 + P_{246}^3 + P_{247}^3 + P_{248}^3 + P_{249}^3)\right]^{\frac{1}{3}}$$

$$P_{25} = \left[\frac{1}{2}(P_{251}^3 + P_{252}^3)\right]^{\frac{1}{3}}$$

$$P_{31} = \text{———}$$

$$P_{32} = \left[\frac{1}{2}(P_{32a}^3 + P_{32b}^3)\right]^{\frac{1}{3}}$$

$$P_{41} = \left[\frac{1}{2}(P_{411}^3 + P_{412}^3)\right]^{\frac{1}{3}}$$

$$P_{42} = \text{———}$$

$$P_{43} = \text{———}$$

$$P_{44} = \text{———}$$

第三层公式：

$$P_{121} = \text{———}$$

$$P_{122} = \text{———}$$

$$P_{211} = \left[\frac{1}{2}(P_{211a}^3 + P_{211b}^3)\right]^{\frac{1}{3}}$$

$$P_{212} = \left[\frac{1}{2}(P_{212a}^3 + P_{212b}^3)\right]^{\frac{1}{3}}$$

$$P_{221} = \left[\frac{1}{4}(P_{221a}^3 + P_{221b}^3 + P_{221c}^3 + P_{221d}^3)\right]^{\frac{1}{3}}$$

$$P_{222} = \text{———}$$

$$P_{223} = \left[\frac{1}{2}(P_{223a}^3 + P_{223b}^3)\right]^{\frac{1}{3}}$$

$$P_{224} = \left[\frac{1}{2}(P_{224a}^3 + P_{224b}^3)\right]^{\frac{1}{3}}$$

$$P_{231} = \left[\frac{1}{2}(P_{231a}^3 + P_{231b}^3)\right]^{\frac{1}{3}}$$

$$P_{232} = \left[\frac{1}{2}(P_{232a}^3 + P_{232b}^3)\right]^{\frac{1}{3}}$$

$$P_{233} = \left[\frac{1}{2}(P_{233a}^3 + P_{233b}^3)\right]^{\frac{1}{3}}$$

$$P_{241} = \left[\frac{1}{2}(P_{241a}^3 + P_{241b}^3)\right]^{\frac{1}{3}}$$

$$P_{242} = \left[\frac{1}{2}(P_{242a}^3 + P_{242b}^3)\right]^{\frac{1}{3}}$$

$$P_{243} = \left[\frac{1}{2}(P_{243a}^3 + P_{243b}^3)\right]^{\frac{1}{3}}$$

$$P_{244} = \left[\frac{1}{2}(P_{244a}^3 + P_{244b}^3)\right]^{\frac{1}{3}}$$

$$P_{245} = \left[\frac{1}{2}(P_{245a}^3 + P_{245b}^3)\right]^{\frac{1}{3}}$$

$$P_{246} = \left[\frac{1}{2}(P_{246a}^3 + P_{246b}^3)\right]^{\frac{1}{3}}$$

$$P_{247} = \left[\frac{1}{2}(P_{247a}^3 + P_{247b}^3)\right]^{\frac{1}{3}}$$

$$P_{248} = \left[\frac{1}{2}(P_{248a}^3 + P_{248b}^3)\right]^{\frac{1}{3}}$$

$$P_{249} = \left[\frac{1}{2}(P_{249a}^3 + P_{249b}^3)\right]^{\frac{1}{3}}$$

$$P_{251} = \left[\frac{1}{4}(P_{251a}^3 + P_{251b}^3 + P_{251c}^3 + P_{251d}^3)\right]^{\frac{1}{3}}$$

$$P_{252} = \left[\frac{1}{4}(P_{252a}^3 + P_{252b}^3 + P_{252c}^3 + P_{252d}^3)\right]^{\frac{1}{3}}$$

$P_{32a} = $ ——

$P_{32b} = $ ——

第四层公式：以下编码见书后附表2-1。

$P_{211a}$、$P_{211b}$

$P_{212a}$、$P_{212b}$

$P_{221a}$、$P_{221b}$、$P_{221c}$、$P_{221d}$

$P_{223a}$、$P_{223b}$

$P_{224a}$、$P_{224b}$

$P_{231a}$、$P_{231b}$

$P_{232a}$、$P_{232b}$

$P_{233a}$、$P_{233b}$

$P_{241a}$、$P_{241b}$

$P_{242a}$、$P_{242b}$

$P_{243a}$、$P_{243b}$

$P_{244a}$、$P_{244b}$

$P_{245a}$、$P_{245b}$

$P_{246a}$、$P_{246b}$

$P_{247a}$、$P_{247b}$

$P_{248a}$、$P_{248b}$

$P_{249a}$、$P_{249b}$

$P_{251a}$、$P_{251b}$、$P_{251c}$、$P_{251d}$

$P_{252a}$、$P_{252b}$、$P_{252c}$、$P_{252d}$

综上可得出，一级指标：4 个；二级指标：13 个（5 个直接填写）；三级指标：24 个（5 个直接填写）；四级指标：44 个（44 个直接填写）。共计 55 个填写未知数。

2. 省域内义务教育总体均衡指数的计算总公式：

$$\text{EEI}_i = \left[\frac{1}{n}(P_1^3 + P_2^3 + \cdots + P_n^3)\right]^{\frac{1}{3}}$$

定义：$P_1$ = 教育机会，$P_2$ = 资源配置，$P_3$ = 县域管理，$P_4$ = 教育质量，$P_5$ = 总均衡指数

第零层公式：

$$P_5 = \left[\frac{1}{4}(P_1^3 + P_2^3 + P_3^3 + P_4^3)\right]^{\frac{1}{3}}$$

第一层公式：

$$P_1 = \left[\frac{1}{2}(P_{11}^3 + P_{12}^3)\right]^{\frac{1}{3}}$$

$$P_2 = \left[\frac{1}{5}(P_{21}^3 + P_{22}^3 + P_{23}^3 + P_{24}^3 + P_{25}^3)\right]^{\frac{1}{3}}$$

$$P_3 = \left[\frac{1}{2}(P_{31}^3 + P_{32}^3 + P_{33}^3)\right]^{\frac{1}{3}}$$

$$P_4 = \left[\frac{1}{4}(P_{41}^3 + P_{42}^3)\right]^{\frac{1}{3}}$$

第二层公式：

$$P_{11} = \text{———}$$

$$P_{12} = \left[\frac{1}{2}(P_{121}^3 + P_{122}^3)\right]^{\frac{1}{3}}$$

$$P_{21} = \left[\frac{1}{2}(P_{211}^3 + P_{212}^3)\right]^{\frac{1}{3}}$$

$$P_{22} = \left[\frac{1}{5}(P_{221}^3 + P_{222}^3 + P_{223}^3 + P_{224}^3 + + P_{225}^3)\right]^{\frac{1}{3}}$$

$$P_{23} = \left[\frac{1}{3}(P_{231}^3 + P_{232}^3 + P_{233}^3)\right]^{\frac{1}{3}}$$

$$P_{24} = \left[\frac{1}{9}(P_{241}^3 + P_{242}^3 + P_{243}^3 + P_{244}^3 + P_{245}^3 + P_{246}^3 + P_{247}^3 + P_{248}^3 + P_{249}^3)\right]^{\frac{1}{3}}$$

$$P_{25} = \left[\frac{1}{3}(P_{251}^3 + P_{252}^3 + P_{253}^3)\right]^{\frac{1}{3}}$$

$$P_{31} = \text{———}$$

$$P_{32} = \left[\frac{1}{2}(P_{32a}^3 + P_{32b}^3)\right]^{\frac{1}{3}}$$

$$P_{33} = \left[\frac{1}{2}(P_{33a}^3 + P_{33b}^3)\right]^{\frac{1}{3}}$$

$P_{41} = $ ——

$P_{42} = $ ——

第三层公式：

$P_{121} = $ ——

$P_{122} = $ ——

$$P_{211} = \left[\frac{1}{2}(P_{211a}^3 + P_{211b}^3)\right]^{\frac{1}{3}}$$

$$P_{212} = \left[\frac{1}{2}(P_{212a}^3 + P_{212b}^3)\right]^{\frac{1}{3}}$$

$$P_{221} = \left[\frac{1}{2}(P_{221a}^3 + P_{221b}^3)\right]^{\frac{1}{3}}$$

$P_{222} = $ ——

$$P_{223} = \left[\frac{1}{2}(P_{223a}^3 + P_{223b}^3)\right]^{\frac{1}{3}}$$

$$P_{224} = \left[\frac{1}{2}(P_{224a}^3 + P_{224b}^3)\right]^{\frac{1}{3}}$$

$$P_{225} = \left[\frac{1}{2}(P_{225a}^3 + P_{225b}^3)\right]^{\frac{1}{3}}$$

$$P_{231} = \left[\frac{1}{2}(P_{231a}^3 + P_{231b}^3)\right]^{\frac{1}{3}}$$

$$P_{232} = \left[\frac{1}{2}(P_{232a}^3 + P_{232b}^3)\right]^{\frac{1}{3}}$$

$$P_{233} = \left[\frac{1}{2}(P_{233a}^3 + P_{233b}^3)\right]^{\frac{1}{3}}$$

$$P_{241} = \left[\frac{1}{2}(P_{241a}^3 + P_{241b}^3)\right]^{\frac{1}{3}}$$

$$P_{242} = \left[\frac{1}{2}(P_{242a}^3 + P_{242b}^3)\right]^{\frac{1}{3}}$$

$$P_{243} = \left[\frac{1}{2}(P_{243a}^3 + P_{243b}^3)\right]^{\frac{1}{3}}$$

$$P_{244} = \left[\frac{1}{2}(P_{244a}^3 + P_{244b}^3)\right]^{\frac{1}{3}}$$

$$P_{245} = \left[\frac{1}{2}(P_{245a}^3 + P_{245b}^3)\right]^{\frac{1}{3}}$$

$$P_{246} = \left[\frac{1}{2}(P_{246a}^3 + P_{246b}^3)\right]^{\frac{1}{3}}$$

$$P_{247} = \left[\frac{1}{2}(P_{247a}^3 + P_{247b}^3)\right]^{\frac{1}{3}}$$

$$P_{248} = \left[\frac{1}{2}(P_{248a}^3 + P_{248b}^3)\right]^{\frac{1}{3}}$$

$$P_{249} = \left[\frac{1}{2}(P_{249a}^3 + P_{249b}^3)\right]^{\frac{1}{3}}$$

$$P_{251} = ——$$

$$P_{252} = \left[\frac{1}{2}(P_{252a}^3 + P_{252b}^3)\right]^{\frac{1}{3}}$$

$$P_{253} = \left[\frac{1}{2}(P_{253a}^3 + P_{253b}^3)\right]^{\frac{1}{3}}$$

$P_{32a} = ——$

$P_{32b} = ——$

$P_{33a} = ——$

$P_{33b} = ——$

第四层公式：以下编码见书后附表2－2。

$P_{211a}$、$P_{211b}$

$P_{212a}$、$P_{212b}$

$P_{221a}$、$P_{221b}$

$P_{223a}$、$P_{223b}$

$P_{224a}$、$P_{224b}$

$P_{225a}$、$P_{225b}$

$P_{231a}$、$P_{231b}$

$P_{232a}$、$P_{232b}$

$P_{233a}$、$P_{233b}$

$P_{241a}$、$P_{241b}$

$P_{242a}$、$P_{242b}$

$P_{243a}$、$P_{243b}$

$P_{244a}$、$P_{244b}$

$P_{245a}$、$P_{245b}$

$P_{246a}$、$P_{246b}$

$P_{247a}$、$P_{247b}$

$P_{248a}$、$P_{248b}$

$P_{249a}$、$P_{249b}$

$P_{252a}$、$P_{252b}$

$P_{253a}$、$P_{253b}$

综上可得出，一级指标：4 个；二级指标：12 个（4 个直接填写）；三级指标：28 个（8 个直接填写）；四级指标：40 个（40 个直接填写）。共计 53 个填写未知数。

## 三、区域内义务教育均衡发展指标体系的权重设计

### （一）区域内义务教育均衡发展指标体系的权重及其计算方法

测量区域内义务教育总体均衡指数时，需要考虑不同指标对区域内义务教育均衡的不同影响，因而需要对区域内义务教育均衡发展指标体系中的各个指标计算权重。对于多指标的权重计算问题，国内外许多学者研究出了许多加权方法，提出了各种数学模型。目前，用得比较多的主要有经验加权法、专家估计法、比较加权法、德尔斐法、统计映射法、九标度层次分析法、三标度两步层次分析法、超标加权法等。

经验加权法、专家估计法、德尔斐法都过于依赖主观判断，而且对于指标进行主观的加权也不够精确；而统计映射法、九标度层次分析法、三标度两步层次分析法、超标加权法都需要对指标进行两两比较。而本课题的《表 2-1 县域内义务教育均衡发展的指标体系》和《表 2-2 省域内义务教育均衡发展的指标体系》的指标都达 20 多个，若要将每个指标都与其他指标进行两两比较，数据繁杂，工作量巨大。而比较加权法，是基于专家对各个指标进行独立的重要性判断，然后以同级测评指标中重要程度最小的那个为基础，其他指标与之比较作出重要性程度是它多少倍的判断，最后进行归一化处理，即得到各个测评指标的权重系数。因而可行性高，数据也易于统计，而且由此计算出来的权重值也少了经验加权法等方法的随意性，更加精确可靠。因此，本书采用比较加权法确定指标体系中的各个指标的权重。

### （二）区域内义务教育均衡发展指标体系的权重确定

基于比较加权法，我们制作了指标体系调查表，将各指标的重要性程度分为五等，即非常重要、比较重要、一般、不太重要、不重要，然后请各专家对各指标的重要性进行评定，在相应的重要性程度下打钩。

请到的专家有辽宁省鞍山市铁西区教师进修学校负责人杨玉志、辽中县教育科研部主任周炳德、阜蒙县教师进修学校负责人唐显武；四川省教育科学研究所负责人黄勇、乐至县教师进修学校负责人陈洪亮、德阳市旌阳区教育局负责人张增萍；湖南省教育厅基教处处长郭荣学、醴陵市教育局副局长王清波、邵阳市双清区教育局副局长王丽君、泸溪县教育局副局长符兴明、湖南省教育科学规划办主任李倡平等。此外，课题组分赴长沙、桃江、新邵三县采集数据和试测指标体系时，也请当地各中小学的校长对各指标的重要性作出了评价，共收集到 30 份专家评价结果。

对收集到的评价结果，我们采用五点量表法，将"非常重要"定义为 5，"比较重要"定义为 4，"一般"定义为 3，"不太重要"定义为 2，"不重要"定义为 1。对专家评分结果进行统计归纳，归纳结果见表 2-4 和表 2-5。

表2-4 专家对县域内义务教育均衡发展指标体系各项指标评分统计

| 指标 | 非常重要 | 比较重要 | 一般 | 不太重要 | 不重要 |
|---|---|---|---|---|---|
| 1.1 小学适龄儿童入学率 | 17 | 1 | 2 | 1 | 0 |
| 1.2.1 小学巩固率 | 12 | 7 | 2 | 0 | 0 |
| 1.2.2 初中巩固率 | 12 | 7 | 2 | 0 | 0 |
| 2.1.1 年生均教育事业费 | 17 | 3 | 1 | 0 | 0 |
| 2.1.2 年生均公用经费 | 18 | 2 | 1 | 0 | 0 |
| 2.2.1 数量(生师比) | 13 | 7 | 1 | 0 | 0 |
| 2.2.2 初中教师专业对口率 | 14 | 6 | 1 | 0 | 0 |
| 2.2.3 教师职称结构 | 5 | 13 | 3 | 0 | 0 |
| 2.2.4 教师年人均收入 | 15 | 5 | 1 | 0 | 0 |
| 2.3.1 生均校园面积 | 14 | 5 | 1 | 1 | 0 |
| 2.3.2 生均校舍面积 | 13 | 6 | 2 | 0 | 0 |
| 2.3.3 生均运动场(馆)面积 | 16 | 5 | 0 | 0 | 0 |
| 2.4.1 教学仪器设备达标 | 12 | 8 | 1 | 0 | 0 |
| 2.4.6 实验开出率 | 9 | 9 | 3 | 0 | 0 |
| 2.4.7 生均图书 | 9 | 8 | 4 | 0 | 0 |
| 2.4.8 生均计算机 | 7 | 10 | 4 | 0 | 0 |
| 2.4.9 班级多媒体比例 | 10 | 8 | 3 | 0 | 0 |
| 2.5.1 校均规模 | 10 | 9 | 1 | 1 | 0 |
| 2.5.2 班额控制 | 9 | 11 | 1 | 0 | 0 |
| 3.1 全面执行教学计划 | 19 | 0 | 2 | 0 | 0 |
| 3.2 校舍利用率 | 9 | 9 | 3 | 0 | 0 |
| 4.1 学生合格率 | 13 | 5 | 3 | 0 | 0 |
| 4.2 学生对学习的满意度 | 10 | 8 | 3 | 0 | 0 |
| 4.3 社区对义务教育均衡发展的反响 | 8 | 11 | 1 | 1 | 0 |

表2-5 专家对省域内义务教育均衡发展指标体系各项指标评分统计

| 指标 | 非常重要 | 比较重要 | 一般 | 不太重要 | 不重要 |
|---|---|---|---|---|---|
| 1.1 小学适龄儿童入学率 | 12 | 6 | 3 | 0 | 0 |
| 1.2 巩固率 | 14 | 6 | 1 | 0 | 0 |
| 2.1.1 年生均教育事业费 | 16 | 4 | 1 | 0 | 0 |

（续表）

| 指标 | 非常重要 | 比较重要 | 一般 | 不太重要 | 不重要 |
|---|---|---|---|---|---|
| 2.1.2 年生均公用经费 | 17 | 1 | 3 | 0 | 0 |
| 2.2.1 数量（生师比） | 14 | 5 | 2 | 0 | 0 |
| 2.2.2 初中教师专业对口率 | 10 | 9 | 2 | 0 | 0 |
| 2.2.3 教师职称结构 | 7 | 9 | 5 | 0 | 0 |
| 2.2.4 教师年人均收入 | 16 | 5 | 0 | 0 | 0 |
| 2.2.5 教师年人均培训经费 | 12 | 4 | 5 | 0 | 0 |
| 2.3.1 生均校园面积 | 14 | 5 | 1 | 1 | 0 |
| 2.3.2 生均校舍面积 | 12 | 5 | 3 | 1 | 0 |
| 2.3.3 生均运动场（馆）面积 | 15 | 6 | 0 | 0 | 0 |
| 2.4.1 达标学校比例 | 8 | 8 | 5 | 0 | 0 |
| 2.4.6 实验开出率 | 9 | 8 | 4 | 0 | 0 |
| 2.4.7 生均图书 | 10 | 5 | 6 | 0 | 0 |
| 2.4.8 生均计算机 | 9 | 7 | 5 | 0 | 0 |
| 2.4.9 班级多媒体比例 | 10 | 6 | 5 | 0 | 0 |
| 2.5.1 特殊学校设立的比例 | 8 | 9 | 3 | 1 | 0 |
| 2.5.2 校均规模 | 10 | 8 | 2 | 0 | 0 |
| 2.5.3 班额控制 | 12 | 7 | 2 | 0 | 0 |
| 3.1 标准化学校比例 | 13 | 5 | 2 | 1 | 0 |
| 3.2 校长交流比例 | | | | | |
| 3.3 校舍利用率 | 11 | 6 | 4 | 0 | 0 |
| 4.1 九年制义务教育完成率 | 16 | 4 | 1 | 0 | 0 |
| 4.2 社区对义务教育均衡发展的反响 | 13 | 6 | 2 | 0 | 0 |

将各指标的重要性得分进行排序，得到指标的重要性等级。将各指标重要性等级相加，再选取最小重要性的指标——表2-1中以"年生均公用经费"、表2-2中以"教师年人均收入"为参照依据，得出其他指标是它的多少倍的数据。（见表2-6和表2-7）

表2-6 专家对县域内义务教育均衡发展指标体系各项指标评分的重要性等级和倍数

| 指标 | 重要性等级总和 | 各指标重要性倍数 | 指标 | 重要性等级总和 | 各指标重要性倍数 |
|---|---|---|---|---|---|
| 1.1 小学适龄儿童入学率 | 223.5 | 1.132 | 2.4.1 教学仪器设备达标 | 264.5 | 1.339 |
| 1.2.1 小学巩固率 | 259.8 | 1.316 | 2.4.6 实验开出率 | 293 | 1.484 |
| 1.2.2 初中巩固率 | 258.8 | 1.311 | 2.4.7 生均图书 | 300.8 | 1.524 |
| 2.1.1 年生均教育事业费 | 197.8 | 1.002 | 2.4.8 生均计算机 | 325.3 | 1.648 |
| 2.1.2 年生均公用经费 | 197.5 | 1.000 | 2.4.9 班级多媒体比例 | 287.5 | 1.456 |
| 2.2.1 数量(生师比) | 240.6 | 1.219 | 2.5.1 校均规模 | 290 | 1.469 |
| 2.2.2 初中教师专业对口率 | 230.5 | 1.168 | 2.5.2 班额控制 | 298.3 | 1.511 |
| 2.2.3 教师职称结构 | 347.6 | 1.76 | 3.1 全面执行教学计划 | 197.4 | 1.000 |
| 2.2.4 教师年人均收入 | 236.5 | 1.198 | 3.2 校舍利用率 | 309.2 | 1.566 |
| 2.3.1 生均校园面积 | 261.4 | 1.324 | 4.1 学生合格率 | 265.5 | 1.345 |
| 2.3.2 生均校舍面积 | 265.4 | 1.344 | 4.2 学生对学习的满意度 | 263.6 | 1.335 |
| 2.3.3 生均运动场(馆)面积 | 205.8 | 1.042 | 4.3 社区对义务教育均衡发展的反响 | 285.1 | 1.444 |

说明：各指标的重要性倍数以最小重要性（定义为1.000）为参照。

表2-7 专家对省域内义务教育均衡发展指标体系各项指标评分的重要性等级和倍数

| 指标 | 重要性等级总和 | 各指标重要性倍数 | 指标 | 重要性等级总和 | 各指标重要性倍数 |
|---|---|---|---|---|---|
| 1.1 小学适龄儿童入学率 | 264.08 | 1.30 | 2.4.1 达标学校比例 | 324.08 | 1.60 |
| 1.2 巩固率 | 239.78 | 1.18 | 2.4.6 实验开出率 | 300.58 | 1.48 |
| 2.1.1 年生均教育事业费 | 220.70 | 1.09 | 2.4.7 生均图书 | 302.58 | 1.49 |
| 2.1.2 年生均公用经费 | 215.70 | 1.06 | 2.4.8 生均计算机 | 302.58 | 1.49 |
| 2.2.1 数量(生师比) | 226.00 | 1.11 | 2.4.9 班级多媒体比例 | 300.58 | 1.48 |
| 2.2.2 初中教师专业对口率 | 277.08 | 1.37 | 2.5.1 特殊学校建设 | 314 | 1.55 |
| 2.2.3 教师职称结构 | 328.00 | 1.62 | 2.5.2 校均规模 | 288.5 | 1.42 |

（续表）

| 指标 | 重要性等级总和 | 各指标重要性倍数 | 指标 | 重要性等级总和 | 各指标重要性倍数 |
|---|---|---|---|---|---|
| 2.2.4 教师年人均收入 | 202.70 | 1.00 | 2.5.3 班额控制 | 258 | 1.27 |
| 2.2.5 教师年人均培训经费 | 276.00 | 1.36 | 3.1 标准化学校比例 | 261.7 | 1.29 |
| 2.3.1 生均校园面积 | 255.78 | 1.26 | 3.3 校舍利用率 | 299.78 | 1.48 |
| 2.3.2 生均校舍面积 | 291.78 | 1.44 | 4.1 九年制义务教育完成率 | 218.28 | 1.08 |
| 2.3.3 生均运动场(馆)面积 | 214.20 | 1.06 | 4.2 社区对义务教育均衡发展的反响 | 262.78 | 1.30 |

说明：各指标的重要性倍数以最小重要性（定义为1.00）为参照。

最后，将每个指标的重要性倍数进行归一化，即可得到各指标的权重（见表2-8和表2-9）。

**表2-8　县域内义务教育均衡发展测评指标体系四级指标的权重**

| 指标 | 权重 | 指标 | 权重 |
|---|---|---|---|
| 1.1 小学适龄儿童入学率 | 0.0354 | 2.4.1 教学仪器设备达标 | 0.0419 |
| 1.2.1 小学巩固率 | 0.0412 | 2.4.6 实验开出率 | 0.0465 |
| 1.2.2 初中巩固率 | 0.0410 | 2.4.7 生均图书 | 0.0477 |
| 2.1.1 年生均教育事业费 | 0.0314 | 2.4.8 生均计算机 | 0.0516 |
| 2.1.2 年生均公用经费 | 0.0313 | 2.4.9 班级多媒体比例 | 0.0456 |
| 2.2.1 数量(生师比) | 0.0382 | 2.5.1 校均规模 | 0.0460 |
| 2.2.2 初中教师专业对口率 | 0.0366 | 2.5.2 班额控制 | 0.0473 |
| 2.2.3 教师职称结构 | 0.0551 | 3.1 全面执行教学计划 | 0.0313 |
| 2.2.4 教师年人均收入 | 0.0375 | 3.2 校舍利用率 | 0.0490 |
| 2.3.1 生均校园面积 | 0.0415 | 4.1 学生合格率 | 0.0422 |
| 2.3.2 生均校舍面积 | 0.0421 | 4.2 学生对学习的满意度 | 0.0418 |
| 2.3.3 生均运动场(馆)面积 | 0.0326 | 4.3 社区对义务教育均衡发展的反响 | 0.0452 |
| Σ | 1 | | |

表 2-9 省域内义务教育均衡发展指标体系四级指标的权重

| 指标 | 权重 | 指标 | 权重 |
|---|---|---|---|
| 1.1 小学适龄儿童入学率 | 0.0410 | 2.4.1 运动场(馆)达标校 | 0.0503 |
| 1.2 巩固率 | 0.0372 | 2.4.6 实验开出率 | 0.0466 |
| 2.1.1 年生均教育事业费 | 0.0342 | 2.4.7 生均图书 | 0.0469 |
| 2.1.2 年生均公用经费 | 0.0335 | 2.4.8 生均计算机 | 0.0469 |
| 2.2.1 数量(生师比) | 0.0351 | 2.4.9 班级多媒体比例 | 0.0466 |
| 2.2.2 初中教师专业对口率 | 0.0430 | 2.5.1 特殊学校建设 | 0.0487 |
| 2.2.3 教师职称结构 | 0.0509 | 2.5.2 校均规模 | 0.0448 |
| 2.2.4 教师年人均收入 | 0.0314 | 2.5.3 班额控制 | 0.0400 |
| 2.2.5 教师年人均培训经费 | 0.0428 | 3.1 标准化学校比例 | 0.0406 |
| 2.3.1 生均校园面积 | 0.0397 | 3.3 校舍利用率 | 0.0465 |
| 2.3.2 生均校舍面积 | 0.0453 | 4.1 九年制义务教育完成率 | 0.0339 |
| 2.3.3 生均运动场(馆)面积 | 0.0332 | 4.2 社区对义务教育均衡发展的反响 | 0.0408 |
| ∑ | 1 | | |

各项指标的权重得出后,再将其归纳到隶属的上一级指标,由此算出二级指标和一级指标的权重(见表 2-10 和表 2-11)。

表 2-10 县域内义务教育学校均衡发展指标体系各级指标的权重(%)

| 一级 | 权重 | 二级 | 权重 | 三级 | 权重 |
|---|---|---|---|---|---|
| 1. 教育机会 | 11.76 | 1.1 小学适龄儿童入学率 | 30.10 | | |
| | | 1.2 巩固率 | 69.90 | 1.2.1 小学 | 50.12 |
| | | | | 1.2.2 初中 | 49.88 |
| 2. 资源配置 | 67.29 | 2.1 经费 | 9.32 | 2.1.1 年生均教育事业费 | 50.08 |
| | | | | 2.1.2 年生均公用经费 | 49.92 |
| | | 2.2 师资 | 24.88 | 2.2.1 数量(生师比) | 22.82 |
| | | | | 2.2.2 初中教师专业对口率 | 21.86 |
| | | | | 2.2.3 教师职称结构 | 32.92 |
| | | | | 2.2.4 教师年人均收入 | 22.40 |
| | | 2.3 校园校舍 | 17.27 | 2.3.1 生均校园面积 | 35.71 |
| | | | | 2.3.2 生均校舍面积 | 36.23 |
| | | | | 2.3.3 生均运动场(馆)面积 | 28.06 |

（续表）

| 一级 | 权重 | 二级 | 权重 | 三级 | 权重 |
|---|---|---|---|---|---|
| 2. 资源配置 | 67.29 | 2.4 设施设备 | 34.67 | 2.4.1 教学仪器设备达标 | 17.96 |
| | | | | 2.4.6 实验开出率 | 19.93 |
| | | | | 2.4.7 生均图书 | 20.45 |
| | | | | 2.4.8 生均计算机 | 22.12 |
| | | | | 2.4.9 班级多媒体比例 | 19.55 |
| | | 2.5 学校布局 | 13.87 | 2.5.1 校均规模 | 49.30 |
| | | | | 2.5.2 班额控制 | 50.70 |
| 3. 学校管理 | 8.03 | 3.1 全面执行教学计划 | 38.98 | | |
| | | 3.2 校舍利用率 | 61.02 | | |
| 4. 教育质量 | 12.92 | 4.1 学生合格率 | 32.66 | | |
| | | 4.2 学生对学习的满意度 | 32.35 | | |
| | | 4.3 社区对义务教育均衡发展的反响 | 34.99 | | |

表2-11 省域内义务教育均衡发展测评指标体系各级指标的权重(%)

| 一级 | 权重 | 二级 | 权重 | 三级 | 权重 |
|---|---|---|---|---|---|
| 1. 教育机会 | 7.82 | 1.1 小学适龄儿童入学率 | 52.4 | | |
| | | 1.2 巩固率 | 47.6 | | |
| 2. 资源管理 | 75.99 | 2.1 经费 | 8.9 | 2.1.1 年生均教育事业费 | 50.52 |
| | | | | 2.1.2 年生均公用经费 | 49.48 |
| | | 2.2 师资 | 26.74 | 2.2.1 数量(生师比) | 17.28 |
| | | | | 2.2.2 初中教师专业对口率 | 21.16 |
| | | | | 2.2.3 教师职称结构 | 25.05 |
| | | | | 2.2.4 教师年人均收入 | 15.45 |
| | | | | 2.2.5 教师年人均培训经费 | 21.06 |
| | | 2.3 校园校舍 | 15.56 | 2.3.1 生均校园面积 | 33.59 |
| | | | | 2.3.2 生均校舍面积 | 38.32 |
| | | | | 2.3.3 生均运动场(馆)面积 | 28.09 |
| | | 2.4 设施设备 | 31.23 | 2.4.1 运动场(馆)达标校 | 21.20 |
| | | | | 2.4.6 实验开出率 | 19.64 |
| | | | | 2.4.7 生均图书 | 19.76 |

(续表)

| 一级 | 权重 | 二级 | 权重 | 三级 | 权重 |
|---|---|---|---|---|---|
| 2. 资源管理 | 75.99 | 2.4 设施设备 | 31.23 | 2.4.8 生均计算机 | 19.76 |
| | | | | 2.4.9 班级多媒体比例 | 19.64 |
| | | 2.5 学校布局 | 17.57 | 2.5.1 特殊学校建设 | 36.48 |
| | | | | 2.5.2 校均规模 | 33.56 |
| | | | | 2.5.3 班额控制 | 29.96 |
| 3. 县域管理 | 8.71 | 3.1 标准化学校比例 | 46.61 | | |
| | | 3.2 校长交流比例 | 0.00 | | |
| | | 3.3 校舍利用率 | 53.39 | | |
| 4. 教育质量 | 8.07 | 4.1 九年制义务教育完成率 | 49.44 | | |
| | | 4.2 社区对义务教育均衡发展的反响 | 50.56 | | |

### （三）区域内义务教育均衡发展指标体系权重的可靠性论证

权重比较法在重要性的评定上仍免不了带有一定的主观性。从这个意义上讲，该方法计算出的权重值虽有科学依据，但终究没有完全摆脱人为干预。我们需要用一种科学的方法来论证专家重要性评分结果的可靠性。当 K 个评判者都对某一对象进行评定，而这一对象可能是一个单一的变量或所测量的同一结构的一系列的 J 个条目，在这种情况下采用一种科学的、能够衡量评判者一致性的指标对测量结果的评价是非常重要的。对于此研究结果是否可靠，我们采用评分者内部一致性来进行论证。

对于判断的平均分数 IRA 估计是基于如下的假设：即 J 个条目（J 等于 1…J）是实质上完全平行的同一结构的指标。这意味着在条目构成的范围内，变异和协变异是几乎完全相同的。考虑到这些假设，在判断均数的 IRA 的估计中，将斯皮尔曼—布朗公式应用到 $r_{WG(1)} = 1 - (S_{xj}^2/t_{EU}^2)$ 中，推导出最直接的计算公式如下：

$$r_{WG(1)} = \frac{J[1-(\overline{S_{xj}^2}/\sigma_{EU}^2)]}{J[1-(\overline{S_{xj}^2}/\sigma_{EU}^2)]+(\overline{S_{xj}^2}/\sigma_{EU}^2)}$$

其中，$r_{WG(1)}$ 是基于 J 个完全平行条目的判断均分的组内评定者的一致性。$\overline{S_{xj}^2}$ 是对 J 个条目的观察变异的均数。

在《表 2 - 1 县域内义务教育学校均衡发展测评指标体系》研究中，21 位专家（$K=21$）对同一批指标，即完全平行的 24 个条目（$J=24$），按照五点量表的方式（$A=5$）进行评定，可以计算出评定者内部一致性。

对于 $A=5$ 组的 21 个判断，分布是均匀的，因此，$t_{EN}^2 = (A^2-1)/12$。其中，A 代表反应选项，在此研究中，$t_{EN}^2 = 2$。

$t_{EN}^2$ 即为此公式中的 $\sigma_{EU}^2$，即在此研究中 $\sigma_{EU}^2 = 2$。经过计算，各指标的方差见表 2-12。

表 2-12　县域内义务教育学校均衡发展测评指标各指标方差

| 指标 | 方差 | 指标 | 方差 |
|---|---|---|---|
| 1.1 小学适龄儿童入学率 | 0.748 | 2.4.1 教学仪器设备达标 | 0.362 |
| 1.2.1 小学巩固率 | 0.462 | 2.4.6 实验开出率 | 0.514 |
| 1.2.2 初中巩固率 | 0.462 | 2.4.7 生均图书 | 0.590 |
| 2.1.1 年生均教育事业费 | 0.290 | 2.4.8 生均计算机 | 0.529 |
| 2.1.2 年生均公用经费 | 0.262 | 2.4.9 班级多媒体比例 | 0.533 |
| 2.2.1 数量（生师比） | 0.357 | 2.5.1 校均规模 | 0.633 |
| 2.2.2 初中教师专业对口率 | 0.348 | 2.5.2 班额控制 | 0.348 |
| 2.2.3 教师职称结构 | 0.390 | 3.1 全面执行教学计划 | 0.362 |
| 2.2.4 教师年人均收入 | 0.333 | 3.2 校舍利用率 | 0.514 |
| 2.3.1 生均校园面积 | 0.662 | 4.1 学生合格率 | 0.562 |
| 2.3.2 生均校舍面积 | 0.462 | 4.2 学生对学习的满意度 | 0.533 |
| 2.3.3 生均运动场（馆）面积 | 0.190 | 4.3 社区对义务教育均衡发展的反响 | 0.590 |
| $\overline{S_{xj}^2}$ | 0.46 | | |

将 $\overline{S_{xj}^2} = 0.46, J = 24, \sigma_{EU}^2 = 2$ 代入公式 $r_{WG(1)} = \dfrac{J[1 - (\overline{S_{xj}^2}/\sigma_{EU}^2)]}{J[1 - (\overline{S_{xj}^2}/\sigma_{EU}^2)] + (\overline{S_{xj}^2}/\sigma_{EU}^2)}$，可以得出 $r_{WG(1)} = 0.988$。

这个结果意味着高水平的 IRA。关于有效标准的界定问题，学术界一直存在争论。一般共同遵循的原则是：如果计算的值大于 0.7，就认为一致性是可接受的。

在本研究中，$r_{WG(1)} = 0.988 > 0.7$，说明本研究结果是可接受的、有效的并具有理论意义的。

在《表 2-2 省域内义务教育均衡发展测评指标体系》研究中，21 位专家（$K = 21$）对同一批指标，即完全平行的 24 个条目（$J = 24$），按照五点量表的方式（$A = 5$）进行评定，可以计算出评定者内部一致性。

对于 $A = 5$ 组的 21 个判断，分布是均匀的，因此，$t_{EN}^2 = (A^2 - 1)/12$。其中，$A$ 代表反应选项，在此研究中，$t_{EN}^2 = 2$。

$t_{EN}^2$ 即为此公式中的 $\sigma_{EU}^2$，即在此研究中 $\sigma_{EU}^2 = 2$。经过计算，各指标的方差如表 2-13。

表2-13 省域内义务教育学校均衡发展测评指标各指标方差

| 指标 | 方差 | 指标 | 方差 |
| --- | --- | --- | --- |
| 1.1 小学适龄儿童入学率 | 0.557 | 2.4.1 运动场(馆)达标校 | 0.629 |
| 1.2 巩固率 | 0.348 | 2.4.6 实验开出率 | 0.590 |
| 2.1.1 年生均教育事业费 | 0.314 | 2.4.7 生均图书 | 0.762 |
| 2.1.2 年生均公用经费 | 0.533 | 2.4.8 生均计算机 | 0.662 |
| 2.2.1 数量(生师比) | 0.457 | 2.4.9 班级多媒体比例 | 0.690 |
| 2.2.2 初中教师专业对口率 | 0.448 | 2.5.1 特殊学校建设 | 0.729 |
| 2.2.3 教师职称结构 | 0.590 | 2.5.2 校均规模 | 0.714 |
| 2.2.4 教师年人均收入 | 0.190 | 2.5.3 班额控制 | 0.462 |
| 2.2.5 教师年人均培训经费 | 0.733 | 3.1 标准化学校比例 | 0.757 |
| 2.3.1 生均校园面积 | 0.662 | 3.3 校舍利用率 | 0.633 |
| 2.3.2 生均校舍面积 | 0.833 | 4.1 九年制义务教育完成率 | 0.314 |
| 2.3.3 生均运动场(馆)面积 | 0.214 | 4.2 社区对义务教育均衡发展的反响 | 0.462 |
| $\overline{S_{xj}^2}$ | 0.553 | | |

将 $\overline{S_{xj}^2} = 0.553, J = 24, \sigma_{EU}^2 = 2$ 代入公式 $r_{WG(1)} = \dfrac{J[1-(\overline{S_{xj}^2}/\sigma_{EU}^2)]}{J[1-(\overline{S_{xj}^2}/\sigma_{EU}^2)] + (\overline{S_{xj}^2}/\sigma_{EU}^2)}$，可以得出 $r_{WG(1)} = 0.976$。

在本研究中，$r_{WG(1)} = 0.976 > 0.7$，说明本研究结果是可接受的、有效的并具有理论意义的。

## 第三节 区域内义务教育均衡发展水平的评价标准

### 一、区域内义务教育均衡发展水平评价标准研究综述

为了比较区域内义务教育均衡发展的总体水平，就要对总体水平适当划分等次（包括总体发展水平的等次和总体均衡水平的等次），因而需要建立一个划分均衡发展等次的评价标准（包括划分总体发展水平等次的评价标准和划分总体均衡水平等次的评价标准）。

目前，关于研究区域内义务教育均衡发展的文献相当多，但研究义务教育均衡发展评价标准的文献却不多，只有一些研究教育公平评估指标、基础教育均衡发展指标的成果，它们为研究义务教育均衡发展评价标准奠定了一定基础。这方面比较典型的研究有：2003年，袁振国教授提出，要选择"一套比较敏感而又重要的教育指标"进

行动态分析,通过建立适当的数学模型,得出教育发展水平的一个基准值。不同地区、不同学校的发展程度可以通过与基准值的比较,获得发展的偏离程度。这样就可以及时发现教育中存在的问题,对决策部门起到预警作用。在必要的时候,政府可以对指数下线做行政上的规定,通过法律或行政的手段将均衡系数控制在一个规定的水平上。[7]但此研究仅停留在理论层面,并没有提出具体的评价标准。此后,北京师范大学王善迈教授建立了一套教育公平的评价指标体系,具体包括受教育权和入学机会公平、公共教育资源配置公平、教育质量公平、群体间教育公平等4个方面指标。[8]周金燕提出了教育均衡(公平)综合指数,用来衡量3级正规教育公平的状况,其中之一是义务教育均衡指数。该指标又包括小学教育经费城乡公平、小学教育经费区域公平、初中教育经费城乡公平、初中教育经费城乡公平4个下级指标。[9]沈有禄系统介绍了西方教育公平测度的几个指标体系,[10]尽管这些指标体系不是针对义务教育均衡发展设计的,也不完全符合我国国情,但它们对于过程性指标的关注以及指标设计的细化与精致是值得借鉴的。翟博在国内建立了公认度较高的教育均衡发展指标体系,其教育均衡指数体系在"指标体系一"中的子领域中考虑到了教育机会均衡指数、教育资源配置均衡指数、教育质量均衡指数、教育成就均衡指数;在"指标体系二"的子领域中考虑到了区域教育均衡指数、城乡教育均衡指数、学校教育均衡指数。[11]但这些也只是从动态上研究了我国基础教育特别是义务教育发展正在趋向均衡的态势,并没有对计算出的均衡指数进行分类说明,包括说明指数在什么范围是非常均衡、比较均衡、均衡、不太均衡和非常不均衡的。即使近期的研究,如褚宏启、高莉的《义务教育均衡发展评估指标与标准的制订》一文,也仅仅是对设计义务教育均衡发展评估指标与标准的过程中的注意事项进行了说明,并没有制订出具体的义务教育均衡发展评估指标体系和标准。[12]

纵观已有文献,目前对义务教育均衡发展指标体系研究的成果比较多,而对义务教育均衡发展的评估标准的研究还很少,几乎是一片空白,而且无论是实际工作者还是理论工作者,经常把"均衡"和"均衡发展"的概念混淆起来,不能正确理解"均衡发展"实际上包含了"均衡"和"发展"的双重含义。2010年,教育部《关于贯彻落实科学发展观进一步推进义务教育均衡发展的意见》提出,"国家和省级教育督导部门要研究制定义务教育均衡发展评估指标和标准,定期对县域内的义务教育均衡发展状况进行监测和督导评估。"根据这个要求,本课题拟借鉴区域经济学关于区域经济发展差异的分析方法和经济学的定量分析方法,在对区域内义务教育均衡发展的含义进行科学界定的基础上,研究制定区域内义务教育总体发展水平和总体均衡水平的评价标准。

## 二、区域内义务教育总体发展水平评价标准的制定

### (一) 区域内义务教育总体发展水平评价标准制定的设计

区域内义务教育总是以一定的总体发展水平来表现的,对这个总体发展水平的界定和称谓就是区域内义务教育的总体发展水平评价标准。很明显,它有三层含义。

1. 区域内义务教育总体发展水平的等次划分依据,本课题确定以发展指数为依据。

一般来讲，发展指数越大，发展水平越高；反之，发展指数越小，发展水平就越低。

2. 区域内义务教育总体发展水平的等次划分标准（发展指数大小），不是一成不变的，而是随着经济社会的发展而发展的，或是随着义务教育的发展而发展的。虽然义务教育发展水平是随着时间的推移而不断提高的，但本课题研究的时间起点是2009年，因而这里主要研究2009年的评价标准。至于目标年度（2020年）的评价标准，在对2020年区域内义务教育均衡发展进行综合预测分析时，再行研究。

3. 区域内义务教育总体发展水平的层次划分等级。习惯上有高度发达、比较发达、发达等划分，但这种划分法不够完整，没有反映事实上存在的区域内义务教育总体发展水平差异的状态。本课题根据区域内义务教育发展可能存在的一般状态和教育科学研究的一般划分方法，将区域内义务教育总体发展水平的等次划分为：非常发达（习惯称之为高度发达）、比较发达、一般发达（习惯称之为发达）、不太发达、不发达5个等次。

设计区域内义务教育总体发展水平的评价标准，首先要对发展等级分类，对各个等级赋值，选定等级参数。本书等级参数的确定基于以下两点：一是基于模糊数学的隶属函数，二是基于已有数据的均值。

## （二）县域内义务教育总体发展水平评价标准的制定

1. 县域内义务教育总体发展水平评价标准。本课题制定县域内义务教育总体发展水平评价标准，考虑了以下问题：①将总体发展水平的评价标准的等次划分为非常发达、比较发达、一般发达、不太发达和非常不发达5等，因为将事物的发达水平划分为5等是科研工作的一般划分办法，而且均衡水平也是划分为5等；②将总体发展水平的评价标准延伸到一级单项指标，因为在总的发展水平（等次）相同的条件下，其一级单项指标可以有不同的发展水平（等次）结构，而且在义务教育均衡发展中各个一级单项指标也有着不同的地位和现实基础；③总体发展水平的数值与其一级单项指标的发展水平数值大致是一致的；④总体发展水平及各个一级单项指标的发展水平的数值，都表现为一个区间。（见表2-14）

表2-14 2009年县域内义务教育发展水平评价标准

| | | 非常不发达 | 不太发达 | 一般发达 | 比较发达 | 非常发达 |
|---|---|---|---|---|---|---|
| 总体发展水平评价标准 | | ≤0.6216 | >0.6216 ≤0.7001 | >0.7001 ≤0.7884 | >0.7884 ≤0.8879 | >0.8879 |
| 一级指标发展水平评价标准 | 教育机会 | ≤0.0139 | >0.0139 ≤0.0404 | >0.0404 ≤0.1177 | >0.1177 ≤0.3431 | >0.3431 |
| | 资源配置 | ≤0.2279 | >0.2279 ≤0.3299 | >0.3299 ≤0.4774 | >0.4774 ≤0.6910 | >0.7877 |
| | 学校管理 | ≤0.0076 | >0.0076 ≤0.0257 | >0.02579 ≤0.0871 | >0.0871 ≤0.2951 | >0.2951 |
| | 教育质量 | ≤0.0113 | >0.0113 ≤0.0346 | >0.0346 ≤0.1062 | >0.1062 ≤0.3252 | >0.3252 |

说明：本表的数值为发展指数。

2. 县域内义务教育一级单项指标发展水平评价标准。本书制定县域内义务教育一级单项发展水平评价标准,考虑了以下问题:①将一级单项指标的发展水平评价标准的等次划分为非常发达、比较发达、一般发达、不太发达和非常不发达5等,以便与总的发展水平的等次划分以及均衡水平的等次划分相一致;②所有一级单项指标的发展水平数值与其总的发展水平的数值大致是一致的;③一级单项指标发展水平的评价标准可以独立使用;④各个一级单项指标的发展水平的数值,都表现为一个区间。(见表2-14)

(三) 省域内义务教育总体发展水平评价标准的制定

1. 省域内义务教育总体发展水平评价标准。与制定县域内义务教育总体发展水平评价标准一样,制定省域内义务教育总体发展水平评价标准考虑了以下问题:①将总体发展水平评价标准的等次划分为非常发达、比较发达、一般发达、不太发达和非常不发达5等;②将总体发展水平的评价标准延伸到一级单项指标;③总体发展水平的数值与其一级单项指标的发展水平数值大致是一致的;④总体发展水平及各个一级单项指标的发展水平的数值,都表现为一个区间。(见表2-15)

表2-15 2009年省域内义务教育发展水平评价标准

| | | 非常不发达 | 不太发达 | 一般发达 | 比较发达 | 非常发达 |
|---|---|---|---|---|---|---|
| 总体发展水平评价标准 | | ≤0.7386 | >0.7386<br>≤0.7967 | >0.7967<br>≤0.8594 | >0.8594<br>≤0.9271 | >0.9271 |
| 一级指标发展水平评价标准 | 教育机会 | ≤0.0061 | >0.0061<br>≤0.0219 | >0.0219<br>≤0.0782 | >0.0782<br>≤0.2796 | >0.2796 |
| | 资源配置 | ≤0.3408 | >0.3408<br>≤0.4460 | >0.4460<br>≤0.5838 | >0.5838<br>≤0.7640 | >0.7640 |
| | 县域管理 | ≤0.0171 | >0.0171<br>≤0.0473 | >0.0473<br>≤0.1307 | >0.1307<br>≤0.3616 | >0.3616 |
| | 教育质量 | ≤0.0044 | >0.0044<br>≤0.0172 | >0.0172<br>≤0.0667 | >0.0667<br>≤0.2583 | >0.2583 |

说明:本表的数值为发展指数。

2. 省域内义务教育一级单项指标发展水平评价标准。与制定县域内义务教育一级单项发展水平评价标准一样,考虑了以下问题:①将一级单项指标的发展水平评价标准的等次划分为非常发达、比较发达、一般发达、不太发达和非常不发达5等,以便与总的发展水平的等次划分以及均衡水平的等次划分相一致;②所有一级单项指标的发展水平数值与其总的发展水平的数值大致是一致的;③一级单项指标发展水平的评价标准可以独立使用;④各个一级单项指标的发展水平的数值,都表现为一个区间。(见表2-15)

### 三、区域内义务教育总体均衡水平评价标准的制定

(一) 区域内义务教育总体均衡水平评价标准制定的设计

区域内义务教育总是以一定的均衡水平来表现的,对这个总体水平的界定和称谓

就是区域内义务教育的总体均衡水平评价标准。很明显，它有三层意思。

1. 对区域内义务教育总体均衡水平的层次划分等级。习惯上有初步均衡、基本均衡、均衡3个等次的划分法，但这种划分法不够完整，没有反映事实上存在的区域内义务教育发展不均衡的状态。本课题根据区域内义务教育均衡可能存在的一般状态和教育科学研究的一般划分方法，将区域内义务教育均衡水平的等次划分为非常均衡（习惯称之为均衡）、比较均衡（习惯称之为基本均衡）、一般均衡（习惯称之为初步均衡）、不太均衡、严重不均衡5个等次。

2. 对区域内义务教育总体均衡水平的等次划分依据，本课题确定以总体均衡指数的数值为依据。一般来讲，总体均衡指数越大，均衡程度越高；反之，均衡指数越小，均衡程度就越低。

3. 对区域内义务教育总体均衡水平的等次划分标准（总体均衡指数的多少）不是一成不变的，而是随着经济社会的发展而发展的，或是随着义务教育均衡发展而发展的。鉴于本课题主要是研究区域内义务教育均衡发展的省级目标，因而主要是依据2009年区域内义务教育均衡发展预测的结果。至于各个主体（区域内义务教育均衡发展的各个单项）的具体的等次划分标准（均衡指数的数值），还要根据它们的实际来分别确定。

设计区域内义务教育总体均衡水平的评价标准，首先要对总体均衡水平等级分类，对各个等级赋值，选定等级参数。本研究等级参数的确定基于以下两点：一是基于模糊数学的隶属函数，二是基于已有数据的均值。

具体等级范围根据语言算子法来确定。语言算子法是一种先用自然语言（或日常语言）进行定性描述，然后再运用算子关系对自然语言作定量刻画的方法。用自然语言进行描述，就是根据观察结果用诸如非常$A$、很$A$、较$A$、较不$A$、很不$A$等去描述对象，其中，$A$代表了各种具体场合下的评语，本研究的$A$是"均衡"。值得注意的是，当我们采用自然语言去进行描述时，只是对对象作事实的判断，它是根据已经建立起来的指标系统规定的要求，考察评价对象达到指标规定要求的程度。这项工作一结束，就进入了对自然语言进行赋值的阶段。对自然语言进行赋值，实质上就是对模糊语言进行定量刻画，即用一数值来规定上述模糊判断在（0，1）区间的值。这个数值称为隶属函数，用符号$\mu(x)$表示。对自然语言进行赋值的方法很多，其中比较简便的方法是运用算子关系。所谓算子关系，就是把程度副词当做评语实行界定的某种运算。[13]

具体规定的算子关系如下：

$\mu s$（非常$A$）$= \mu s (A)^{\frac{1}{4}}$

$\mu s$（比较$A$）$= \mu s (A)^{\frac{1}{2}}$

$\mu s (A) = \mu s (A)$

$\mu s$（不太$A$）$= \mu s (A)^{\frac{3}{2}}$

$\mu s$（非常不$A$）$= \mu s (A)^{2}$

由此，我们只要确定了 $A$ 的隶属函数，就可以推出其他的隶属函数。$A$ 的隶属函数具有约定俗成的性质，这正是模糊数学具有模糊性的表现。本研究中，$A$ 的隶属函数根据区域内义务教育均衡水平的单项差异系数、县域内义务教育均衡水平的总体差异系数、省域内义务教育均衡水平的总体差异系数予以确定。

### （二）县域内义务教育总体均衡水平评价标准的制定

1. 县域内义务教育总体均衡水平的评价标准。受各种因素的影响，各个县域内的义务教育均衡水平在总体上也是存在差异的，其差异的程度称之为总体均衡水平。如何评定各个县域之间的这种总体均衡水平，本课题确定：一是以总体均衡指数为主要依据，同时适当考虑其他指标的均衡水平；二是每项指标又分为发达、较发达和欠发达 3 类，以区别对待。对县域内义务教育总体均衡水平的评价标准（均衡指数的数值）的确定，主要是依据 2009 年县域内义务教育均衡差异系数测评的结果。

县域内义务教育均衡总体差异系数 $A=0.3651$，算子关系的结果为：

$\mu s（非常不 A）= \mu s (A)^{\frac{1}{4}} = 0.7773$

$\mu s（不太 A）= \mu s (A)^{\frac{1}{2}} = 0.6042$

$\mu s（A）= \mu s (A) = 0.3651$

$\mu s（比较 A）= \mu s (A)^{\frac{3}{2}} = 0.2206$

$\mu s（非常 A）= \mu s (A)^{2} = 0.1333$

具体划分标准见表 2-16。

表 2-16　2009 年县域内义务教育均衡水平评价标准

| | | 非常均衡 | 比较均衡 | 一般均衡 | 不太均衡 | 非常不均衡 |
|---|---|---|---|---|---|---|
| 总体均衡水平评价标准 | | ≤0.1333 | >0.1333<br>≤0.2206 | >0.2206<br>≤0.3651 | >0.3651<br>≤0.6042 | >0.6042 |
| 一级指标均衡水平评价标准 | 教育机会 | ≤0.0003 | >0.0003<br>≤0.0022 | >0.0022<br>≤0.0169 | >0.0169<br>≤0.13 | >0.13 |
| | 资源配置 | ≤0.2513 | >0.2513<br>≤0.3549 | >0.3549<br>≤0.5013 | >0.5013<br>≤0.7080 | >0.7080 |
| | 学校管理 | ≤0.0792 | >0.0792<br>≤0.1494 | >0.1494<br>≤0.2815 | >0.2815<br>≤0.5306 | >0.5306 |
| | 教育质量 | ≤0.0229 | >0.0229<br>≤0.0589 | >0.0589<br>≤0.1514 | >0.1514<br>≤0.3891 | >0.3891 |

说明：本表的数值为差异系数。

2. 县域内义务教育一级单项指标的均衡水平评价标准。受各种因素的影响，县域内义务教育均衡发展的各个单项指标的均衡程度是存在差异的。对县域内义务教育均衡水平的单项评价标准（均衡指数的数值）的确定，主要是依据 2020 年区域内义务教育均衡发展单项指标预测的结论，同时适当参考 2000 年和 2005—2009 年区域内义务教育均衡发展单项指标测评的结论。具体划分标准等级参数的确定如下：教育机会、资源配置、学校管理、教育质量的隶属函数 $A$，根据 2009 年计算出的 9 个样本县的差异系数的均值予以确定。据此，教育机会隶属函数 $A$ 取 0.0169，资源配置的隶属函数 $A$ 取 0.5013，学校管理的隶属函数 $A$ 取 0.2815，教育质量的隶属函数 $A$ 取 0.1514，根据这一规定，单项评价标准的算子关系的结果分别如下。

（1）教育机会，$A = 0.0169$，其中：

$\mu s（非常不 A）= \mu s (A)^{\frac{1}{4}} = 0.3606$

$\mu s（不太 A）= \mu s (A)^{\frac{1}{2}} = 0.13$

$\mu s（A）= \mu s (A) = 0.0169$

$\mu s（比较 A）= \mu s (A)^{\frac{3}{2}} = 0.0022$

$\mu s（非常 A）= \mu s (A)^{2} = 0.0003$

（2）资源配置，$A = 0.5013$，其中：

$\mu s（非常不 A）= \mu s (A)^{\frac{1}{4}} = 0.8414$

$\mu s（不太 A）= \mu s (A)^{\frac{1}{2}} = 0.7080$

$\mu s（A）= \mu s (A) = 0.5013$

$\mu s（比较 A）= \mu s (A)^{\frac{3}{2}} = 0.3549$

$\mu s（非常 A）= \mu s (A)^{2} = 0.2513$

（3）学校管理，$A = 0.2815$，其中：

$\mu s（非常不 A）= \mu s (A)^{\frac{1}{4}} = 0.7284$

$\mu s（不太 A）= \mu s (A)^{\frac{1}{2}} = 0.5306$

$\mu s（A）= \mu s (A) = 0.2815$

$\mu s（比较 A）= \mu s (A)^{\frac{3}{2}} = 0.1494$

$\mu s（非常 A）= \mu s (A)^{2} = 0.0792$

（4）教育质量，$A = 0.1514$，其中：

$\mu s（非常不 A）= \mu s (A)^{\frac{1}{4}} = 0.6238$

$\mu s（不太 A）= \mu s (A)^{\frac{1}{2}} = 0.3891$

$\mu s（A）= \mu s (A) = 0.1514$

$\mu s（比较 A）= \mu s (A)^{\frac{3}{2}} = 0.0589$

$\mu s（非常 A）= \mu s (A)^{2} = 0.0229$

由此，可确定县域内义务教育一级单项指标的均衡水平评价标准（见表 2-16）。

（三）省域内义务教育总体均衡水平评价标准的制定

1. 省域内义务教育总体均衡水平评价标准。同样，各个省域内的义务教育均衡水平在总体上也是存在差异的，其差异的程度称之为总体均衡水平。如何评定各个省域之间的这种总体均衡水平，本课题确定：一是以总体均衡指数为主要依据，同时适当考虑其他指标的均衡发展水平;二是每项指标又分为发达、较发达和欠发达3类省域,以区别对待。对省域内义务教育均衡水平的总体评价标准(均衡指数的数值)的确定,主要是依据2020年省域内义务教育均衡发展预测的结论,同时适当参考2000年和2005—2009年省域内义务教育均衡发展测评的结论。由于省域之间经济社会发展的差异远远大于省域内县域间的差异,因而省域内义务教育总体均衡发展水平的差异系数要大一些。

省域内义务教育均衡总体差异系数 $A = 0.4727$,算子关系的结果为:

$\mu s（非常不 A）= \mu s (A)^{\frac{1}{4}} = 0.8292$

$\mu s（不太 A）= \mu s (A)^{\frac{1}{2}} = 0.6875$

$\mu s（A）= \mu s (A) = 0.4727$

$\mu s（比较 A）= \mu s (A)^{\frac{3}{2}} = 0.3250$

$\mu s（非常 A）= \mu s (A)^{2} = 0.2234$

具体划分标准见表2-17。

表2-17 2009年省域内义务教育均衡水平评价标准

| | | 非常均衡 | 比较均衡 | 一般均衡 | 不太均衡 | 非常不均衡 |
|---|---|---|---|---|---|---|
| 总体均衡水平评价标准 | | ≤0.2234 | >0.2234<br>≤0.3250 | >0.3250<br>≤0.4727 | >0.4727<br>≤0.6875 | >0.6875 |
| 一级指标均衡水平评价标准 | 教育机会 | ≤0.0008 | >0.0008<br>≤0.0046 | >0.0046<br>≤0.0276 | >0.0276<br>≤0.1661 | >0.1661 |
| | 资源配置 | ≤0.3966 | >0.3966<br>≤0.4998 | >0.4998<br>≤0.6298 | >0.6298<br>≤0.7936 | >0.7936 |
| | 县域管理 | ≤0.2570 | >0.2570<br>≤0.3609 | >0.3609<br>≤0.5070 | >0.5070<br>≤0.7120 | >0.7120 |
| | 教育质量 | ≤0.0204 | >0.0204<br>≤0.0539 | >0.0539<br>≤0.1427 | >0.1427<br>≤0.3778 | >0.3778 |

2. 省域内义务教育一级单项指标的均衡水平评价标准。受各种因素的影响,省域内义务教育均衡发展的各个单项指标的均衡程度是存在差异的。对省域内义务教育均衡水平的单项评价标准(均衡指数的数值)的确定,主要是依据2020年省域内义务教育均衡发展单项指标预测的结论,同时适当参考2000年和2005—2009年区域内义务教育均衡发展单项指标测评的结论。具体划分标准等级参数的确定如下:教育机会、资源配置、学校管理、教育质量的隶属函数的 $A$,根据2009年计算出的3个样本省的差异系数的均值予以确定。据此,教育机会的隶属函数 $A$ 取 0.0276,资源配置的隶属函数 $A$ 取 0.6298,学校管理的隶属函数 $A$ 取 0.5070,教育质量的隶属函数 $A$ 取 0.1427,根据这一规定,单项评价标准的算子关系的结果分别如下。

(1) 教育机会,$A = 0.0276$,其中:

$\mu s（非常不 A）= \mu s (A)^{\frac{1}{4}} = 0.4076$

$\mu s\,(\text{不太}A) = \mu s\,(A)^{\frac{1}{2}} = 0.1661$

$\mu s\,(A) = \mu s\,(A) = 0.0276$

$\mu s\,(\text{比较}A) = \mu s\,(A)^{\frac{3}{2}} = 0.0046$

$\mu s\,(\text{非常}A) = \mu s\,(A)^{2} = 0.0008$

（2）资源配置，$A = 0.6298$，其中：

$\mu s\,(\text{非常不}A) = \mu s\,(A)^{\frac{1}{4}} = 0.8908$

$\mu s\,(\text{不太}A) = \mu s\,(A)^{\frac{1}{2}} = 0.7936$

$\mu s\,(A) = \mu s\,(A) = 0.6298$

$\mu s\,(\text{比较}A) = \mu s\,(A)^{\frac{3}{2}} = 0.4998$

$\mu s\,(\text{非常}A) = \mu s\,(A)^{2} = 0.3966$

（3）学校管理，$A = 0.5070$，其中：

$\mu s\,(\text{非常不}A) = \mu s\,(A)^{\frac{1}{4}} = 0.8438$

$\mu s\,(\text{不太}A) = \mu s\,(A)^{\frac{1}{2}} = 0.7120$

$\mu s\,(A) = \mu s\,(A) = 0.5070$

$\mu s\,(\text{比较}A) = \mu s\,(A)^{\frac{3}{2}} = 0.3609$

$\mu s\,(\text{非常}A) = \mu s\,(A)^{2} = 0.2570$

（4）教育质量，$A = 0.1427$，其中：

$\mu s\,(\text{非常不}A) = \mu s\,(A)^{\frac{1}{4}} = 0.6146$

$\mu s\,(\text{不太}A) = \mu s\,(A)^{\frac{1}{2}} = 0.3778$

$\mu s\,(A) = \mu s\,(A) = 0.1427$

$\mu s\,(\text{比较}A) = \mu s\,(A)^{\frac{3}{2}} = 0.0539$

$\mu s\,(\text{非常}A) = \mu s\,(A)^{2} = 0.0204$

由此，可确定省域内义务教育一级单项指标的均衡水平评价标准（见表2-17）。

## 参考文献

[1] 翟博. 教育均衡发展：理论、指标及测算方法 [J]. 教育研究，2006（3）.

[2] 李强，吴中元. 教育均衡发展评价指标体系的构建 [J]. 统计与决策，2009（6）.

[3] 马晓强，刘芳. 关于实施区域基础教育均衡发展评估的几个问题 [EB/OL]，http：//www.cnier.ac.cn/snxx/juece/snxx_ 20050708132344_ 225.html，2005-07-08.

[4] 张惠. 义务教育校际均衡监测指标的研究 [J]. 宜宾学院学报，2008（12）.

[5] 楼世洲，宁业勤. 县域教育均衡发展督导评估方案研究 [J]. 教育测量与评价：理论版，2009（2）.

[6] 沈有禄，谯欣怡. 基础教育均衡发展：我们真的需要一个均衡发展指数吗 [J]. 教育科学，2009（6）.

［7］袁振国.建立教育发展均衡系数 切实推进教育均衡发展［J］.人民教育，2003（6）.

［8］王善迈.教育公平的分析框架和评价指标［J］.北京师范大学学报：社会科学版，2008（3）.

［9］周金燕.我国教育公平指标体系的建立［J］.教育科学，2006（1）.

［10］沈有禄.西方教育公平测度研究简述［J］.全球教育展望，2007（12）.

［11］翟博.树立科学的教育均衡发展观［J］.教育研究，2008（1）.

［12］褚宏启，高莉.义务教育均衡发展评估指标与标准的制订［J］.教育发展研究，2010（6）.

# 第三章 区域内义务教育均衡发展的测评

区域内义务教育均衡发展测评，即对区域内义务教育均衡发展的现状（现实背景和发展基础）进行测量和评价。这是对区域内义务教育均衡发展的未来趋势（目标年度背景）进行预测的基础，因而是选择区域内义务教育均衡发展目标、制定区域内义务教育均衡发展标准的前提和依据。因此，本章将在梳理和确定区域内义务教育均衡测评理论的基础上，对2009年县域内和省域内义务教育均衡发展进行测评，并进一步进行相关分析。

## 第一节 区域内义务教育均衡发展测评的理论架构

### 一、区域内义务教育均衡发展测评的研究综述

到目前为止，单纯研究区域内义务教育均衡发展测评的成果比较少，多数是与区域教育发展测评结合在一起进行研究的。区域教育发展测评起步于20世纪50年代，主要理论是经典测验理论、项目反应理论、概化理论、认知诊断理论等。经典测量理论建立在较简单的数学模型之上，概念直观、计算简便，容易被人理解和接受，现在仍有一定的生命力。随着现代科技特别是计算机技术的发展，人们对教育测量的要求和希望越来越高，建立在项目反应理论基础上的计算机适性测验则是未来发展的新趋势。[1]教育测量的核心是教育指标，具体项目与教育测评的项目比较接近。从一定意义上讲，教育评估是教育发展测评的重要形式。

肖川、王本陆认为，教育测量过程是一个全息统一的过程，在这一过程中，存在着许多全息对应关系，信度、效度、区分度、难度则是这众多全息关系中最基本、最主要的全息对应的量的关系的反映，因而它们本质上都是一类特殊的全息度。[2]张晋安等运用相应的计算机软件包，在运用A-FA模型〔该模型是指在AHP层次分析法（Analytic Hierarchy Process）的基础上，综合运用模糊综合评判法（Fuzzy Comprehensive Evaluation Method）以及精确值测评法所建立的测评数学模型〕对教育质量进行定性与定量分析，其计算的步骤如下：建立测评指标体系的层次结构；运用两两比较法计算指标的权重；采集测评数据并运用模式识别技术对测评过程中的极端意见进行剔除；运用模糊综合评判与精确值考核相结合的方法进行综合评判。上述各项中有关数据的处理均运用计算机来完成。[3]该模型解决了可精确描述的"硬指标"考核与非精确

描述的"软指标"测评在通常情况下"分离"的问题。

卢长吾等为教育测评建立了一套对指标体系作出检验和进行优化的方法：先用待检验的指标体系在测评对象中实施一次试测评，然后利用试测的结果和有关人员对测评的反映来分析、评价指标体系。[4]郭苏晋通过对美国通用设计测评的介绍，认为在全纳教育日益发展的背景下，测评设计已经成为美国衡量学校教育质量、评估学生学业成绩、提高教学质量的有力措施。从设计测验的第一步入手，将所有学生群体考量在测试范围内，力图让所有学生能在测试中充分展示真实能力，有效地节省了评量调整带来的消耗。[5]

黄友初认为，教育测评所得到的往往是模糊信息，难以量化，而且当所测对象为多人时，难以进行分析和比较。而利用模糊数学的特点，建立了模糊教育测评模型，能将测评结果量化、易于分析和比较，并能有效减少测评中人为因素的干扰，从而提高测评的科学性。[6]尤奇提出了一种无需复杂的运算技巧，仅通过"对比排序—对数加权求和—对判断矩阵进行整定"三个步骤，就能相对准确地确定出教育测评各因素权重系数值的一种方法，认为这种方法可应用于对教师的教学测评、对学生的技能或非智力因素测评、对教材的测评等方面的权重系数的确定，有相当广泛的实用价值。[7]

综上所述，学术界对教育测量的关注由来已久，但真正将其运用在区域内义务教育均衡发展测评研究中还是比较少的。目前，我国对义务教育均衡发展水平的评估主要由各级政府教育督导部门主持。2009年7月，教育部教育督导团办公室提出了义务教育均衡发展评估的指标体系，北京、江西、重庆、广西、深圳等地也先后出台了相应的评估指标体系。2011年3月21日，教育部教育督导团办公室组织拟定了《县域义务教育均衡发展督导评估办法（征求意见稿）》（教督办函〔2011〕3号）。这些可以看成是区域内义务教育均衡发展测评的现实成果，但均需进一步的测定与商榷。

## 二、区域内义务教育均衡发展测评的概念、目的和意义

### （一）区域内义务教育均衡发展测评的概念

测评，即测量和评价。测量，指用仪器测定空间、时间、温度、速度、功能等的有关数据；评价，指评定人物或事物价值的高低。区域内义务教育均衡发展测评，指运用先进的义务教育理念和恰当的数学工具，建立科学反映区域义务教育发展规律的指标体系和数学模型，对区域内义务教育均衡发展的现实状况进行测量，并以此为依据进行评价。它既是客观上的测量，又是主观上的评价；既是对区域内义务教育均衡发展水平的测评，又是对区域内义务教育均衡发展条件和主观努力程度的测评。

### （二）区域内义务教育均衡发展测评的目的

1. 比较准确地测评出被测区域内义务教育均衡发展的现实状况，并为预测区域义务教育均衡发展准备数据。
2. 在测评的实践中检验和建立比较科学的区域内义务教育均衡发展的相关概念，

克服目前不少概念含义、定义不清或者没有定义的问题。

3. 在测评实践中建立比较科学准确的区域内义务教育均衡发展相关指标的测算方法，克服目前不少指标的测算方法不明确的问题。

### （三）区域内义务教育均衡发展测评的意义

对区域内义务教育均衡发展进行测评，其意义重大。

1. 可以比较准确地测评出被测区域内义务教育均衡发展的现实状况，包括均衡发展的水平与经验、差距与原因、客观条件与主观努力程度等。

2. 所测评出的现实状况（现实背景）是预测未来（目标年度）区域内义务教育均衡发展的趋势及水平（目标背景）的起点和依据。

3. 所测评出的现实状况（现实背景）是制定区域内义务教育均衡发展目标的依据、基础，因而同时也是制定区域内义务教育均衡发展标准的依据和基础。

## 三、区域内义务教育均衡发展测评的设计

### （一）区域内义务教育均衡发展测评的对象与样本

如前所述，区域内义务教育均衡发展测评是为了准确掌握被测区域内义务教育均衡发展的现实状态，并进而为预测进行理论和数据的准备。为此，本课题测评的对象是县域内义务教育均衡发展和省域内义务教育均衡发展。其样本的选取与区域内义务教育均衡发展指标体系设计的样本是一致的（详见第一章）。其中，省域内义务教育均衡发展测评的样本是从全国各省市区中，按照有代表性的发达、较发达、欠发达的标准，选取的3个省域分别为辽宁省、湖南省、四川省。

县域内义务教育均衡发展测评样本的选取，有两点考虑：一是和样本省域结合进行（目的是为了方便工作），即样本县域从上述3个样本省域中选取；二是再按照发达、较发达、欠发达的标准，分别从每个样本省域中选取3个县域，其中1个是从较发达地级市的市辖区中抽选1个区，共计9个样本县域，它们是辽宁省的辽中县、鞍山市铁西区、阜蒙县，湖南省的醴陵市、邵阳市双清区、泸溪县，四川省的双流县、德阳市旌阳区、乐至县。

样本省域和样本县域义务教育均衡发展测评的样本学校选取，有两点考虑：一是合并选取，即样本省域的样本学校同时也是样本县域的样本学校；二是从每个样本县（区）内，按办学水平优、良、一般标准抽选1/10的小学（六年制）和初中（三年制）样本，每类不足3所抽足3所（其中，地级市的市辖区如有农村学校，应按照好和差的标准分别抽选小学1所、初中1所）；县域另按好和差的标准抽选城关镇小学（六年制）2所，按照中等水平的标准抽选城关镇初中（三年制）1所。其中，城区的学校和城关镇的学校作为城市学校的代表，其他学校作为农村学校代表。共计92所，其中小学（六年制）55所（农村35、城市20），初中（三年制）37所（农村28所、城市9所）。（详见第一章）

## （二）区域内义务教育均衡发展测评的依据、数据和时间基点

区域内义务教育均衡发展测评的指标体系依据是《表2－1县域内义务教育均衡发展指标体系》和《表2－2省域内义务教育均衡发展指标体系》。

区域内义务教育均衡发展测评数据的依据是到样本省域、县域和学校收集的数据。本课题以湖南师大范晓玲教授、长沙师专谭日辉博士和伍春辉博士为组长，组织课题组研究人员分别到辽宁、湖南、四川3个样本省域及其所属样本县域和学校进行实地的调查研究，按照区域内义务教育均衡发展指标体系（表2－1、2－2）的要求，收集相关数据。其中，包括各级政府部门的年报统计资料（包括公开出版物和内部资料，政府发改委和社科院有关经济社会发展的数据，学校的相关数据）。同时，长沙师专谭日辉博士负责收集有关全国的数据。

区域内义务教育均衡发展测评的时间基点为2009年。为了便于修正各种因素可能带来的误差，同时测评了2000年和2005—2008年的情况，使之体现区域内义务教育均衡发展的过程和趋势。

## （三）区域内义务教育均衡发展测评的程序

第一步，制定《区域内义务教育均衡发展测评指标体系》。由于区域内义务教育均衡发展指标体系（表2－1、2－2）经过了预设、专家评审、试测等程序，比较科学，因而区域内义务教育均衡发展测评采用这个指标体系。

第二步，到样本单位采集数据（基点年为2009年，参考年为2000年和2005—2009年），进行测评，提出《区域内义务教育均衡发展测评结果（初稿）》。其具体步骤是：收集数据→分析和核实数据（分析有无特殊性，进行必要的更正和补充）→汇总和分析数据，提出进行必要更正和补充的意见→提出2009年测评的结果→分析2009年测评的结果，包括对测评的结果进行分析、对测评指标的敏感性进行分析、对测评结果的总体水平（包括发展水平和均衡水平）进行分析。

第三步，论证《区域内义务教育学校均衡发展测评结果（初稿）》，提出完善意见，对部分指标补充或重新测评和预测，确定《区域内义务教育均衡发展测评结果（正式稿）》。

# 第二节　县域内义务教育均衡发展测评与分析

## 一、2009年县域内义务教育均衡发展的测评

### （一）县域内义务教育均衡发展测评的设计

县域内义务教育均衡发展测评的目的是：测评样本县域内义务教育均衡发展的水

平，为预测目标年度（2020年）义务教育均衡发展水平提供数据，从而为选择县域内义务教育均衡发展的省级目标和制定标准进行指标及数值的准备。因此，测评分年度进行。其中，2009年的测评结果作为选择2020年县域内义务教育均衡发展目标的参考；2000年和2005—2008年的测评结果作为直接预测2020年县域内义务教育均衡发展水平的基础数据。

测评的基本单位是学校，即先以学校为单位进行统计和测评，再以县为单位进行统计和测评。数据来源方面，全县的数据原则上采用县教育行政部门的统计，样本学校的数据原则上采用样本学校的数据（样本学校数据不齐或不准时才采用全县的数据）。计算标准差和差异系数时，其标准值的设定为全县平均数，如没有全县平均数，可以所在县域样本学校平均数为标准值。县域内义务教育均衡发展测评的设计见表3-1。

表3-1 县域内义务教育均衡发展测评的设计

| 统计单位 | 测评单位 | 测评内容 | 比较范围 | 比较标准 |
| --- | --- | --- | --- | --- |
| 所在县 | 学校 | 发展水平和均衡水平 | 所在县 | 所在县域平均数 |

（二）2009年样本县域内义务教育均衡发展测评结果（见附表3-1~3-9）

附表3-1 2009年辽宁省辽中县义务教育均衡发展测评结果

附表3-2 2009年辽宁省鞍山市铁西区义务教育均衡发展测评结果

附表3-3 2009年辽宁省阜蒙县义务教育均衡发展测评结果

附表3-4 2009年湖南省醴陵市义务教育均衡发展测评结果

附表3-5 2009年湖南省邵阳市双清区义务教育均衡发展测评结果

附表3-6 2009年湖南省泸溪县义务教育均衡发展测评结果

附表3-7 2009年四川省双流县义务教育均衡发展测评结果

附表3-8 2009年四川省德阳市旌阳区义务教育均衡发展测评结果

附表3-9 2009年四川省乐至县义务教育均衡发展测评结果

## 二、2009年县域内义务教育均衡发展测评结果的比较分析

### （一）县域内义务教育均衡发展测评结果比较分析的设计

县域内义务教育均衡发展测评结果比较分析的主要目的是：找出省域内不同发达程度县域之间义务教育均衡发展的指标数值及与标准值的差异，从而找出比较不均衡的项目及不均衡的幅度，为选择县域内义务教育均衡发展的省级目标作准备。

比较分析的基本单位是县域，即先以县域为单位进行统计，再以省域为单位进行比较分析。比较分析的数据来源主要是附表3-1~3-9。此外，还要参考2000年和2005—2008年测评的结果，以及样本省的教育统计资料、样本省域各样本县域的数据，国家关于义务教育学校管理、促进义务教育均衡发展的有关法规和文件。

比较分析的内容是：各项指标发展水平的差异［最高值/所在省3个样本县平均值

(如有全省平均数则用全省平均数)/最低值],均衡水平(差异系数)的差异[最高值/所在省3个样本县平均值(如有全省平均数则用全省平均数)/最低值],各个主体的总均衡指数差异[最高值/所在省3个样本县平均值(如有全省平均数则用全省平均数)/最低值]。(见表3-2)

表3-2 县域内义务教育均衡发展测评结果比较分析的设计

| 比较单位 | 比较范围 | 比较内容 | 比较标准 |
| --- | --- | --- | --- |
| 县域 | 同一个样本省域的3个样本县域 | 发展水平、差异系数 | 3个样本县域的平均值 |

## (二) 2009年辽宁省县域内义务教育均衡发展测评结果的比较分析

表3-3 2009年辽宁省县域内义务教育均衡发展测评结果的比较分析

| 指标 | | 发展水平 | 均衡水平(差异系数) |
| --- | --- | --- | --- |
| 1.1 小学适龄儿童入学率(%) | | 100/99.9/100 | 0.00/0.00/0.00 |
| 1.2 巩固率(%) | 1.2.1 小学 | 100/97.90/100 | 0.02/0.01/0.00 |
| | 1.2.2 初中 | 100/99.20/98.85 | 0.02/0.01/0.00 |
| 2.1.1 教育事业费(元/年·生) | 小学 | 5328/4740.3/2484 | 0.73/0.54/0.25 |
| | 初中 | 8191/5761.37/2662 | 0.94/0.74/0.59 |
| 2.1.2 公用经费(元/年·生) | 小学 | 832/699.89/295 | 0.2/0.11/0.00 |
| | 初中 | 703/1069.72/276 | 0.61/0.44/0.13 |
| 2.2.1 师资数量(生师比) | 农村小学 | 11.63/10.95/10.27 | 0.27/0.19/0.11 |
| | 农村初中 | 10.62/9.09/7.59 | 0.39/0.35/0.3 |
| | 城市小学 | 16/12.84/9.44 | 0.41/0.33/0.18 |
| | 城市初中 | 15.85/11.16/6.91 | 0.51/0.41/0.31 |
| 2.2.2 初中教师专业对口率(%) | | --/--/-- | --/--/-- |
| 2.2.3 教师职称结构 | 小学 | 0.23/0.21/0.19 | 0.19/0.11/0.04 |
| | 初中 | 0.24/0.23/0.22 | 0.14/0.06/0.00 |
| 2.2.4 教师年人均收入(万元) | 小学 | 4.1/3.21/2.18 | 0.79/0.41/0.12 |
| | 初中 | 3.98/3.20/2.31 | 0.76/0.32/0.09 |
| 2.3.1 生均校园面积(m²) | 小学 | 55.53/32.23/9.64 | 0.81/0.65/0.45 |
| | 初中 | 117.14/63.97/26 | 0.84/0.81/0.74 |
| 2.3.2 生均校舍面积(m²) | 小学 | 11.28/5.09/7.51 | 0.89/0.59/0.31 |
| | 初中 | 14.05/8.81/10.44 | 0.79/0.70/0.65 |

(续表)

| 指标 | | 发展水平 | 均衡水平(差异系数) |
|---|---|---|---|
| 2.3.3 生均运动场(馆)面积($m^2$) | 小学 | 35.45/13.60/3.79 | 0.87/0.65/0.38 |
| | 初中 | 19.52/14.56/11.49 | 0.81/0.65/0.42 |
| 2.4.1 运动场(馆)达标校(%) | 小学 | 100/90/60 | --/--/-- |
| | 初中 | 100/93/50 | --/--/-- |
| 2.4.2 体育器械达标校(%) | 小学 | 100/83/60 | --/--/-- |
| | 初中 | 100/93/50 | --/--/-- |
| 2.4.3 音乐器材达标校(%) | 小学 | 100/76/60 | --/--/-- |
| | 初中 | 100/91/50 | --/--/-- |
| 2.4.4 美术器材达标校(%) | 小学 | 100/74/60 | --/--/-- |
| | 初中 | 100/89/50 | --/--/-- |
| 2.4.5 理科仪器达标校(%) | 小学 | 100/73.96/60 | --/--/-- |
| | 初中 | 100/95/50 | --/--/-- |
| 2.4.6 实验开出率(%) | 小学 | 98.33/93/74 | 0.47/0.27/0.03 |
| | 初中 | 99.93/93.10/73.75 | 0.52/0.18/0.01 |
| 2.4.7 生均图书(册) | 小学 | 38.23/17.38/12.41 | 0.85/0.59/0.37 |
| | 初中 | 37.73/25.22/21.27 | 0.93/0.69/0.65 |
| 2.4.8 生均计算机(台) | 小学 | 0.1/0.08/0.05 | 0.75/0.42/0.21 |
| | 初中 | 0.17/0.11/0.06 | 0.53/0.35/0.22 |
| 2.4.9 班级多媒体比例(%) | 小学 | 74/48.28/30.17 | 0.12/0.05/0.01 |
| | 初中 | 67/36.73/8.2 | 0.14/0.05/0.01 |
| 2.5.1 校均规模(人) | 农村小学 | 1958/1533/1108 | 0.32/0.32/0.32 |
| | 农村初中 | 663/526/388 | 0.78/0.51/0.24 |
| | 城市小学 | 1498/1133/695 | 0.39/0.34/0.25 |
| | 城市初中 | 2187/1722/1024 | 0.92/0.39/0.04 |
| 2.5.2 班额控制(人) | 农村小学 | 43/41/38 | 0.52/0.37/0.22 |
| | 农村初中 | 48/40/32 | 0.44/0.35/0.25 |
| | 城市小学 | 62/49/39 | 0.59/0.28/0.03 |
| | 城市初中 | 59/45/32 | 0.89/0.42/0.03 |
| 3.1 全面执行教学计划(%) | | 100/100/100 | 0.00/0.00/0.00 |

（续表）

| 指标 | | 发展水平 | 均衡水平(差异系数) |
|---|---|---|---|
| 3.2 校舍利用率(%) | 3.2.1 小学 | 113.01/92.88/70.95 | 0.59/0.41/0.22 |
| | 3.2.2 初中 | 89.67/80.55/75.54 | 0.64/0.38/0.13 |
| 4.1 学生合格率(%) | 4.1.1 农村 | 90.38/85.92/81.46 | 0.23/0.21/0.18 |
| | 4.1.2 城市 | 93.17/84.93/79.45 | 0.36/0.26/0.12 |
| 4.2 学生对学习的满意度(%) | | 96.5/93.13/86.99 | 0.21/0.12/0.06 |
| 4.3 九年制义务教育完成率(%) | | --/--/-- | --/--/-- |
| 4.4 社区对义务教育均衡发展的反响 | | 94.17/90.97/88.75 | 0.30/0.20/0.09 |
| 总发展指数 | | 0.8834/0.8525/0.7368 | |
| 总均衡指数 | | 0.5251/0.4185/0.3557 | |

说明：各个指标的序号、定义、计算公式及其权重与表 2－1 相同。

## （三）2009 年湖南省县域内义务教育均衡发展测评结果的比较分析

表 3－4　2009 年湖南省县域内义务教育均衡发展测评结果的比较分析

| 指标 | | 发展水平 | 均衡水平(差异系数) |
|---|---|---|---|
| 1.1 小学适龄儿童入学率(%) | | 99.43/99.62/98.52 | 0.0392/0.0276/0.0139 |
| 1.2 巩固率(%) | 1.2.1 小学 | 100/100/97.61 | 0.0028/0.0016/0.0000 |
| | 1.2.2 初中 | 99.76/95.53/97.61 | 0.0114/0.0074/0.0029 |
| 2.1.1 教育事业费(元/年·生) | 小学 | 3432/3028.38/2452 | 0.8664/0.5512/0.3057 |
| | 初中 | 6659/4548/3767 | 0.8287/0.3994/0.1285 |
| 2.1.2 公用经费(元/年·生) | 小学 | 318/635/290 | 0.6814/0.2427/0.0000 |
| | 初中 | 579/1071/427 | 0.7519/0.4299/0.2540 |
| 2.2.1 师资数量(生师比) | 农村小学 | 21.34/17.31/12.57 | 0.7251/0.3974/0.2275 |
| | 农村初中 | 19.46/15.77/12.88 | 0.3968/0.2679/0.1442 |
| | 城市小学 | 19.23/13.02/7.90 | 0.3158/0.2302/0.1446 |
| | 城市初中 | 21.37/15.46/11.99 | 0.2364/0.1632/0.0900 |
| 2.2.2 初中教师专业对口率(%) | | --/--/-- | --/--/-- |
| 2.2.3 教师职称结构 | 小学 | 0.25/0.23/0.21 | 0.2699/0.1833/0.1280 |
| | 初中 | 0.26/0.23/0.20 | 0.3385/0.1692/0.0346 |
| 2.2.4 教师年人均收入（万元） | 小学 | 2.89/2.38/2.10 | 0.2443/0.1516/0.0694 |
| | 初中 | 3.02/2.39/1.83 | 0.2207/0.1448/0.0123 |

(续表)

| 指标 | | 发展水平 | 均衡水平(差异系数) |
|---|---|---|---|
| 2.3.1 生均校园面积（m²） | 小学 | 46.72/26.04/15.38 | 0.9234/0.7591/0.6531 |
| | 初中 | 49.86/37.95/23.77 | 0.4700/0.4421/0.4210 |
| 2.3.2 生均校舍面积（m²） | 小学 | 13.5/6.58/5.16 | 0.5254/0.4760/0.4000 |
| | 初中 | 13.18/14.19/5.52 | 0.5335/0.5012/0.4700 |
| 2.3.3 生均运动场(馆)面积(m²) | 小学 | 11.69/8.35/5.07 | 0.7642/0.7259/0.6600 |
| | 初中 | 12.19/9.56/5.19 | 0.7141/0.5564/0.2752 |
| 2.4.1 运动场(馆)达标校（%） | 小学 | 100/54.17/12.5 | --/--/-- |
| | 初中 | 100/66.67/0.00 | --/--/-- |
| 2.4.2 体育器械达标校（%） | 小学 | 100/54.17/12.5 | --/--/-- |
| | 初中 | 100/66.67/0.00 | --/--/-- |
| 2.4.3 音乐器材达标校（%） | 小学 | 100/54.17/12.5 | --/--/-- |
| | 初中 | 100/66.67/0.00 | --/--/-- |
| 2.4.4 美术器材达标校（%） | 小学 | 100/54.17/12.5 | --/--/-- |
| | 初中 | 100/66.67/0.00 | --/--/-- |
| 2.4.5 理科仪器达标校（%） | 小学 | 100/54.17/12.5 | --/--/-- |
| | 初中 | 100/66.67/0.00 | --/--/-- |
| 2.4.6 实验开出率(%) | 小学 | 97.17/80.73/68.17 | 0.3441/0.2111/0.0449 |
| | 初中 | 100/91.58/74.75 | 0.2907/0.1708/0.0204 |
| 2.4.7 生均图书(册) | 小学 | 33.11/16/9.98 | 0.7009/0.5810/0.4500 |
| | 初中 | 61.12/26/8.23 | 0.7500/0.6135/0.4700 |
| 2.4.8 生均计算机(台) | 小学 | 0.08/0.033/0.02 | 0.5027/0.3859/0.2200 |
| | 初中 | 0.14/0.0734/0.03 | 0.8151/0.6651/0.5001 |
| 2.4.9 班级多媒体比例（%） | 小学 | 16.68/6.38/0 | 0.5020/0.2621/0.0222 |
| | 初中 | 7.92/5.93/2.27 | 0.5300/0.4026/0.2752 |
| 2.5.1 校均规模(人) | 农村小学 | 688/582/436 | 0.9120/0.7197/0.5043 |
| | 农村初中 | 849/756/572 | 0.4605/0.2478/0.0017 |
| | 城市小学 | 1925/938/423 | 0.6400/0.5283/0.4166 |
| | 城市初中 | 2885/1585/892 | 0.2000/0.1011/0.0022 |

（续表）

| 指标 | | 发展水平 | 均衡水平(差异系数) |
|---|---|---|---|
| 2.5.2 班额控制(人) | 农村小学 | 53/43/36 | 0.5526/0.4822/0.4202 |
| | 农村初中 | 53/49/47 | 0.4114/0.3039/0.1053 |
| | 城市小学 | 61/50/38 | 0.1180/0.0752/0.0323 |
| | 城市初中 | 66/58/52 | 0.1725/0.1185/0.0645 |
| 3.1 全面执行教学计划(%) | | 100/100/100 | 0.0000/0.0000/0.0000 |
| 3.2 校舍利用率(%) | 3.2.1 小学 | 121/93.74/50 | 0.5139/0.3148/0.0053 |
| | 3.2.2 初中 | 93/74.81/43.75 | 0.9012/0.3469/0.0114 |
| 4.1 学生合格率(%) | 4.1.1 农村 | 98.17/87.99/80.4 | 0.2985/0.1790/0.0258 |
| | 4.1.2 城市 | 94.73/92.14/89 | 0.0854/0.0710/0.0504 |
| 4.2 学生对学习的满意度(%) | | 92.7/92.6/92.5 | 0.0427/0.0383/0.0339 |
| 4.3 九年制义务教育完成率(%) | | --/97.6/-- | --/--/-- |
| 4.4 社区对义务教育均衡发展的反响 | | 88.3/88.3/88.3 | 0.0268/0.0268/0.0267 |
| 总发展指数 | | 0.8298/0.7657/0.7027 | |
| 总均衡指数 | | 0.5559/0.3864/0.2820 | |

说明：各个指标的序号、定义、计算公式及其权重与表2-1相同。

### （四）2009年四川省县域内义务教育均衡发展测评结果的比较分析

表3-5 2009年四川省县域内义务教育均衡发展测评结果的比较分析

| 指标 | | 发展水平 | 均衡水平(差异系数) |
|---|---|---|---|
| 1.1 小学适龄儿童入学率(%) | | 100/99.64/100 | 0.0282/0.0094/0.0000 |
| 1.2 巩固率(%) | 1.2.1 小学 | 100/99.72/99.09 | 0.0260/0.0136/0.0000 |
| | 1.2.2 初中 | 100/99.32/99.4 | 0.0338/0.0129/0.0016 |
| 2.1.1 教育事业费(元/年·生) | 小学 | 4198/3110/3238 | 0.6167/0.3742/0.2115 |
| | 初中 | 5135/3868/2413 | 0.4027/0.2532/0.1231 |
| 2.1.2 公用经费(元/年·生) | 小学 | 748/704/357 | 0.4776/0.3007/0.2111 |
| | 初中 | 727/1053/623 | 0.7584/0.5456/0.2797// |
| 2.2.1 师资数量(生师比) | 农村小学 | 17.67/14.45/11.03 | 0.2907/0.2156/0.1393 |
| | 农村初中 | 16.33/13.64/10.32 | 0.3596/0.2571/0.1416 |
| | 城市小学 | 23.20/20.78/19.52 | 0.1321/0.0983/0.0311 |
| | 城市初中 | 16/15.89/15.78 | 0.0951/0.0841/0.0731 |

(续表)

| 指标 | | 发展水平 | 均衡水平(差异系数) |
|---|---|---|---|
| 2.2.2 初中教师专业对口率(%) | | --/--/-- | --/--/-- |
| 2.2.3 教师职称结构 | 小学 | 0.26/0.24/0.22 | 0.4718/0.2122/0.1043 |
| | 初中 | 0.24/0.22/0.19 | 0.1157/0.0800/0.0494 |
| 2.2.4 教师年人均收入（万元） | 小学 | 4.8/3.75/2.75 | 0.2787/0.2117/0.1388 |
| | 初中 | 4.63/3.63/2.32 | 0.40.16/0.2876/0.1661 |
| 2.3.1 生均校园面积（m²） | 小学 | 19.36/13.54/13.89 | 0.9778/0.6976/0.5162 |
| | 初中 | 22.15/16.12/13.65 | 0.5549/0.3930/0.1405 |
| 2.3.2 生均校舍面积（m²） | 小学 | 11.4/4.68/5.13 | 3.6995/1.5715/0.3800 |
| | 初中 | 7.92/6.27/5.13 | 0.3458/0.3028/0.2191 |
| 2.3.3 生均运动场(馆)面积(m²) | 小学 | 5.85/3.75/3.37 | 0.8249/0.6334/0.4623 |
| | 初中 | 10.8/3.99/2.73 | 0.7773/0.6040/0.4208 |
| 2.4.1 运动场(馆)达标校（%） | 小学 | 100/49.06/67 | --/--/-- |
| | 初中 | 100/100/25 | --/--/-- |
| 2.4.2 体育器械达标校（%） | 小学 | 100/50.53/67 | --/--/-- |
| | 初中 | 100/100/25 | --/--/-- |
| 2.4.3 音乐器材达标校（%） | 小学 | 100/48.09/67 | --/--/-- |
| | 初中 | 100/96.84/25 | --/--/-- |
| 2.4.4 美术器材达标校（%） | 小学 | 100/47.17/67 | --/--/-- |
| | 初中 | 100/95.41/25 | --/--/-- |
| 2.4.5 理科仪器达标校（%） | 小学 | 100/54.27/67 | --/--/-- |
| | 初中 | 100/100/25 | --/--/-- |
| 2.4.6 实验开出率(%) | 小学 | 99.2/80.51/68.43 | 0.4437/0.3080/0.0767 |
| | 初中 | 97.5/93.71/88.87 | 0.1020/0.0938/0.0788 |
| 2.4.7 生均图书(册) | 小学 | 17.36/9.14/11.12 | 0.6262/0.4422/0.1602 |
| | 初中 | 31.58/9.74/8.14 | 0.5500/0.3969/0.1678 |
| 2.4.8 生均计算机(台) | 小学 | 0.07/0.03/0.06 | 0.9783/0.5247/0.1125 |
| | 初中 | 0.06/0.05/0.03 | 0.9003/0.3996/0.0620 |
| 2.4.9 班级多媒体比例（%） | 小学 | 78.2/40.88/21.59 | 0.6267/0.5052/0.3672 |
| | 初中 | 16.75/12.33/4.43 | 0.9851/0.7187/0.4157 |

（续表）

| 指标 | | 发展水平 | 均衡水平（差异系数） |
|---|---|---|---|
| 2.5.1 校均规模（人） | 农村小学 | 1409/1044/591 | 0.5173/0.3979/0.2814 |
| | 农村初中 | 1066/856/558 | 0.5196/0.3252/0.2210 |
| | 城市小学 | 3160/2290/1662 | 0.6563/0.4600/0.2525 |
| | 城市初中 | 3204/2380/1556 | 0.6277/0.5773/0.5268 |
| 2.5.2 班额控制（人） | 农村小学 | 49/46/44 | 0.2974/0.2249/0.0924 |
| | 农村初中 | 54/51/48 | 0.2734/0.1598/0.0739 |
| | 城市小学 | 69/63/60 | 0.1169/0.0765/0.0246 |
| | 城市初中 | 63/61/58 | 0.2502/0.1699/0.0896 |
| 3.1 全面执行教学计划（%） | | 100/100/100 | 0.0000/0.0000/0.0000 |
| 3.2 校舍利用率（%） | 3.2.1 小学 | 115.08/122.8/96.57 | 0.2426/0.1415/0.0858 |
| | 3.2.2 初中 | 109.33/111.9/93 | 0.1112/0.0689/0.0131 |
| 4.1 学生合格率（%） | 4.1.1 农村 | 97.81/92.28/83.43 | 0.2420/0.1168/0.0166 |
| | 4.1.2 城市 | 99.96/95.22/86.6 | 0.2446/0.0849/0.0004 |
| 4.2 学生对学习的满意度（%） | | --/--/-- | --/--/-- |
| 4.3 九年制义务教育完成率（%） | | --/89.26/-- | --/--/-- |
| 4.4 社区对义务教育均衡发展的反响 | | --/--/-- | --/--/-- |
| 总发展指数 | | 0.8696/0.7618/0.6935 | |
| 总均衡指数 | | 0.3036/0.2904/0.2643 | |

说明：各个指标的序号、定义、计算公式及其权重与表 2-1 相同。

## 三、2009 年县域内义务教育均衡发展测评指标的敏感性分析

### （一）2009 年县域内义务教育均衡发展测评指标敏感性分析的设计

2009 年县域内义务教育均衡发展测评指标敏感性分析的目的是：找出对 2009 年县域内义务教育均衡发展水平比较敏感的指标，为选择义务教育均衡发展省级目标的指标体系作参考。分析的依据是差异系数。分析的方法有两个：一是按照区域内义务教育均衡发展水平的差异程度的等次划分，分析各项指标的均衡发展差异程度；二是采取加权平均法和几何法，分析各项指标的敏感度。

### （二）2009 年县域内义务教育均衡发展测评结果的单项均衡水平差异分析

第一步，以样本县为单位，以《表 2-16 2009 年县域内义务教育均衡水平评价标准》为标准，以 2009 年县域内义务教育均衡发展测评单项指标的数值为依据，统计

2009 年县域内义务教育均衡发展测评结果的单项均衡水平差异（见附表 3 – 10 ~ 3 – 18）。

附表 3 – 10　2009 年辽宁省辽中县义务教育均衡发展测评结果的单项均衡水平差异分析

附表 3 – 11　2009 年辽宁省鞍山市铁西区义务教育均衡发展测评结果的单项均衡水平差异分析

附表 3 – 12　2009 年辽宁省阜蒙县义务教育均衡发展测评结果的单项均衡水平差异分析

附表 3 – 13　2009 年湖南省醴陵市义务教育均衡发展测评结果的单项均衡水平差异分析

附表 3 – 14　2009 年湖南省邵阳市双清区义务教育均衡发展测评结果的单项均衡水平差异分析

附表 3 – 15　2009 年湖南省泸溪县义务教育均衡发展测评结果的单项均衡水平差异分析

附表 3 – 16　2009 年四川省双流县义务教育均衡发展测评结果的单项均衡水平差异分析

附表 3 – 17　2009 年四川省德阳市旌阳区义务教育均衡发展测评结果的单项均衡水平差异分析

附表 3 – 18　2009 年四川省乐至县义务教育均衡发展测评结果的单项均衡水平差异分析

第二步，以《表 2 – 16 2009 年县域内义务教育均衡水平评价标准》为标准，以附表 3 – 10 ~ 3 – 18 的数据为依据，统计在样本县义务教育均衡发展测评结果中各项指标出现差异程度的频数（见表 3 – 6）。

表 3 – 6　2009 年县域内义务教育均衡发展测评结果中单项指标差异的频数统计

| 指标 | | | 非常均衡 | 比较均衡 | 一般均衡 | 不太均衡 | 非常不均衡 |
| --- | --- | --- | --- | --- | --- | --- | --- |
| 1.1 小学适龄儿童入学率(%) | | | 5 | 0 | 1 | 3 | 0 |
| 1.2 巩固率(%) | 1.2.1 小学 | | 4 | 1 | 2 | 2 | 0 |
| | 1.2.2 初中 | | 1 | 1 | 5 | 2 | 0 |
| 2.1 经费(元/年·生) | 2.1.1 教育事业费 | 小学 | 2 | 2 | 0 | 3 | 2 |
| | | 初中 | 4 | 0 | 1 | 2 | 2 |
| | 2.1.2 公用经费 | 小学 | 7 | 0 | 0 | 2 | 0 |
| | | 初中 | 1 | 3 | 0 | 3 | 2 |

(续表)

| 指标 | | | 非常均衡 | 比较均衡 | 一般均衡 | 不太均衡 | 非常不均衡 |
|---|---|---|---|---|---|---|---|
| 2.2 师资 | 2.2.1 数量(生师比) | 农村小学 | 5 | 2 | 0 | 0 | 1 |
| | | 农村初中 | 2 | 2 | 3 | 0 | 0 |
| | | 城市小学 | 5 | 2 | 1 | 1 | 0 |
| | | 城市初中 | 3 | 0 | 3 | 1 | 0 |
| | 2.2.2 初中教师专业对口率(%) | | — | — | — | — | — |
| | 2.2.3 职称结构 | 小学 | 7 | 1 | 1 | 0 | 0 |
| | | 初中 | 8 | 1 | 0 | 0 | 0 |
| | 2.2.4 年人均收入（万元） | 小学 | 6 | 2 | 0 | 0 | 1 |
| | | 初中 | 6 | 1 | 1 | 0 | 1 |
| 2.3 校园校舍 | 2.3.1 生均校园面积（m²） | 小学 | 0 | 0 | 1 | 5 | 3 |
| | | 初中 | 1 | 0 | 4 | 1 | 3 |
| | 2.3.2 生均校舍面积（m²） | 小学 | 0 | 1 | 2 | 5 | 1 |
| | | 初中 | 1 | 2 | 2 | 2 | 2 |
| | 2.3.3 生均运动场(馆)面积(m²) | 小学 | 0 | 0 | 2 | 3 | 4 |
| | | 初中 | 0 | 1 | 2 | 2 | 4 |
| 2.4 设施设备 | 2.4.1 运动场(馆)达标校(%) | 小学 | — | — | — | — | — |
| | | 初中 | — | — | — | — | — |
| | 2.4.2 体育器械达标校(%) | 小学 | — | — | — | — | — |
| | | 初中 | — | — | — | — | — |
| | 2.4.3 音乐器材达标校(%) | 小学 | — | — | — | — | — |
| | | 初中 | — | — | — | — | — |
| | 2.4.4 美术器材达标校(%) | 小学 | — | — | — | — | — |
| | | 初中 | — | — | — | — | — |
| | 2.4.5 理科仪器达标校(%) | 小学 | — | — | — | — | — |
| | | 初中 | — | — | — | — | — |
| | 2.4.6 实验开出率(%) | 小学 | 4 | 2 | 3 | 0 | 0 |
| | | 初中 | 6 | 1 | 0 | 1 | 1 |
| | 2.4.7 生均图书(册) | 小学 | 1 | 0 | 2 | 5 | 1 |
| | | 初中 | 1 | 0 | 3 | 3 | 2 |

(续表)

| 指标 | | | 非常均衡 | 比较均衡 | 一般均衡 | 不太均衡 | 非常不均衡 |
|---|---|---|---|---|---|---|---|
| 2.4 设施设备 | 2.4.8 生均计算机（台） | 小学 | 2 | 1 | 2 | 1 | 3 |
| | | 初中 | 3 | 1 | 1 | 2 | 2 |
| | 2.4.9 班级多媒体比例(%) | 小学 | 4 | 0 | 1 | 3 | 0 |
| | | 初中 | 3 | 1 | 1 | 1 | 2 |
| 2.5 学校布局 | 2.5.1 校均规模(人) | 农村小学 | 0 | 2 | 3 | 2 | 2 |
| | | 农村初中 | 4 | 1 | 0 | 1 | 2 |
| | | 城市小学 | 2 | 0 | 4 | 2 | 0 |
| | | 城市初中 | 4 | 0 | 0 | 2 | 0 |
| | 2.5.2 班额控制(人) | 农村小学 | 2 | 1 | 3 | 3 | 0 |
| | | 农村初中 | 5 | 0 | 3 | 0 | 0 |
| | | 城市小学 | 7 | 0 | 1 | 0 | 0 |
| | | 城市初中 | 5 | 1 | 0 | 0 | 0 |
| 3.1 全面执行教学计划(%) | | | 9 | 0 | 0 | 0 | 0 |
| 3.2 校舍利用率(%) | 3.2.1 小学 | | 1 | 2 | 2 | 5 | 0 |
| | 3.2.2 初中 | | 2 | 4 | 0 | 2 | 1 |
| 4.1 学生合格率(%) | 4.1.1 农村 | | 1 | 2 | 1 | 4 | 0 |
| | 4.1.2 城市 | | 3 | 1 | 2 | 3 | 0 |
| 4.2 学生对学习的满意度(%) | | | 0 | 2 | 2 | 1 | 0 |
| 4.3 九年制义务教育完成率(%) | | | — | — | — | — | — |
| 4.4 社区对义务教育均衡发展的反响 | | | 0 | 1 | 1 | 4 | 0 |

说明：初中教师专业对口率、运动场（馆）达标校比例、体育器械达标校比例、音乐器材达标校比例、美术器材达标校比例、理科仪器达标校比例、九年制义务教育完成率由于在县域内没有取得相应的差异系数，因而此表亦无相应的频数。

第三步，分析差异程度。将9个样本县分为三类，把"比较均衡"和"非常均衡"合并为"均衡"，"不太均衡"和"非常不均衡"合并为"不均衡"，以及一般均衡。由此可知，县域内义务教育均衡发展单项指标（具体以合并后频数的大小为衡量标准，取大不取小）均衡的有：小学适龄儿童入学率、小学巩固率、小学公用经费、生师比、教师职称结构、教师年人均收入、实验开出率、农村初中校均规模、班额控制（农村初中、城市小学、城市初中）、全面执行教学计划、初中校舍利用率、城市学生合格率，一般均衡的有：初中巩固率、初中教育事业费、校均规模（城市小学、城市初中)、农村小学班额控制,学生对学习的满意度;不均衡的有:小学教育事业费、初中公用经费、生均校园面积、生均校舍面积、生均运动场(馆)面积、生均图书、生均计算机、班级多媒体比例、农村小学校均规模、小学校舍利用率、农村学生合格率、社区对义务教育均衡发展的反响。

(三) 2009 年县域内义务教育均衡发展测评指标敏感性分析的结果

数据来源是 3 个样本省域 2009 年县域内义务教育均衡发展测评结果。其中,差异系数敏感度的计算方法是加权平均法、几何法,即同一指标内(如"生均公用经费"下的"小学"和"初中")采用加权平均法合成,同一指标不同县域(同一指标有 3 个县域维度的值)的合成方法采用几何法(即方和根法),即指标 $x$ 的敏感度的来源有 3 项,则合成指标敏感度 $\mu(x)$ 为:

$$\mu(x) = \sqrt{\sum_{i=1}^{3} \mu^2(x_i)}$$

具体分析结果见表 3-7。

表 3-7 2009 年县域内义务教育均衡发展测评指标的敏感性分析结果

| 指标 | 差异系数敏感度 | | | 排序(从大到小) | | |
|---|---|---|---|---|---|---|
| | 辽宁 | 四川 | 湖南 | 辽宁 | 四川 | 湖南 |
| 1.1 小学适龄儿童入学率(%) | 0 | 0.0282 | 0.0510 | 14 | 14 | 13 |
| 1.2 巩固率(%) | — | 0.0313 | 0.008 | — | 13 | 14 |
| 2.1.1 教育事业费(元/年·生) | 1.1382 | 0.5549 | 0.9466 | 3 | 7 | 5 |
| 2.1.2 公用经费(元/年·生) | 0.5157 | 0.7791 | 0.7459 | 10 | 6 | 8 |
| 2.2.1 师资数量(生师比) | — | — | — | — | — | — |
| 2.2.2 初中教师专业对口率(%) | — | — | — | — | — | — |
| 2.2.3 教师职称结构 | 0.1674 | 0.3111 | 0.3442 | 12 | 10 | 10 |
| 2.2.4 教师年人均收入(万元) | 0.8104 | 0.4523 | 0.2900 | 7 | 8 | 11 |
| 2.3.1 生均校园面积($m^2$) | 1.2704 | 0.9461 | 1.2591 | 1 | 3 | 1 |
| 2.3.2 生均校舍面积($m^2$) | 1.1402 | 2.1024 | 0.8491 | 2 | 1 | 7 |
| 2.3.3 生均运动场(馆)面积($m^2$) | 1.1312 | — | 1.1224 | 4 | — | 3 |
| 2.4.1 运动场(馆)达标校(%) | — | — | — | — | — | — |
| 2.4.2 体育器械达标校(%) | — | — | — | — | — | — |
| 2.4.3 音乐器材达标校(%) | — | — | — | — | — | — |
| 2.4.4 美术器材达标校(%) | — | — | — | — | — | — |
| 2.4.5 理科仪器达标校(%) | — | — | — | — | — | — |
| 2.4.6 实验开出率(%) | 0.5238 | 0.3748 | 0.3892 | 9 | 9 | 9 |

（续表）

| 指标 | 差异系数敏感度 | | | 排序（从大到小） | | |
|---|---|---|---|---|---|---|
| | 辽宁 | 四川 | 湖南 | 辽宁 | 四川 | 湖南 |
| 2.4.7 生均图书（册） | 1.1220 | 0.7933 | 1.0346 | 5 | 5 | 4 |
| 2.4.8 生均计算机（台） | 0.6855 | 0.9247 | 1.2428 | 8 | 4 | 2 |
| 2.4.9 班级多媒体比例（%） | 0.1309 | 1.0946 | — | 13 | 2 | — |
| 2.5.1 校均规模（人） | — | — | — | — | — | — |
| 2.5.2 班额控制（人） | — | — | — | — | — | — |
| 3.1 全面执行教学计划（%） | — | 0 | — | — | 15 | — |
| 3.2 校舍利用率（%） | 0.9738 | 0.1848 | 0.8672 | 6 | 12 | 6 |
| 4.1 学生合格率（%） | — | 0.1853 | 0.2383 | — | 11 | 12 |
| 4.2 社区对义务教育均衡发展的反响 | 0.3828 | — | — | 11 | — | — |

说明：各个指标的序号、含义、权重与表2-1相同。排序为该省的该指标的差异系数敏感度在所有指标中的次序。"—"表示已有数据不全导致此项数值空缺。

从表3-7可以看出，2009年县域内义务教育均衡发展测评指标的敏感性分析结果是，对辽宁、四川、湖南3个省份来讲，影响2009年县域内义务教育均衡发展的指标存在一定的差异。经进一步比较分析，发现排在前10位的指标存在共性。因此可知，以下10项指标对2009年县域内义务教育均衡发展的影响最大：教育事业费、公用经费、教师年人均收入、生均校园面积、生均校舍面积、生均运动场（馆）面积、实验开出率、生均图书、生均计算机、校舍利用率。

## 四、2009年县域内义务教育均衡发展测评结果的总体水平差异分析

### （一）2009年县域内义务教育均衡发展测评结果的总体发展水平差异分析

2009年县域内义务教育均衡发展测评的总体发展水平差异分析的目的是：测评每个样本县域内义务教育均衡发展的总体发展水平状况，对各个样本县域内义务教育的总体发展水平进行比较，并从中找出其特点，分析其中的原因，为县域内义务教育均衡发展综合预测、选择省级目标（发展目标）提供参考。分析的对象是各个样本县域；分析的依据是各个样本县域的义务教育发展分值，分析的标准是《表2-14 2009年县域内义务教育发展水平评价标准》，分析的结果见表3-8。

表3-8  2009年县域内义务教育均衡发展测评的总体发展水平差异分析

| 省 域 | 测评结果总发展指数 | 一级指标发展指数 | | | | 测评结果总发展水平 |
|---|---|---|---|---|---|---|
| | | 教育机会 | 资源配置 | 学校管理 | 教育质量 | |
| 辽中县 | 0.8834 | 0.1178 | 0.5599 | 0.0890 | 0.1166 | 比较发达 |
| 铁西区 | 0.8525 | 0.1182 | 0.5258 | 0.0878 | 0.1207 | 比较发达 |
| 阜蒙县 | 0.7368 | 0.1177 | 0.4317 | 0.0764 | 0.1110 | 一般发达 |
| 醴陵市 | 0.8298 | 0.1179 | 0.5363 | 0.0600 | 0.1156 | 比较发达 |
| 双清区 | 0.7657 | 0.1173 | 0.4395 | 0.0919 | 0.1170 | 一般发达 |
| 泸溪县 | 0.7027 | 0.1167 | 0.3730 | 0.0968 | 0.1162 | 一般发达 |
| 双流县 | 0.8696 | 0.1179 | 0.5478 | 0.0904 | 0.1135 | 比较发达 |
| 旌阳区 | 0.7618 | 0.1182 | 0.4739 | 0.0969 | 0.0728 | 一般发达 |
| 乐至县 | 0.6935 | 0.1176 | 0.4089 | 0.0944 | 0.0726 | 不太发达 |

说明：总体均衡发展程度的等次划分为非常发达、比较发达、一般发达、不太发达、严重不发达。

从表3-8来看，2009年县域内义务教育发展水平方面比较发达的县域有：辽中县、铁西区、醴陵市、双流县；一般发达的县域有：阜蒙县、双清区、泸溪县、旌阳区；不太发达的县域为乐至县。

（二）2009年县域内义务教育均衡发展测评结果的总体均衡水平差异分析

2009年县域内义务教育均衡发展测评的总体均衡水平差异分析的目的是：测评每个样本县域内义务教育均衡发展的总体均衡水平状况，对各个样本县域内义务教育均衡发展的总体均衡水平进行比较，并从中找出其特点，分析其中的原因，为县域内义务教育均衡发展综合预测、选择省级目标（均衡目标）提供参考。分析的对象是各个样本县域；分析的依据是各个样本县域的义务教育均衡发展的均衡指数，分析的标准是《表2-16 2009年县域内义务教育均衡水平评价标准》，分析的结果见表3-9。

表3-9  2009年县域内义务教育均衡发展测评结果的总体均衡水平差异分析

| 省 域 | 测评结果总均衡指数 | 一级指标均衡指数 | | | | 测评结果总均衡程度 |
|---|---|---|---|---|---|---|
| | | 教育机会 | 资源配置 | 学校管理 | 教育质量 | |
| 辽中县 | 0.5251 | 0.0126 | 0.5104 | 0.7615 | 0.1662 | 不太均衡 |
| 铁西区 | 0.3747 | 0.0126 | 0.5915 | 0.1475 | 0.0594 | 不太均衡 |
| 阜蒙县 | 0.3557 | 0.0131 | 0.5161 | 0.3114 | 0.2310 | 一般均衡 |
| 醴陵市 | 0.5559 | 0.0110 | 0.6614 | 0.7334 | 0.1507 | 不太均衡 |
| 双清区 | 0.2820 | 0.0236 | 0.4118 | 0.2703 | 0.0438 | 一般均衡 |
| 泸溪县 | 0.3214 | 0.0312 | 0.4635 | 0.0074 | 0.3215 | 一般均衡 |

(续表)

| 省域 | 测评结果总均衡指数 | 一级指标均衡指数 | | | | 测评结果总均衡程度 |
|---|---|---|---|---|---|---|
| | | 教育机会 | 资源配置 | 学校管理 | 教育质量 | |
| 双流县 | 0.2643 | 0.0241 | 0.4182 | 0.0827 | 0.0459 | 一般均衡 |
| 旌阳区 | 0.3036 | 0.0010 | 0.4599 | 0.1528 | 0.2229 | 一般均衡 |
| 乐至县 | 0.3033 | 0.0229 | 0.4785 | 0.0667 | 0.1210 | 一般均衡 |

说明：总体均衡发展水平的等次划分为非常均衡、比较均衡、一般均衡、不太均衡、严重不均衡。

从表3-9可以看出，2009年县域内义务教育均衡发展测评的总体均衡水平的差异是：一般均衡的是阜蒙县、双清区、泸溪县、双流县、旌阳区、乐至县；不太均衡的是辽中县、铁西区、醴陵市。

从一级指标均衡发展测评的总体均衡水平差异来看，教育机会方面不太均衡的是双清区、泸溪县、双流县、乐至县；资源配置方面不太均衡的是辽中县、铁西区、阜蒙县、醴陵市；学校管理方面不太均衡的是阜蒙县，非常不均衡的是辽中县、醴陵市；教育质量方面不太均衡的是辽中县、阜蒙县、泸溪县。

## 第三节 省域内义务教育均衡发展测评与分析

### 一、2009年省域内义务教育均衡发展的测评

#### （一）省域内义务教育均衡发展测评的设计

省域内义务教育均衡发展测评的目的是：测评样本省域内义务教育均衡发展的水平，为预测目标年度（2020年）义务教育均衡发展水平提供数据，并为选择省域内义务教育均衡发展的省级目标和标准进行指标及数值的准备。因此，测评分年度进行，其中，2009年的测评结果作为预测2020年省域内义务教育均衡发展水平的参考；2000年和2005—2008年的测评结果作为直接预测2020年省域内义务教育均衡发展水平的基础数据。

省域内义务教育均衡发展测评的基本单位是县域（先以县域为单位进行统计和测评，再以省域为单位进行统计和测评），数据来源原则上应采用全县的统计数据，全县统计数据不齐或不准时可采用样本学校的平均数。测评中的发展水平指样本省域中3个样本县域的平均发展水平。计算标准差和差异系数时，其标准值的设定为全省平均数，如没有全省平均数可以所在省域样本县域平均数为准。（见表3-10）

表3-10 省域内义务教育均衡发展测评的设计

| 统计单位 | 测评单位 | 测评内容 | 比较范围 | 比较标准 |
|---|---|---|---|---|
| 省域 | 县域 | 发展水平和均衡水平 | 所在省 | 所在省域平均数 |

## (二) 2009 年省域内义务教育均衡发展测评的结果（见附表 3-19~3-21。）

附表 3-19　2009 年辽宁省省域内义务教育均衡发展测评结果
附表 3-20　2009 年湖南省省域内义务教育均衡发展测评结果
附表 3-21　2009 年四川省省域内义务教育均衡发展测评结果

## 二、2009 年省域内义务教育均衡发展测评结果的比较分析

### （一）省域内义务教育均衡发展测评结果比较分析的设计

省域内义务教育均衡发展测评结果比较分析的主要目的是：找出省域内各样本县域义务教育均衡发展的指标数值及其与标准值的差异，从而找出比较不均衡的项目及不均衡的幅度，为选择省域内义务教育均衡发展的省级目标作准备。

比较分析的基本单位是省域。分析的内容是：各项指标的发展水平的差异[最高值/3 省平均值（有全国平均数则用全国平均数）/最低值]、标准差的差异[最高值/3 省平均值（有全国平均数则用全国平均数）/最低值]、差异系数的差异[最高值/3 省平均值（有全国平均数则用全国平均数）/最低值]、各个主体的总均衡指数的差异[最高值/3 省平均值（有全国平均数则用全国平均数）/最低值]。（见表 3-11）

表 3-11　省域内义务教育均衡发展测评结果分析的设计

| 比较单位 | 比较范围 | 比较内容 | 比较标准 |
| --- | --- | --- | --- |
| 省域 | 3 个样本省域 | 发展水平、差异系数 | 3 个样本省域的平均值 |

### （二）2009 年省域内义务教育均衡发展测评结果的比较分析

表 3-12　2009 年省域内义务教育均衡发展测评结果的比较分析

| 指标 | | 发展水平 | 均衡水平 | |
| --- | --- | --- | --- | --- |
| | | | 标准差 | 差异系数 |
| 1.1 小学适龄儿童入学率(%) | | 100/99.67/99.09 | 1.41/0.60/0.00 | 0.0142/0.0063/0.0010 |
| 1.2.1 小学巩固率(%) | | 100/99.78/99.20 | 1.74/0.93/0.48 | 0.5800/0.2007/0.0048 |
| 1.2.2 初中巩固率(%) | | 100/99.40/98.50 | 3.23/1.85/0.57 | 0.570/0.2070/0.0173 |
| 2.1.1 教育事业费（元/年·生） | 小学 | 3751/3503/3142 | 2728/1332/561 | 0.7200/0.3776/0.1852 |
| | 初中 | 6132/5059/4233 | 3450/2010/567 | 0.7200/0.4284/0.1466 |
| 2.1.2 公用经费（元/年·生） | 小学 | 704/589/531 | 515/433/343 | 0.9700/0.7126/0.5405 |
| | 初中 | 1239/1068/789 | 920/860/783 | 0.9900/0.8941/0.8182 |

(续表)

| 指标 | | 发展水平 | 均衡水平 | |
|---|---|---|---|---|
| | | | 标准差 | 差异系数 |
| 2.2.1 师资数量(生师比) | 小学 | 18.63/16.63/13.83 | 2.90/1.88/0.50 | 0.1500/0.1070/0.0267 |
| | 初中 | 15.87/13.46/11.67 | 2.43/1.91/1.53 | 0.1800/0.1349/0.1005 |
| 2.2.2 初中教师专业对口率(%) | | 95.03/93.05/90.11 | 8.80/4.27/0.04 | 0.0977/0.0604/0.0400 |
| 2.2.3 教师职称结构 | 小学 | 0.22/0.22/0.21 | 0.02/0.02/0.02 | 0.0935/0.0898/0.0859 |
| | 初中 | 0.24/0.22/0.21 | 0.03/0.03/0.02 | 0.1383/0.1732/0.1000 |
| 2.2.4 教师年人均收入(万元) | 小学 | 3.66/3.28/2.65 | 1.02/0.57/0.34 | 0.2900/0.1732/0.0938 |
| | 初中 | 3.61/3.20/2.73 | 0.51/0.40/0.32 | 0.1600/0.1264/0.1019 |
| 2.2.5 教师年人均培训经费(元) | 小学 | 551/302/138 | 421/196/61 | 0.7640/0.6015/0.2796 |
| | 初中 | 796/392/137 | 686/277/39 | 0.8618/0.6014/0.1615 |
| 2.3.1 生均校园面积($m^2$) | 小学 | 23.47/18.24/14.82 | 13.88/8.75/4.22 | 0.5100/0.3898/0.3116 |
| | 初中 | 42.30/29.70/17.62 | 12.73/9.61/3.93 | 0.3500/0.2982/0.2438 |
| 2.3.2 生均校舍面积($m^2$) | 小学 | 6.97/6.08/5.61 | 2.71/2.16/1.42 | 0.5300/0.3965/0.3039 |
| | 初中 | 11.22/9.84/7.37 | 5.39/3.96/1.84 | 0.5300/0.4012/0.2937 |
| 2.3.3 生均运动场(馆)面积($m^2$) | 小学 | 13.34/9.62/7.12 | 7.15/5.99/4.70 | 1.0795/0.7600/0.3500 |
| | 初中 | 14.61/12.20/9.23 | 12.06/8.36/4.51 | 1.5703/0.9336/0.3100 |
| 2.4.1 运动场(馆)达标校(%) | 小学 | 81.9/77.70/71.73 | 35.95/22.86/14.63 | 0.5012/0.2951/0.1841 |
| | 初中 | 79.63/71.29/63.90 | 41.96/32.55/25 | 0.5966/0.4489/0.2700 |
| 2.4.2 体育器械达标校(%) | 小学 | 86.67/66.38/40.73 | 38.60/31.18/19 | 0.9478/0.5597/0.2300 |
| | 初中 | 81.67/63.91/39.73 | 41.96/32.66/25 | 0.7811/0.5492/0.2700 |
| 2.4.3 音乐器材达标校(%) | 小学 | 86.67/66.02/39.67 | 35.95/30.60/22 | 0.8534/0.5482/0.2900 |
| | 初中 | 81.67/62.81/36.43 | 41.96/31.63/24 | 0.7941/0.5502/0.2600 |
| 2.4.4 美术器材达标校(%) | 小学 | 86.67/65.80/39 | 35.95/30.65/23 | 0.8460/0.5524/0.3100 |
| | 初中 | 83/64.70/40.77 | 41.96/33.10/24 | 0.8994/0.5887/0.2700 |
| 2.4.5 理科仪器达标校(%) | 小学 | 86.67/67.06/42.77 | 35.95/31.27/23 | 0.8147/0.5420/0.3100 |
| | 初中 | 81.67/64.44/41.33 | 41.96/35.04/26 | 0.8994/0.5887/0.2700 |
| 2.4.6 实验开出率(%) | 小学 | 93/86.70/80.43 | 9.16/8.89/8.52 | 0.1139/0.1007/0.0900 |
| | 初中 | 94.33/89.88/82.20 | 8.69/6.67/3.32 | 0.1057/0.0736/0.0352 |
| 2.4.7 生均图书(册) | 小学 | 17.25/15.77/14.07 | 10.06/6.64/1.19 | 0.5800/0.5345/0.0744 |
| | 初中 | 22.080/18.88/15.47 | 14.15/8.88/3.47 | 0.9260/0.5398/0.1335 |

（续表）

| 指标 | | 发展水平 | 均衡水平 | |
| --- | --- | --- | --- | --- |
| | | | 标准差 | 差异系数 |
| 2.4.8 生均计算机（台） | 小学 | 0.06/0.05/0.04 | 0.27/0.11/0.01 | 0.8847/0.5202/0.0258 |
| | 初中 | 0.09/0.07/0.05 | 0.06/0.04/0.02 | 0.6042/0.3667/0.0960 |
| 2.4.9 班级多媒体比例(%) | 小学 | 15.21/6.78/1.67 | 13.11/5.94/1.2 | 1/0.8536/0.7000 |
| | 初中 | 17.79/6.94/0.50 | 6.99/3.06/0.50 | 1/0.6874/0.3923 |
| 2.5.1 特殊学校设立的比例(%) | | 100/83.33/50 | 50/16.67/0 | 1/0.3333/0 |
| 2.5.2 校均规模(人) | 小学 | 1173/828/334 | 886/587/203 | 0.7553/0.6718/0.5739 |
| | 初中 | 1035/708/396 | 503/273/25 | 0.7857/0.3789/0.0200 |
| 2.5.3 班额控制(人) | 小学 | 46/39/29 | 11/8/6 | 0.3200/0.2053/0.1300 |
| | 初中 | 57/44/31 | 16/11/5 | 0.3300/0.2099/0.0931 |
| 3.1 标准化学校比例(%) | | 100/85/58 | 5/3/0 | 0.0862/0.0421/0.0000 |
| 3.2 校长交流比例(%) | 小学 | 46/32.14/12.5 | 38/22.9/7.5 | 0.8330/0.6806/0.6000 |
| | 初中 | 41.67/28.96/11.5 | 22.85/17.45/8.5 | 0.7391/0.6390/0.5000 |
| 3.3.1 小学校舍利用率(%) | | 128.39/104.09/80 | 82/59.11/20.55 | 0.6600/0.4521/0.1979 |
| 3.3.2 初中校舍利用率(%) | | 100.53/81/69.43 | 42/26.69/13.21 | 0.4000/0.2923/0.1314 |
| 4.1 九年制义务教育完成率(%) | | 101.85/94.53/90.68 | 14.79/11.10/8.52 | 0.1452/0.1142/0.0873 |
| 4.2 社区对义务教育均衡发展的反响 | | 100/87.5/75 | 25/12.50/0 | 0.3333/0.1667/0.0000 |
| 总发展指数 | | 0.8941/0.8745/0.8097 | | |
| 总均衡指数 | | 0.4916/0.4727/0.4369 | | |

说明：各个指标的序号、定义、权重及其计算公式与表2-2相同。

从表3-12可以看出，2009年省域内义务教育均衡发展测评结果的比较分析结果是，就各单项指标来讲，3个样本省的发展水平之间还存在较大的差异。从标准差和差异系数来看，除部分指标差异甚微，如小学适龄儿童入学率、小学巩固率、初中巩固率之外，其他指标差异较大。

### 三、2009年省域内义务教育均衡发展测评指标的敏感性分析

#### （一）省域内义务教育均衡发展测评指标敏感性分析的设计

2009年省域内义务教育均衡发展指标敏感性分析的目的是：找出对2009年省域内义务教育均衡发展水平比较敏感的指标，为选择省域内义务教育均衡发展省级目标的指标体系作参考。分析的依据是差异系数。分析的方法有两个：一是按照区域内义务

教育均衡发展水平的差异程度的等次划分,分析各项指标的均衡发展差异程度;二是采取加权平均法和几何法,分析各项指标的敏感度。

(二)2009年省域内义务教育均衡发展测评结果的单项均衡水平差异分析

第一步,以样本省为单位,以《表2-17 2009年省域内义务教育均衡水平评价标准》为标准,以2009年省域内义务教育均衡发展测评结果各项指标的数值为依据,填写附表3-22~3-24。

附表3-22 2009年辽宁省省域内义务教育均衡发展测评结果的单项均衡水平差异分析

附表3-23 2009年湖南省省域内义务教育均衡发展测评结果的单项均衡水平差异分析

附表3-24 2009年四川省省域内义务教育均衡发展测评结果的单项均衡水平差异分析

第二步,以《表2-17 2009年省域内义务教育均衡水平评价标准》为标准,以附表3-22~3-24的数据为依据,统计在省域内义务教育均衡发展测评中各项指标出现不同差异程度的频数(见表3-13)。

表3-13 2009年省域内义务教育均衡发展测评单项指标差异的频数统计

| 指标 | | | 非常均衡 | 比较均衡 | 一般均衡 | 不太均衡 | 非常不均衡 |
|---|---|---|---|---|---|---|---|
| 1.1 小学适龄儿童入学率(%) | | | 1 | 1 | 1 | 0 | 0 |
| 1.2 巩固率(%) | 1.2.1 小学 | | 0 | 0 | 3 | 0 | 0 |
| | 1.2.2 初中 | | 0 | 0 | 2 | 1 | 0 |
| 2.1 经费(元/年·生) | 2.1.1 教育事业费 | 小学 | 2 | 0 | 0 | 0 | 1 |
| | | 初中 | 1 | 1 | 0 | 0 | 1 |
| | 2.1.2 公用经费 | 小学 | 0 | 0 | 1 | 1 | 1 |
| | | 初中 | 0 | 0 | 0 | 0 | 3 |
| 2.2 师资 | 2.2.1 数量(生师比) | 小学 | 3 | 0 | 0 | 0 | 0 |
| | | 初中 | 3 | 0 | 0 | 0 | 0 |
| | 2.2.2 初中教师专业对口率(%) | | 3 | 0 | 0 | 0 | 0 |
| | 2.2.3 职称结构 | 小学 | 3 | 0 | 0 | 0 | 0 |
| | | 初中 | 3 | 0 | 0 | 0 | 0 |
| | 2.2.4 年人均收入(万元) | 小学 | 3 | 0 | 0 | 0 | 0 |
| | | 初中 | 3 | 0 | 0 | 0 | 0 |

(续表)

| 指标 | | | 非常均衡 | 比较均衡 | 一般均衡 | 不太均衡 | 非常不均衡 |
|---|---|---|---|---|---|---|---|
| 2.2 师资 | 2.2.5 年人均培训经费(元) | 小学 | 1 | 0 | 0 | 2 | 0 |
| | | 初中 | 1 | 0 | 0 | 1 | 1 |
| 2.3 校园校舍 | 2.3.1 生均校园面积(m²) | 小学 | 2 | 0 | 1 | 0 | 0 |
| | | 初中 | 2 | 1 | 0 | 0 | 0 |
| | 2.3.2 生均校舍面积(m²) | 小学 | 2 | 0 | 1 | 0 | 0 |
| | | 初中 | 2 | 0 | 1 | 0 | 0 |
| | 2.3.3 生均运动场(馆)面积(m²) | 小学 | 2 | 0 | 0 | 0 | 1 |
| | | 初中 | 2 | 0 | 0 | 0 | 1 |
| 2.4 设施设备 | 2.4.1 运动场(馆)达标校(%) | 小学 | 2 | 0 | 1 | 0 | 0 |
| | | 初中 | 1 | 1 | 1 | 0 | 0 |
| | 2.4.2 体育器械达标校(%) | 小学 | 1 | 0 | 1 | 0 | 1 |
| | | 初中 | 1 | 0 | 1 | 1 | 0 |
| | 2.4.3 音乐器材达标校(%) | 小学 | 1 | 0 | 1 | 0 | 1 |
| | | 初中 | 1 | 0 | 1 | 0 | 1 |
| | 2.4.4 美术器材达标校(%) | 小学 | 1 | 0 | 1 | 0 | 1 |
| | | 初中 | 1 | 0 | 1 | 0 | 1 |
| | 2.4.5 理科仪器达标校(%) | 小学 | 1 | 0 | 1 | 0 | 1 |
| | | 初中 | 1 | 0 | 1 | 0 | 1 |
| | 2.4.6 实验开出率(%) | 小学 | 3 | 0 | 0 | 0 | 0 |
| | | 初中 | 3 | 0 | 0 | 0 | 0 |
| | 2.4.7 生均图书(册) | 小学 | 1 | 0 | 1 | 0 | 1 |
| | | 初中 | 1 | 0 | 1 | 0 | 1 |
| | 2.4.8 生均计算机(台) | 小学 | 1 | 0 | 0 | 1 | 1 |
| | | 初中 | 1 | 1 | 0 | 1 | 0 |
| | 2.4.9 班级多媒体比例(%) | 小学 | 1 | 0 | 0 | 1 | 1 |
| | | 初中 | 2 | 0 | 0 | 1 | 0 |
| 2.5 学校布局 | 2.5.1 特殊学校设立的比例(%) | | 3 | 0 | 0 | 0 | 0 |
| | 2.5.2 校均规模(人) | 小学 | 0 | 0 | 1 | 2 | 0 |
| | | 初中 | 2 | 0 | 0 | 1 | 0 |

(续表)

| 指标 | | | 非常均衡 | 比较均衡 | 一般均衡 | 不太均衡 | 非常不均衡 |
|---|---|---|---|---|---|---|---|
| 2.5 学校布局 | 2.5.3 班额控制(人) | 小学 | 3 | 0 | 0 | 0 | 0 |
| | | 初中 | 3 | 0 | 0 | 0 | 0 |
| 3.1 标准化学校比例(%) | | | 3 | 0 | 0 | 0 | 0 |
| 3.2 校长交流比例(%) | | 小学 | 0 | 0 | 0 | 2 | 1 |
| | | 初中 | 0 | 0 | 1 | 1 | 1 |
| 3.3 校舍利用率(%) | | 小学 | 1 | 0 | 1 | 1 | 0 |
| | | 初中 | 1 | 1 | 0 | 1 | 0 |
| 4.1 九年制义务教育完成率(%) | | | 1 | 0 | 1 | 1 | 0 |
| 4.2 社区对义务教育均衡发展的反响 | | | 1 | 0 | 0 | 1 | 0 |

说明：此表是以各个指标的数值为依据，把3个样本省的指标区分成5个等级（非常均衡、比较均衡、一般均衡、不太均衡、非常不均衡），然后统计各个指标在相应等级上的频数。

第三步，分析差异程度。从表3-13可以看出，2009年省域内义务教育比较均衡的有：教育机会，师资配备的生师比、初中教师专业对口率、教师职称结构、教师年人均收入，设施设备的实验开出率，特殊学校建设比例；不均衡的指标有：教育经费、师资培训经费、校园校舍、设施设备，学校布局中的校均规模，校长交流比例，校舍利用率。

### （三）2009年省域内义务教育均衡发展测评指标的敏感性分析的结果

分析的范围是3个样本省域，数据来源是3个样本省域2009年省域内义务教育均衡发展测评的结果分析的结果（见表3-14）。其中，差异系数敏感度的计算方法是加权平均法、几何法，即同一指标内（如"生均公用经费"下的"小学"和"初中"）采用加权平均法合成，同一指标不同省域（同一指标有辽宁省、湖南省、四川省3个维度的值）的合成方法采用几何法（即方和根法），即指标$x$的敏感度的来源有3项，则合成指标敏感度$\mu(x)$为：

$$\mu(x) = \sqrt{\sum_{i=1}^{3}\mu^2(x_i)}$$

具体分析结果见表3-14。

表3-14 2009年省域内义务教育均衡发展测评指标的敏感性分析结果

| 一级 | 二级 | 三级 | 差异系数敏感度 | 排序排序（从大到小） |
|---|---|---|---|---|
| 1.教育机会 | 1.1 小学适龄儿童入学率 | | 0.0147 | 29 |
| | 1.2 巩固率 | | 0.5756 | 30 |

(续表)

| 一级 | 二级 | 三级 | 差异系数敏感度 | 排序排序（从大到小） |
|---|---|---|---|---|
| 2. 资源配置 | 2.1 经费 | 2.1.1 教育事业费 | 0.8029 | 14 |
| | | 2.1.2 公用经费 | 1.4091 | 2 |
| | 2.2 师资 | 2.2.1 数量(生师比) | 0.2188 | 23 |
| | | 2.2.2 初中教师专业对口率 | 0.1142 | 27 |
| | | 2.2.3 职称结构 | 0.1841 | 25 |
| | | 2.2.4 年人均收入 | 0.2760 | 22 |
| | | 2.2.5 年人均培训经费 | 1.1418 | 5 |
| | 2.3 校园校舍 | 2.3.1 生均校园面积 | 0.6060 | 18 |
| | | 2.3.2 生均校舍面积 | 0.7109 | 15 |
| | | 2.3.3 生均运动场(馆)面积 | 1.6274 | 1 |
| | 2.4 设施设备 | 2.4.1 运动场(馆)达标校 | 0.6833 | 17 |
| | | 2.4.2 体育器械达标校 | 1.0541 | 8 |
| | | 2.4.3 音乐器材达标校 | 1.0274 | 10 |
| | | 2.4.4 美术器材达标校 | 1.0380 | 9 |
| | | 2.4.5 理科仪器达标校 | 1.0583 | 7 |
| | | 2.4.6 实验开出率 | 0.1541 | 26 |
| | | 2.4.7 生均图书 | 1.1022 | 6 |
| | | 2.4.8 生均计算机 | 0.9130 | 13 |
| | | 2.4.9 班级多媒体比例 | 1.3645 | 3 |
| | 2.5 学校布局 | 2.5.1 特殊学校建设 | 1.0000 | 11 |
| | | 2.5.2 校均规模 | 0.9391 | 12 |
| | | 2.5.3 班额控制 | 0.3882 | 20 |
| 3. 县域管理 | 3.1 标准化学校比例 | | 0.0950 | 28 |
| | 3.2 校长交流比例 | | 1.1430 | 4 |
| | 3.3 校舍利用率 | | 0.6972 | 16 |
| 4. 教育质量 | 4.1 九年制义务教育完成率 | | 0.2020 | 24 |
| | 4.2 社区对义务教育均衡发展的反响 | | 0.3333 | 21 |

说明：各个指标的序号、含义、权重与表2-2相同。

从表 3-14 可以看出，2009 年省域内义务教育均衡发展测评指标敏感性分析的结果是，对 2009 年省域内义务教育均衡发展水平起关键作用的 10 个指标是运动场（馆）面积、公用经费、班级多媒体比例、校长交流比例、教师年人均培训经费、生均图书、理科仪器达标校、体育器械达标校、美术器材达标校、音乐器材达标校。

## 四、2009 年省域内义务教育均衡发展测评结果的总体水平差异分析

### （一）2009 年省域内义务教育均衡发展测评结果的总体发展水平差异分析

2009 年省域内义务教育均衡发展测评的总体发展水平差异分析的目的是：测评每个样本省域义务教育均衡发展的总体发展水平状况，对各个样本省域义务教育的总体发展水平进行比较，并从中找出其特点，分析其中的原因，为省域内义务教育均衡发展综合预测、选择省级目标（发展目标）提供参考。分析的对象是各个样本省域；分析的依据是各个样本省域内义务教育发展的分值，分析的标准是《表 2-15 2009 年省域内义务教育均衡发展水平的评价标准》，分析结果见表 3-15。

表 3-15 2009 年省域内义务教育均衡发展测评的总体发展水平差异分析

| 省 域 | 测评结果总发展指数 | 一级指标发展指数 | | | | 测评结果总发展程度 |
|---|---|---|---|---|---|---|
| | | 教育机会 | 资源配置 | 县域管理 | 教育质量 | |
| 辽宁省 | 0.8941 | 0.0783 | 0.5902 | 0.1541 | 0.0715 | 比较发达 |
| 湖南省 | 0.8097 | 0.0781 | 0.5466 | 0.1215 | 0.0635 | 一般发达 |
| 四川省 | 0.8745 | 0.0782 | 0.6145 | 0.1166 | 0.0651 | 比较发达 |

说明：总体发展水平的等次划分为非常发达、比较发达、一般发达、不太发达、严重不发达。

从表 3-15 来看，2009 年省域内义务教育总体发展水平方面，辽宁省和四川省比较发达，湖南省为一般发达。

### （二）2009 年省域内义务教育均衡发展测评结果的总体均衡水平差异分析

2009 年省域内义务教育均衡发展测评的总体均衡水平差异分析的目的是：测评每个样本省域的义务教育均衡发展的总体均衡水平状况，对各个样本省域义务教育均衡发展的总体均衡水平进行比较，并从中找出其特点，分析其中的原因，为省域内义务教育均衡发展综合预测、选择省级目标（均衡目标）提供参考。分析的对象是各个样本省域；分析的依据是各个样本省域内义务教育发展的均衡指数，分析的标准是《表 2-17 2009 年省域内义务教育均衡水平评价标准》，分析结果见表 3-16。

表3-16　2009年省域内义务教育均衡发展测评的总体均衡水平差异分析

| 省域 | 测评结果总均衡指数 | 一级指标均衡指数 | | | | 测评结果总体均衡等次 |
| --- | --- | --- | --- | --- | --- | --- |
| | | 教育机会 | 资源配置 | 县域管理 | 教育质量 | |
| 辽宁省 | 0.4896 | 0.0456 | 0.5869 | 0.5591 | 0.0873 | 不太均衡 |
| 湖南省 | 0.4916 | 0.0213 | 0.7095 | 0.4902 | 0.0693 | 不太均衡 |
| 四川省 | 0.4369 | 0.0159 | 0.5930 | 0.4717 | 0.2716 | 一般均衡 |

说明：总体均衡发展水平的等次为非常均衡、比较均衡、一般均衡、不太均衡、严重不均衡。

从表3-16可以看出，2009年省域内义务教育总体均衡水平的差异是：四川省为一般均衡，辽宁省和湖南省为不太均衡。其中，一级指标均衡发展水平的差异是：教育机会方面，四川省为一般均衡，辽宁省和湖南省为不太均衡；资源配置方面，四川省和辽宁省为不太均衡，湖南省为非常不均衡；教育质量方面，辽宁省、湖南省和四川省都是非常不均衡。

## 参考文献

[1] 刘启亮，孔外平. 谈谈心理与教育测量理论的发展 [J]. 重庆科技学院学报：社会科学版，2008 (2).

[2] 肖川，王本陆. 教育测量学的全息基础试探 [J]. 北京师范大学学报：社会科学版，1988 (4).

[3] 张晋安，等. 教育测评A—FA模型研究 [J]. 现代大学教育，1989 (3).

[4] 卢长吾，等. 教育测评中指标体系的检验与优化 [J]. 湖南科技大学学报：社会科学版，1991 (5).

[5] 郭苏晋. 美国通用设计测评对我国教育测评的启示 [J]. 科教导刊，2011 (4).

[6] 黄友初. 模糊数学在教育测评中的应用 [J]. 大学数学，2009 (1).

[7] 尤奇. 确定教育测评因素权重值的一种方法 [J]. 教育学报，1993 (1).

# 第四章 区域内义务教育均衡发展的预测（上）

对区域内义务教育均衡发展进行测量和评价，主要是为了把握区域内义务教育均衡发展的现实背景，而要选择区域内义务教育均衡发展的省级目标，还须进一步把握区域内义务教育均衡发展目标年度的背景。因此，就要对目标年度区域内义务教育均衡发展的趋势和水平进行预测。这是选择目标的关键，也是本课题研究的重点。本章在梳理和确定区域内义务教育均衡发展预测理论的基础上，集中研究区域内义务教育均衡发展的直接预测和比较预测。

## 第一节 区域内义务教育发展预测的理论架构

### 一、区域内义务教育均衡发展预测的研究综述

#### （一）区域内义务教育均衡发展预测的研究背景

预测是运用科学的理论和方法，对预测对象及有关的过去和现在的实际资料进行分析研究，从而掌握预测对象的内部联系和外部联系及其发展变化的规律性，并据以对预测对象在未来时期的发展变化及其结果作出估计和推断。预测被广泛地应用于经济、社会、政治、文化、教育、科技、气象等领域，形成了各具特色的具体预测科学。教育预测是依据经济、社会发展与人才之间的内在规律，以人才需要为桥梁，对未来目标年度教育发展的规模、结构与速度等所作出的推算[1]，是根据对教育发展客观规律的认识去推测和判断未来教育发展的可能性的活动，它是随社会、经济的发展而产生的[2]。

从已有资料来看，目前国内外对教育预测的研究主要反映在预测理论和应用实践两个方面，对区域内义务教育均衡发展预测的研究还没有比较完整的成果。从预测理论来看，教育预测和教育规划是密不可分的。教育预测是教育规划的必然产物。1928年，苏联编制了第一个教育规划。此后，教育规划工作在世界范围内广泛展开，成为各国优化教育资源配置、对教育事业发展进行宏观调控的重要手段。联合国教科文组织国际教育规划研究所曾主编了《国际组织与教育发展·教育规划基础》一书，从"什么是教育规划"、"教育规划的成本—收益分析"以及"人力资源规划：方法、经验和实践"等方面进行了系统的理论梳理。[3] 教育部发展规划司编的《教育规划理论与实践》总结了我国长期积累的教育规划理论研究成果和实际工作经验，其中突出阐述

了教育规划的内涵、工作程序，提出了教育规划实施的评价与监测[4]，对教育预测有较大的参考价值。其他学者对教育预测理论方面的探讨主要集中在预测模型和方法选择方面，如《义务教育发展指标预测研究》、《国家中长期高等教育毛入学率灰色预测模型探究》等，也对教育预测有一定的参考价值。

从应用实践来看，教育预测可分为定性预测和定量预测两类。定性预测也就是直观预测，是依靠人的直观判断能力、思维能力以及有关的知识和经验所进行的预测活动，通常用于预测教育发展过程中重大事件的出现和新的发展趋势的形成。定量预测是通过建立一定的数学模型，进行一系列的数学运算，来推算未来教育发展可能达到的量值。

（二）区域内义务教育均衡发展预测的概念和意义

区域内义务教育均衡发展预测，指运用先进的义务教育观念、教育预测的方法及恰当的数学工具，建立科学反映区域内义务教育发展规律的指标体系和数学模型，对特定年度区域内义务教育发展的经济社会（包括教育自身）背景进行数量的预测和主观评价，并在此基础上比较明确地描述区域内义务教育均衡发展（包括发展水平、均衡水平和均衡发展特色）的趋势。义务教育发展中必然包含着均衡，均衡中同样包括发展，因此预测义务教育发展必然包含着预测义务教育均衡，预测义务教育均衡同样包含着预测义务教育发展。

区域内义务教育均衡发展预测，对促进义务教育均衡发展具有重要的意义。

1. 能够比较科学地预计和测算所预测区域在一定年间经济社会可能达到的水平（区域内义务教育发展的经济社会背景或条件），以及在此条件上区域内义务教育均衡发展可能达到的需求和水平。

2. 能够比较科学地预计和测算出所预测区域在一定年间义务教育均衡发展的趋势与走向，包括义务教育发展的规模（招生数、在校生数、毕业生数和学龄人口数）和地理分布，师资和经费的需求，教育质量的变化等。

3. 可以选择出区域内义务教育均衡发展比较科学可行的目标，进而制定比较切实可行的区域内义务教育均衡发展的标准。因此，预测是选择区域内义务教育发展目标和制定标准的工具、手段与基础。

（三）区域内义务教育均衡发展预测的一般方法

1. 定性预测。定性预测主要采取专家评估的方式，对教育发展的重大事件和趋势进行评估，主要包括工作研究法、专家论证法、德尔斐法、标准服务量预测法、层次分析法等，更多地体现在教育规划中。该法的最大优点是，在缺乏足够统计数据和原始资料的情况下，可以对教育发展可能出现的重大事件和趋势作出评估，甚至对有些问题还可以进行定量描述。特别是在教育发展很大程度上取决于政策和人为因素的情况下，在教育预测中运用定性预测方式则更为直接和普遍。

基于经验上的定性预测和研究都表明，区域教育均衡发展的理论研究和实践探索是一个世界性的课题。例如，2000年美国关于教育改革的新政策《不让一个儿童掉队》(*No Child Left Behind*)就强调教育公平的重要性[5];英国先后实施的"教育行动区"计划、"追求卓越的城市教育"计划和"教育优先区"计划等,都旨在促进基础教育的均衡发展[6]。从进入 21 世纪开始,我国学界、政界不少人士认为,"深入实施素质教育,全面提高教育质量,逐步实现义务教育的均衡发展"是当前面临的重要课题。2006 年,新《义务教育法》以法律条文的形式,明确将"促进义务教育均衡发展"作为方向性、原则性的要求予以规定;2010 年,中共中央、国务院颁布的《国家中长期教育改革和发展规划纲要(2010—2020 年)》,明确把"推进义务教育均衡发展"作为教育发展的一项战略性任务,作为促进教育公平乃至社会公平的重点内容,并提出"率先在县(区)域内实现城乡均衡发展,逐步在更大范围内推进"。[7]由于我国各地社会的、经济的、历史的和地理的等复杂因素导致了各地经济、文化和教育等社会发展的不平衡,不同地区的义务教育发展存在着不小的差别。因此,我国大部分地区仍然存在义务教育发展不均衡,农村教育仍然薄弱,教育公平还不能有效保障的问题,这是我国教育改革和发展所必须研究解决的重大课题之一。

由于义务教育发展不均衡所造成的种种弊端,广大政界和学界人士认为当前教育研究的重要方向之一是,必须尽快研究制定促进义务教育均衡发展的目标和标准,建立均衡发展的标准体系。但制定义务教育均衡发展的标准,涉及对未来义务教育均衡发展的以教育测量为主的教育预测,而目前对标准体系的建构主要停留在研究者经验的预测上,其构建方法主要是基于实践经验而不是教育测量;对义务教育均衡发展评价方面的研究,也仅仅局限于经验层面。

2. 定量预测。定量预测是根据历史资料及相关因素进行分析并建立数学模型,实现对未来演变趋势的模拟,主要应用于社会、科学、技术、经济、军事等领域,是当前对"未来学"进行研究的重要内容和方向。定量预测常用的方法有趋势外推法、动态相关分析法、回归预测法和系统动力学方法。"未来学"研究诉求现代人文主义,注重哲学和科学方法,不崇尚超自然、魔力、神秘方法与迷信、特异功能等,不同于占卜。1929 年,美国总统胡佛成立了以社会学家奥格本(William F. Ogburn)为主的研究社会发展趋势的委员会,于 1933 年完成了《近代美国社会趋势》的报告,详尽地研究和描述了当时美国社会发展的趋势变化。其研究方法主要是以过去长期发展的量化数据,来预测和判定未来发展的相关趋势走向,以及未来几十年后这些趋势预测的有效性。可见,定量预测是一项庞大的系统工程,它需要采用观测模型,对大量的观测数据进行分析,从而找到隐藏在其中的规律。

教育领域中的一些因变量同样是可以预测的。正如"未来学"大师奈斯比特(John Naisbitt)曾强调的那样:"未来根本就不是一种秘密,只要你能了解现在,就可以知道将来会发生什么事情。"但目前教育预测特别是定量预测在教育领域中的应用并不多见,而且主要集中在高等教育领域的教育规模、成本分担、教育经费来源结构等。例如,对高等教育规模的定量预测主要采用趋势外推法、学生流法和回归分析法。李锋亮、袁本涛等利用各国、各地区有关数据,通过回归分析法构建不同的模型,从国际比较的视角对中国研究生在校生规模的中长期发展进行了预测,得出了比较合理的数据。[8]这对区域内义务教育均衡发展预测就是一个重要启示。

为了便于比较和检测，本课题在选择区域内义务教育均衡发展目标和制定标准时尽可能选择定量指标，或者是把指标量化。因此，在进行区域内义务教育均衡发展预测时，主要是对量化指标预测或者是进行定量预测。

## 二、区域内义务教育均衡发展预测的途径

### （一）直接预测法

区域内义务教育均衡发展的直接预测法，即通过区域内义务教育均衡发展现实水平的测评，来预测目标年度区域内义务教育均衡发展可能达到的水平。其理论假设是：一定时期经济社会发展的水平，大致决定包括义务教育均衡发展在内的教育发展水平；在正常情况下，区域经济发展和包括义务教育均衡发展在内的教育发展的态势是呈正态分布的，不会出现大起大落现象，因而可以从前几年的发展水平预测出今后几年的发展水平。

区域内义务教育均衡发展直接预测的程序，大致分为三步。第一步，制定《区域内义务教育均衡发展预测指标体系》。第二步，到样本单位采集数据，预测目标年度的均衡发展水平，提出《区域内义务教育均衡发展预测结果（初稿）》。到样本单位验证，分析有无特殊性，进行必要的更正和补充。第三步，论证《区域内义务教育均衡发展预测结果（初稿）》，对部分指标进行补充或重新预测，确定《区域内义务教育均衡发展预测结果（正式稿）》。

区域内义务教育均衡发展直接预测的对象、方式和依据，在大的方面是统一的，在具体问题上根据预测的目的不同而有所区别。比如，本课题预测的对象是县域内义务教育学校的均衡发展和省域内县域义务教育的均衡发展，有的课题可能就是预测学校内或县域内、省域内学生的均衡发展以及省域间义务教育的均衡发展。义务教育均衡发展直接预测的方式，一般按照区域内义务教育均衡发展测评的方式进行。义务教育均衡发展直接预测的依据（指标体系），一般是采用区域内义务教育均衡发展的指标体系，如本课题就是采用《表 2-1 县域内义务教育均衡发展指标体系》、《表 2-2 省域内义务教育均衡发展指标体系》。

在进行区域内义务教育均衡发展预测时，样本的选取和数据的收集十分重要。样本的选取方面，一是样本的代表性要比较广泛，二是样本量要足够。否则，预测的结果可能就会失真。数据的收集也同样重要，要求按照指标体系的规定，做到全面、客观和准确。否则，预测的结果必然会失真。

区域内义务教育均衡发展的直接预测方法，详见本章第二节。由于运用不同方法对区域内义务教育均衡发展进行直接预测，其结果常常会出现一定差异，因而就有一个对预测结果进行检验的问题。检验的方法同样有多种，本课题对区域内义务教育均衡发展预测的检验，与对目标选择的检验一道进行。

## （二）比较预测法

区域内义务教育均衡发展的比较预测法，即选取与区域内义务教育均衡发展目标年度经济发展水平相近的参考区域（国内外均可），以其义务教育均衡发展的水平，作为所预测区域内目标年度义务教育均衡发展的参考。其理论假设是：一定时期的经济社会发展水平，大致决定了包括义务教育均衡发展在内的教育发展水平，各个国家和地区之间特别是教育体制、文化传统相近的国家和地区之间也存在这个规律；区域内义务教育均衡发展的水平，与其教育资源配置水平及均衡度之间存在比较稳定的对应关系。因而，可以选择与目标年度经济社会发展水平相近的参考区域的均衡水平，作为所预测的区域内义务教育均衡发展的水平。（具体流程见图4-1）

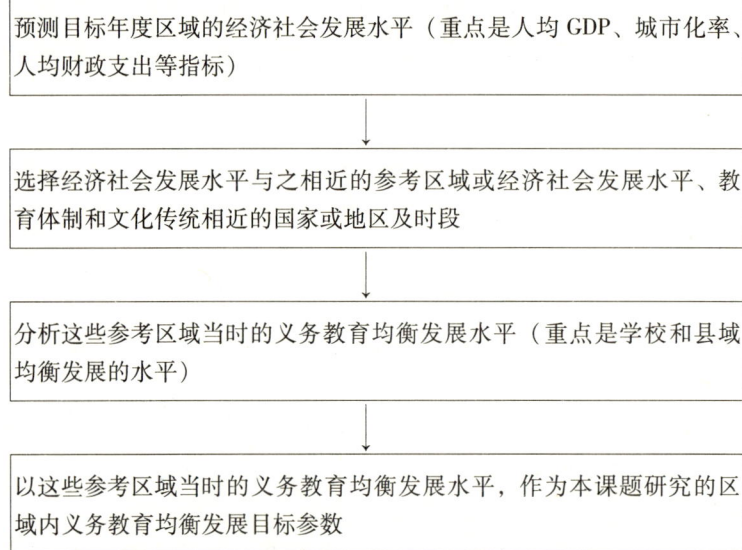

**图4-1　比较预测法预测区域内义务教育均衡发展水平流程示意图**

按照程序来表述，本课题区域内义务教育均衡发展比较预测的步骤大致分为三步：第一步，预测样本区域目标年度的经济社会发展水平，包括分别预测发达区域样本、较发达区域样本、欠发达区域样本目标年度的经济社会发展水平；第二步，选择经济社会发展水平已经达到或相当于样本区域目标年度发展水平的参考区域，并测评参考区域在经济社会发展水平达到或相当于样本区域目标年度的参考年度；第三步，测评参考区域在参考年度的义务教育均衡发展水平，并以此作为样本省域目标年度义务教育均衡发展的可能水平。

义务教育均衡发展水平不仅主要取决于经济社会发展水平，同时还与政治体制、教育管理体制、文化传统等有比较大的关系。因此，在选取区域内义务教育均衡发展比较预测的参考区域时，要注意选取政治体制、教育管理体制、文化传统比较相同或相近的区域。同时，还有一个区域层次的选取问题，即既要考虑课题研究对层次的需要，又要考虑能不能选取与课题研究的层次相对应的参考区域。因为我国的行政区划层级与国外的行政区划层级是完全不同的,具体来讲我国有乡镇、县市、地市、省市和国家 5 级,境外不少只有县市、省市和国家 3 级甚至只有县市和国家 2 级。没有对应的层级,不仅难以收集数据,而且没有比较的意义。

运用比较预测法预测区域内义务教育均衡发展,需要对区域内经济社会发展进行预测。区域内经济社会发展预测最重要、最敏感的指标是人均 GDP、人均财政收入、人均财政支出、城镇居民可支配收入、农民纯收入、城市化率、初中毕业生升入高中的比例、高等教育毛入学率等。本课题选取其中最重要的人均 GDP、人均财政收入、城市化率等指标。为简便测算,比较预测的经济指标主要是人均 GDP(为便于国际比较,采取汇率法或购买力法折合成美元)。义务教育均衡发展的指标参照《表 2-1 县域内义务教育均衡发展指标体系》、《表 2-2 省域内义务教育均衡发展指标体系》,但数量可作适当调整,重点是教育投入指标。比较预测的资料来源在国内主要是采用政府的规划数据、发改委的预测数据、各类经济研究机构的研究成果,在境外主要是采用各类研究机构的研究成果。

## (三) 规划预测法

区域内义务教育均衡发展的规划预测法,即通过制定区域内义务教育发展规划,来预测目标年度内义务教育均衡发展(鉴于直接预测和比较预测基本能满足课题研究需要,本课题只对规划预测法予以介绍而不采用)。因为经济社会发展的趋势和水平是可预测的,按照当代有关理论所提出的方法而制定的教育发展规划是科学的。从方法论的角度来讲,制定《区域内义务教育均衡发展规划》的过程,就是选择区域内义务教育均衡发展目标的过程。其步骤大致分为六步:一是确定制定规划的理论、方法、程序、技术路线;二是考察包括义务教育在内的区域教育发展的现实基础、环境条件和可能前景,收集数据,遴选区域教育发展中的基本问题;三是分析资料,找出包括义务教育在内的区域教育发展的优势和劣势以及影响区域教育发展的主要问题,预测包括义务教育在内的区域教育发展的指标;四是设计目标年度包括义务教育在内的区域教育发展的总体水平及各项指标;五是设计实现包括义务教育在内的区域教育发展目标的工作重点、行动部署、政策措施;六是论证完善。(具体流程参见图 4-2)

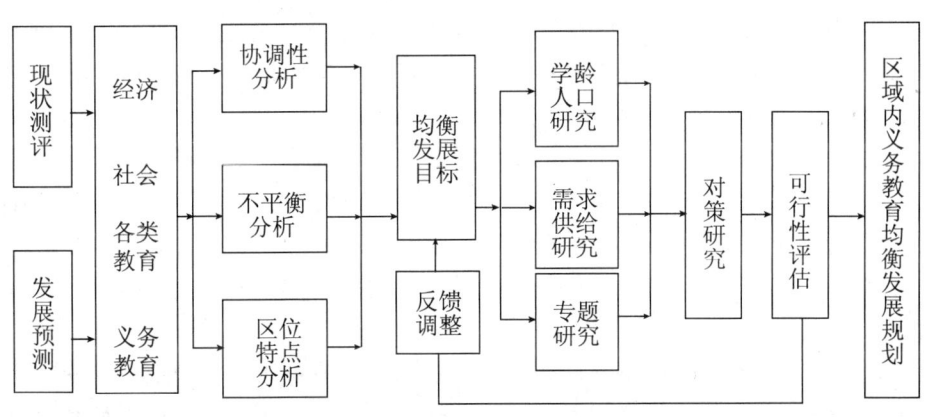

图 4-2 规划预测法选择区域内义务教育均衡发展目标流程图

运用规划预测法预测区域内义务教育均衡发展水平，对几个重要数据的计算方法如下。

1. 学龄人口的预测。关键是预测新生人口，其方法简介如下。第一步，计算总和生育率。新生人口的多少直接同育龄妇女人数相关，育龄妇女即具有生育能力的妇女，通常指15—49岁的妇女，而设 $t$ 年 $i$ 岁（$15 \leq i \leq 49$），育龄妇女的生育率定义为 $b_i(t)$：

$$b_i(t) = \frac{t 年 i 岁妇女生育的活婴数 a_i(t)}{t 年 i 岁妇女总数 e_i(t)}$$

$$b(t) = \sum_{i=15}^{49} b_i(t)$$

所谓生育模式就是指 $b_i(t)$（$i = 15, 16, \cdots, 49$）和 $b(t)$。

第二步，预测今后的生育模式。影响人口生育模式的因素有多种，如政策影响、经济发展水平、人的观念变更、宗教文化等。同样，预测今后的生育模式的方法也有多种，虽不十分准确但最简单的方法是趋势外推法。具体方法是先将最近几年的生育率 $b_i(j)[j = t-n, t-(n-1), \cdots, t]$ 进行规范化处理：

$$c_i(j) = \frac{b_i(j)}{b(j)} [j = t-n, t-(n-1), \cdots, t; i = 15, \cdots, 49]$$

然后将 $c_i(j)$ 平均：

$$d_i(t) = \frac{c_i(t-n) + c_i(t-(n-1)) + \cdots + c_i(t)}{3} \quad (i = 15, \cdots, 49)$$

$d_i(j)$（$i = 15, 16, \cdots, 49$）就是预测中要用的生育模式。

第三步，预测总和生育率。总和生育率 $b(t)$ 是个政策性变量，是控制人口发展总目标的关键参数，一般计划生育部门会有权威预测数据。如没有，也可用相应的方法进行分析、预测。

第四步，预测出生人口。有了生育模式 $d_i(t)$ 和总生育率 $b(t)$，就可逐年递推测算新生人口。$t$ 年 $i$ 岁妇女人数记为 $e_i(t)$，则 $t$ 年新出生人口 $NB(t)$ 为：

$$NB(t) = \{\sum_{i=15}^{49} \{e_i(t) \cdot d_i(t)\} \cdot b(t)$$

按育龄死亡率扣除 $t$ 年内育龄妇女死亡人数，推出 $t+1$ 年的 $e_i(t+1)$，又可类似计算出 $NB(t+1)$，⋯，则可测算逐年新生人口。有了每年的新生人口，就不难从初始年逐岁人口推出逐年分年龄的人口数。[9]

2. 义务教育规模目标的预测。由于我国义务教育普及程度已经很高，未来规模发展更多地受到学龄人口的影响，一般要采用学生流法预测规模发展目标。关键在于准确预测辍学率和升学率，而辍学率和升学率的预测采用趋势外推法，同时要综合考虑多种因素的影响。另外，需要注意各地入学年龄的差异，本课题确定小学入学年龄是6周岁。

3. 义务教育师资需求数量的预测。中小学班额一般可定为：城镇小学40—45人、农村小学20—30人，初中班额45—50人。随着学龄人口高峰的下降和素质教育的深入推广，中小学班额可能逐步减小。鉴于班额对教师工作量有一定影响，可以乘以一定系数。

课程结构对教师需求有直接影响，因此不仅要测算总量，还要测算分科教师的需求数。因为实际工作中往往学校教师总数并不缺，只是缺乏某些学科的教师。因此，可在需求总数测算的基础上，根据教学计划规定的各门课程的课时数比例来计算各科教师的需求数，即某科需配备教师数＝（该科课程课时数÷总课时数）×教师需求总数。对于某一学校来说，学校规模越小，各学科教师越难配齐。从现行初中课程计划来看，教师总数为 30 人以上的学校可配全所有各科教师。如按班师比为 1∶2.5 计算，初中班级总数应达 12 个（4 个平行班）以上；如放宽至 1∶3.3，初中班数应达 9 个（3 个平行班）以上即可配齐。这类初中各科教师编制配备参考值见表 4–1。

表 4–1　中小学教职工编制标准

| 学校类别 | 城市初中 | 县镇初中 | 农村初中 | 城市小学 | 县镇小学 | 农村小学 |
| --- | --- | --- | --- | --- | --- | --- |
| 教职工与学生比 | 1∶13.5 | 1∶16 | 1∶18 | 1∶19 | 1∶21 | 1∶23 |

4. 义务教育教师需补充量的预测。可由下列公式测算：需补充教师数＝需配备教师数－基年拥有量＋自然减员数＋净流出（调出）数。自然减员包括离退休与在职死亡，主要受现任教师队伍年龄结构的影响。一个教师的正常工作年限在 35 年左右，一般情况下教师自然减员率在 3% 左右。教师流出（调出）包括向非教育系统和教育系统中的非教师岗位（如教学行政人员、教辅人员）流动，而流入数仅指向专任教师岗位的增加人数。另外，由于教师参加培训而引起教师供需平衡的暂时波动，应在确定教师编制标准时加以考虑。

5. 义务教育经费需求和均衡发展的预测。教育经费支出从类别上可分为人员费、公用经费和基本建设经费。为了计算方便，在计算总的教育经费需求时，通常采用先确定规划期内生均教育经费的变化趋势，用下式计算：教育经费＝生均教育经费×学生总数。它们之间的关系变动最终受制于教育成本变动因素的影响。进一步分析表明，随着时间的推移，构成教育经费支出的各个部分表现出不同的变化趋势。确定生均教育经费水平，常用的方法按其数值表现形态可分为绝对数法和相对数法两大类。

（1）绝对数法：指对生均教育经费绝对值的变化趋势进行预测。常用方法有简单外推法、相关分析（回归技术）法以及结构预测法。简单外推法，就是参照生均经费增长的历史数据，在生均经费现状数的基础上，设定规划期间生均经费的增长率，从而推算出目标年份的生均经费数值。相关分析法即以生均教育经费（或其增长率）为因变量，找出一些解释变量，运用回归技术对历史数据进行相关分析直至得出满意的回归方程，然后根据这个方程进行预测。结构预测法即根据教育经费支出的分类结构，逐项进行分析预测。教育经费由人员费、公用经费和基建费三大项组成，可分项进行预测，也可对每项再细分成小项进行预测。各项预测可以使用统一的方法，也可以分别使用不同的方法，如上述简单外推法和回归技术法或其他方法。如：基本建设经费可根据基本建设需求和单位建设成本计算，其中基本建设需求预测、单位建设成本预测可采用简单外推法和回归技术法预测。绝对数法的优点是直观、直接，易于理解和执行，但对物价指数的估计有相当的难度。预测是否准确有效，很大程度上取决于对未来物价走势估计和经济增长预测的准确性。

（2）相对数法：以当年人均GDP为基本单元，以生均经费占人均GDP之比为控制参数，即生均经费比率＝生均经费÷人均GDP，或生均经费＝生均经费比率×人均GDP，即

教育经费＝学生总数×生均经费＝（学生总数×生均经费比率）×人均GDP

也就是说，总的教育经费也可用人均GDP作为计量单位。与绝对数法比较，这一做法的好处是：首先，避免物价走势波动带来的干扰；其次，相对比率与GDP增长速度无关；再次，正常情况下生均经费增长应基本与人均GDP增长同步；最后，相对参数与绝对参数相比，具有较强的国际可比性。[10]

（四）综合预测法

直接预测法、比较预测法和规划预测法，都是一种技术预测方法。从区域内义务教育均衡发展预测的实际来看，区域内义务教育均衡发展预测不仅要运用技术方法，还要结合政治、经济、社会、文化、科技、教育等因素进行综合平衡即运用综合预测法预测。这是因为：第一，由于各种原因，运用直接预测法、比较预测法和规划预测法来预测区域内义务教育均衡发展，可能会出现一定误差或差异；第二，这几种预测方法不可能全面和准确地反映义务教育的教学规律，比如班额的预测水平就可能与教学规律的应有水平不完全一致；第三，各类指标之间的关系也有所不同（或独立关系或互补关系或互逆关系），管理性指标对各个事业性指标的影响不同（有的完全不会产生影响，有的虽产生影响但其作用可以忽略，有的产生与目标一致的积极影响，有的则产生与目标不一致的消极影响）。因此，需要进行综合平衡即综合预测，才能比较客观和科学地预测出各个指标的最适当的数值。综合预测法实际上也是选择区域内义务教育均衡发展目标的方法，为节省篇幅，本课题在论述选择义务教育均衡发展目标时对其一并说明。

## 三、区域内义务教育均衡发展预测的设计

（一）区域内义务教育均衡发展预测的目的与对象

区域内义务教育均衡发展预测的目的包括两个方面。一方面是探索和建立区域内义务教育均衡发展比较科学的预测方法，包括建立比较系统和科学的区域内义务教育均衡发展预测的理论架构、相关概念（目前不少概念是定义不清或者没有定义的），建立比较科学的预测指标体系，建立比较科学的预测途径和预测方法（目前不少指标的测算方法是不明确和不准确的）。

另一方面是比较准确地预测出样本区域内义务教育均衡发展的趋势或水平，比如学龄人口及其地理分布以及流动的趋势、义务教育的规模（招生数、在校生数和毕业生数）、师资需求预测（注意学历和能力合格率、编制与配备、需求与供给、待遇等）、经费需求预测（注意生均教育经费和预算内经费以及校园校舍和仪器设备建设、校园布局调整），教育质量发展的预测以及均衡水平的预测等。

根据上述目的，区域内义务教育均衡发展预测的对象是县域内义务教育均衡发展、省域内义务教育均衡发展。其样本县域、省域及样本学校与区域内义务教育均衡发展的测评相同，详见第三章。

### （二）区域内义务教育均衡发展预测的依据和时间点

区域内义务教育均衡发展预测的指标体系依据是：《表2-1县域内义务教育均衡发展指标体系》和《表2-2省域内义务教育均衡发展指标体系》。

区域内义务教育均衡发展预测的时间基点为2020年。预测的数据依据是：区域内义务教育均衡发展测评中所收集整理的2000年和2005—2008年的数据，其收集人员和方式与测评完全相同。即以湖南师大范晓玲教授、长沙师专谭日辉博士和伍春辉博士为组长，组织课题组研究人员分别专程到辽宁、湖南、四川3个样本省及其所属9个样本县域和学校，进行实地的调查研究，按照区域内义务教育均衡发展指标体系（表2-1、2-2）的要求，收集相关数据。包括各级政府部门的年报统计资料（公开出版物和内部资料，政府发改委和社科院有关经济社会发展的数据，学校的相关数据）。同时，长沙师专谭日辉博士负责收集有关全国的数据。（详见第三章）

### （三）区域内义务教育均衡发展预测的程序

第一步，制定区域内义务教育均衡发展测评指标体系。由于区域内义务教育均衡发展指标体系（表2-1、2-2）经过了预设、专家评审、试测和测评等程序，比较科学，而且要和区域内义务教育均衡发展测评保持一致，因而预测采用这个指标体系。

第二步，确定预测的途径及模式。鉴于区域内义务教育均衡发展预测的特殊性，本课题确定采取直接预测、比较预测和综合预测三条途径，其模式如图4-3。

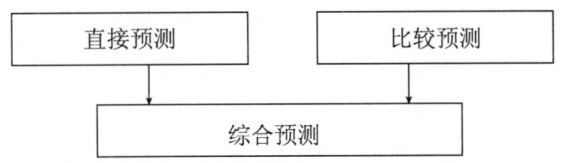

图4-3 区域内义务教育均衡发展预测的途径模式

第三步，采集数据。其中，直接预测是根据区域内义务教育均衡发展指标体系（表2-1、2-2）的要求，到样本单位采集2000年和2005—2008年的数据（以区域内义务教育均衡发展测评所收集整理的数据为准）；比较预测和综合预测根据各自预测的需要来采集数据。同时，注意对数据进行甄别，分析有无特殊性和缺失、错讹，并及时进行必要的更正和补充。

第四步，预测和分析。根据预测均衡发展指标体系和所采集的数据，测算和提出《区域内义务教育均衡发展预测结果（初稿）》。在此基础上进行分析，包括：对测评的结果进行分析、对测评指标的敏感性进行分析、对测评结果的总体水平（包括发展水平和均衡水平）进行分析，提出相应的分析结论（初稿）。

第五步，论证《区域内义务教育学校均衡发展预测结果（初稿）》及分析结论（初稿），提出完善意见，对部分指标补充或重新预测，确定《区域内义务教育均衡发展预测结果（正式稿）》及分析结论。

## 第二节　区域内义务教育均衡发展的直接预测与分析

### 一、区域内义务教育均衡发展直接预测的方法

区域内义务教育均衡发展直接预测的方法主要有趋势外推法、移动平均法、学生流模型法等，每一种预测途径都有其自身的特点和有限的适用范围。近几十年来，随着各个领域预测工作的蓬勃开展，对预测理论与途径的研究也在不断向深度和广度发展，预测途径在不断增多，已有途径也在预测实践中不断得到完善。本课题重点是运用趋势外推法和移动平均法，下面对其运用及选择作简要说明。

#### （一）区域内义务教育均衡发展直接预测的趋势外推法

趋势外推法是假设过去发展的因素同样决定未来发展的趋势、预测对象的发展变化是渐变式而不是突变式，是根据过去与现在的发展趋势，推断未来发展趋势的一类方法的总称。它主要用于科技、经济和社会发展的预测，是数学建模中最普遍、最常用的方法。趋势外推法是在对研究对象过去和现在的发展作了全面分析之后，利用某种模型描述某一参数的变化规律，然后以此规律进行外推。为了拟合数据点，实际中最常用的是一些比较简单的函数模型，如线性模型、指数曲线、生长曲线、包络曲线等。区域内义务教育均衡发展直接预测的趋势外推法的运用条件是：当预测对象依时间变化呈现某种上升或下降趋势，没有明显的季节波动，且能找到一个合适的函数曲线反映这种变化趋势，就可以用趋势外推法进行预测。本课题所提出的区域内义务教育均衡发展指标体系（表2－1、2－2）中的多数，基本上符合这些特点，所以采用趋势外推法进行预测。其具体运用条件和方法、步骤如下。

1. 假设条件：一是假设事物发展过程没有跳跃式变化；二是假定事物的发展因素也决定事物未来的发展，其条件是不变或变化不大。

2. 趋势模型的种类（多项式曲线外推模型）

一次（线性）预测模型：$\hat{y}_t = b_0 + b_1 t$

二次（二次抛物线）预测模型：$\hat{y}_t = b_0 + b_1 t + b_2 t^2$

三次（三次抛物线）预测模型：$\hat{y}_t = b_0 + b_1 t + b_2 t^2 + b_3 t^3$

一般形式：$\hat{y}_t = b_0 + b_1 t + b_2 t^2 + \cdots + b_k t^k$

指数曲线预测模型

一般形式：$\hat{y}_t = ae^{bt}$

修正的指数曲线预测模型：$\hat{y}_t = a + bc^t$

3. 趋势模型的选择（图形识别法）：这种方法是通过绘制散点图来进行的，即将时间序列的数据绘制成以时间 $t$ 为横轴，时序观察值为纵轴的图形，观察并将其变化曲线与各类函数曲线模型的图形进行比较，以便选择较为合适的模型。

4. 曲线的拟合优度分析：实际的预测对象往往无法通过图形直观确认某种模型，而是与几种模型接近。这时，一般先初选几个模型，待对模型的拟合优度分析后再确定究竟用哪一种模型。评判拟合优度的好坏，一般使用样本可决系数或标准误差来作为拟合效好坏的指标。

$$R^2 = \frac{ESS}{TSS} = 1 - \frac{RSS}{TSS} = 1 - \frac{\sum (Y_i - \hat{Y}_i)^2}{\sum y_i^2}$$

$$SE = \sqrt{\frac{\sum (y - \hat{y})^2}{n}}$$

5. 检验方法：用 F 检验方法。

## （二）区域内义务教育均衡发展直接预测的移动平均法

移动平均法是用一组最近的实际数据值，来预测未来一期或几期内数据的方法，比较适用于即期预测。该方法是一种简单平滑预测技术，其基本思想是：根据时间序列资料逐项推移，依次计算包含一定项数的序时平均值，以反映长期趋势。如当数据既不快速增长也不快速下降，且不存在季节性因素时，移动平均法能有效地消除预测中的随机波动，是非常有用的。因此，当时间序列的数值由于受周期变动和随机波动的影响而起伏较大，不易显示出事物的发展趋势时，使用移动平均法可以消除这些因素的影响，显示出事物发展的比较真实的方向与趋势（即趋势线），然后可以依据趋势线分析预测序列的长期趋势。如本课题中所针对的入学率、巩固率、教学计划执行情况等指标，从历年数据来看是一种无规律（非线性）曲线。因此，可以采用移动平均法预测今后数据的分布情况。例如：湖南省泸溪县 2005—2009 年适龄儿童入学情况的数据分布（98.64，98.23，98.55，98.82，98.52）。数据分布是一种非线性的，无规律可循，可以采用移动平均法得到结果，分别为 98.57，98.57。针对线性数据时，可以采用时距移动法。而针对于课题中标准差、差异系数的预测，从现有数据的分布情况来看，数据大多数成非线性结构。

当数据的波动规律不明显，或没有任何规律可循时，可以采用移动平均法来进行测算。这种预测法是以移动平均数作为预测值的方法，是一种最简单的自适应模型。移动平均数是根据预测事件各时期的实际值，确定移动周期，分期平均，滚动前进所计算的平均数，这些移动平均数构成一个新的时间序列。这个新时间序列将原时间序列的不规则变动加以修匀，使变动趋于平滑，趋势更加明显。而时距移动法主要适应用于数据成线性发展时的应用，这种方法计算出的数值，与趋势外推法等方法相比较更为实际。

移动平均法分为简单移动平均和加权移动平均两种。在加权移动平均中，可规定适当的权数，最简单的权数是用1、2、3等自然整数加权。加权的作用是加重近期观察值在平均数中的影响作用，即距预测期愈近，权数值愈大，反之则小。在时间序列没有明显的趋势增减变动和季节变动时，能较准确地反映实际，但所需的历史数据比较多。其缺点是更易受近期偶然变动的影响。

1. 简单移动平均预测公式是：（第 $t$ 期的平均移动值作为第 $t+1$ 期的预测值）

$$\hat{a}_{t+1} = \bar{a}_t = \frac{a_t + a_{t-1} + \cdots + a_{t-n+1}}{n} = \bar{a}_{t-1} + \frac{a_t - a_{t-1}}{n}$$

式中 $n$ 为移动平均数所取的项数，即移动周期，一般 $n$ 越大，修匀能力越强，预测的精确度就越高。

如：移动平均的计算公式如下：

$$F_t = (A_{t-1} + A_{t-2} + A_{t-3} + \cdots + A_{t-n})/n$$

式中，$F_t$——对下一期的预测值；$n$——移动平均的时期个数；$A_{t-1}$——前期实际值。

2. 加权移动平均预测公式是：

$$\hat{a}_{t+1} = \frac{a_t w_t + a_{t-1} w_{t-1} + \cdots + a_{t-n+1} w_{t-n+1}}{w_t + w_{t-1} + \cdots + w_{t-n+1}} \quad (w \text{ 为权数})$$

移动平均是局部平均，将反映的短期平均水平作为预测值使用。上式适用于一个长期稳定但短期有波动的资料。

加权移动平均法主要是针对近期的数据进行加以权重的比例。用简单移动平均法去测算数据时，主要是针对近几年内数据没有大的波动或是在小范围内波动，而最终的结果取值也是在现有数据的最大值和最小值中进行平衡。而加权移动平均法主要是离测算时间越近其占有的权重比例便越大，如果离测算时期越远，所占有的权重比例便越小。当数据的分布在某一段时间内呈一定的线性规律，近期数据与较远期数据相差很大时，我们可以采用加权移动平均法去运算。

时距移动法，这种测算方法需要考虑时距的发展变化，将之加入到等式中综合计算。计算方法及公式如下：第一步计算最近 $n$ 期的平均值，$M = (x_1 + x_2 + x_3 + x_4 + \cdots + x_n)/n$；第二步再计算 $n$ 期的时距，$X = (x_n - x_1)/(n-1)$；第三步再计算出预测结果，设预测值为 $x_n + 1$，那么 $M + X = (x_2 + x_3 + \cdots + x_n + x_{n+1})/I$，$i$ 的取值是观测期数。如醴陵市生均校舍面积，从近5年差异系数来看（0.55，0.5，0.45，0.44，

0.47）总体是在减小的，如果我们采用简单移动平均法，得到 2015 年、2020 年结果为 0.4692，0.4675；采用加权移动平均法，得到的结果为 0.4629，0.4629；采用时距移动法，得到的结果为 0.35，0.25。从理论和社会现象来看，其数值逐渐减小，因此时距移动法更接近于理论值。

预测模型是对实际事物发展规律的模拟，因此，它应与事物的发展规律相一致，符合逻辑。否则，说明预测模型不合理，需要改进。

如：湖南省双清区初中学生巩固率，近五年数据分别为 98.37，98.77，98.73，98.78，98.90，从数据来看，近五年数据的波动没有很大的变化，大时也仅只有零点几个百分点，小时仅为零点零几个百分点，因此我们可以用移动平均法进行测算。

2010 年数据 =（2005 年 + 2006 年 + 2007 年 + 2008 年 + 2009 年）÷ 5
2011 年数据 =（2006 年 + 2007 年 + 2008 年 + 2009 年 + 2010 年）÷ 5
……
2020 年数据 =（2015 年 + 2016 年 + 2017 年 + 2018 年 + 2019 年）÷ 5

通过此方法进行计算得到的数据结果，为 2015 年的数据等于 98.77，2020 年的数据等于 98.78。如果采用趋势外推等方法，得到的结果将会超过 100% 或更低。

如辽宁省辽中县班额控制城市小学指标中，2005—2009 年差异系数数据分别为 0.15，0.24，0.19，0.1，0.03。从数据的分布来看，数据不呈线性分布，而呈现一个大起大落的波动。而 2009 年的数据突变成 0.03，如果我们采用简单移动平均法可得到 2015 年、2020 年数据分别为 0.1235，0.1180。如果我们采用加权移动平均法，分别给予 2005—2009 年数据赋予权重 1/15，2/15，3/15，4/15，5/15，则可以得到结果为 0.1002，0.0989。从结果来看，两者之间的数据分别减小了 19%，16%。

### （三）区域内义务教育均衡发展单项指标的直接预测方法选择

直接预测方法（趋势外推法和移动平均法）的选择，一定意义上决定了区域内义务教育均衡发展预测数据的真实性及其走向。因为在对一个对象或指标进行预测时，选用的预测方法不同，得到的预测结果常常也是有所差异甚至是不同的。因此，在进行区域内义务教育均衡发展预测时，应根据预测对象或指标的具体性质、需要和实际条件，去选择最合适的预测方法。为此，我们必须详细了解各种预测方法的原理、条件、应用特性、工作步骤和适用范围等。了解得越是透彻，选择才能有的放矢，预测的效果才能符合要求。比如对标准差、差异系数，主要应采用移动平均法和时距平均法进行测算。

根据上述思想，本课题确定了区域内义务教育均衡发展各个单项指标的直接预测途径（见表 4-2、4-3）。需要特别说明的是，在对 3 个样本省域和 9 个样本县域的各个单项指标进行直接预测时，有一些指标在不同的地方可能出现一定的特殊性。比如，有些地方的图书装备等指标已经达到了国家标准，因而年度间增加的册数较少；校园面积等有些指标的数值不可能无限增大或缩小；有些地方的有的指标可能会在年度间出现较大的增减异常,如因 2008 年汶川地震后国家加大投入,四川省的经费投入在 2008 年后就出现很大的增长。因而,本课题在进行直接预测时,对有些指标的直接预测方法进行了必要调整,使其预测出来的数据更具有合理性。

表 4-2　县域内义务教育均衡发展直接预测的方法选择

| 一级 | 二级 | 三级 | | 直接预测方法 | 备注 |
|---|---|---|---|---|---|
| 1. 教育机会 | 1.1 小学适龄儿童入学率(%) | | | 移动平均法 | |
| | 1.2 巩固率(%) | 1.2.1 小学 | | 移动平均法 | |
| | | 1.2.2 初中 | | 移动平均法 | |
| 2. 资源配置 | 2.1 经费(元/年·生) | 2.1.1 教育事业费 | 小学 | 趋势外推法 | |
| | | | 初中 | 趋势外推法 | |
| | | 2.1.2 公用经费 | 小学 | 趋势外推法 | |
| | | | 初中 | 趋势外推法 | |
| | 2.2 师资 | 2.2.1 数量(生师比) | 农村小学 | 移动平均法 | |
| | | | 农村初中 | 移动平均法 | |
| | | | 城市小学 | 移动平均法 | |
| | | | 城市初中 | 移动平均法 | |
| | | 2.2.2 初中教师专业对口率(%) | | | 数据未采集 |
| | | 2.2.3 职称结构 | 小学 | 移动平均法 | |
| | | | 初中 | 移动平均法 | |
| | | 2.2.4 年人均收入(万元) | 小学 | 趋势外推法 | |
| | | | 初中 | 趋势外推法 | |
| | 2.3 校园校舍 | 2.3.1 生均校园面积($m^2$) | 小学 | 移动平均法 | |
| | | | 初中 | 移动平均法 | |
| | | 2.3.2 生均校舍面积($m^2$) | 小学 | 移动平均法 | |
| | | | 初中 | 移动平均法 | |
| | | 2.3.3 生均运动场(馆)面积($m^2$) | 小学 | 移动平均法 | |
| | | | 初中 | 移动平均法 | |
| | 2.4 设施设备 | 2.4.1 运动场(馆)达标校(%) | 小学 | 趋势外推法 | |
| | | | 初中 | 趋势外推法 | |
| | | 2.4.2 体育器械达标校(%) | 小学 | 趋势外推法 | |
| | | | 初中 | 趋势外推法 | |

(续表)

| 一级 | 二级 | 三级 | | 直接预测方法 | 备注 |
|---|---|---|---|---|---|
| 2. 资源配置 | 2.4 设施设备 | 2.4.3 音乐器材达标校(%) | 小学 | 趋势外推法 | |
| | | | 初中 | 趋势外推法 | |
| | | 2.4.4 美术器材达标校(%) | 小学 | 趋势外推法 | |
| | | | 初中 | 趋势外推法 | |
| | | 2.4.5 理科仪器达标校(%) | 小学 | 趋势外推法 | |
| | | | 初中 | 趋势外推法 | |
| | | 2.4.6 实验开出率(%) | 小学 | 趋势外推法 | |
| | | | 初中 | 趋势外推法 | |
| | | 2.4.7 生均图书(册) | 小学 | 趋势外推法 | |
| | | | 初中 | 趋势外推法 | |
| | | 2.4.8 生均计算机(台) | 小学 | 趋势外推法 | |
| | | | 初中 | 趋势外推法 | |
| | | 2.4.9 班级多媒体比例(%) | 小学 | 趋势外推法 | |
| | | | 初中 | 趋势外推法 | |
| | 2.5 学校布局 | 2.5.1 校均规模(人) | 农村小学 | 移动平均法 | |
| | | | 农村初中 | 移动平均法 | |
| | | | 城市小学 | 移动平均法 | |
| | | | 城市初中 | 移动平均法 | |
| | | 2.5.2 班额控制(人) | 农村小学 | 移动平均法 | |
| | | | 农村初中 | 移动平均法 | |
| | | | 城市小学 | 移动平均法 | |
| | | | 城市初中 | 移动平均法 | |
| 3. 学校管理 | 3.1 全面执行教学计划(%) | | | 移动平均法 | |
| | 3.2 校舍利用率(%) | 3.2.1 小学 | | 移动平均法 | |
| | | 3.2.2 初中 | | 移动平均法 | |
| 4. 教育质量 | 4.1 学生合格率(%) | 4.1.1 农村学生 | | 移动平均法 | |
| | | 4.1.2 城市学生 | | 移动平均法 | |
| | 4.2 学生对学习的满意度(%) | | | 移动平均法 | |
| | 4.3 九年制义务教育完成率(%) | | | 移动平均法 | |
| | 4.4 社区对义务教育均衡发展的反响 | | | | 数据未采集 |

表 4-3　省域内义务教育均衡发展直接预测的途径选择

| 一级 | 二级 | 三级 | | 直接预测途径 | 备注 |
|---|---|---|---|---|---|
| 1. 教育机会 | 1.1 小学适龄儿童入学率(%) | | | 移动平均法 | |
| | 1.2 巩固率(%) | 1.2.1 小学 | | 移动平均法 | |
| | | 1.2.2 初中 | | 移动平均法 | |
| 2. 资源配置 | 2.1 经费(元/年·生) | 2.1.1 教育事业费 | 小学 | 趋势外推法 | |
| | | | 初中 | 趋势外推法 | |
| | | 2.1.2 公用经费 | 小学 | 趋势外推法 | |
| | | | 初中 | 趋势外推法 | |
| | 2.2 师资 | 2.2.1 数量(生师比) | 小学 | 移动平均法 | |
| | | | 初中 | 移动平均法 | |
| | | 2.2.2 初中教师专业对口率(%) | | 趋势外推法 | |
| | | 2.2.3 职称结构 | 小学 | 移动平均法 | |
| | | | 初中 | 移动平均法 | |
| | | 2.2.4 年人均收入(万元) | 小学 | 趋势外推法 | |
| | | | 初中 | 趋势外推法 | |
| | | 2.2.5 年人均培训经费(元) | 小学 | 趋势外推法 | |
| | | | 初中 | 趋势外推法 | |
| | 2.3 校园校舍 | 2.3.1 生均校园面积(m²) | 小学 | 移动平均法 | |
| | | | 初中 | 移动平均法 | |
| | | 2.3.2 生均校舍面积(m²) | 小学 | 移动平均法 | |
| | | | 初中 | 移动平均法 | |
| | | 2.3.3 生均运动场(馆)面积(m²) | 小学 | 移动平均法 | |
| | | | 初中 | 移动平均法 | |
| | 2.4 设施设备 | 2.4.1 运动场(馆)达标校(%) | 小学 | 趋势外推法 | |
| | | | 初中 | 趋势外推法 | |
| | | 2.4.2 体育器械达标校(%) | 小学 | 趋势外推法 | |
| | | | 初中 | 趋势外推法 | |
| | | 2.4.3 音乐器材达标校(%) | 小学 | 趋势外推法 | |
| | | | 初中 | 趋势外推法 | |
| | | 2.4.4 美术器材达标校(%) | 小学 | 趋势外推法 | |
| | | | 初中 | 趋势外推法 | |

(续表)

| 一级 | 二级 | 三级 | | 直接预测途径 | 备注 |
|---|---|---|---|---|---|
| 2.资源配置 | 2.4 设施设备 | 2.4.5 理科仪器达标校(%) | 小学 | 趋势外推法 | |
| | | | 初中 | 趋势外推法 | |
| | | 2.4.6 实验开出率(%) | 小学 | 趋势外推法 | |
| | | | 初中 | 趋势外推法 | |
| | | 2.4.7 生均图书(册) | 小学 | 趋势外推法 | |
| | | | 初中 | 趋势外推法 | |
| | | 2.4.8 生均计算机(台) | 小学 | 趋势外推法 | |
| | | | 初中 | 趋势外推法 | |
| | | 2.4.9 班级多媒体比例(%) | 小学 | 趋势外推法 | |
| | | | 初中 | 趋势外推法 | |
| | 2.5 学校布局 | 2.5.1 特殊学校设立的比例(%) | | 移动平均法 | |
| | | 2.5.2 校均规模(人) | 小学 | 移动平均法 | |
| | | | 初中 | 移动平均法 | |
| | | 2.5.3 班额控制(人) | 小学 | 移动平均法 | |
| | | | 初中 | 移动平均法 | |
| 3.县域管理 | 3.1 标准化学校比例(%) | | | 移动平均法 | |
| | 3.2 校长交流比例(%) | 3.2.1 小学 | | 趋势外推法 | |
| | | 3.2.2 初中 | | 趋势外推法 | |
| | 3.3 校舍利用率(%) | 3.3.1 小学 | | 移动平均法 | |
| | | 3.3.2 初中 | | 移动平均法 | |
| 4.教育质量 | 4.1 九年制义务教育完成率(%) | | | 移动平均法 | |
| | 4.2 社区对义务教育均衡发展的反响 | | | | 数据未采集 |

## 二、2015/2020 年县域内义务教育均衡发展的直接预测与分析

### （一）2015/2020 年县域内义务教育均衡发展直接预测的设计

2015/2020 年县域内义务教育均衡发展直接预测的目的是：直接预测样本县域内义务教育均衡发展的水平，为综合预测样本县域内义务教育均衡发展的水平提供基础指标和数据，进而为选择县域内义务教育均衡发展的省级目标进行指标及数值的准备。因此，直接预测分 2015 年度和 2020 年度进行。

2015/2020 年县域内义务教育均衡发展直接预测的指标体系，直接采用《表 2－1

县域内义务教育均衡发展指标体系》。直接预测的基本单位是学校，然后以此预测到县域，数据来源原则上是样本县 2000 年和 2005—2009 年测评的数据，直接预测的方法主要是趋势外推法和移动平均法。

### （二）2015/2020 年县域内义务教育均衡发展直接预测的结果

2015/2020 年县域内义务教育均衡发展直接预测中不可避免地存在一些非正常因素的影响，比如经费投入的年度间不均衡、没有达到应有水平，师资数量、班额控制等的有限性，不可能无限增加或减少，等等。因此，直接预测的结果可能有一定程度的失真，需要进行综合预测，即同时进行比较预测，以及结合社会经济发展实际和教育发展规律进行专家预测。有鉴于此，本书收录的是 2015/2020 年县域内义务教育均衡发展综合预测的结果，直接预测的结果可以参见综合预测的结果（但没有直接收录到书中）。也就是说，综合预测的指标体系采用直接预测的指标体系，综合预测的结果以直接预测的结果为主，对在综合预测中修正了数值的指标予以说明。（参见附表 5-1 ~ 5-18）

### （三）2020 年县域内义务教育均衡发展直接预测结果的分析

鉴于 2015 年与 2009 年相隔较近，预测的数据应该比较准确，而且目标选择主要是 2020 年，因而这里只对 2020 年县域内义务教育均衡发展直接预测的结果进行分析。分析的途径包括：对直接预测结果的比较分析、对直接预测指标的敏感性分析、对直接预测结果的总体水平差异分析。

2020 年县域内义务教育均衡发展直接预测结果比较分析的设计，与县域内义务教育均衡发展测评结果比较分析的设计基本相同。比较分析的主要目的在于，找出 2020 年不同发达程度的县域内义务教育均衡发展指标的预测数值及其与标准值的差异，从而找出比较不均衡的项目及不均衡的幅度，为选择县域内义务教育均衡发展的省级目标作准备。分析的基本单位是县域，即先以县域为单位进行统计，再以省域为单位进行分析。比较分析的内容是各项指标发展水平的差异［最高值/所在省 3 个样本县平均值（如有全省平均数则用全省平均数）/最低值］、标准差的差异［最高值/所在省 3 个样本县平均值（如有全省平均数则用全省平均数）/最低值］、差异系数的差异［最高值/所在省 3 个样本县平均值（如有全省平均数则用全省平均数）/最低值］、各个主体的总均衡指数差异［最高值/所在省 3 个样本县平均值（如有全省平均数则用全省平均数）/最低值］。

2020 年县域内义务教育均衡发展直接预测指标的敏感性分析的目的在于，找出对 2020 年县域内义务教育均衡发展比较敏感的指标，为选择县域内义务教育均衡发展省级目标的指标体系作参考。分析的依据是差异系数。分析的方法有两个：一是按照《县域内义务教育发展水平的评价标准》（参见表 2-14、5-1）、《县域内义务教育均衡水平的评价标准》（参见表 2-16、5-2），分析各项指标的均衡发展差异程度；二是采取加权平均法和几何法，分析各项指标的敏感度。

2020 年县域内义务教育均衡发展直接预测结果的总体水平差异分析的目的在于，分析每个样本县域 2020 年义务教育均衡发展直接预测结果的总体发展水平和总体均衡水平的状况，对各个样本县域内义务教育均衡发展直接预测结果的总体发展水平和总体均衡水平进行比较，并从中找出其特点，分析其中的原因，为 2020 年县域内义务教育均衡发展综合预测、选择省级目标和制定省级标准提供参考。分析的对象是各个样本县域；分析的依据是各个样本县域的义务教育均衡发展直接预测结果的发展水平数据和均衡水平数据。

关于 2020 年县域内义务教育均衡发展直接预测结果分析的结果，由于直接预测中不可避免地存在一些非正常因素的影响，其结果要通过综合预测予以修正，因而本书只附录综合预测的分析结果，而不附录直接预测分析的结果。

### 三、2015/2020 年省域内义务教育均衡发展的直接预测与分析

#### （一）2015/2020 年省域内义务教育均衡发展直接预测的设计

2015/2020 年省域内义务教育均衡发展直接预测的目的是：直接预测样本省域内义务教育均衡发展的水平，为综合预测样本省域内义务教育均衡发展的水平提供基础指标和数据，进而为选择省域内义务教育均衡发展的省级目标进行指标及数值的准备。因此，直接预测分 2015 年度和 2020 年度进行。

2015/2020 年省域内义务教育均衡发展直接预测的指标体系，直接采用《表 2－2 省域内义务教育均衡发展指标体系》。直接预测的基本单位是县域，然后以此预测到省域，数据来源原则上是样本县 2000 年和 2005—2009 年测评的数据。直接预测的方法主要是趋势外推法和移动平均法。

#### （二）2015/2020 年省域内义务教育均衡发展直接预测的结果

2015/2020 年省域内义务教育均衡发展直接预测中不可避免地存在一些非正常因素的影响，比如经费投入的年度间很不均衡、没有达到应有水平，师资数量、班额控制等的有限性，不可能无限增加或减少，等等。因此，直接预测的结果可能有一定程度的失真，需要进行综合预测，即同时进行比较预测，以及结合社会经济发展实际和教育发展规律进行专家预测。有鉴于此，本书收录的是 2015/2020 年省域内义务教育均衡发展综合预测的结果，直接预测的结果可以参见综合预测的结果而没有直接收录到书中。也就是说，综合预测的指标体系采用直接预测的指标体系，综合预测的结果以直接预测的结果为主，对在综合预测中修正了数值的指标予以说明。（参见附表 5－1～5－18）

#### （三）2020 年省域内义务教育均衡发展直接预测结果的分析

鉴于 2015 年与 2009 年相隔较近，预测的数据应该比较准确，而且目标选择主要是 2020 年，因而这里只对 2020 年省域内义务教育均衡发展直接预测的结果进行分析。分析的途径包括：对直接预测结果的比较分析、对直接预测指标的敏感性分析、对直接

预测的总体水平差异分析。

2020年省域内义务教育均衡发展直接预测结果比较分析的设计，与省域内义务教育均衡发展测评结果比较分析的设计基本相同。比较分析的主要目的在于，找出不同发达程度省域内义务教育均衡发展直接预测指标的数值及其与标准值的差异，从而找出比较不均衡的项目及不均衡的幅度，为选择省域内义务教育均衡发展的省级目标作准备。比较分析的内容是：各项指标发展水平的差异［最高值/3省平均值（有全国平均数则用全国平均数）/最低值］、标准差的差异［最高值/3省平均值（有全国平均数则用全国平均数）/最低值］、差异系数的差异［最高值/3省平均值（有全国平均数则用全国平均数）/最低值］、各个主体的总均衡指数的差异［最高值/3省平均值（有全国平均数则用全国平均数）/最低值］。

2020年省域内义务教育均衡发展直接预测指标的敏感性分析的目的在于，找出对2020年省域内义务教育均衡发展比较敏感的指标，为选择省域内义务教育均衡发展省级目标的指标体系作参考。分析的依据是差异系数。分析的方法有两个：一是按照《省域内义务教育发展水平评价标准》（参见表2-15、5-3）、《省域内义务教育均衡水平的评价标准》（参见表2-17、5-4），分析各项指标的均衡发展差异程度；二是采取加权平均法和几何法，分析各项指标的敏感度。

2020年省域内义务教育均衡发展直接预测结果的总体水平差异分析的目的在于，分析每个样本省域内2020年义务教育均衡发展直接预测结果的总体发展水平和总体均衡水平状况，对各个样本省域内义务教育均衡发展直接预测结果的总体发展水平和总体均衡水平进行比较，并从中找出其特点，分析其中的原因，为2020年省域内义务教育均衡发展综合预测、选择省级目标和制定省级标准提供参考。分析的对象是各个样本省域；分析的依据是各个样本省域义务教育均衡发展直接预测结果的发展水平数据和均衡水平数据。

关于2020年省域内义务教育均衡发展直接预测结果分析的结果，由于直接预测中不可避免地存在一些非正常因素的影响，其结果要通过综合预测予以修正，因而本书只附录综合预测的分析结果，而不附录直接预测分析的结果。

## 第三节　区域内义务教育均衡发展的比较预测与评估

### 一、区域内义务教育均衡发展比较预测的设计

#### （一）区域内义务教育均衡发展比较预测的目的、对象及参考区域

对区域内义务教育均衡发展进行比较预测的目的是比较、检验直接预测的结果，为进行综合预测作准备，以提高区域内义务教育均衡发展预测的信度。鉴于本课题研究的是区域内义务教育均衡发展的省级目标和标准，而且县一级数据收集比较困难，

因而比较预测的重点是省域内义务教育均衡发展（境外为一个国家或地区）。与此相对应，以所比较预测的省域内义务教育均衡发展的水平，作为县域内义务教育均衡发展的比较预测水平。鉴于均衡发展最重要的指标还是投入，比较预测中最可比的指标也是投入，因此，比较预测的指标是"省域内义务教育的拨款水平"。

参考区域主要是选择那些经济社会发展水平已经相当于 2020 年样本省域预测发展水平的国内发达地区（如江苏省），以及教育发展体制、文化传统相近的其他国家或地区（如日本、我国台湾地区）。此外，从 2009 年经济合作与发展组织（OECD）开展的国际学生评估项目（Programme for International Student Assessment，PISA）的结果来看，日本和我国台湾地区的义务教育均衡发展水平已经达到很高的程度，值得我们参考。

**（二）区域内义务教育均衡发展比较预测的程序**

第一步，预测 2020 年时辽宁省、湖南省和四川省的经济社会发展水平，分别作为 2020 年时发达省域、较发达省域、欠发达省域的经济社会发展水平。为节省精力，主要以人均 GDP 作为经济社会发展水平的核心指标。预测的方法主要是趋势外推法，以及直接采用政府部门的规划指标或主流研究机构的研究成果。

第二步，选择参考区域（江苏省和台湾地区、日本）经济社会发展水平达到样本省域 2020 年预测发展水平时的年度（参考年度），包括达到辽宁省 2020 年预测发展水平、湖南省 2020 年预测发展水平、四川省 2020 年预测发展水平时参考区域（江苏省和台湾地区、日本）的年度（参考年度）。因受收集数据的限制，比较预测的指标是样本省域义务教育经费发展水平，具体操作时是运用 SPSS 软件，分别以江苏省和台湾地区、日本为参考标准建立使用人均 GDP 为自变量的回归方程。

第三步，测评参考区域在参考年度时的义务教育均衡发展水平，以此作为样本省域 2020 年时义务教育均衡发展的可能水平（比较预测出辽宁省、湖南省和四川省 2020 年时义务教育均衡发展的可能水平）。

**（三）区域内义务教育均衡发展比较预测的指标和数据收集**

为测算简便，比较预测的经济指标主要是人均 GDP（为便于国际比较，采取汇率法或购买力法折合成人民币）。义务教育均衡发展的指标参照表 2-1、2-2，为便于数据收集，主要采用生均教育经费指标。

比较预测的资料来源，国内主要是政府的规划数据、发改委的预测数据、各类经济研究机构的研究成果，境外主要是各类研究机构的研究成果。

## 二、2015/2020 年样本省域义务教育拨款水平的比较预测

**（一）预测 2020 年时辽宁省、湖南省和四川省的经济社会发展水平**

2005—2009 年各样本省域人均 GDP 及其"95% 显著性"水平上的趋势外推法，所预测的人均 GDP 见表 4-4。

表4-4　样本省域人均GDP统计和预测（单位：元）

| 年份 | 湖南省 | 四川省 | 辽宁省 | 江苏省 |
|---|---|---|---|---|
| 2005 | 10562 | 8721 | 19074 | 24953 |
| 2006 | 12139 | 10613 | 21914 | 28943 |
| 2007 | 14869 | 12963 | 26054 | 34294 |
| 2008 | 18147 | 15495 | 31736 | 40499 |
| 2009 | 20428 | 17339 | 35239 | 44744 |
| 2015 | 35821<br>[31440—40202] | 30721<br>[28846—32595] | 60525<br>[53322—67728] | 75597<br>[69795—81399] |
| 2020 | 48691<br>[41930—55452] | 41780<br>[38887—44672] | 81601<br>[70485—92717] | 101170<br>[92213—110120] |

（二）以江苏省为参照，预测2015/2020年样本省域义务教育经费的拨款水平

1. 江苏省2005—2009年义务教育生均教育事业费及生均公用经费统计（单位：元）见表4-5。

表4-5　江苏省2005—2009年义务教育生均教育事业费及生均公用经费情况

| 年份 | 生均预算内教育经费 | | 生均预算内公用经费 | |
|---|---|---|---|---|
| | 小学 | 初中 | 小学 | 初中 |
| 2005 | 2032.86 | 1823.30 | 95.09 | 114.25 |
| 2006 | 2473.95 | 2281.50 | 196.38 | 247.24 |
| 2007 | 3679.97 | 3595.85 | 506.86 | 642.55 |
| 2008 | 4306.54 | 4464.21 | 641.01 | 871.03 |
| 2009 | 5820.2 | 5903.74 | 689.08 | 864.03 |

2. 运用SPSS软件，以江苏省为参考标准建立使用人均GDP为自变量的回归方程，预测生均预算内教育事业费和生均预算内公用经费。

在这里，建立回归方程的过程就是建立因变量和自变量之间非确定因果关系模型的过程。这里的回归方程的自变量是人均GDP，"生均预算内教育事业费"或"生均预算内公用经费"为因变量，我们建立的是一元线性回归方程。直线回归分析的任务就是根据若干对观测值$(x_i, y_i)$，找出描述两个变量$x$、$y$之间关系的直线回归方程$y' = a + bx$。求直线回归方程实际上是用回归直线拟合散点图中的各观测点，所用的原理是最小二乘法原理，也就是使该直线与各观测点的纵向垂直距离最小，即使实测值$y$与回归直线$y'$之差的平方和$\sum(y-y')^2$达到最小。因此，求回归方程$y' = a + bx$的问题，归根结底就是求$\sum(y-y')^2$取得最小值时$a$和$b$的问题，$a$为截距，$b$为回归直线的斜率，也称为回归系数。

模型1：

小学"生均预算内教育事业费" = -2688.894 + 0.183 × 人均 GDP

其常数的显著水平值为 0.034，自变量人均 GDP 的显著水平值为 0.003。

模型 2：

初中"生均预算内教育事业费" = -3389.161 + 0.202 × 人均 GDP

其常数的显著水平值为 0.012，自变量人均 GDP 的显著水平值为 0.001。

模型 3：

小学"生均预算内公用经费" = -683.415 + 0.032 × 人均 GDP

其常数的显著水平值为 0.022，自变量人均 GDP 的显著水平值为 0.005。

模型 4：

初中"生均预算内公用经费" = -899.752 + 0.042 × 人均 GDP

其常数的显著水平值为 0.031，自变量人均 GDP 的显著水平值为 0.008。

3. 将上述回归方程代入湖南省、四川省、辽宁省 2015 年、2020 年的预测人均 GDP，预测出义务教育生均教育事业费和生均公用经费（见表 4-6）。

表 4-6 以江苏省为参考预测样本省域义务教育事业费发展水平（单位：元）

| 年份 | 预测类别 | 学校类别 | 湖南省 | 四川省 | 辽宁省 |
|---|---|---|---|---|---|
| 2015 | 生均教育事业费 | 小学 | 3866.35 | 2933.05 | 8387.18 |
| | | 初中 | 3846.68 | 2816.48 | 8836.89 |
| | 生均公用经费 | 小学 | 462.86 | 299.66 | 1253.39 |
| | | 初中 | 604.73 | 390.53 | 1642.30 |
| 2020 | 生均教育事业费 | 小学 | 6221.56 | 4956.85 | 12244.09 |
| | | 初中 | 6446.42 | 5050.40 | 13094.24 |
| | 生均公用经费 | 小学 | 874.70 | 653.55 | 1927.82 |
| | | 初中 | 1145.27 | 855.01 | 2527.49 |

为了便于比较，这里统计了江苏、湖南、四川、辽宁等省 2004—2009 年小学、初中"生均预算内教育事业费/预算内公用经费"，见表 4-7。

表 4-7 生均预算内教育事业费/预算内公用经费明细表（单位：元）

| 省份 | 年份 | 小学 | 初中 |
|---|---|---|---|
| 江苏省 | 2004 | 1623.10/81.67 | 1475.72/97.26 |
| | 2005 | 2032.86/95.09 | 1823.30/114.25 |
| | 2006 | 2473.95/196.38 | 2281.50/247.24 |
| | 2007 | 3679.97/506.86 | 3595.85/642.55 |
| | 2008 | 4306.54/641.01 | 4464.21/871.03 |
| | 2009 | 5820.20/689.08 | 5903.74/864.03 |

(续表)

| 省份 | 年份 | 小学 | 初中 |
|---|---|---|---|
| 湖南省 | 2004 | 1078.47/68.21 | 1001.22/86.12 |
| | 2005 | 1282.57/137.64 | 1341.57/173.04 |
| | 2006 | 1480.02/208.47 | 1821.84/279.35 |
| | 2007 | 1905.43/370.60 | 2660.86/494.36 |
| | 2008 | 2327.61/634.61 | 3611.40/1070.66 |
| | 2009 | 2791.13/840.30 | 4508.75/1522.89 |
| 辽宁省 | 2004 | 1435.02/282.27 | 1667.89/322.94 |
| | 2005 | 1731.11/355.88 | 2150.64/487.16 |
| | 2006 | 2221.21/530.01 | 2769.06/709.92 |
| | 2007 | 2841.42/590.47 | 3489.78/788.12 |
| | 2008 | 3761.22/699.89 | 4631.64/1069.72 |
| | 2009 | 4359.81/998.76 | 5590.81/1532.85 |
| 四川省 | 2004 | 749.18/79.70 | 815.97/75.13 |
| | 2005 | 847.82/132.76 | 924.38/137.53 |
| | 2006 | 1139.06/334.49 | 1371.03/430.62 |
| | 2007 | 1681.05/491.46 | 1995.44/628.38 |
| | 2008 | 2230.71/703.50 | 2690.64/1052.90 |
| | 2009 | 2824.93/629.34 | 3438.86/933.71 |

说明：数据来源于中国 2004—2009 各年度教育部、国家统计局、财政部关于全国教育事业费执行情况的统计公告。

将表 4-6 和表 4-7 相比较可以看出，表 4-6 中所预测的样本省域 2015/2020 年义务教育生均教育事业费和生均公用经费值，已经在过去的年份达到或在不远的将来很快达到。例如，表 4-6 中湖南 2015 年初中生均教育事业费为 3846.68 元，而湖南在 2009 年就已达到 4508.75 元。其中的原因，主要在于江苏省仍然是发展中的教育大省，受到全国义务教育投入体制和指导思想的影响，其义务教育的投入水平并不是很高，或者还没有达到应有水平。

**（三）以我国台湾地区为参照，预测 2015/2020 年样本省域义务教育经费发展水平**

1. 台湾地区人均 GDP 及小学、初中教育经费统计见表 4-8、4-9。

表4-8 台湾地区人均GDP及小学、初中教育经费

| 年份 | 人均GDP（美元） | 小学教育经费支出（新台币千元） | 小学生数 | 初中教育经费支出（新台币千元） | 初中生数 |
|---|---|---|---|---|---|
| 2008 | 17941 | 165172549 | 1677454 | 101422764 | 951976 |
| 2007 | 17596 | 164539304 | 1754115 | 100361680 | 953277 |
| 2006 | 16911 | 164377547 | 1798393 | 99468878 | 952344 |
| 2005 | 16449 | 160682822 | 1831873 | 98460605 | 951202 |
| 2004 | 15503 | 155676525 | 1883533 | 96478267 | 956927 |
| 2003 | 14197 | 149113799 | 1912791 | 93769766 | 957285 |
| 2002 | 13716 | 146246868 | 1918034 | 90732458 | 956823 |
| 2001 | 13401 | 146038440 | 1925491 | 88810154 | 935738 |

说明：数据来源于《"中华民国"统计年鉴》（2010年9月版）。折算成人民币如下：1美元=6.7元，1新台币=0.2249元。

表4-9 台湾地区人均GDP及小学、初中教育经费折算为人民币（元）

| 年份 | 人均GDP | 小学生均教育经费 | 初中生均教育经费支出 |
|---|---|---|---|
| 2008 | 120204.7 | 22145.05 | 23960.67 |
| 2007 | 117893.2 | 21096.05 | 23677.63 |
| 2006 | 113303.7 | 20556.41 | 23489.99 |
| 2005 | 110208.3 | 19727.11 | 23279.8 |
| 2004 | 103870.1 | 18588.3 | 22674.63 |
| 2003 | 95119.9 | 17532.34 | 22029.82 |
| 2002 | 91897.2 | 17148.25 | 21326.55 |
| 2001 | 89786.7 | 17057.49 | 21345.08 |

2. 运用SPSS软件，以台湾地区为参考标准建立使用人均GDP为自变量的回归方程，预测"生均教育经费支出"。

模型1：

小学生均教育经费支出 = 2319.079 + 0.161 × 人均GDP

其常数的显著水平值为0.083，自变量人均GDP的显著水平值为0.000。

模型2：

初中生均教育经费支出 = 13562.583 + 0.087 × 人均GDP

其常数的显著水平值为0.000，自变量人均GDP的显著水平值为0.000。

3. 将上述回归方程代入湖南、四川、辽宁2015年、2020年的预测人均GDP，得出这些样本省域义务教育经费预测水平（见表4-10）。

表4-10 以台湾地区为参考预测样本省域义务教育经费发展水平（单位：元）

| 年份 | 学校类别 | 湖南省 | 四川省 | 辽宁省 |
|---|---|---|---|---|
| 2015 | 小学 | 8086.26 | 7265.16 | 12063.60 |
|  | 初中 | 16679.01 | 16235.31 | 18828.26 |
| 2020 | 小学 | 10158.33 | 9045.66 | 15456.84 |
|  | 初中 | 17798.7 | 17197.44 | 20661.87 |

（四）以日本为参照，预测2020年样本省域义务教育经费发展水平

1. 日本2000—2005年间教育经费情况。

日本是一个经济发达、教育投入非常大的国家，日本经济的快速发展在很大程度上取决于日本教育政策的成功和较高的教育投入。尽管自2000年以来日本教育经费逐年削减，从2000年的183760亿日元降到2005年的169950亿日元，但其教育经费投入仍然在国内生产总值中占有很大的比重（如2006年小学生均教育经费支出占人均国内生产总值的比重为21.96%，高于2000年的21.64%；2007年中学生均教育经费支出占人均国内生产总值的比重为21.96%[11]）。2000—2005年该国教育经费投入情况见表4-11。

表4-11 2000—2005年日本教育经费投入统计

| 年份 | 全国教育经费总额（单位：10亿日元） | 学校教育费总额（单位：10亿日元） | 生均学校教育费（单位：1000日元） | 社会教育费总额（单位：10亿日元） | 生均社会教育费（单位：1000日元） | 教育行政费总额（单位：10亿日元） | 生均教育行政费（单位：1000日元） |
|---|---|---|---|---|---|---|---|
| 2000 | 18376 | 14793 | 1012 | 2515 | 20 | 1067 | 8 |
| 2001 | 18364 | 14825 | 1032 | 2465 | 20 | 1075 | 9 |
| 2002 | 18139 | 14729 | 1045 | 2342 | 19 | 1067 | 8 |
| 2003 | 17632 | 14355 | 1035 | 2248 | 18 | 1029 | 8 |
| 2004 | 17261 | 14115 | 1032 | 2138 | 17 | 1008 | 8 |
| 2005 | 16995 | 13953 | 1031 | 2044 | 16 | 998 | 8 |

说明：数据来源于日本总务省统计局《日本2009年统计年鉴》（2009年3月版）。

2. 为了便于预测，本课题同时统计了2003—2005年日本经济发展水平（人均GDP）（见表4-12）。

表4-12 2003—2005年日本人均GDP统计

| 年份 | GDP(10亿日元) | 总人口（千人） | 人均GDP(人民币:元) |
|---|---|---|---|
| 2003 | 493748 | 127694 | 308790.67 |
| 2004 | 498491 | 127787 | 311530.06 |
| 2005 | 503187 | 127768 | 314511.57 |

说明：数据来源于日本总务省统计局《日本 2009 年统计年鉴》（2009 年 3 月版）。折算成人均 GDP 的结果见上表右边一列。

3. 运用 SPSS 软件，以日本为参考标准建立使用人均 GDP 为自变量的回归方程，预测"生均教育经费支出"。

从表 4-11 得知近年来日本"生均学校教育费"在变化甚微的基础上存在降低的趋势。从日本统计年鉴可以看出，小学和中学阶段的生均学校教育费与表 4-11 中的全国"生均学校教育费"相差不大，因此我们在建立回归方程时就以表 4-11 中的"生均学校教育费"为基础，且学校类别不再细分为小学和初中，而统称为义务教育学校。

模型：生均教育经费 = 99735.246 - 0.055 × 人均 GDP

其常数的显著水平值为 0.035，自变量人均 GDP 的显著水平值为 0.194。

从该模型可以看出，随人均 GDP 的增加，生均教育经费成线性降低。由于日本近年来生均教育经费差别不大，所以我们就从上述模型出发，仅预测 2020 年时样本省域的生均教育经费发展水平。（具体预测情况见表 4-13）

表 4-13 以日本为参考预测样本省域义务教育经费发展水平（单位：元）

| 年份 | 学校类别 | 湖南省 | 四川省 | 辽宁省 |
| --- | --- | --- | --- | --- |
| 2020 | 义务教育 | 97057.24 | 97437.34 | 95247.19 |

## 三、2015/2020 年样本省域义务教育拨款水平比较预测的综合评估

在比较预测的过程中，我们选择了江苏省和中国台湾地区以及日本 3 个区域作为参考。从比较预测的结果来看，以不同区域作为参考，则样本省域义务教育经费的比较预测值存在较大差异。例如，以江苏省为参照，比较预测出湖南省 2020 年小学的生均教育经费约为 6000 元；以台湾为参照，比较预测出湖南省 2020 年小学的生均教育经费则约为 1 万元；以日本为参照，则超过 9 万元。究竟以哪个区域作为参考更适合比较预测值，下面将作一个综合评估。

首先，来看江苏省的情况。前面已有说明，以江苏省为参考时，样本省域的有关比较预测值实际上在过去的年份已经达到或在不远的将来很快达到。例如，比较预测的湖南省 2015 年初中生均教育经费为 3846.68 元，而湖南在 2009 年就已达到初中生均教育经费 4508.75 元，其中的主要原因一方面在于江苏省仍然是义务教育发展不够均衡的省域。江苏省从 2007 年才开始全面启动义务教育合格学校建设工程，推进全省中小学标准化建设的步伐，2007 年 4 月首次表彰了 20 个县（市、区），授予"江苏省义务教育均衡发展先进县（市、区）"称号，其后于 2009 年 1 月、2011 年 1 月分别表彰了 19、20 个省义务教育均衡发展先进县（市、区）。江苏省预计全省 105 个县（市、区）到 2012 年年底全部实现县域义务教育基本均衡发展，并通过省级人民政府认定；到 2015 年年底，76 个县（市、区）实现县域义务教育优质均衡发展，其中南京、无锡、苏州、常州实现市域义务教育优质均衡发展，到 2020 年前全省所有县（市、区）实现县域义务教育优质均衡发展。由此可见，江苏省目前正处于促进全省县域内义务

教育基本均衡发展的阶段。

另一方面，江苏省省域内即县域间义务教育均衡发展水平还比较低，特别是苏北、苏南之间区域经济发展水平差异较大（如2009年，苏南人均地区生产总值为69278元，而苏北仅为23835元），导致省域内义务教育均衡发展水平有较大差异。例如，苏南3市苏州、无锡、常州在2001至2003年的预算内小学年生均教育经费平均为1690元，而苏北3市宿迁、淮安、徐州同期预算内年生均教育经费为595元，仅占苏南地区平均值的35.2%；预算内初中年生均教育经费苏南地区平均为1994元，苏北地区平均为671元，仅占苏南地区平均值的33.7%，南北差距高达3倍之多。苏南3市2001至2003年预算内小学年生均教育公用经费平均为130元，而苏北3城市同期预算内年生均教育公用经费为12元，仅占苏南地区平均值的9.2%；预算内初中年生均教育公用经费苏南地区平均为243元，苏北地区平均为20元，仅占苏南地区平均值的8.2%，南北差距高达10倍之多。[12]综上可见，江苏省目前义务教育均衡发展水平还比较低，没有达到优质均衡的程度，甚至离省域内基本均衡这一目标也还有一定差距，因此以江苏省为参考预测出的样本省域义务教育拨款水平可作为义务教育均衡发展水平的"低限参考"。

其次，以日本为例。日本公共财政支出的教育经费在国民生产总值中的比例一直是比较高的，1955年时这一比例就达到了5.3%，1980年为7.0%，1990年为5.9%，1997年为6.1%。日本的教育经费（公共财政支出＋教育捐赠＋学生学费）在国民生产总值中的比例在发达国家中也算是较高的，与发展中国家相比，其比例更是明显高出一筹。例如，1990年，发达国家平均教育经费占国民生产总值的5.2%，发展中国家的教育经费平均占国民生产总值的4.1%，而日本的这一数字为7.5%。[13]我国虽早在1993年制定的《中国教育改革和发展纲要》中就提及到2000年时国家财政性教育经费支出占国民生产总值的比例要达到4%，却一直未能实现，直到2009年时国家财政性教育支出占国民生产总值的比例仅为3.59%。因此，中国和日本在国家财政性教育经费支出方面存在较大差距，而且近期内很难赶上。2010年7月29日中共中央、国务院印发了《国家中长期教育改革和发展规划纲要（2010—2020年）》，在"保障经费投入"中再一次提到了"提高国家财政性教育经费支出占国内生产总值比例"，并将实现这一目标确定了具体年份，"2012年达到4%"。有学者预计到2020年时这一比例将达到4.5%—5.0%。但无论前一个比例或者后一个比例，与日本相比仍有较大差距。此外，从教育经费结构来看，日本在初等教育、中等教育和高等教育间明显存在比较合理的正金字塔形结构或分布，而中国却把大部分教育经费投向了高等教育。综上可见，日本目前义务教育均衡发展水平非常高，已达到优质均衡的程度。因此，以日本为参考预测出的样本省域义务教育拨款水平可以作为2020年时义务教育均衡发展水平的"高限参考"。

再次，来看看台湾的情况。我国台湾和大陆在教育方面有着许多相似的背景和环境。从台湾2001—2008年"政府财政性教育经费支出占国民生产总值比例"来看，最低时为3.99%，最高时为4.29%，这基本上与我国预测的2015—2020年间的比例相当。因此，台湾义务教育均衡发展水平比较高，已达到比较均衡的程度。以台湾为参考预测出的样本省域义务教育拨款水平可以作为 2015 年、2020 年时义务教育均衡发展水平的"适切参考"。

## 参考文献

[1] 邓晓春. 教育预测与规划 [M]. 大连：辽宁师范大学出版社，2000.

[2] 宁虹. 教育预测学 [M]. 沈阳：辽宁教育出版社，1989.

[3] 联合国教科文组织国际教育规划研究所. 国际组织与教育发展·教育规划基础 [M]. 丁笑炯，等，译. 上海：上海教育出版社，2009.

[4] 教育部发展规划司. 教育规划理论与实践 [M]. 北京：中国大百科全书出版社，2006.

[5] United States Congress. No Child Left Behind Act of 2001 [EB/OL]. http：//www. ed. gov/policy/elsec/leg/esea02/107－110. pdf

[6] 杨军. 英国促进基础教育均衡发展政策综述 [J]. 外国教育研究，2005（12）.

[7] 教育部. 国家中长期教育改革和发展规划纲要（2010—2020 年）[EB/OL]. http：//www. gov. cn/jrzg/2010－07/29/content_ 1667143. htm，2010－07－29.

[8] 李锋亮，袁本涛，刘惠琴. 中国研究生在校生规模中长期预测——国际比较的视角 [J]. 高等教育研究，2008（5）.

[9] 朱佳生，杨晓青. 教育系统工程 [M]. 长沙：湖南大学出版社，1989；教育部发展规划司. 教育规划理论与实践 [M]. 北京：中国大百科全书出版社，2006.

[10] 张春曙. 教育规划理论与方法 [M]. 北京：高等教育出版社，2000；教育部发展规划司. 教育规划理论与实践 [M]. 北京：中国大百科全书出版社，2006.

[11] 中国国家统计局. 国际数据 [EB/OL]. http：//www. stats. gov. cn/tjsj/qtsj/gjsj/2009/t20100415_ 402634698. htm，2010－04－15.

[12] 杨九俊. 江苏省义务教育均衡发展研究报告 [EB/OL]. http：//www. jssghb. cn/ndlw/2005－1. htm，2005－01.

[13] 周谊，陈珉. 1955—1997 年日本教育经费的统计研究 [J]. 外国教育研究，2002（12）.

# 第五章　区域内义务教育均衡发展的预测（下）

区域内义务教育均衡发展的直接预测，主要是通过前些年均衡发展的数据来推测出目标年度均衡发展可能达到的水平的数值；比较预测主要是通过经济文化相近区域的参考和比拟，推测出目标年度区域内义务教育均衡发展可能达到的水平的数值。由于政府"努力"程度的整体和年度间差异、义务教育资源配置的"适度性"限制等因素，这两种预测所得出的水平的数值都可能有一定失真，而且两者之间也不一定吻合。因此，需要结合政治经济的情况、依据义务教育的办学规律，进行必要的综合预测，以便得出比较真实和统一的目标年度区域内义务教育均衡发展可能达到的水平的数值。

## 第一节　区域内义务教育均衡发展的综合预测及其理论架构

### 一、区域内义务教育均衡发展综合预测的研究综述

在不同的领域，在对未来的发展情况进行预测时，有可能选用不同的方法，如通常采用的趋势外推法、移动平均法、指数修匀法、灰色预测法等。这些方法较好地解决了人们所需要的预测数据，但每种单向的预测方法都存在一些不足。比如，趋势外推法作为定量预测是有一定假定性的，即假设某现象过去的发展变化规律、趋势、速度就是该现象今后的发展变化规律、趋势和速度，其重要假设前提是预测对象的发展变化具有稳定性和渐进性。否则，特定历史时期的发展规律就不能够外推到预测期。当然，稳定性和非突变性是所有预测方法的必然要求，因为在突变情况下，所有预测结果都是失败的。平均移动法也是基于"过去是这样，今后也将这样"的假设，把近期和远期数据等同化和平均化，因此只能适用于事物变化不大的趋势预测。

因此，在一些预测性研究的应用中不单单采用一种预测方法，而是选用多种，取其长、补其弊。如美国人斯密特（Schmitt）1954年对美国37个大城市的人口进行预测就综合了几种方法，使预测精度有所提高。[1]1959年贝特（Bete）和格兰杰（Granger）对组合多种方法去预测相应数据进行了系统的研究，其研究成果引起了预测者的重视，并于1969年正式提出为组合预测方法。[2,3]我国福建省发展研究中心李闽榕主任主持的国家社科基金项目《中国省域经济综合竞争力发展评价与预测研究》，就明确采用了综合几种方法去预测相应值。[4]电子科技大学唐小我教授及重庆大学曹长修教授等人在预测方法的选择、组合等领域研究成果尤为突出，相继在我国预测领域中的权威性学术

刊物《预测》、《管理工程学报》、《投资理论与实践》上发表了一系列关于预测的学术论文。由中国社会科学院学部委员、数量经济与技术经济研究所所长、研究员汪同三教授主编的《组合预测：理论、方法及应用》，重点就预测方面存在的不足、如何改进及采取的方法进行了说明和讲述。由陈最华教授主编的《组合预测方法有效性理论及其应用》一书，对组合预测应用、模型的建立等方面进行了全面论述。综合以上研究成果可得出，对于相关一些数据的预测不能采用单一的方法，而是应该综合不同的方法去建立相应的模型，从而使预测数据更为科学、合理，更具有可靠性。

总之，所谓综合预测就是将不同的预测方法进行适当的组合，综合利用各种方法所提供的信息，从而尽可能地提高预测精度。只要选择适当，这一目的是完全可以实现的。显然，综合预测方法比单一预测方法更为科学。因为综合预测可以将专家的经验和判断、社会的发展趋势与政府的政策倾斜结合起来，进一步改善预测效果。因此，对于同一个预测目标，最好不只是从单个角度（方法）进行单方面的预测，而是从多个不同的角度（方法）进行系统的预测，这样就可以得到多个有一定差异的预测结果。对这些多个有一定差异的预测结果进行综合比较分析，就可以得出更加精确的预测结果。

## 二、2015/2020年区域内义务教育均衡发展综合预测的设计

### （一）区域内义务教育均衡发展综合预测的目的和对象

本课题对2015/2020年区域内义务教育均衡发展直接预测，所依据的是2000年、2005—2009年样本单位的数据，所采用的途径是趋势外推法、移动平均法等。这种预测存在三点不足：一是有些指标运用趋势外推法或移动平均法进行直接预测所得出的结果，与比较预测所得出的结果，往往有一定差异。二是这种仅仅是从过去的数值直接预测出今后的数值，没有考虑此期间经济增长、自然灾害、政府调控、国家标准等方面的影响，其预测的结果可能偏离了包括义务教育在内的经济社会发展实际。比如对教育经费的直接预测所得出的结果，可能超出了经济增长的正常速度，比如，也可能低于经济增长的正常速度。比如，辽宁省辽中县年生均公用经费近五年的数据分别为330，389，422，470，520，直接预测出2015年时的结果是795 [739—851]。这个结果所反映出的增长速度是低于经济增长的正常速度的，显然是不合理的。三是生均校园面积、生均校舍面积、生均图书、班额控制等，反映义务教育资源配置的指标是有"适度性"限制的，不可能无限增大或缩小。而采用直接预测所得出的数据，则有可能是无限增大或缩小的。如湖南省醴陵市初中生均校园面积近五年数据分别为21.82，27.26，39.7，49.64，49.86，从数据分析来看是一个趋势递增模型，采用直接预测到2015年时其数值将达到生均80多平方米。显然，这个预测结果超出了国家标准和社会的承受能力。为改善直接预测所带来的不足，本课题在对2015/2020年区域内义务教育均衡发展进行预测时，在直接预测和比较预测的基础上又进行了综合预测。

根据上述目的，综合预测的对象及其样本与直接预测完全相同。

### （二）区域内义务教育均衡发展综合预测的程序

区域内义务教育均衡发展综合预测程序与直接预测、比较预测程序稍有不同，综合预测是在直接预测、比较预测基础上进行分析预测，具体可分为三个步骤。

第一步，根据选择的样本单位填报的历年来发展数据，在不考虑任何外部环境和社会经济发展等因素的情况下，按数据的分布规律，采用相应的预测方法进行直接预测，得到相应指标 2020 年预测数据。

第二步，在此基础上，考虑到一定区域内义务教育发展与当地经济社会发展水平密切相关，对于生均教育经费、生均公用经费、教师年人均收入等指标，我们综合考虑了未来该区域社会经济发展（按年均 11% 的比例增长）带动当地教育投入、人均年收入同步增长的因素，计算参照值，在此基础上综合直接预测值（区间）与参照值，得出评估值。此外，参照近年国家和部分省市的义务教育合格校（标准学校）建设标准，对生师比、生均校园面积、生均校舍面积、生均运动场（馆）面积、生均图书和班额控制等指标进行修正，使之更合理。

第三步，根据直接预测、比较预测结果和考虑经济社会发展、相关指标标准等因素进行综合预测，得到 2020 年区域内义务教育均衡发展综合预测结果。

### （三）区域内义务教育均衡发展综合预测的方法

1. 对"生均教育事业费"、"生均公用经费"、"教师年人均收入"等有关经费指标，在直接预测的基础上，参照国家经济增长的正常速度和 2012 年财政性教育经费达到 GDP 的 4% 的目标，以及日本和我国台湾、江苏等国家和地区在经济社会发展同等水平时义务教育资源配置水平的相关数据，进行综合预测。我国经济年增长速度平均为 10%，中共中央、国务院《国民经济和社会发展"十二五"规划纲要》、《国家中长期教育改革和发展规划纲要（2010—2020 年)》均明确提出："健全以政府投入为主、多渠道筹集教育经费的体制，2012 年财政性教育经费支出占国内生产总值比例达到 4%"，这是预测义务教育经费投入的重要依据。即考虑到目前我国财政性教育经费支出占国内生产总值的比例仅为 3% 左右，今后 10 年内对义务教育的投入可以按照每年增长 11% 的速度来概算。

以对湖南省醴陵市 2015 年、2020 年小学生均教育事业费预测为例：该市小学生均教育事业费 2000 年及 2005—2009 年数据为 684，1374，1714，2254，2944，3432。从数据发展规律看，呈线性增长趋势，2005 年数据在 2000 年数据基础上翻一番，2009 年数据在 2005 年数据基础上翻了一番多。而 2009 年醴陵市人均 GDP 为 20826 元，如按照 11% 的经济增长速度，则到 2015 年醴陵市人均 GDP 为 38622 元，2020 年达到 65080 元。相对于江苏省而言，该省在 2008 年已达到人均 GDP40866 元，生均教育事业费投入达到生均 4306.54 元。通过近几年数据与我国台湾地区相比较，并以之为参照，可推算出 2015 年台湾生均教育事业费投入将达到 8537 元，2020 年为 12797 元；以江苏省为参照，可得到 2015 年数据为 4378 元，2020 年数据为 9220 元。按教育事业费的增长速度为11%，则可推算2015年数据为6419元，2020年数据为10817元。而针对近五年数据采用直接预测方法，可得到2015年数据为6620元［5419—7522］，2020年数据为9293元［7902—10685］。综合以上数据和取值范围，2015年数据最终选取结果为6620元。同理，2020年数据选取结果为10817元。

对辽宁省鞍山市铁西区小学教师年人均收入的综合预测也是如此。该区近五年数据是1.2，1.35，1.75，1.87，2.18，处于线性增长阶段。从直接预测的结果来看，2015年、2020年数据及范围分别为3.66［3.05—4.26］，4.90［3.97—5.83］，曲线拟合系数达到0.98（最高数据拟合为1，越接近于1，数据预测结果越真实）。但按照经济发展11%的增长速率来看，到2015年、2020年人均年收入分别为4.08，6.87。再与江苏、台湾等省份进行比较，均发现2015年、2020年分别选择4.08，6.87更为合理。

又如对辽宁省辽中县初中生均公用经费的预测。按近五年数据（288，346，511，684，703）直接预测，得出2015年数据为1441元［1010—1871］。这个数据似比较合理，但与经济增长的正常速度相比，则不太合理。我们设想正常情况下，我国经济增长速度为10%，义务教育经费的年增长速度应该可以达到11%，因为目前我国对义务教育的经费投入比例偏低。按照11%的增长速度，到2015年时辽宁省辽中县初中生均公用经费应该可以达到1315元。

2. 对"生师比"、"生均校园面积"、"生均运动场（馆）面积"、"生均图书"、"班额控制"等指标的预测，参照近年国家和部分省市的义务教育合格学校（标准学校）建设的相关标准，在直接预测结果的区间中选取数值，使数据选取更合理。以湖南省小学生均图书为例，该省小学生均图书（册）指标近五年数据分别为14.5，15.3，13.9，16.6，17.25，总体上呈线性增长趋势。因此，可推测出2015年的发展数据为21.26［19.12—23.40］，2020年的数据为24.66［21.35—27.97］。依照《湖南省义务教育学校办学标准（试行）》文件的规定，学校生均藏书量小学20册以上、初中25册以上，并有一定数量的学科教学参考资料、工具书和报刊。每年新增图书比例不少于藏书量标准的1%。有条件的学校应配备各类电子读物，并逐步实行图书馆（室）的计算机管理。再依照《中小学图书馆（室）规程》的规定：一类小学生均图书不得少于30册，二类小学生均图书不得少于15册。综合以上标准及数据的直接预测值，本课题最终选取2015年值为21.26册，2020年值为24.66册。

3. 在综合预测选取数据时，本课题既充分考虑了经济增长、国家相关标准、参照值及直接预测数据，还考虑了相关指标项近五年的标准差、差异系数、直接预测结果曲线拟合程度。如醴陵市小学生均教育事业费，从直接预测时得到曲线拟合系数来看，曲线拟合系数为0.99，拟合程度非常高。从标准差和差异系数来看，近五年标准差、差异系数以及预测得到标准差、差异系数相当平稳，上下浮动极小。因此，可以判断我们所选取值在一定范围内具有合理性。再如，预测湖南省域内的小学生均图书指标时，直接预测时得到曲线拟合系数为0.96，标准差逐步减小，差异系数逐步趋向均衡。再根据所得到结果与国家规定标准进行比较，与发达地区和省进行比较，结合今后对教育资源配置的发展趋势，最终选取相应的值。

## 三、2020年区域内义务教育均衡发展综合预测结果的评价标准

与区域内义务教育均衡发展测评类似，为了区分综合预测所得出的区域内义务教育均衡发展总体水平的等次（包括总体发展水平的等次和总体均衡水平的等次），需要建立一个划分均衡发展等次的评价标准（包括划分总体发展水平等次的评价标准和划分总体均衡水平的评价标准）。而且评价标准是一个时间概念，不同的时期甚至年度应该有不同的评价标准。本课题综合预测2020年区域内义务教育均衡发展，应该建立起相应的对2020年综合预测结果的评价标准。

### （一）2020年县域内义务教育均衡发展综合预测结果的发展水平评价标准

1. 县域内义务教育均衡发展综合预测结果的发展水平评价标准，与制定2009年县域内义务教育总体发展水平评价标准一样，考虑了以下问题：①将总体发展水平的等次划分为非常发达、比较发达、一般发达、不太发达和非常不发达5等；②将总体发展水平的评价标准延伸到一级单项指标；③总发展指数的大小与其一级单项指标的发展指数数值大致是一致的；④总的发展水平及各个一级单项指标的发展水平的数值，都表现为一个区间。（见表5-1）

表5-1 2020年县域内义务教育均衡发展综合预测结果的发展水平评价标准

| | | 非常不发达 | 不太发达 | 一般发达 | 比较发达 | 非常发达 |
|---|---|---|---|---|---|---|
| 总体发展水平评价标准 | | ≤0.8023 | >0.8023<br>≤0.8477 | >0.8477<br>≤0.8957 | >0.8957<br>≤0.9464 | >0.9464 |
| 一级指标发展水平评价标准 | 教育机会 | ≤0.0138 | >0.0138<br>≤0.0403 | >0.0403<br>≤0.1175 | >0.1175<br>≤0.3428 | >0.3428 |
| | 资源配置 | ≤0.2775 | >0.2775<br>≤0.3823 | >0.3823<br>≤0.5268 | >0.5268<br>≤0.7258 | >0.7258 |
| | 学校管理 | ≤0.0077 | >0.0077<br>≤0.0261 | >0.0261<br>≤0.0880 | >0.0880<br>≤0.2966 | >0.2966 |
| | 教育质量 | ≤0.0267 | >0.0267<br>≤0.0661 | >0.0661<br>≤0.1635 | >0.1635<br>≤0.4043 | >0.4043 |

说明：本表的数值为发展指数。

2. 县域内义务教育均衡发展综合预测结果的单项发展水平评价标准，与制定2009年县域内义务教育一级单项发展水平评价标准一样，考虑了以下问题：①将一级单项指标的发展水平的等次划分为非常发达、比较发达、一般发达、不太发达和非常不发达5等，以便与总的发展水平的等次划分以及均衡水平的等次划分相一致；②所有一级单项指标的发展指数，与其总的发展指数的数值大致是一致的；③一级单项指标发

展水平的评价标准可以独立使用;④各个一级单项指标的发展水平的数值,都表现为一个区间。(见表 5-1)

(二) 2020 年县域内义务教育均衡发展综合预测结果的均衡水平评价标准

1. 2020 年县域内义务教育均衡发展预测结果的总体均衡水平评价标准。受各种因素的影响,各个县域内的义务教育发展在总体均衡水平上也是存在差异的。评定各个县域之间的这种总体均衡水平差异,是以总均衡指数(总差异系数)为主要依据的。对县域内义务教育发展的总体均衡水平评价标准(均衡指数的数值)的确定,主要是依据 2020 年县域内义务教育均衡发展综合预测的差异系数测评的结果。

县域内义务教育均衡发展隶属函数 $A = 0.3136$,算子关系的结果为:

$\mu s(非常不 A) = \mu s(A)^{\frac{1}{4}} = 0.7483$

$\mu s(不太 A) = \mu s(A)^{\frac{1}{2}} = 0.5600$

$\mu s(A) = \mu s(A) = 0.3136$

$\mu s(比较 A) = \mu s(A)^{\frac{3}{2}} = 0.1756$

$\mu s(非常 A) = \mu s(A)^2 = 0.0983$

具体划分标准见表 5-2。

表 5-2  2020 年县域内义务教育均衡发展综合预测结果的均衡水平评价标准

| | | 非常均衡 | 比较均衡 | 一般均衡 | 不太均衡 | 非常不均衡 |
|---|---|---|---|---|---|---|
| 总体均衡水平评价标准 | | ≤0.0983 | >0.0983<br>≤0.1756 | >0.1756<br>≤0.3136 | >0.3136<br>≤0.5600 | >0.5600 |
| 一级指标均衡水平评价标准 | 教育机会 | ≤0.0003 | >0.0003<br>≤0.0024 | >0.0024<br>≤0.0177 | >0.0177<br>≤0.1330 | >0.1330 |
| | 资源配置 | ≤0.2078 | >0.2078<br>≤0.3077 | >0.3077<br>≤0.4558 | >0.4558<br>≤0.6751 | >0.6751 |
| | 学校管理 | ≤0.0429 | >0.0429<br>≤0.0943 | >0.0943<br>≤0.2072 | >0.2072<br>≤0.4552 | >0.4552 |
| | 教育质量 | ≤0.0076 | >0.0076<br>≤0.0258 | >0.0258<br>≤0.0872 | >0.0872<br>≤0.2953 | >0.2953 |

说明:本表的数值是差异系数。

2. 2020 年县域内义务教育均衡发展综合预测结果的单项均衡水平评价标准。受各种因素的影响,县域内义务教育均衡发展的各个单项指标的均衡发展程度是存在差异的。县域内义务教育均衡发展水平的单项评价标准(均衡指数的数值)的确定,主要是依据 2020 年县域内义务教育均衡发展综合预测的结果。具体划分标准等级参数的确定如下：教育机会、资源配置、学校管理、教育质量的隶属函数 $A$ 根据 2020 年计算出的 9 个样本县的差异系数的均值予以确定。据此，教育机会隶属函数 $A$ 取 0.0177，资源配置的隶属函数 $A$ 取 0.4558，学校管理的隶属函数 $A$ 取 0.2072，教育质量的隶属函数 $A$ 取 0.0872，根据这一规定，单项评价标准的算子关系的结果分别如下。

（1）教育机会，$A = 0.0177$，其中：

$\mu s$（非常不 $A$） $= \mu s (A)^{\frac{1}{4}} = 0.3647$

$\mu s$（不太 $A$） $= \mu s (A)^{\frac{1}{2}} = 0.1330$

$\mu s (A) = \mu s (A) = 0.0177$

$\mu s$（比较 $A$） $= \mu s (A)^{\frac{3}{2}} = 0.0024$

$\mu s$（非常 $A$） $= \mu s (A)^{2} = 0.0003$

（2）资源配置，$A = 0.4558$，其中：

$\mu s$（非常不 $A$） $= \mu s (A)^{\frac{1}{4}} = 0.8217$

$\mu s$（不太 $A$） $= \mu s (A)^{\frac{1}{2}} = 0.6751$

$\mu s (A) = \mu s (A) = 0.4558$

$\mu s$（比较 $A$） $= \mu s (A)^{\frac{3}{2}} = 0.3077$

$\mu s$（非常 $A$） $= \mu s (A)^{2} = 0.2078$

（3）学校管理，$A = 0.2072$，其中：

$\mu s$（非常不 $A$） $= \mu s (A)^{\frac{1}{4}} = 0.6747$

$\mu s$（不太 $A$） $= \mu s (A)^{\frac{1}{2}} = 0.4552$

$\mu s (A) = \mu s (A) = 0.2072$

$\mu s$（比较 $A$） $= \mu s (A)^{\frac{3}{2}} = 0.0943$

$\mu s$（非常 $A$） $= \mu s (A)^{2} = 0.0429$

（4）教育质量，$A = 0.0872$，其中：

$\mu s$（非常不 $A$） $= \mu s (A)^{\frac{1}{4}} = 0.5434$

$\mu s$（不太 $A$） $= \mu s (A)^{\frac{1}{2}} = 0.2953$

$\mu s (A) = \mu s (A) = 0.0872$

$\mu s$（比较 $A$） $= \mu s (A)^{\frac{3}{2}} = 0.0258$

$\mu s$（非常 $A$） $= \mu s (A)^{2} = 0.0076$

由此，可确定县域内义务教育均衡发展水平的单项均衡水平评价标准（见表 5-2）。

**（三）2020 年省域内义务教育均衡发展综合预测结果的发展水平评价标准**

1. 2020 年省域内义务教育均衡发展综合预测结果的发展水平评价标准，与制定 2009 年省域内义务教育总体发展水平评价标准一样，考虑了以下问题：①将总体发展水平的等次划分为非常发达、比较发达、一般发达、不太发达和非常不发达 5 等；②

将总体发展水平的评价标准延伸到一级单项指标;③总的发展水平的数值与其一级单项指标的发展水平数值大致是一致的;④总的发展水平及各个一级单项指标的发展水平的数值,都表现为一个区间。(见表5-3)

表5-3 2020年省域内义务教育均衡发展综合预测结果的发展水平评价标准

| | | 非常不发达 | 不太发达 | 一般发达 | 比较发达 | 非常发达 |
|---|---|---|---|---|---|---|
| 总体发展水平评价标准 | | ≤0.8269 | >0.8269<br>≤0.8671 | >0.8671<br>≤0.9093 | >0.9093<br>≤0.9536 | >0.9536 |
| 一级指标发展水平评价标准 | 教育机会 | ≤0.0061 | >0.0061<br>≤0.0219 | >0.0219<br>≤0.0784 | >0.0784<br>≤0.2799 | >0.2799 |
| | 资源配置 | ≤0.3851 | >0.3851<br>≤0.4888 | >0.4888<br>≤0.6205 | >0.6205<br>≤0.7877 | >0.7877 |
| | 县域管理 | ≤0.0189 | >0.0189<br>≤0.0509 | >0.0509<br>≤0.1374 | >0.1374<br>≤0.3707 | >0.3707 |
| | 教育质量 | ≤0.0053 | >0.0053<br>≤0.0197 | >0.0197<br>≤0.0730 | >0.0730<br>≤0.2702 | >0.2702 |

说明:本表的数值为发展分值。

2. 2020年省域内义务教育综合预测结果的一级单项指标发展水平评价标准,与制定2009年省域内义务教育一级单项发展水平评价标准一样,考虑了以下问题:①将一级单项指标的发展水平的等次划分为非常发达、比较发达、一般发达、不太发达和非常不发达5等,以便与总的发展水平的等次划分以及均衡水平的等次划分相一致;②所有一级单项指标的发展水平数值,与其总的发展水平的数值大致是一致的;③一级单项指标发展水平的评价标准可以独立使用;④各个一级单项指标的发展水平的数值,都表现为一个区间。(见表5-3)

**(四)2020年省域内义务教育均衡发展综合预测结果的均衡水平评价标准**

1. 2020年省域内义务教育均衡发展综合预测结果的均衡水平评价标准。同样,即使到2020年,各个省域内的义务教育发展在总体均衡上也是存在差异的。各个省域之间的总体均衡水平的评定,是以总均衡指数(总差异系数)为主要依据。省域内义务教育均衡水平的总体评价标准(均衡指数的数值)的确定,主要是依据2020年省域内义务教育均衡发展综合预测的结论。由于省域之间经济社会发展的差异远远大于省域内县域间的差异,因而省域内义务教育总体均衡发展水平的差异系数要大一些。

省域内义务教育均衡发展的隶属函数 $A=0.3788$,算子关系的结果为:

$\mu s$(非常不$A$) $= \mu s (A)^{\frac{1}{4}} = 0.7845$

$\mu s$(不太$A$) $= \mu s (A)^{\frac{1}{2}} = 0.6155$

$\mu s(A) = \mu s(A) = 0.3788$

$\mu s(比较A) = \mu s(A)^{\frac{3}{2}} = 0.2332$

$\mu s(非常A) = \mu s(A)^2 = 0.1435$

具体划分标准见表5-4。

表5-4 2020年省域内义务教育均衡发展综合预测结果的均衡水平评价标准

| | | 非常均衡 | 比较均衡 | 一般均衡 | 不太均衡 | 非常不均衡 |
|---|---|---|---|---|---|---|
| 总体均衡水平评价标准 | | ≤0.1435 | >0.1435 ≤0.2332 | >0.2332 ≤0.3788 | >0.3788 ≤0.6155 | >0.6155 |
| 一级指标均衡水平评价标准 | 教育机会 | ≤0.0007 | >0.0007 ≤0.0044 | >0.0044 ≤0.0267 | >0.0267 ≤0.1634 | >0.1634 |
| | 资源配置 | ≤0.2296 | >0.2296 ≤0.3317 | >0.3317 ≤0.4792 | >0.4792 ≤0.6922 | >0.6922 |
| | 县域管理 | ≤0.2231 | >0.2231 ≤0.3246 | >0.3246 ≤0.4723 | >0.4723 ≤0.6872 | >0.6872 |
| | 教育质量 | ≤0.0078 | >0.0078 ≤0.0262 | >0.0262 ≤0.0882 | >0.0882 ≤0.2969 | >0.2969 |

说明：本表的数值为差异系数。

2. 省域内义务教育均衡发展综合预测结果的一级单项指标均衡水平评价标准。受各种因素的影响，省域内义务教育均衡发展的各个单项指标的均衡水平是存在差异的。省域内义务教育发展的单项均衡水平评价标准（均衡指数的数值）的确定，主要是依据2020年省域内义务教育均衡发展综合预测的结果。具体划分标准等级参数的确定如下：教育机会、资源配置、学校管理、教育质量的隶属函数$A$根据2020年计算出的3个样本省的差异系数的均值予以确定。据此教育机会隶属函数$A$取0.0267，资源配置的隶属函数$A$取0.4792，县域管理的隶属函数$A$取0.4723，教育质量的隶属函数$A$取0.0882。根据这一规定，单项评价标准的算子关系的结果分别为：

（1）教育机会，$A=0.0267$，其中：

$\mu s(非常不A) = \mu s(A)^{\frac{1}{4}} = 0.4042$

$\mu s(不太A) = \mu s(A)^{\frac{1}{2}} = 0.1634$

$\mu s(A) = \mu s(A) = 0.0267$

$\mu s(比较A) = \mu s(A)^{\frac{3}{2}} = 0.0044$

$\mu s(非常A) = \mu s(A)^2 = 0.0007$

（2）资源配置，$A=0.4792$，其中：

$\mu s(非常不A) = \mu s(A)^{\frac{1}{4}} = 0.8320$

$\mu s\ (不太A) = \mu s\ (A)^{\frac{1}{2}} = 0.6922$

$\mu s\ (A) = \mu s\ (A) = 0.4792$

$\mu s\ (比较A) = \mu s\ (A)^{\frac{3}{2}} = 0.3317$

$\mu s\ (非常A) = \mu s\ (A)^2 = 0.2296$

(3) 县域管理，$A = 0.4723$，其中：

$\mu s\ (非常不A) = \mu s\ (A)^{\frac{1}{4}} = 0.8289$

$\mu s\ (不太A) = \mu s\ (A)^{\frac{1}{2}} = 0.6872$

$\mu s\ (A) = \mu s\ (A) = 0.4723$

$\mu s\ (比较A) = \mu s\ (A)^{\frac{3}{2}} = 0.3246$

$\mu s\ (非常A) = \mu s\ (A)^2 = 0.2231$

(4) 教育质量，$A = 0.0882$，其中：

$\mu s\ (非常不A) = \mu s\ (A)^{\frac{1}{4}} = 0.5449$

$\mu s\ (不太A) = \mu s\ (A)^{\frac{1}{2}} = 0.2969$

$\mu s\ (A) = \mu s\ (A) = 0.0882$

$\mu s\ (比较A) = \mu s\ (A)^{\frac{3}{2}} = 0.0262$

$\mu s\ (非常A) = \mu s\ (A)^2 = 0.0078$

由此，可确定省域内义务教育均衡发展综合预测结果的一级单项指标均衡水平评价标准。（见表5-4）

# 第二节 县域内义务教育均衡发展的综合预测与分析

## 一、2015/2020年县域内义务教育均衡发展的综合预测

### （一）2015/2020年县域内义务教育均衡发展综合预测的设计

1. 2015/2020年县域内义务教育均衡发展综合预测的指标体系，直接采用《表2-1 县域内义务教育均衡发展指标体系》。综合预测的数值，以2015/2020年县域内义务教育均衡发展直接预测的数据为基础，参考比较预测的数据，进行综合分析。认为比较合理的，就直接采用直接预测的数据；认为不太合理的，则通过综合预测来确定。县域内义务教育均衡发展综合预测的设计思路见表5-5。

表5-5 县域内义务教育均衡发展综合预测的设计

| 统计单位 | 综合预测单位 | 预测内容 | 比较范围 | 比较标准 |
| --- | --- | --- | --- | --- |
| 县域 | 学校 | 发展水平和均衡水平 | 所在县 | 所在县域平均数 |

2. 2015年县域内义务教育均衡发展综合预测的结果（见附表5-1~5-9）。

附表5-1　2015年辽宁省辽中县义务教育均衡发展综合预测结果
附表5-2　2015年辽宁省鞍山市铁西区义务教育均衡发展综合预测结果
附表5-3　2015年辽宁省阜蒙县义务教育均衡发展综合预测结果
附表5-4　2015年湖南省醴陵市义务教育均衡发展综合预测结果
附表5-5　2015年湖南省邵阳市双清区义务教育均衡发展综合预测结果
附表5-6　2015年湖南省泸溪县义务教育均衡发展综合预测结果
附表5-7　2015年四川省双流县义务教育均衡发展综合预测结果
附表5-8　2015年四川省德阳市旌阳区义务教育均衡发展综合预测结果
附表5-9　2015年四川省乐至县义务教育均衡发展综合预测结果

3. 2020年县域内义务教育均衡发展综合预测结果及标准差比较分析（见附表5-10~5-18）。

附表5-10　2020年辽宁省辽中县义务教育均衡发展综合预测结果
附表5-11　2020年辽宁省鞍山市铁西区义务教育均衡发展综合预测结果
附表5-12　2020年辽宁省阜蒙县义务教育均衡发展综合预测结果
附表5-13　2020年湖南省醴陵市义务教育均衡发展综合预测结果
附表5-14　2020年湖南省邵阳市双清区义务教育均衡发展综合预测结果
附表5-15　2020年湖南省泸溪县义务教育均衡发展综合预测结果
附表5-16　2020年四川省双流县义务教育均衡发展综合预测结果
附表5-17　2020年四川省德阳市旌阳区义务教育均衡发展综合预测结果
附表5-18　2020年四川省乐至县义务教育均衡发展综合预测结果
附表5-19　2020年县域内义务教育均衡发展测评结果的标准差比较分析

## 二、2020年县域内义务教育均衡发展综合预测结果的比较分析

### （一）2020年县域内义务教育均衡发展综合预测结果比较分析的设计

鉴于2015年与2009年相隔较近，预测的数据应该比较准确，而且目标选择主要是2020年，因而这里只对2020年县域内义务教育均衡发展综合预测的结果进行比较分析。县域内义务教育均衡发展综合预测结果比较分析的设计，与县域内义务教育均衡发展测评结果比较分析的设计基本相同。

比较分析的主要目的是找出省域内不同发达程度的县域之间，义务教育均衡发展综合预测指标的数值及其与标准值的差异，从而找出比较不均衡的指标及不均衡的幅度，为选择县域内义务教育均衡发展省级目标作准备。

比较分析的基本单位是县域，即先以县域为单位进行统计，再以省域为单位进行分析。比较分析的数据来源包括有关附表。此外，还要参考2009年测评的结果，以及本省的教育统计资料、样本省域各样本县域的数据，国家关于义务教育学校管理、促

进义务教育均衡发展的有关法规和文件（均应注明）。比较分析的内容是各项指标测评的发展水平的差异［最高值/全省平均值（没有全省平均值则用所在省3个样本县的平均值）/最低值］、标准差的差异［最高值/全省平均值（没有全省平均值则用所在省3个样本县的平均值）/最低值］、差异系数的差异［最高值/全省平均值（没有全省平均值则用所在省3个样本县的平均值）/最低值］、各个主体测评的总均衡指数差异［最高值/全省平均值（没有全省平均值则用所在省3个样本县的平均值）/最低值］。分析中的标准值的设定是所在省域的平均数（因为本课题研究的目的是选择省级标准），没有全省平均数的，则以该省的3个样本县域平均数为准（见表5-6）。标准差的比较分析附录于书后（附表5-19）。

表5-6 2020年县域内义务教育均衡发展综合预测结果的比较分析设计

| 比较单位 | 比较范围 | 比较内容 | 比较标准 |
| --- | --- | --- | --- |
| 县域 | 同一个样本省域的3个样本县域 | 发展水平、差异系数 | 3个样本县的平均值 |

### （二）2020年辽宁省县域内义务教育均衡发展综合预测结果的比较分析

2020年辽宁省县域内义务教育均衡发展综合预测结果的比较分析详见表5-7。

表5-7 2020年辽宁省县域内义务教育均衡发展综合预测结果的比较分析

| 指标 | | 发展水平 | 均衡水平（差异系数） |
| --- | --- | --- | --- |
| 1.1 小学适龄儿童入学率(%) | | 100/100/100 | 0.0000/0.0000/0.0000 |
| 1.2 巩固率(%) | 1.2.1 小学 | 100/100/100 | 0.0200/0.0067/0.0000 |
| | 1.2.2 初中 | 99.65/99.12/98.53 | 0.0159/0.0122/0.0061 |
| 2.1.1 教育事业费（元/年·生） | 小学 | 12606/10885/7829 | 0.7088/0.4951/0.2091 |
| | 初中 | 20209/13866/8390 | 0.8252/0.6947/0.6075 |
| 2.1.2 公用经费（元/年·生） | 小学 | 1639/1237/930 | 0.2397/0.1182/0.0000 |
| | 初中 | 2025/1717/1386 | 0.5855/0.4152/0.0750 |
| 2.2.1 师资数量（生师比） | 农村小学 | 12.18/11.59/10.99 | 0.1817/0.1184/0.0550 |
| | 农村初中 | 11.35/9.31/7.27 | 0.3206/0.2003/0.0800 |
| | 城市小学 | 16.00/12.94/9.47 | 0.3375/0.2323/0.1419 |
| | 城市初中 | 17.23/12.17/8.46 | 0.4642/0.367/0.2797 |
| 2.2.2 初中教师专业对口率(%) | | --/--/-- | --/--/-- |
| 2.2.3 教师职称结构 | 小学 | 0.24/0.23/0.23 | 0.1352/0.0923/0.0400 |
| | 初中 | 0.24/0.24/0.23 | 0.0886/0.0545/0.0240 |
| 2.2.4 教师年人均收入（万元） | 小学 | 10.64/8.98/6.87 | 0.7317/0.3226/0.0825 |
| | 初中 | 10.45/9.31/7.08 | 0.5994/0.2739/0.0350 |

(续表)

| 指标 | | 发展水平 | 均衡水平(差异系数) |
|---|---|---|---|
| 2.3.1 生均校园面积($m^2$) | 小学 | 52.34/35.10/10.6 | 0.8421/0.6433/0.4591 |
| | 初中 | 115.96/62.67/25.38 | 0.8648/0.7264/0.6054 |
| 2.3.2 生均校舍面积($m^2$) | 小学 | 10.30/8.59/7.51 | 0.8150/0.4275/0.0575 |
| | 初中 | 13.19/11.26/10.01 | 0.8725/0.7692/0.7053 |
| 2.3.3 生均运动场(馆)面积($m^2$) | 小学 | 33.77/17.60/3.89 | 0.7396/0.4474/0.1050 |
| | 初中 | 20.63/15.02/11.44 | 0.8479/0.5710/0.2275 |
| 2.4.1 运动场(馆)达标校(%) | 小学 | 100/96.16/88.61 | --/--/-- |
| | 初中 | 100/80.57/50 | --/--/-- |
| 2.4.2 体育器械达标校(%) | 小学 | 100/99.95/99.86 | --/--/-- |
| | 初中 | 100/81.44/50 | --/--/-- |
| 2.4.3 音乐器材达标校(%) | 小学 | 100/99.89/99.66 | --/--/-- |
| | 初中 | 100/81.83/50 | --/--/-- |
| 2.4.4 美术器材达标校(%) | 小学 | 100/99.95/99.86 | --/--/-- |
| | 初中 | 100/82.82/50 | --/--/-- |
| 2.4.5 理科仪器达标校(%) | 小学 | 100/99.75/99.25 | --/--/-- |
| | 初中 | 100/81.89/50 | --/--/-- |
| 2.4.6 实验开出率(%) | 小学 | 100/99.75/95.56 | 0.3600/0.1914/0.0317 |
| | 初中 | 100/97.84/94.05 | 0.4650/0.1865/0.0442 |
| 2.4.7 生均图书(册) | 小学 | 40.89/28.46/21.91 | 0.6580/0.5094/0.2600 |
| | 初中 | 65.98/54.57/37.84 | 0.6776/0.3800/0.0000 |
| 2.4.8 生均计算机(台) | 小学 | 0.23/0.18/0.13 | 0.7607/0.3932/0.0450 |
| | 初中 | 0.26/0.22/0.14 | 0.6174/0.3423/0.1800 |
| 2.4.9 班级多媒体比例(%) | 小学 | 65/50.05/42.01 | 0.1559/0.0584/0.0093 |
| | 初中 | 61/42.40/19.78 | 0.1136/0.0521/0.0099 |
| 2.5.1 校均规模(人) | 农村小学 | 2080/1381/682 | 0.3699/0.3343/0.2987 |
| | 农村初中 | 475/431/386 | 0.7496/0.5296/0.3095 |
| | 城市小学 | 1566/1160/614 | 0.4262/0.2711/0.0025 |
| | 城市初中 | 2353/1864/1202 | 0.5419/0.2969/0.0923 |

（续表）

| 指标 | | 发展水平 | 均衡水平（差异系数） |
|---|---|---|---|
| 2.5.2 班额控制（人） | 农村小学 | 39/38/37 | 0.7733/0.4677/0.1622 |
| | 农村初中 | 47/39/30 | 0.4407/0.3433/0.2459 |
| | 城市小学 | 47/44/40 | 0.4262/0.2561/0.1180 |
| | 城市初中 | 61/46/33 | 0.8012/0.3933/0.0273 |
| 3.1 全面执行教学计划（%） | | 100/100/100 | 0.0000/0.0000/0.0000 |
| 3.2 校舍利用率（%） | 3.2.1 小学 | 100/95.84/93.66 | 0.6004/0.3528/0.1430 |
| | 3.2.2 初中 | 91.99/84.39/79.86 | 0.5976/0.3453/0.1430 |
| 4.1 学生合格率（%） | 4.1.1 农村 | 88.98/85.14/79.51 | 0.2449/0.1763/0.1078 |
| | 4.1.2 城市 | 93.23/84.12/79.51 | 0.3607/0.1511/0.0000 |
| 4.2 学生对学习的满意度（%） | | --/--/-- | --/--/-- |
| 4.3 九年制义务教育完成率（%） | | --/--/-- | --/--/-- |
| 4.4 社区对义务教育均衡发展的反响 | | --/--/-- | --/--/-- |
| 总发展指数 | | 0.9815/0.9241/0.8609 | |
| 总均衡指数 | | 0.3673/0.3495/0.3359 | |

说明：此表各个指标的序号、定义、计算公式及其权重与表 2-1 相同。

## （三）2020 年湖南省县域内义务教育均衡发展综合预测结果的比较分析

2020 年湖南省县域内义务教育均衡发展综合预测结果的比较分析详见表 5-8。

表 5-8 2020 年湖南省县域内义务教育均衡发展综合预测结果的比较分析

| 指标 | | 发展水平 | 均衡水平（差异系数） |
|---|---|---|---|
| 1.1 小学适龄儿童入学率（%） | | 99.81/97.74/94.83 | 0.0757/0.0399/0.0045 |
| 1.2 巩固率（%） | 1.2.1 小学 | 100/99.94/99.85 | 0.0037/0.0023/0.0000 |
| | 1.2.2 初中 | 99.59/98.64/97.56 | 0.0132/0.0079/0.0031 |
| 2.1.1 教育事业费（元/年·生） | 小学 | 10817/9679/7728 | 0.8676/0.5737/0.3220 |
| | 初中 | 20988/17289/11873 | 0.7964/0.4252/0.1762 |
| 2.1.2 公用经费（元/年·生） | 小学 | 1002/911/818 | 0.5797/0.2796/0.1262 |
| | 初中 | 1825/1404/1165 | 0.6571/0.4472/0.2674 |
| 2.2.1 师资数量（生师比） | 农村小学 | 20.36/17.69/16.29 | 0.5154/0.3068/0.1942 |
| | 农村初中 | 16.20/15.00/14.40 | 0.3545/0.2251/0.1013 |

(续表)

| 指标 | | 发展水平 | 均衡水平(差异系数) |
|---|---|---|---|
| 2.2.1 师资数量(生师比) | 城市小学 | 12.28/10.02/8.77 | 0.2432/0.1912/0.1393 |
| | 城市初中 | 19.28/14.25/11.01 | 0.2667/0.2218/0.1770 |
| 2.2.2 初中教师专业对口率(%) | | --/--/-- | --/--/-- |
| 2.2.3 教师职称结构 | 小学 | 0.26/0.24/0.23 | 0.1254/0.1038/0.0686 |
| | 初中 | 0.24/0.24/0.23 | 0.1641/0.1149/0.0356 |
| 2.2.4 教师年人均收入(万元) | 小学 | 7.32/5.90/5.12 | 0.2031/0.1864/0.1717 |
| | 初中 | 8.05/6.18/5.17 | 0.1793/0.1568/0.1181 |
| 2.3.1 生均校园面积($m^2$) | 小学 | 34/22.49/16.07 | 0.8362/0.6106/0.3498 |
| | 初中 | 37.76/29.69/17.31 | 0.4868/0.3964/0.2975 |
| 2.3.2 生均校舍面积($m^2$) | 小学 | 13.86/9.13/6.11 | 0.5756/0.5232/0.4945 |
| | 初中 | 12.49/7.77/5.15 | 0.5194/0.4130/0.2500 |
| 2.3.3 生均运动场(馆)面积($m^2$) | 小学 | 11.87/7.47/5.85 | 0.9075/0.6777/0.4264 |
| | 初中 | 10.01/8.32/9.62 | 0.5025/0.4306/0.3242 |
| 2.4.1 运动场(馆)达标校(%) | 小学 | 100/71.92/46.88 | --/--/-- |
| | 初中 | 100/65.91/0.00 | --/--/-- |
| 2.4.2 体育器械达标校(%) | 小学 | 100/71.92/46.88 | --/--/-- |
| | 初中 | 100/65.91/0.00 | --/--/-- |
| 2.4.3 音乐器材达标校(%) | 小学 | 100/71.92/46.88 | --/--/-- |
| | 初中 | 100/65.91/0.00 | --/--/-- |
| 2.4.4 美术器材达标校(%) | 小学 | 100/71.92/46.88 | --/--/-- |
| | 初中 | 100/65.91/0.00 | --/--/-- |
| 2.4.5 理科仪器达标校(%) | 小学 | 100/71.92/46.88 | --/--/-- |
| | 初中 | 100/65.91/0.00 | --/--/-- |
| 2.4.6 实验开出率(%) | 小学 | 96.70/86.44/68.89 | 0.3370/0.1554/0.0611 |
| | 初中 | 100/99.23/97.73 | 0.1657/0.0681/0.0000 |
| 2.4.7 生均图书(册) | 小学 | 51.32/32.40/17.49 | 0.8900/0.5447/0.2629 |
| | 初中 | 52.39/35.35/17.38 | 0.6825/0.4986/0.3453 |
| 2.4.8 生均计算机(台) | 小学 | 0.25/0.11/0.02 | 0.5509/0.3705/0.1167 |
| | 初中 | 0.41/0.22/0.03 | 0.6658/0.6056/0.5335 |

(续表)

| 指标 | | 发展水平 | 均衡水平（差异系数） |
|---|---|---|---|
| 2.4.9 班级多媒体比例(%) | 小学 | 12.02/5.02/0.00 | 0.6640/0.3399/0.0158 |
| | 初中 | 76.29/32.01/2.51 | 0.5352/0.5201/0.5050 |
| 2.5.1 校均规模(人) | 农村小学 | 962/769/634 | 0.9242/0.7313/0.5426 |
| | 农村初中 | 1154/920/586 | 0.3570/0.3069/0.2201 |
| | 城市小学 | 1941/1037/465 | 0.4803/0.4697/0.4592 |
| | 城市初中 | 2618/1504/935 | 0.1902/0.1277/0.0652 |
| 2.5.2 班额控制(人) | 农村小学 | 52/42/36 | 0.4491/0.4297/0.4177 |
| | 农村初中 | 54/47/43 | 0.2076/0.1187/0.0303 |
| | 城市小学 | 64/53/46 | 0.1128/0.0937/0.0745 |
| | 城市初中 | 55/54/54 | 0.1564/0.1192/0.0820 |
| 3.1 全面执行教学计划(%) | | 100/100/100 | 0.0000/0.0000/0.0000 |
| 3.2 校舍利用率(%) | 3.2.1 小学 | 100/92.57/77.70 | 0.4999/0.1980/0.0046 |
| | 3.2.2 初中 | 100/79.55/51.49 | 0.7444/0.2921/0.0056 |
| 4.1 学生合格率(%) | 4.1.1 农村 | 100/98.24/97.17 | 0.2105/0.1355/0.0250 |
| | 4.1.2 城市 | 99.14/93.03/87.93 | 0.2243/0.1306/0.0740 |
| 4.2 学生对学习的满意度(%) | | --/--/-- | --/--/-- |
| 4.3 九年制义务教育完成率(%) | | --/--/-- | --/--/-- |
| 4.4 社区对义务教育均衡发展的反响 | | --/--/-- | --/--/-- |
| 总发展指数 | | 0.9238/0.8639/0.7947 | |
| 总均衡指数 | | 0.4235/0.3084/0.2384 | |

说明：此表各个指标的序号、定义、计算公式及其权重与表2－1相同。

### （四）2020年四川省县域内义务教育均衡发展综合预测结果的比较分析

2020年四川省县域内义务教育均衡发展综合预测结果的比较分析详见表5－9。

表5－9　2020年四川省县域内义务教育均衡发展综合预测结果的比较分析

| 指标 | | 发展水平 | 均衡水平（差异系数） |
|---|---|---|---|
| 1.1 小学适龄儿童入学率(%) | | 100/100/100 | 0.0156/0.0054/0.0001 |
| 1.2 巩固率(%) | 1.2.1 小学 | 100/99.75/99.24 | 0.0275/0.0141/0.0025 |
| | 1.2.2 初中 | 99.95/99.18/98.06 | 0.0322/0.0144/0.0045 |

（续表）

| 指标 | | 发展水平 | 均衡水平(差异系数) |
|---|---|---|---|
| 2.1.1 教育事业费(元/年·生) | 小学 | 11341/9744/8827 | 0.5347/0.3781/0.2740 |
| | 初中 | 11429/9998/8078 | 0.4317/0.3827/0.3006 |
| 2.1.2 公用经费(元/年·生) | 小学 | 1802/1516/1125 | 0.5940/0.4472/0.2691 |
| | 初中 | 1964/1828/1731 | 0.7253/0.5975/0.4520 |
| 2.2.1 师资数量(生师比) | 农村小学 | 14.85/13.18/12 | 0.2409/0.2031/0.1418 |
| | 农村初中 | 16.77/12.86/10.62 | 0.3131/0.2384/0.1390 |
| | 城市小学 | 22.91/17.30/13.02 | 0.1343/0.0964/0.0370 |
| | 城市初中 | 16.04/16.02/16.00 | 0.1448/0.1094/0.0739 |
| 2.2.2 初中教师专业对口率(%) | | --/--/-- | --/--/-- |
| 2.2.3 教师职称结构 | 小学 | 0.24/0.24/0.23 | 0.2458/0.1237/0.0561 |
| | 初中 | 0.24/0.23/0.22 | 0.0769/0.0567/0.0458 |
| 2.2.4 教师年人均收入(万元) | 小学 | 8.01/7.21/6.81 | 0.3501/0.2511/0.1750 |
| | 初中 | 7.86/7.52/6.97 | 0.4298/0.3104/0.2196 |
| 2.3.1 生均校园面积($m^2$) | 小学 | 35.3/23.41/16.74 | 0.8373/0.6731/0.5300 |
| | 初中 | 20.71/19.57/18.47 | 0.4549/0.3708/0.2044 |
| 2.3.2 生均校舍面积($m^2$) | 小学 | 9.71/7.33/6.07 | 1.6570/0.8236/0.0852 |
| | 初中 | 8.8/7.21/5.17 | 0.3404/0.2924/0.2408 |
| 2.3.3 生均运动场(馆)面积($m^2$) | 小学 | 5.18/4.38/3.1 | 0.6639/0.6250/0.5492 |
| | 初中 | 10.71/5.90/2.82 | 0.6161/0.5668/0.4865 |
| 2.4.1 运动场(馆)达标校(%) | 小学 | 100/87.15/71.4 | --/--/-- |
| | 初中 | 100/63.90/25 | --/--/-- |
| 2.4.2 体育器械达标校(%) | 小学 | 100/87.15/71.4 | --/--/-- |
| | 初中 | 100/52.77/25 | --/--/-- |
| 2.4.3 音乐器材达标校(%) | 小学 | 100/87.15/71.4 | --/--/-- |
| | 初中 | 100/52.77/25 | --/--/-- |
| 2.4.4 美术器材达标校(%) | 小学 | 100/87.15/71.4 | --/--/-- |
| | 初中 | 100/52.77/25 | --/--/-- |
| 2.4.5 理科仪器达标校(%) | 小学 | 100/87.15/71.4 | --/--/-- |
| | 初中 | 100/63.90/25 | --/--/-- |

（续表）

| 指标 | | 发展水平 | 均衡水平（差异系数） |
|---|---|---|---|
| 2.4.6 实验开出率(%) | 小学 | 94.36/89.50/80.94 | 0.2424/0.1358/0.0000 |
| | 初中 | 100/96.96/92.98 | 0.1576/0.0752/0.0000 |
| 2.4.7 生均图书（册） | 小学 | 37.65/24.97/9.26 | 0.5921/0.4638/0.3058 |
| | 初中 | 35.59/26.48/19.43 | 0.5698/0.3547/0.1826 |
| 2.4.8 生均计算机（台） | 小学 | 0.19/0.15/0.13 | 0.8856/0.5165/0.0949 |
| | 初中 | 0.13/0.11/0.1 | 0.9003/0.4306/0.0967 |
| 2.4.9 班级多媒体比例(%) | 小学 | 98.73/44.06/11.12 | 0.5122/0.3055/0.0311 |
| | 初中 | 49.2/25.69/5.24 | 0.9279/0.6784/0.4314 |
| 2.5.1 校均规模（人） | 农村小学 | 1361/904/490 | 0.5108/0.4512/0.3709 |
| | 农村初中 | 1104/879/572 | 0.4021/0.2829/0.2049 |
| | 城市小学 | 3307/2352/1714 | 0.7860/0.5295/0.1839 |
| | 城市初中 | 3135/2326/1517 | 0.6251/0.5714/0.5177 |
| 2.5.2 班额控制（人） | 农村小学 | 44/40/34 | 0.2884/0.2211/0.0972 |
| | 农村初中 | 59/48/41 | 0.2721/0.1502/0.0867 |
| | 城市小学 | 62/59/56 | 0.1581/0.1178/0.0942 |
| | 城市初中 | 64/61/58 | 0.1682/0.1298/0.0913 |
| 3.1 全面执行教学计划(%) | | 100/100/100 | 0.0000/0.0000/0.0000 |
| 3.2 校舍利用率(%) | 3.2.1 小学 | 100/98.46/97.13 | 0.2353/0.1920/0.1288 |
| | 3.2.2 初中 | 100/97.74/93.94 | 0.0961/0.0562/0.0247 |
| 4.1 学生合格率(%) | 4.1.1 农村 | 100/93.84/83.59 | 0.2071/0.1126/0.0164 |
| | 4.1.2 城市 | 99.57/97.81/94.80 | 0.0912/0.0388/0.0155 |
| 4.2 学生对学习的满意度(%) | | --/--/-- | --/--/-- |
| 4.3 九年制义务教育完成率(%) | | --/--/-- | --/--/-- |
| 4.4 社区对义务教育均衡发展的反响 | | --/--/-- | --/--/-- |
| 总发展指数 | | 0.9539/0.9061/0.8525 | |
| 总均衡指数 | | 0.2928/0.2831/0.2669 | |

说明：此表各个指标的序号、定义、计算公式及其权重与表2-1相同。标准差的分析见附录。

## 三、2020年县域内义务教育均衡发展综合预测指标的敏感性分析

2020年县域内义务教育均衡发展综合预测指标敏感性分析的目的在于，找出对2020年县域内义务教育均衡发展比较敏感的指标，为选择县域内义务教育均衡发展省

级目标的指标体系作参考。分析的方法有两个：一是以差异系数为依据，按照《表5-2 2020年县域内义务教育均衡发展综合预测结果的均衡水平评价标准》，分析各个单项指标的均衡水平差异程度；二是以差异系数为依据，采取加权平均法和几何法，分析各项指标的敏感度。

### （一）2020年县域内义务教育均衡发展综合预测结果的单项均衡水平差异分析

第一步，以样本县为单位，以《表5-2 2020年县域内义务教育均衡发展综合预测结果的均衡水平评价标准》为标准，以2020年县域内义务教育均衡发展综合预测结果的数值为依据，分析各项指标综合预测结果的均衡水平差异，填写附表5-20~5-28。

附表5-20  2020年辽宁省辽中县义务教育均衡发展综合预测结果的单项均衡水平差异分析

附表5-21  2020年辽宁省鞍山市铁西区义务教育均衡发展综合预测结果的单项均衡水平差异分析

附表5-22  2020年辽宁省阜蒙县义务教育均衡发展综合预测结果的单项均衡水平差异分析

附表5-23  2020年湖南省醴陵市义务教育均衡发展综合预测结果的单项均衡水平差异分析

附表5-24  2020年湖南省邵阳市双清区义务教育均衡发展综合预测结果的单项均衡水平差异分析

附表5-25  2020年湖南省泸溪县义务教育均衡发展综合预测结果的单项均衡水平差异分析

附表5-26  2020年四川省双流县义务教育均衡发展综合预测结果的单项均衡水平差异分析

附表5-27  2020年四川省德阳市旌阳区义务教育均衡发展综合预测结果的单项均衡水平差异分析

附表5-28  2020年四川省乐至县义务教育均衡发展综合预测结果的单项均衡水平差异分析

第二步，以表5-2为标准，以附表5-20~5-28的数值为依据，统计均衡发展综合预测中各项指标的水平差异程度出现的频数（见表5-10）。

表5-10  2020年县域内义务教育均衡发展综合预测结果中的单项指标差异的频数统计

| 指标 | | 非常均衡 | 比较均衡 | 一般均衡 | 不太均衡 | 非常不均衡 |
|---|---|---|---|---|---|---|
| 1.1 小学适龄儿童入学率(%) | | 5 | 0 | 2 | 1 | 1 |
| 1.2 巩固率(%) | 1.2.1 小学 | 3 | 0 | 4 | 2 | 0 |
| | 1.2.2 初中 | 0 | 0 | 8 | 1 | 0 |

(续表)

| 指标 | | | 非常均衡 | 比较均衡 | 一般均衡 | 不太均衡 | 非常不均衡 |
|---|---|---|---|---|---|---|---|
| 2.1 经费(元/年·生) | 2.1.1 教育事业费 | 小学 | 0 | 2 | 2 | 3 | 2 |
| | | 初中 | 1 | 2 | 2 | 1 | 3 |
| | 2.1.2 公用经费 | 小学 | 4 | 1 | 1 | 3 | 0 |
| | | 初中 | 1 | 1 | 2 | 4 | 1 |
| 2.2 师资 | 2.2.1 数量(生师比) | 农村小学 | 4 | 3 | 0 | 1 | 0 |
| | | 农村初中 | 3 | 2 | 1 | 1 | 0 |
| | | 城市小学 | 5 | 2 | 1 | 0 | 0 |
| | | 城市初中 | 3 | 2 | 0 | 1 | 0 |
| | 2.2.2 初中教师专业对口率(%) | | — | — | — | — | — |
| | 2.2.3 职称结构 | 小学 | 8 | 1 | 0 | 0 | 0 |
| | | 初中 | 9 | 0 | 0 | 0 | 0 |
| | 2.2.4 年人均收入(万元) | 小学 | 7 | 1 | 1 | 0 | 0 |
| | | 初中 | 5 | 2 | 1 | 1 | 0 |
| 2.3 校园校舍 | 2.3.1 生均校园面积($m^2$) | 小学 | 0 | 0 | 1 | 5 | 3 |
| | | 初中 | 1 | 1 | 3 | 2 | 2 |
| | 2.3.2 生均校舍面积($m^2$) | 小学 | 2 | 0 | 1 | 3 | 3 |
| | | 初中 | 0 | 3 | 1 | 2 | 3 |
| | 2.3.3 生均运动场(馆)面积($m^2$) | 小学 | 1 | 0 | 1 | 4 | 3 |
| | | 初中 | 0 | 1 | 1 | 6 | 1 |
| 2.4 设施设备 | 2.4.1 运动场(馆)达标校(%) | 小学 | — | — | — | — | — |
| | | 初中 | — | — | — | — | — |
| | 2.4.2 体育器械达标校(%) | 小学 | — | — | — | — | — |
| | | 初中 | — | — | — | — | — |
| | 2.4.3 音乐器材达标校(%) | 小学 | — | — | — | — | — |
| | | 初中 | — | — | — | — | — |
| | 2.4.4 美术器材达标校(%) | 小学 | — | — | — | — | — |
| | | 初中 | — | — | — | — | — |
| | 2.4.5 理科仪器达标校(%) | 小学 | — | — | — | — | — |
| | | 初中 | — | — | — | — | — |

（续表）

| 指标 | | | 非常均衡 | 比较均衡 | 一般均衡 | 不太均衡 | 非常不均衡 |
|---|---|---|---|---|---|---|---|
| 2.4 设施设备 | 2.4.6 实验开出率(%) | 小学 | 6 | 1 | 2 | 0 | 0 |
| | | 初中 | 7 | 0 | 0 | 1 | 1 |
| | 2.4.7 生均图书(册) | 小学 | 0 | 3 | 0 | 5 | 1 |
| | | 初中 | 2 | 0 | 2 | 3 | 2 |
| | 2.4.8 生均计算机(台) | 小学 | 3 | 0 | 2 | 2 | 2 |
| | | 初中 | 2 | 2 | 0 | 3 | 1 |
| | 2.4.9 班级多媒体比例(%) | 小学 | 5 | 0 | 1 | 2 | 0 |
| | | 初中 | 3 | 0 | 1 | 3 | 2 |
| 2.5 学校布局 | 2.5.1 校均规模(人) | 农村小学 | 0 | 1 | 2 | 3 | 2 |
| | | 农村初中 | 1 | 1 | 2 | 2 | 1 |
| | | 城市小学 | 2 | 1 | 3 | 2 | 1 |
| | | 城市初中 | 3 | 1 | 0 | 3 | 0 |
| | 2.5.2 班额控制(人) | 农村小学 | 2 | 2 | 2 | 1 | 1 |
| | | 农村初中 | 4 | 2 | 1 | 0 | 0 |
| | | 城市小学 | 7 | 1 | 1 | 0 | 0 |
| | | 城市初中 | 5 | 0 | 1 | 1 | 0 |
| 3.1 全面执行教学计划(%) | | | 9 | 0 | 0 | 0 | 0 |
| 3.2 校舍利用率(%) | 3.2.1 小学 | | 1 | 1 | 2 | 5 | 1 |
| | 3.2.2 初中 | | 1 | 3 | 3 | 0 | 2 |
| 4.1 学生合格率(%) | 4.1.1 农村 | | 0 | 3 | 0 | 5 | 1 |
| | 4.1.2 城市 | | 1 | 2 | 2 | 4 | 0 |
| 4.2 学生对学习的满意度(%) | | | — | — | — | — | — |
| 4.3 九年制义务教育完成率(%) | | | — | — | — | — | — |
| 4.4 社区对义务教育均衡发展的反响 | | | — | — | — | — | — |

从频数统计结果来看，2020年县域内义务教育均衡发展综合预测的单项指标"不太均衡"和"严重不均衡"频数相加累计在5及以上的指标数为13个，包括小学生均校园面积，小学、初中生均运动场（馆）面积，小学生均校舍面积，小学生均图书，小学校舍利用率，小学教育事业费，初中公用经费，初中生均校舍面积，初中生均图书，初中班级多媒体比例，农村小学校均规模，农村学生合格率等。可以说，这些指标的反应是比较敏感的。

## (二) 2020 年县域内义务教育均衡发展综合预测指标的敏感性分析

2020 年县域内义务教育均衡发展综合预测指标敏感性分析的目的在于，找出对 2020 年义务教育学校均衡发展综合预测水平（总均衡指数）比较敏感的指标，为选择县域内义务教育均衡发展省级目标的指标体系作参考（见表 5-11）。分析的依据是差异系数的敏感性、发展水平与全省水平比的敏感性。分析的范围是辽宁、湖南和四川 3 个样本省域，即分省计算与统计。数据来源是 3 个样本省域 2020 年县域内义务教育均衡发展直接预测结果分析的结果。其中，差异系数敏感度的计算方法是加权平均法、几何法，即同一指标内（如"生均公用经费"指标中的"小学"和"初中"）采用加权平均法合成，同一指标不同县域（同一指标有 3 个维度的值）的合成方法采用几何法（即方和根法），即指标 $x$ 的敏感度的来源有 3 项，则合成指标敏感度 $\mu(x)$ 为：

$$\mu(x) = \sqrt{\sum_{i=1}^{3} \mu^2(x_i)}$$

表 5-11　2020 年县域内义务教育均衡发展综合预测指标的敏感性分析

| 指标 | 差异系数敏感度 | | | 排序（从大到小） | | |
|---|---|---|---|---|---|---|
| | 辽宁 | 四川 | 湖南 | 辽宁 | 四川 | 湖南 |
| 1.1 小学适龄儿童入学率（%） | 0 | 0.0282 | 0.0510 | 14 | 15 | 13 |
| 1.2 巩固率（%） | — | 0.0313 | 0.0100 | — | 14 | 14 |
| 2.1.1 教育事业费（元/年·生） | 1.0555 | 0.6712 | 0.9635 | 3 | 8 | 2 |
| 2.1.2 公用经费（元/年·生） | 0.5145 | 0.9262 | 0.7050 | 9 | 4 | 7 |
| 2.2.1 师资数量（生师比） | | | | | | |
| 2.2.2 初中教师专业对口率（%） | 0 | 0 | 0 | 15 | 16 | 15 |
| 2.2.3 教师职称结构 | 0.1369 | 0.1789 | 0.1941 | 12 | 12 | 12 |
| 2.2.4 教师年人均收入（万元） | 0.6895 | 0.5060 | 0.2976 | 7 | 9 | 9 |
| 2.3.1 生均校园面积（m²） | 1.1871 | 0.9051 | 0.9003 | 1 | 5 | 4 |
| 2.3.2 生均校舍面积（m²） | 1.0578 | 1.1057 | 0.8138 | 2 | 1 | 6 |
| 2.3.3 生均运动场（馆）面积（m²） | 0.9078 | 1.0330 | 0.9883 | 4 | 2 | 1 |
| 2.4.1 运动场（馆）达标校（%） | 0 | 0 | 0 | 16 | 17 | 16 |
| 2.4.2 体育器械达标校（%） | 0 | 0 | 0 | 17 | 18 | 17 |
| 2.4.3 音乐器材达标校（%） | 0 | 0 | 0 | 18 | 19 | 18 |
| 2.4.4 美术器材达标校（%） | 0 | 0 | 0 | 19 | 20 | 19 |
| 2.4.5 理科仪器达标校（%） | 0 | 0 | 0 | 20 | 21 | 20 |
| 2.4.6 实验开出率（%） | 0.4303 | 0.2047 | 0.2585 | 10 | 11 | 10 |
| 2.4.7 生均图书（册） | 0.8633 | 0.7266 | 0.9605 | 5 | 7 | 3 |

(续表)

| 指标 | 差异系数敏感度 | | | 排序（从大到小） | | |
|---|---|---|---|---|---|---|
| | 辽宁 | 四川 | 湖南 | 辽宁 | 四川 | 湖南 |
| 2.4.8 生均计算机（台） | 0.7095 | 0.9472 | 0.8582 | 6 | 3 | 5 |
| 2.4.9 班级多媒体比例（%） | 0.1368 | 0.8531 | — | 13 | 6 | — |
| 2.5.1 校均规模（人） | — | — | — | — | — | — |
| 2.5.2 班额控制（人） | — | — | — | — | — | — |
| 3.1 全面执行教学计划（%） | — | — | — | — | — | — |
| 3.2 校舍利用率（%） | 0.6725 | 0.2200 | 0.6315 | 8 | 10 | 8 |
| 4.1 学生合格率（%） | — | 0.1374 | 0.2506 | — | 13 | 11 |
| 4.2 社区对义务教育均衡发展的反响 | 0.3828 | — | — | 11 | — | — |

说明：各个指标的序号、含义、权重与表2-1相同。排序为该省的该指标的差异系数敏感度在所有指标中的次序。"—"表示已有数据不全导致此项数值空缺。

从表5-11可以看出，对四川、湖南、辽宁不同省份来讲，对2020年县域内义务教育均衡发展水平比较敏感的指标存在一些差异。但观察排在前10位的指标来看，又具有一些共性。经分析，可以知道以下这些指标对2020年县域内义务教育均衡发展水平比较敏感：教育事业费、公用经费、教师年人均收入、生均校园面积、生均校舍面积、生均运动场（馆）面积、实验开出率、生均图书、生均计算机、校舍利用率。

## 四、2020年县域内义务教育均衡发展综合预测结果的总体水平差异分析

### （一）2020年县域内义务教育均衡发展综合预测结果的总体发展水平差异分析

2020年县域内义务教育均衡发展综合预测结果的总体发展水平差异分析的目的在于，分析2020年每个样本县域的义务教育均衡发展综合预测结果的总体发展水平，并进行比较，并从中找出其特点，分析其中的原因，为选择2020年省级目标（总体发展目标）提供参考。分析的对象是各个样本县域，分析的依据是各个样本县域的义务教育发展水平，分析的标准是《表5-1 2020年县域内义务教育均衡发展综合预测结果的发展水平评价标准》，分析的结果见表5-12。

表5-12 2020年县域内义务教育均衡发展综合预测结果的总体发展水平差异分析

| 县域 | 综合预测结果总发展指数 | 一级指标发展分值 | | | | 综合预测结果总体发展等次 |
|---|---|---|---|---|---|---|
| | | 教育机会 | 资源配置 | 学校管理 | 教育质量 | |
| 辽中县 | 0.9815 | 0.1179 | 0.6076 | 0.0862 | 0.1698 | 非常发达 |
| 铁西区 | 0.9241 | 0.1180 | 0.5473 | 0.0882 | 0.1704 | 比较发达 |
| 阜蒙县 | 0.8609 | 0.1176 | 0.4875 | 0.0849 | 0.1709 | 一般发达 |
| 醴陵市 | 0.9238 | 0.1180 | 0.5605 | 0.0709 | 0.1744 | 比较发达 |

（续表）

| 县 域 | 综合预测结果总发展指数 | 一级指标发展分值 | | | | 综合预测结果总体发展等次 |
|---|---|---|---|---|---|---|
| | | 教育机会 | 资源配置 | 学校管理 | 教育质量 | |
| 双清区 | 0.8639 | 0.1158 | 0.4873 | 0.0886 | 0.1721 | 一般发达 |
| 泸溪县 | 0.7947 | 0.1167 | 0.4120 | 0.0926 | 0.1735 | 非常不发达 |
| 双流县 | 0.9539 | 0.1179 | 0.5830 | 0.0844 | 0.1686 | 非常发达 |
| 旌阳区 | 0.9061 | 0.1178 | 0.5479 | 0.0985 | 0.1419 | 比较发达 |
| 乐至县 | 0.8525 | 0.1176 | 0.5079 | 0.0973 | 0.1297 | 一般发达 |

从表5-12来看，2020年县域内义务教育均衡发展综合预测结果的总体发展水平，非常发达的县域有辽中县、双流县；比较发达的县域有铁西区、醴陵市、旌阳区；一般发达的县域有阜蒙县、双清区、乐至县；非常不发达的县域有泸溪县。

(二) 2020年县域内义务教育均衡发展综合预测结果的总体均衡水平差异分析

2020年县域内义务教育均衡发展综合预测结果的总体均衡水平差异分析的目的在于，分析2020年每个样本县域的义务教育均衡发展综合预测结果的总体均衡水平，并进行比较，并从中找出其特点，分析其中的原因，为选择2020年省级均衡目标提供参考。分析的对象是各个样本县域，分析的依据是各个样本县域的义务教育均衡指数，分析的标准是《表5-2 2020年县域内义务教育均衡发展综合预测结果的总体均衡水平评价标准》，分析的结果见表5-13。

表5-13 2020年县域内义务教育均衡发展综合预测结果的总体均衡水平差异分析

| 县 域 | 综合预测结果总均衡指数 | 一级指标均衡指数 | | | | 综合预测结果总体均衡水平 |
|---|---|---|---|---|---|---|
| | | 教育机会 | 资源配置 | 学校管理 | 教育质量 | |
| 辽中县 | 0.3452 | 0.0100 | 0.4692 | 0.3940 | 0.0539 | 不太均衡 |
| 铁西区 | 0.3359 | 0.0004 | 0.5322 | 0.0942 | 0.0463 | 不太均衡 |
| 阜蒙县 | 0.3673 | 0.0141 | 0.4992 | 0.4043 | 0.1975 | 不太均衡 |
| 醴陵市 | 0.4235 | 0.0019 | 0.5512 | 0.5122 | 0.1267 | 不太均衡 |
| 双清区 | 0.2384 | 0.0601 | 0.3761 | 0.0881 | 0.0469 | 一般均衡 |
| 泸溪县 | 0.2634 | 0.0315 | 0.4157 | 0.0041 | 0.1068 | 一般均衡 |
| 双流县 | 0.2894 | 0.0238 | 0.4549 | 0.1375 | 0.0572 | 一般均衡 |
| 旌阳区 | 0.2669 | 0.0042 | 0.4175 | 0.1483 | 0.0457 | 一般均衡 |
| 乐至县 | 0.2928 | 0.0133 | 0.3865 | 0.0825 | 0.1036 | 一般均衡 |

说明：表中数值为差异系数。

从表 5-13 可以看出，2020 年县域内义务教育均衡发展综合预测结果的总体均衡水平差异是：辽中县、铁西区、阜蒙县、醴陵市不太均衡；双清区、泸溪县、双流县、旌阳区、乐至县一般均衡。

## 第三节 省域内义务教育均衡发展的综合预测与分析

### 一、2015/2020 年省域内义务教育均衡发展的综合预测

（一）2015/2020 年省域内义务教育均衡发展综合预测的设计

2015/2020 年省域内义务教育均衡发展综合预测的指标体系及各个指标的权重设计，直接采用省域内义务教育均衡发展的指标体系（表 2-2）。综合预测数值的确定以 2015/2020 年县域内义务教育均衡发展直接预测的数据为基础，参考比较预测的数据，进行综合分析。认为比较合理的，就直接采用直接预测的数据；认为不太合理的，则通过综合预测来确定。省域内义务教育均衡发展综合预测的设计思路见表 5-14。

表 5-14 省域内义务教育均衡发展综合预测的设计

| 统计单位 | 测评单位 | 测评内容 | 比较范围 | 比较标准 |
| --- | --- | --- | --- | --- |
| 省域 | 县域 | 发展水平和均衡水平 | 所在省 | 所在省域平均数 |

（二）2015 年省域内义务教育均衡发展综合预测的结果（见附表 5-29~5-31）

附表 5-29 2015 年辽宁省省域内义务教育均衡发展综合预测结果
附表 5-30 2015 年湖南省省域内义务教育均衡发展综合预测结果
附表 5-31 2015 年四川省省域内义务教育均衡发展综合预测结果

（三）2020 年省域内义务教育均衡发展综合预测的结果（见附表 5-32~5-34）

附表 5-32 2020 年辽宁省省域内义务教育均衡发展综合预测结果
附表 5-33 2020 年湖南省省域内义务教育均衡发展综合预测结果
附表 5-34 2020 年四川省省域内义务教育均衡发展综合预测结果

### 二、2020 年省域内义务教育均衡发展综合预测结果的比较分析

（一）2020 年省域内义务教育均衡发展综合预测结果比较分析的设计

鉴于 2015 年与 2009 年相隔较近，综合预测的数据应该比较准确，而且目标选择主要是 2020 年，因而这里只对 2020 年省域内义务教育均衡发展综合预测的结果进行分析。省域内义务教育均衡发展综合预测结果分析的设计与县域内义务教育均衡发展测评结果比较分析的设计基本相同。

省域内义务教育均衡发展综合预测结果分析的主要目的在于，找出省域内各样本县域均衡发展预测的数值与标准值的差异，找出比较不均衡的项目及不均衡的幅度，为选择省域内义务教育均衡发展省级目标作准备。

分析的基本单位是县域，比较单位为省域。比较分析的内容是各项指标预测的发展水平差异［最高值/3省平均值/最低值］、标准差的差异［最高值/3省平均值/最低值］、差异系数的差异［最高值/3省平均值/最低值］、各个主体预测的总均衡指数差异［最高值/3省平均值/最低值］。比较分析中如果需要与标准值进行比较，其标准的设定是3个样本省域综合预测的平均数。（见表5-15）

表5-15  2020年省域内义务教育均衡发展综合预测结果比较分析的设计

| 比较单位 | 比较范围 | 比较内容 | 比较标准 |
|---|---|---|---|
| 省域 | 3个样本省域 | 发展水平、差异系数 | 3个样本省域的平均值 |

比较分析的数据来源包括附表5-29~5-34。此外，还要参考全国的教育统计资料、各样本省域及样本县的数据，以及国家关于县域义务教育管理、促进义务教育均衡发展的有关法规和文件。

（二）2020年省域内义务教育均衡发展综合预测结果的比较分析

2020年省域内义务教育均衡发展综合预测结果的比较分析详见表5-16。

表5-16  2020年省域内义务教育均衡发展综合预测结果的比较分析

| 指标 | | 发展水平 | 均衡水平 | |
|---|---|---|---|---|
| | | | 标准差 | 差异系数 |
| 1.1 小学适龄儿童入学率(%) | | 100/99.81/99.49 | 3.01/1.48/0.00 | 0.0331/0.0172/0.0017 |
| 1.2.1 小学巩固率(%) | | 100/99.57/99.07 | 1.89/1.01/0.56 | 0.4425/0.1557/0.0056 |
| 1.2.2 初中巩固率(%) | | 100/99.25/98.69 | 2.44/1.63/0.56 | 0.5425/0.1956/0.0190 |
| 2.1.1 教育事业费（元/年·生） | 小学 | 11822/10382/9421 | 2205/1081/454 | 0.4450/0.3059/0.1963 |
| | 初中 | 19327/16442/12361 | 2721/1652/768 | 0.5275/0.4218/0.3229 |
| 2.1.2 公用经费(元/年·生) | 小学 | 1674/1575/1378 | 336/274/224 | 0.7494/0.5387/0.3263 |
| | 初中 | 2920/2544/1920 | 588/525/487 | 0.8496/0.7217/0.5471 |
| 2.2.1 师资数量（生师比） | 小学 | 15.32/14.34/13.24 | 2.92/2.35/1.43 | 0.1368/0.0674/0.0000 |
| | 初中 | 100/96.71/93.33 | 2.89/2.42/2.11 | 0.1600/0.1183/0.0700 |
| 2.2.2 初中教师专业对口率(%) | | 100/96.71/93.33 | 7.10/5.98/5 | 0.0818/0.0645/0.0461 |
| 2.2.3 教师职称结构 | 小学 | 0.23/0.22/0.21 | 0.03/0.02/0.01 | 0.1423/0.0944/0.0590 |
| | 初中 | 0.24/0.23/0.23 | 0.02/0.02/0.02 | 0.1063/0.0916/0.0748 |

(续表)

| 指标 | | 发展水平 | 均衡水平 | |
|---|---|---|---|---|
| | | | 标准差 | 差异系数 |
| 2.2.4 教师年人均收入(万元) | 小学 | 9.72/8.28/6.74 | 0.67/0.46/0.30 | 0.8125/0.3604/0.1336 |
| | 初中 | 10.31/8.52/7.01 | 0.43/0.37/0.27 | 0.4900/0.2505/0.1170 |
| 2.2.5 教师年人均培训经费(元) | 小学 | 1773/768/178 | 340/180/75 | 0.6829/0.5677/0.3662 |
| | 初中 | 2203/945/182 | 424/204/65 | 0.7068/0.5489/0.2858 |
| 2.3.1 生均校园面积($m^2$) | 小学 | 23.68/19.21/16.42 | 16.17/9.79/4.29 | 0.4550/0.2598/0.0067 |
| | 初中 | 39.61/28.32/17.00 | 12.35/9.30/4.71 | 0.3568/0.3137/0.2874 |
| 2.3.2 生均校舍面积($m^2$) | 小学 | 6.97/6.04/5.45 | 2.77/2.09/1.26 | 0.4362/0.3642/0.2720 |
| | 初中 | 10.19/9.01/6.82 | 4.49/3.50/1.96 | 0.5106/0.3988/0.3403 |
| 2.3.3 生均运动场(馆)面积($m^2$) | 小学 | 14.35/9.70/6.73 | 6.06/5.45/4.28 | 0.7463/0.6280/0.3903 |
| | 初中 | 14.87/11.48/8.45 | 8.02/6.84/5.28 | 1.0646/0.7648/0.3832 |
| 2.4.1 运动场(馆)达标校(%) | 小学 | 100/90.62/79.62 | 40.63/23.52/10.94 | 0.1567/0.0522/0.0000 |
| | 初中 | 100/85.01/75.36 | 44.27/30.85/24 | 0.4447/0.3621/0.2666 |
| 2.4.2 体育器械达标校(%) | 小学 | 92.24/81.07/69.35 | 40.63/31.21/22 | 0.5835/0.1945/0.0000 |
| | 初中 | 75.36/71.43/66.55 | 46.78/40.35/30 | 0.5083/0.2944/0.0000 |
| 2.4.3 音乐器材达标校(%) | 小学 | 92.24/89.37/83.83 | 40.63/30.58/25 | 0.4745/0.1582/0.0000 |
| | 初中 | 100/82.71/72.77 | 45.28/39.18/28 | 0.5596/0.3115/0.0000 |
| 2.4.4 美术器材达标校(%) | 小学 | 95.84/89.90/81.62 | 40.63/30.89/25.04 | 0.6389/0.2130/0.0000 |
| | 初中 | 93.45/80.86/73.76 | 46.06/39.44/28 | 0.7249/0.3666/0.3750 |
| 2.4.5 理科仪器达标校(%) | 小学 | 92.24/73.10/39.16 | 40.63/32.16/26 | 0.7089/0.2363/0.0000 |
| | 初中 | 91.36/68.78/39.63 | 44.27/34.94/25 | 0.7038/0.4129/0.1600 |
| 2.4.6 实验开出率(%) | 小学 | 97.89/90.86/78.73 | 12.52/10.44/8.81 | 0.1614/0.0759/0.0000 |
| | 初中 | 100/92.49/81.08 | 11.33/7.89/3.33 | 0.1429/0.0597/0.0000 |
| 2.4.7 生均图书(册) | 小学 | 33.06/25.74/19.50 | 8.52/5.12/1.66 | 0.5888/0.3902/0.0858 |
| | 初中 | 35.76/32.08/29.42 | 11.44/7.29/3.71 | 0.7260/0.4237/0.0180 |
| 2.4.8 生均计算机(台) | 小学 | 0.12/0.11/0.09 | 0.28/0.11/0.01 | 0.7478/0.4741/0.0275 |
| | 初中 | 0.22/0.16/0.12 | 0.08/0.05/0.02 | 0.3872/0.1527/0.0000 |
| 2.4.9 班级多媒体比例(%) | 小学 | 51.11/20.59/3.69 | 8.19/4.73/1.00 | 0.8270/0.7544/0.6986 |
| | 初中 | 57.11/22.37/3.91 | 4.09/2.19/0.48 | 0.8002/0.5514/0.2663 |
| 2.5.1 特殊学校设立的比例(%) | | 100/100/100 | 0.00/0.00/0.00 | 0.0000/0.0000/0.0000 |

(续表)

| 指标 | | 发展水平 | 均衡水平 | |
|---|---|---|---|---|
| | | | 标准差 | 差异系数 |
| 2.5.2 校均规模(人) | 小学 | 950/672/332 | 570/439/187 | 0.7869/0.5983/0.2654 |
| | 初中 | 736/620/392 | 514/336/202 | 0.7840/0.4577/0.2484 |
| 2.5.3 班额控制(人) | 小学 | 46/39/28 | 10/8/6 | 0.3163/0.1532/0.0000 |
| | 初中 | 57/47/37 | 16/11/5 | 0.3432/0.2124/0.0000 |
| 3.1 标准化学校比例(%) | | 100/97.20/95.78 | 6/3.46/0.00 | 0.0829/0.0464/0.0000 |
| 3.2 校长交流比例(%) | 小学 | 48.67/32.50/16.47 | 37/21.71/7.53 | 0.7200/0.6531/0.6157 |
| | 初中 | 40.06/29.04/15.26 | 23/15.33/8.43 | 0.7516/0.5913/0.4480 |
| 3.3 校舍利用率(%) | 3.3.1 小学 | 100/94.67/84 | 73.00/52.46/20.39 | 0.5287/0.4052/0.1946 |
| | 3.3.2 初中 | 100/83.92/78 | 39/32.29/20.86 | 0.3488/0.2965/0.2022 |
| 4.1 九年制义务教育完成率(%) | | 96.36/91.27/88.53 | 14.58/12.29/10.30 | 0.1674/0.1111/0.0348 |
| 4.2 社区对义务教育均衡发展的反响 | | --/--/-- | --/--/-- | --/--/-- |
| 总发展指数 | | | 0.9568/0.9220/0.8492 | |
| 总均衡指数 | | | 0.4013/0.3788/0.3349 | |

说明：此表各个指标的序号、定义、权重及其计算公式与表 2-2 相同。

从表 5-16 可以看出，2020 年省域内义务教育均衡发展综合预测结果比较分析的结果是：就各个单项指标来讲，3 个样本省的发展程度之间还存在一定的差异。从标准差和差异系数来看，其中部分指标差异甚微，如小学适龄儿童入学率、小学巩固率、初中巩固率、小学教育事业费、教师职称结构、特殊学校设立的比例等，部分指标的差异还比较大，如初中教育事业费、初中公用经费、教师年培训经费、运动场（馆）面积、音乐器材达标校、班级多媒体比例、班额控制、校舍利用率等。但就整体情况来看，特别是教育事业费和公用经费这两个指标，均参照了台湾的同期标准进行了比较预测。

### 三、2020 年省域内义务教育均衡发展综合预测指标的敏感性分析

2020 年省域内义务教育均衡发展综合预测指标敏感性分析的目的在于，找出对 2020 年省域内义务教育均衡发展水平比较敏感的指标，为选择省域内义务教育均衡发展省级目标的指标体系作参考。分析的方法有两个：一是以差异系数为依据，按照《表 5-4 2020 年省域内义务教育均衡发展综合预测的均衡水平评价标准》，分析各个单项指标的均衡水平差异程度；二是以差异系数为依据，采取加权平均法和几何法，分析各项指标的敏感度。

## （一）2020 年省域内义务教育均衡发展综合预测结果的单项均衡水平的差异分析

第一步，分别样本省，按照《表 5-4 2020 年省域内义务教育均衡发展综合预测结果的均衡水平评价标准》，分析各项指标的均衡发展水平，填写附表 5-35～5-37。

附表 5-35　2020 年辽宁省省域内义务教育均衡发展综合预测结果的单项均衡水平差异分析

附表 5-36　2020 年湖南省省域内义务教育均衡发展综合预测结果的单项均衡水平差异分析

附表 5-37　2020 年四川省省域内义务教育均衡发展综合预测结果的单项均衡水平差异分析

第二步，以《表 5-4 2020 年省域内义务教育均衡发展综合预测结果的均衡水平评价标准》为标准，以附表 5-35～5-37 为依据，统计均衡发展综合预测结果中各项指标出现的差异程度频数（见表 5-17）。

表 5-17　2020 年省域内义务教育均衡发展综合预测结果的单项水平差异的频数统计

| 指标 | | | 非常均衡 | 比较均衡 | 一般均衡 | 不太均衡 | 严重不均衡 |
|---|---|---|---|---|---|---|---|
| 1.1 小学适龄儿童入学率(%) | | | 0 | 1 | 1 | 1 | 0 |
| 1.2 巩固率(%) | 1.2.1 小学 | | 0 | 0 | 3 | 0 | 0 |
| | 1.2.2 初中 | | 0 | 0 | 2 | 1 | 0 |
| 2.1 经费(元/年·生) | 2.1.1 教育事业费 | 小学 | 1 | 1 | 1 | 0 | 0 |
| | | 初中 | 0 | 1 | 1 | 1 | 0 |
| | 2.1.2 公用经费 | 小学 | 0 | 1 | 0 | 1 | 1 |
| | | 初中 | 0 | 0 | 0 | 1 | 2 |
| 2.2 师资 | 2.2.1 数量(生师比) | 小学 | 3 | 0 | 0 | 0 | 0 |
| | | 初中 | 3 | 0 | 0 | 0 | 0 |
| | 2.2.2 初中教师专业对口率(%) | | 3 | 0 | 0 | 0 | 0 |
| | 2.2.3 职称结构 | 小学 | 3 | 0 | 0 | 0 | 0 |
| | | 初中 | 3 | 0 | 0 | 0 | 0 |
| | 2.2.4 年人均收入（万元） | 小学 | 2 | 0 | 0 | 0 | 1 |
| | | 初中 | 2 | 0 | 0 | 1 | 0 |
| | 2.2.5 年人均培训经费(元) | 小学 | 0 | 0 | 1 | 2 | 0 |
| | | 初中 | 0 | 1 | 0 | 1 | 1 |

（续表）

| 指标 | | | 非常均衡 | 比较均衡 | 一般均衡 | 不太均衡 | 严重不均衡 |
|---|---|---|---|---|---|---|---|
| 2.3 校园校舍 | 2.3.1 生均校园面积（m²） | 小学 | 1 | 1 | 1 | 0 | 0 |
| | | 初中 | 0 | 2 | 1 | 0 | 0 |
| | 2.3.2 生均校舍面积（m²） | 小学 | 0 | 1 | 2 | 0 | 0 |
| | | 初中 | 0 | 0 | 2 | 1 | 0 |
| | 2.3.3 生均运动场（馆）面积(m²) | 小学 | 0 | 0 | 1 | 0 | 2 |
| | | 初中 | 0 | 0 | 1 | 0 | 2 |
| 2.4 设施设备 | 2.4.1 运动场（馆）达标校(%) | 小学 | 3 | 0 | 0 | 0 | 0 |
| | | 初中 | 0 | 1 | 2 | 0 | 0 |
| | 2.4.2 体育器械达标校(%) | 小学 | 2 | 0 | 0 | 1 | 0 |
| | | 初中 | 1 | 0 | 1 | 1 | 0 |
| | 2.4.3 音乐器材达标校(%) | 小学 | 2 | 0 | 1 | 0 | 0 |
| | | 初中 | 1 | 0 | 1 | 1 | 0 |
| | 2.4.4 美术器材达标校(%) | 小学 | 2 | 0 | 0 | 0 | 1 |
| | | 初中 | 1 | 0 | 1 | 0 | 1 |
| | 2.4.5 理科仪器达标校(%) | 小学 | 2 | 0 | 0 | 0 | 1 |
| | | 初中 | 1 | 0 | 1 | 0 | 1 |
| | 2.4.6 实验开出率(%) | 小学 | 3 | 0 | 0 | 0 | 0 |
| | | 初中 | 3 | 0 | 0 | 0 | 0 |
| | 2.4.7 生均图书(册) | 小学 | 1 | 0 | 0 | 2 | 0 |
| | | 初中 | 1 | 0 | 0 | 1 | 1 |
| | 2.4.8 生均计算机（台） | 小学 | 1 | 0 | 0 | 1 | 1 |
| | | 初中 | 2 | 0 | 1 | 0 | 0 |
| | 2.4.9 班级多媒体比例(%) | 小学 | 0 | 0 | 0 | 0 | 3 |
| | | 初中 | 0 | 1 | 0 | 1 | 1 |
| 2.5 学校布局 | 2.5.1 特殊学校设立的比例(%) | | 3 | 0 | 0 | 0 | 0 |
| | 2.5.2 校均规模（人） | 小学 | 0 | 1 | 0 | 0 | 2 |
| | | 初中 | 0 | 1 | 1 | 0 | 1 |
| | 2.5.3 班额控制（人） | 小学 | 2 | 1 | 0 | 0 | 0 |
| | | 初中 | 2 | 0 | 1 | 0 | 0 |

(续表)

| 指标 | | 非常均衡 | 比较均衡 | 一般均衡 | 不太均衡 | 严重不均衡 |
|---|---|---|---|---|---|---|
| 3.1 标准化学校比例(%) | | 3 | 0 | 0 | 0 | 0 |
| 3.2 校长交流比例(%) | 小学 | 0 | 0 | 0 | 2 | 1 |
| | 初中 | 0 | 0 | 1 | 1 | 1 |
| 3.3 校舍利用率(%) | 3.3.1 小学 | 1 | 0 | 0 | 2 | 0 |
| | 3.3.2 初中 | 1 | 0 | 2 | 0 | 0 |
| 4.1 九年制义务教育完成率(%) | | 0 | 0 | 1 | 2 | 0 |
| 4.2 社区对义务教育均衡发展的反响 | | | | | | |

**(二)2020 年省域内义务教育均衡发展综合预测指标的敏感性分析**

2020 年省域内义务教育均衡发展综合预测指标敏感性分析的目的在于,找出对 2020 年省域内义务教育均衡发展水平比较敏感的指标,为选择省域内义务教育均衡发展省级目标的指标体系作参考(见表 5-14)。分析的依据是差异系数、发展水平与全省水平比的敏感性。分析的范围是 3 个样本省域,数据来源是 3 个样本省域 2020 年省域内义务教育均衡发展综合预测结果分析的结果。其中,差异系数敏感度的计算方法是加权平均法、几何法,即同一指标内(如"生均公用经费"下的"小学"和"初中")采用加权平均法合成,同一指标不同省域(同一指标有辽宁省、湖南省、四川省 3 个维度的值)的合成方法采用几何法(即方和根法),即指标 $x$ 的敏感度的来源有 3 项,则合成指标敏感度 $\mu(x)$ 为:

$$\mu(x) = \sqrt{\sum_{i=1}^{3}\mu^2(x_i)}$$

表 5-18  2020 年不同发达程度样本省域内义务教育均衡发展综合预测指标的敏感性分析

| 指标名称 | 差异系数敏感度 | 排序(从大到小) |
|---|---|---|
| 1.1 小学适龄儿童入学率(%) | 0.0147 | 28 |
| 1.2 巩固率(%) | 0.4931 | 19 |
| 2.1.1 教育事业费(元/年·生) | 0.6478 | 13 |
| 2.1.2 公用经费(元/年·生) | 1.1179 | 3 |
| 2.2.1 师资数量(生师比) | 0.1762 | 23 |
| 2.2.2 初中教师专业对口率(%) | 0.1142 | 26 |
| 2.2.3 教师职称结构 | 0.1656 | 24 |
| 2.2.4 教师年人均收入(万元) | 0.6777 | 11 |

(续表)

| 指标名称 | 差异系数敏感度 | 排序(从大到小) |
|---|---|---|
| 2.2.5 教师年人均培训经费(元) | 1.0083 | 5 |
| 2.3.1 生均校园面积($m^2$) | 0.5299 | 18 |
| 2.3.2 生均校舍面积($m^2$) | 0.6716 | 12 |
| 2.3.3 生均运动场(馆)面积($m^2$) | 1.2667 | 1 |
| 2.4.1 运动场(馆)达标校(%) | 0.3786 | 20 |
| 2.4.2 体育器械达标校(%) | 0.5772 | 16 |
| 2.4.3 音乐器材达标校(%) | 0.5500 | 17 |
| 2.4.4 美术器材达标校(%) | 0.7072 | 10 |
| 2.4.5 理科仪器达标校(%) | 0.7352 | 9 |
| 2.4.6 实验开出率(%) | 0.1605 | 25 |
| 2.4.7 生均图书(册) | 0.8346 | 8 |
| 2.4.8 生均计算机(台) | 0.6401 | 14 |
| 2.4.9 班级多媒体比例(%) | 1.1521 | 2 |
| 2.5.1 特殊学校设立的比例(%) | 1.0000 | 6 |
| 2.5.2 校均规模(人) | 0.9147 | 7 |
| 2.5.3 班额控制(人) | 0.3751 | 21 |
| 3.1 标准化学校比例(%) | 0.0950 | 27 |
| 3.2 校长交流比例(%) | 1.0837 | 4 |
| 3.3 校舍利用率(%) | 0.6360 | 15 |
| 4.1 九年制义务教育完成率(%) | 0.2020 | 22 |
| 4.2 社区对义务教育均衡发展的反响 | — | — |

说明：各个指标的序号、定义、权重与表2-2相同。

从表5-18来看，2020年省域内义务教育均衡发展综合预测指标敏感性分析的结果是：对2020年省域内义务教育均衡发展水平比较敏感的指标有生均运动场（馆）面积、班级多媒体比例、公用经费、校长交流比例、教师年人均培训经费、特殊学校建设、校均规模、生均图书、理科仪器达标校、美术器材达标校。因此，在选择省域内义务教育均衡发展的省级目标的指标体系时，将重点考虑以上10个指标。教师年人均收入、生均校舍面积和教育事业费的敏感度也比较大，也是需要重点考虑的指标。

## 四、2020年省域内义务教育均衡发展综合预测结果的总体水平差异分析

### （一）2020年省域内义务教育均衡发展综合预测结果的总体发展水平差异分析

表5-19 2020年省域内义务教育均衡发展综合预测结果的总体发展水平差异分析

| 省域 | 综合预测总发展指数 | 一级指标发展指数 | | | | 综合预测总体发展等次 |
| --- | --- | --- | --- | --- | --- | --- |
| | | 教育机会 | 资源配置 | 学校管理 | 教育质量 | |
| 辽宁省 | 0.9568 | 0.0784 | 0.6479 | 0.1557 | 0.0748 | 非常发达 |
| 湖南省 | 0.8492 | 0.0783 | 0.5661 | 0.1340 | 0.0708 | 不太发达 |
| 四川省 | 0.9220 | 0.0784 | 0.6476 | 0.1225 | 0.0735 | 比较发达 |

从表5-19来看，2020年省域内义务教育均衡发展综合预测的总体发展水平，辽宁省非常发达，湖南省不太发达，四川省比较发达。

### （二）2020年省域内义务教育均衡发展综合预测结果的总体均衡水平差异分析

2020年省域内义务教育均衡发展综合预测的总体均衡水平差异分析的目的在于，分析每个样本省域2020年义务教育均衡发展综合预测的总体均衡水平状况，对各个样本省域内义务教育均衡发展综合预测的总体均衡水平进行比较，并从中找出其特点，分析其中的原因，为选择2020年省域内义务教育均衡发展省级目标（均衡目标）提供参考。分析的对象是各个样本省域；分析的依据是各个样本省域内义务教育发展的均衡指数，分析的标准是表5-4。分析结论见表5-20。

表5-20 2020年省域内义务教育均衡发展综合预测结果的总体均衡水平差异分析

| 省域 | 综合预测总均衡发展指数 | 一级指标均衡指数 | | | | 综合预测总体均衡发展水平 |
| --- | --- | --- | --- | --- | --- | --- |
| | | 教育机会 | 资源配置 | 学校管理 | 教育质量 | |
| 辽宁省 | 0.4002 | 0.0337 | 0.5063 | 0.5007 | 0.1041 | 不太均衡 |
| 湖南省 | 0.3349 | 0.0187 | 0.4117 | 0.4317 | 0.0276 | 一般均衡 |
| 四川省 | 0.4013 | 0.0278 | 0.5195 | 0.4846 | 0.1329 | 不太均衡 |

说明：划分标准见表2-15。

从表5-20可以看出，2020年省域内义务教育均衡发展综合预测结果的总体均衡水平差异是湖南省一般均衡，辽宁省和四川省不太均衡。

## 参考文献

[1] 王景,刘良栋,王作义. 组合预测方法的现状和发展 [J]. 预测, 1997 (6).
[2] 李宝仁. 综合预测方法及其改进 [J]. 北京商学院学报, 1996 (6).
[3] 唐纪,王景. 组合预测方法评述 [J]. 预测, 1999 (2).
[4] 李军军,周利梅. 组合预测法在省域经济综合竞争力预测中的应用研究 [J]. 综合竞争力, 2010 (2).

# 第六章 区域内义务教育均衡发展省级目标的选择

区域内义务教育均衡发展不是区域内义务教育的自然发展,而是在政府干预下的导向性发展。从一定意义上讲,包括综合预测在内的区域内义务教育均衡发展预测,主要是推测出目标年度区域内义务教育自然发展的趋势和水平。这是没有充分体现政府意志的趋势和水平,也不是区域内义务教育均衡发展应该达到的趋势和水平。选择区域内义务教育均衡发展的省级目标,既要在指标结构上选择目标年度区域内义务教育均衡发展最敏感、最重要的指标,又要在总体均衡发展水平及各个单项指标均衡发展水平上体现政府应该发挥的作用和可能具有的力量。本章主要梳理和建立区域内义务教育均衡发展省级目标选择的理论,并在此基础上选择湖南省的相关目标,以作为实例。

## 第一节 区域内义务教育均衡发展省级目标选择的理论架构

### 一、区域内义务教育均衡发展省级目标选择的研究综述

#### (一)区域内义务教育均衡发展省级目标选择的研究背景

要实现区域内义务教育均衡发展,首先要确定区域内义务教育均衡发展的目标。义务教育均衡发展目标是一个综合性的体系:从目标对象来看,包括学校均衡发展、个体均衡发展;从目标层次来看,包括国家、省级和县级;从区域层级来看,包括学校、县域和省域;从发展水平来看,包括非常发达、比较发达、一般发达、不太发达和非常不发达;从均衡水平来看,包括非常均衡、比较均衡、均衡、不太均衡和严重不均衡。根据对已有研究成果的搜索,还没有发现区域内义务教育均衡发展的完整的省级目标体系,现有理论成果还停留在构建区域内义务教育均衡发展指标体系的环节,没有深入到区域义务教育均衡发展目标层面。从各地出台的教育事业发展规划来看,《江西省"十一五"教育事业发展专项规划》、《南京市"十一五"教育事业发展规划》、《辽宁省县(市、区)域内义务教育均衡发展推进计划》(2006)等也存在一定不足。比如,义务教育均衡目标没有单列,无法突出重要性;已有目标体系重点在普及和巩固九年制义务教育,质量均衡和过程均衡不突出。

## （二）区域内义务教育均衡发展省级目标的概念与重要性

目标，属于发展规划（战略）的范畴，指发展规划（战略）的期望（规划指对未来的合理期望以及为了达到这种期望而作的筹划），是激发人们行为的预期要求、希望达到的目的或结果，是引导事业发展方向和发展规划各个组成部分工作方向的标尺。目标具有预测性、可计量性和激励性的特点。按时期可分为长期、中期和短期目标；按层次可分为总体和局部目标；按数量可分为单一和多元目标；按稳定性可分为静态和动态目标；按计量方式可分为定性和定量目标。教育发展目标，属于教育发展规划的范畴，指一个国家或地区未来较长时期内教育事业涉及全局和长远发展的目标，直接标示了教育发展的方向、速度，也反映了教育发展的重点。教育发展规划一般由三部分组成：①教育发展方针，包括教育发展的指导思想即教育发展在经济社会发展全局中的地位和作用（如应坚持优先发展）、战略思路即对教育发展内涵、速度、布局等关键要素及其关系的逻辑概括（如均衡发展还是非均衡发展）、教育发展观即对教育发展所应坚持的观念和方式（如目前我国提倡的是全面、协调和可持续的科学发展观）；②教育发展目标；③教育发展策略，包括发展的重点（主要矛盾或对全局成败具有决定意义的关键环节或因素）、发展的步骤。

区域内义务教育均衡发展的省级目标，属于省级人民政府（不是其他层级的政府）制定的本省义务教育均衡发展规划的范畴，指在目标年度（本课题选定的目标年度为2020年）全省义务教育均衡发展需要达到的目的或结果，具体规定了促进省域内义务教育均衡发展的方向、速度和重点，规定了实现省域内义务教育均衡发展的全省统一的时间期限和数量、质量参照系，其构成要素、表现形态和固有特性见表6-1。

表6-1　区域内义务教育均衡发展省级目标的一般含义

| | | |
|---|---|---|
| 构成要素 | 定性目标 | 即难以量化或预测的指标，包括政府作用、总体均衡水平（比如达到某个国家或国内某个区域的均衡水平）、教育质量、办学条件均衡等综合或重点指标 |
| | 定量目标 | 重要指标完成或实现的参数达到多少，包括义务教育学生之间、学校之间、区域（主要是县市）之间均衡发展的指标 |
| 基本内容 | 总体均衡发展水平 | 定性表述：比如达到某个国家或国内某个区域的均衡发展水平 |
| | | 定量表述：均衡指数 |
| | 分项均衡发展水平 | 义务教育的发展（普及）水平 |
| | | 义务教育的均衡水平 |
| | | 义务教育均衡发展的特色 |
| 表现形态 | 统一和分层相结合 | 对经济和教育发展水平不同的区域要有不同的要求、对不同的发展时期要有不同的要求 |
| | 短期和中、长期相结合 | 要反映相对的、动态的历史演进，理性和计量相结合，既要有定性的要求，又要有定量的要求 |
| | 静态和动态相结合 | 既要有静态即在一定时期内不变的指标，又要有动态即在一定时期内会变化的、最高纪录会不断被刷新的目标 |

(续表)

| 固有特性 | 前瞻性 | 即目标是对规划时段终了时区域内义务教育均衡发展所达到的结果和要求 |
|---|---|---|
| | 全局性 | 即目标所确定的指标体系集中反映了区域内义务教育均衡发展内在规律要求、关系区域内义务教育均衡发展全局和方向 |
| | 科学性 | 即目标不是凭借人们主观意愿任意制定的，而是经过反复测算和论证后制定的，具有真实性、可操作性和先进性 |
| | 稳定性 | 即目标在规划时段内是稳定不变的 |

区域内义务教育均衡发展的省级目标，按照不同的划分方法有着不同的分类。

1. 按照目标的层级，分为总体目标（总体均衡发展水平目标）和具体目标（分项均衡发展水平目标，表现为具体的各项指标及其数值）。

2. 按照计量方式，分为定性目标和定量目标。定性目标多属于区域内义务教育均衡发展的宏观和认识领域，缺乏统计数据或难以量化，或属于难以预测和量化的未来情况。主要有：政府在促进区域内义务教育均衡发展中的作用，区域内义务教育的理念和办学思想，区域内义务教育的管理，区域内义务教育的总体办学条件和教学质量等办学水平，区域内义务教育的总体均衡水平（比如达到某个国家或国内某个区域的均衡水平），等等。定量目标是区域内义务教育均衡发展目标中最常用、最主要的形式，主要有：区域内义务教育的规模和普及水平，包括入学率、在校生巩固率，招生数、毕业生数等；办学条件，包括师资、校园校舍、设施设备、学校布局等；教育投入，包括生均和人均义务教育经费，义务教育经费占财政支出的比例等。

3. 按照均衡发展的过程，大致分为：教育机会、资源配置、教育管理（包括教育思想、扶持弱势学生和学校、投资效率等）、教育质量（通常是课程合格率、办学特色、毕业率、毕业生升学率）目标等。

4. 按照均衡发展的目标对象，分为学生目标、学校目标、县域目标、省域目标。鉴于目前我国经济社会发展的水平，本课题只研究县域内（学校间）义务教育均衡发展、省域内（县域间）义务教育均衡发展的省级目标。

此外，按照宏观管理的指向，可分为发展水平目标、均衡水平目标及目标性指标（宏观管理上要求区域义务教育均衡发展所应达到的预定目的）、核算性指标、调控性指标。

区域内义务教育均衡发展省级目标是全省统一的、代表省政府意志的省域义务教育均衡发展的目标，其重要性是：①目标是发展的方向标尺，具体体现了区域内义务教育均衡发展规划的战略指向，规定了均衡发展的方向、速度和重点，如到目标年度义务教育投入水平，办学条件改善和均衡水平，师资配备、待遇改善和均衡水平，教学质量提高和均衡水平，以及阶段性目标和区域性目标等；②目标是凝聚共识、动员各方面力量按时实现区域内义务教育均衡发展目标的核心内容；③省级目标对充分发挥省级政府的作用、在较大范围内促进义务教育的均衡发展（此前多是县域内和少数地级市域内提倡均衡发展）具有重要作用。

（三）区域内义务教育均衡发展省级目标的选择及其意义

区域内义务教育均衡发展省级目标选择，指运用先进的义务教育理念和恰当的数学工具，建立科学反映区域内义务教育发展规律的指标体系和数学模型，在对目标年度区域内义务教育发展的经济社会（包括教育自身）背景进行预测和评价的基础上，综合平衡，提出区域内义务教育均衡发展的省级目标。本课题的目标选择是在区域内义务教育均衡发展综合预测的基础上，选取区域内义务教育均衡发展省级目标的指标及其数值。包括三层含义：①选择总的均衡发展目标，即区域内义务教育均衡发展总的要求或目的、结果。②遴选最重要且最敏感的单项指标，作为单项目标的指标。区域内义务教育均衡发展的指标很多，但在包括义务教育均衡发展在内的一定经济社会发展水平上，有些指标已经不重要或对目标年度已经不是很敏感，有些指标可能比较敏感但不是很重要。因此，要尽量选择那些对目标年度很重要和很敏感的指标，其他的指标一般不予选取。③选取各个单项目标指标的数值，使之既能尽量反映民众对义务教育均衡发展的要求，又能适合经济社会发展的水平、遵循义务教育的教学规律。

区域内义务教育均衡发展省级目标选择具有重要的意义。

1. 区域内义务教育均衡发展综合预测的结果，主要是根据前些年区域内义务教育均衡发展的基本数据所推测出来的目标年度的数据。从一定意义上讲，这些数据是一种自然状态下的数据，缺少政府必然干预下的定向发展的数据。而区域内义务教育均衡发展主要是一种政府干预下的定向发展，前些年我国各级政府在这方面的正向干预是明显不够的。比如在投入方面，无论是投入的力度还是对投入的均衡配置方面，都是不够的。选择区域内义务教育均衡发展省级目标，必须考虑这个因素，而不是单纯对综合预测结果的选取。

2. 因受各种原因的影响，所预测的2020年区域内义务教育均衡发展结果仍然可能会有一定差异或误差，简单地从它们中间选择2020年区域内义务教育均衡发展省级目标的数值，可能不够全面和准确，需要专家根据实际经验进行必要修正。而且对区域内义务教育均衡发展的预测，难以全面、准确地反映义务教育的教学规律，比如班额的预测水平就可能与教学规律的应有水平不完全一致，需要专家根据教学规律进行必要修正。

3. 不仅要运用技术方法，还要结合政治、经济、社会、文化、科技因素进行综合比较、分析，才能从中选择出比较科学的区域内义务教育均衡发展省级目标的数值。因为区域内义务教育均衡发展的各类指标之间的关系有所不同，有的是彼此独立的关系，有的是互补关系，有的是互逆关系。管理性指标对各个事业性指标的影响有所不同，有的完全不会产生影响，有的虽产生影响但其作用可以忽略，有的产生与目标一致的积极影响，有的则产生与目标不一致的消极影响。

## 二、区域内义务教育均衡发展省级目标选择的设计

### （一）区域内义务教育均衡发展省级目标选择的对象和指标体系

地理对象不同，所选择的县域内义务教育均衡发展省级目标自然不同。鉴于县域

内义务教育均衡发展省级目标选择是以省域为单位进行的，其选择的理论和模式相同，以及工作量过大等因素，本课题确定县域内和省域内义务教育均衡发展省级目标选择的地理对象为湖南省，不考虑另外两个样本省域（由于选择的理论和模式已经确定、数据已经预测出来，只要聘请相应专家，这两个样本省域同样可以选择出县域内和省域内义务教育均衡发展的省级目标）。

时间对象不同，所选择的县域内义务教育均衡发展省级目标自然不同。不同年度的义务教育均衡发展目标选择的理论和模式是相同的，指标体系也大致相同，只是各个指标的具体数值可能有所区别。作为课题研究，目标选择主要是指向中长期的。近期目标一般容易选择，不需要进行课题研究。此外，目标中的有些数值是有区间的，即包含了不同发达程度区域应该达到的不同指标数值。因此，区域内义务教育均衡发展省级目标选择的时间对象是 2020 年。

对区域内义务教育均衡发展省级目标的指标体系的设计，主要考虑了三个问题：一是指标体系从结构上分为县域内和省域内两套，每套又可分为总体目标和单项目标两个部分，其中县域内见表 6-2 和 6-3、省域内见表 6-4 和 6-5；二是指标体系的指标含义（包括层级结构和各个指标的含义、测量方法）采用《区域内义务教育均衡发展指标体系》（表 2-1、2-2）；三是指标体系的指标选取适应目标的宏观性和概括性、省级层次和 2020 年规划期的特点，尽可能选取比较重要和核心的指标，删除了过于微观和不太重要的指标。其办法是以 2020 年区域内义务教育均衡发展综合预测指标的敏感性分析结论为依据，按照均衡发展水平评价的一定标准，选取比较敏感和重要的指标。

（二）区域内义务教育均衡发展省级目标选择的程序

区域内义务教育均衡发展省级目标选择的程序不同，所选择的区域内义务教育均衡发展省级目标也有一定差异。本课题选择 2020 年区域内义务教育均衡发展省级目标的程序大致分为四步（参见图 6-1）。

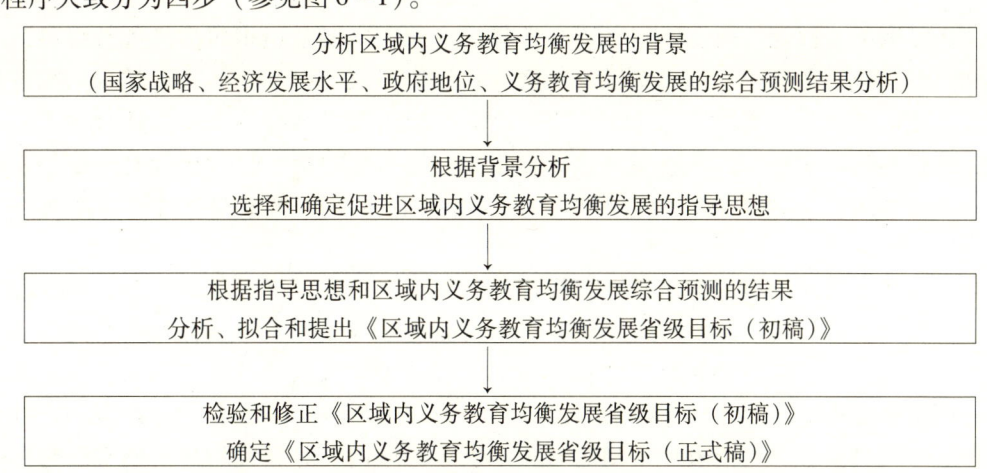

图 6-1　区域内义务教育均衡发展省级目标选择的步骤

第一步，分析区域内义务教育均衡发展的背景。重点是分析国家发展义务教育的战略（义务教育发展的地位）和策略（是均衡发展还是非均衡发展）；区域经济发展水平；区域政府在发展义务教育中的地位和作用，不同层级的政府（如省级政府、县级政府和乡级政府）在发展义务教育中的地位和作用；区域内义务教育均衡发展预测的结果（这是选择义务教育均衡发展省级目标的基础）。

第二步，确定选择区域内义务教育均衡发展省级目标的指导思想。即根据义务教育的性质、区域经济社会发展水平、国家促进义务教育均衡发展的战略以及区域内义务教育均衡发展综合预测结果，选择和确定促进区域内义务教育均衡发展的指导思想。

第三步，根据促进区域内义务教育均衡发展的指导思想和区域内义务教育均衡发展综合预测的结果，分析、拟合和预设区域内义务教育均衡发展省级目标（包括总体均衡发展目标及单项均衡发展目标），提出《区域内义务教育均衡发展省级目标（初稿）》。其具体步骤又可以分为：选择总体目标→选择单项目标的指标→选择单项目标的数值。

第三步，检验和修改《区域内义务教育均衡发展省级目标（初稿）》，对需要补充或调整的目标指标和数值进行重新选择与测量，确定《区域内义务教育均衡发展省级目标（正式稿）》。区域内义务教育均衡发展省级目标选择不仅是通过设定的指标体系和预测的数据进行选择，还要通过样本单位对选择的结果进行检验。检验的方式主要是现场检验和专家检验。现场检验即课题组研究人员到样本单位去，现场检验所选择的区域内义务教育均衡发展省级目标结果。专家检验即聘请相关专家，采取专题会议的形式，论证区域内义务教育均衡发展省级目标选择的科学性，并作出必要修正。在这两种检验中，现场检验最重要。而在现场检验中，对样本的选取又比较重要。特别需要说明的是，目标选择检验的样本应该与区域内义务教育均衡发展测评、预测的样本有所区别，以避免循环论证。

### （三）区域内义务教育均衡发展省级目标选择的方法和依据

区域内义务教育均衡发展省级目标选择的方法，主要是组织包括义务教育科研人员和一线工作者在内的各方面专家，以会议商讨的形式，以区域内义务教育均衡发展综合预测的结果为主要依据，并结合国家促进区域内义务教育均衡发展的有关方针政策，选择比较科学可行的区域内义务教育均衡发展省级目标。目标选择有一定的主观性，因而聘请的专家不同，所选择的县域内义务教育均衡发展省级目标可能有一定差异。

选择区域内义务教育均衡发展省级目标的依据，主要是区域内义务教育均衡发展预测的结果。可以说，区域内义务教育均衡发展测评是为区域内义务教育均衡发展预测准备数据的，区域内义务教育均衡发展预测又是为区域内义务教育均衡发展省级目标选择准备数据的。此外，还要参考国家关于促进区域内义务教育均衡发展的方针政策、省域内义务教育均衡发展预测的有关结果。区域内义务教育均衡发展省级目标选择的路径如图6-2所示。

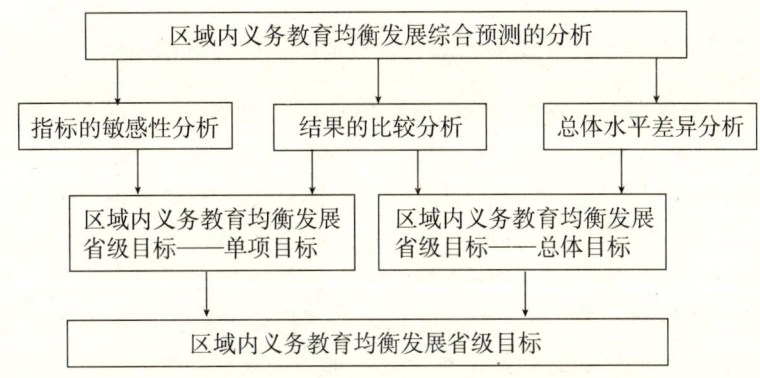

图 6-2 区域内义务教育均衡发展省级目标选择的路径

## 三、区域内义务教育均衡发展省级目标选择的数值选取

### (一)区域内义务教育均衡发展省级目标数值的特征

1. 区域内义务教育均衡发展省级目标数值的一般特征。①纵向结构上分为总体目标的数值(县域内或省域内义务教育均衡发展的总体目标指标要求)、单项目标的数值(县域内或省域内义务教育均衡发展的各个单项目标指标要求);②横向结构上分为发展的等次及其数值(发展的指数)、均衡的等次及其均衡指数(差异系数);③发展指数和均衡指数的数值本来都有一个区间范围,但鉴于目标一般是较高要求以及目标应该比较简明,因而本课题按照较高要求选取区间范围之内的较高发展分值和较高均衡指数。

2. 区域内义务教育均衡发展省级总体目标数值的特征。区域内义务教育均衡发展省级总体目标的数值除了具有上述一般特征之外,还具有如下特征:①在结构上不仅包括自身的等次及其发展分值或均衡指数,还包括一级指标的等次及其发展分值或均衡指数,因为相同的总体目标等次(对应为一定的发展分值和均衡指数),可以有不同的一级指标的等次结构和对应为一定的一级指标的发展分值和均衡指数结构,因为各个一级指标又在总体均衡发展中有着不同的地位和基础;②数值的来源主要是目标年度区域内义务教育均衡发展综合预测结果的总体水平(包括发展水平和均衡水平)差异分析。

3. 区域内义务教育均衡发展省级单项目标指标数值的特征。区域内义务教育均衡发展省级单项目标指标数值除了具有上述一般特征之外,还具有以下特征:①单项目标的指标选择,主要根据区域内义务教育均衡发展测评和目标年度区域内义务教育均衡发展综合预测指标的敏感性分析,选取比较敏感的指标;②单项目标的指标选择的数值结构,只包括本级指标的"发展水平"(发展的分值)和"均衡水平"(仅指"差异系数");③单项目标指标的数值来源,主要是目标年度区域内义务教育均衡发展综合预测结果的比较分析。

## （二）区域内义务教育均衡发展省级目标数值的规律与选取原则

1. 区域内义务教育均衡发展省级同级总体目标之间发展数值的差异性和均衡指数数值的相近性。即同一层级区域之内（同一个县域之内或同一个省域之内）不同发达程度的下级区域内之间，其义务教育均衡发展总体目标的发展数值是有差异的、其均衡指数数值是大致相近的。比如县域内不同发达程度乡镇或城乡各个学校之间、或省域内不同发达程度县域之间，其义务教育均衡发展总体目标的发展数值一般是有差异的、均衡指数数值是大致相近的（在选取总体均衡指数的数值时常常就选取一个相同的数值范围）。因为不同区域之间经济社会发展水平是有差异的，因而这个历史条件往往决定其义务教育发展水平也是有差异的，这比较容易理解。为什么不同经济社会发展水平的区域之间，其义务教育均衡水平（均衡指数）可以没有差异呢？这是因为：区域内义务教育均衡水平与其经济社会发展水平之间虽然有一定关联，但更多的是受制于政府的"努力"程度。或者说，经济社会发展水平相近的区域，其义务教育均衡的水平可能是不相近的。而且从定义来看，义务教育均衡指数的数值多少，主要取决于义务教育的均衡水平而不是发展水平。或者说，义务教育发展水平相近的区域，其义务教育均衡的水平可能是不相近的。

2. 区域内义务教育均衡发展省级目标各级指标之间发展数值和均衡指数数值的一致性。即上一级指标的发展数值或均衡指数数值，应该等于其所属下一级指标的发展数值或均衡指数数值的合成。比如，县域内义务教育发展数值或均衡指数应该等于其4个一级指标的发展数值或均衡指数的合成；每个一级指标的发展数值或均衡指数应该等于其所属的二级指标的发展数值或均衡指数的合成；每个二级指标的发展数值或均衡指数应该等于其所属的三级指标的发展数值或均衡指数的合成；依此类推。因此，发展数值和均衡指数选取之后要对其一致性进行检验，并进行必要调整，以便达到一致性的要求。

3. 区域内义务教育均衡发展省级目标的指标数值的区间性。即为了反映区域内义务教育均衡发展的差异性，省级目标（包括发展目标和均衡目标）每个指标所选取的数值均要设置一定的区间，以体现不同经济发展水平区域之间以及城乡学校之间义务教育均衡发展的差异性。考虑到2020年时我国区域间发展仍然不平衡的实际，故将区域间的划分分为发达地区、较发达地区、欠发达地区。各个指标的数值原则上以2020年区域内义务教育均衡发展综合测评结果为基础进行综合评估确定。其中，发达地区以最高值为基础进行评估确定；欠发达地区以最低值为基础进行评估确定；较发达地区（一般地区）以平均值为基础进行评估确定；国家已有标准性规定的指标，无论是发达地区还是欠发达地区均采用国家标准。

4. 区域内义务教育均衡发展省级目标的各个指标的目标值选取，要考虑义务教育的适度超前发展需要以及在义务教育均衡发展中的不同地位和基础。义务教育具有基础性、公益性、战略性的性质，在整个教育发展全局乃至整个经济社会发展全局中，必须坚持优先发展。因而，区域内义务教育均衡发展省级目标的各个指标的目标值选取,要体现政府的主动性和积极促进的意识,是通过积极争取实现的,而不是自然发展的结果。区域内义务教育均衡发展省级目标的各个指标,在义务教育均衡发展中地位和基础是不同的,因而选取省级目标的数值时不能平均用力。比如教育机会是均衡发展的基础,而且已经达到了较高的均衡发展水平,应该选取较高数值等。

### (三) 区域内义务教育均衡发展省级总体目标的数值确定步骤

第一步,选定区域内义务教育均衡发展省级总体目标及一级指标目标的等次。

第二步,根据 2020 年区域内义务教育均衡发展综合预测的评价标准以及所选定的区域内义务教育均衡发展省级总体目标及一级指标目标的等次,确定总体目标及一级指标的发展数值和均衡指数。

第三步,根据目标区域的实际情况进行综合评估,最终确定区域内义务教育均衡发展省级总体目标选择的数值。

### (四) 区域内义务教育均衡发展省级单项目标的数值测算

这里主要是讨论省级单项发展目标选择的数值(国家已经颁布标准性规定的义务教育均衡发展指标的数值,原则上采用国家颁布的规定)。鉴于 2020 年区域内义务教育均衡发展省级总体目标选取时对差异系数(均衡目标之一)进行了必要调整,因此,相应要同时调整发展目标的数值。调整的步骤与方法是:第一步,选定单项发展目标数值的基准值,鉴于预测值是根据 2005—2009 年的数值推算的,而这几年义务教育总的趋势是均衡发展不足,所以选定 2020 年区域内义务教育均衡发展综合预测单项发展指标的最大值为单项发展目标的基准值。第二步,选定单项发展目标的均衡指数,鉴于单项发展目标数值的基准值是选定的综合预测的最大值,为了平衡水平,所以选定 2020 年一级指标目标均衡指数的最小值。对此,本课题进行反复检验,其结果证明上述方法是比较合理的。第三步,测算 2020 年单项发展目标的数值,其具体公式如下:

某项单项指标的发展目标数值 = 目标年度综合预测的基准值 × (1 + 该项指标的差异系数目标)

例如,湖南省县域内教育事业费(元/县·生)的发展目标数值 = 目标年度(2020年)综合预测的最大值(10817)× (1 + 该项指标的均衡目标的最小值即 0.2078) = 12980 元/县·生。

## 第二节 县域内义务教育均衡发展省级目标的选择

### 一、县域内义务教育均衡发展省级目标选择的背景分析

#### (一) 县域内义务教育均衡发展的国家战略分析

国家对义务教育均衡发展采取什么样的战略,对县域内义务教育均衡发展省级目

标选择有着重要影响。也就是说，政府的"努力"程度如何，对区域内义务教育均衡发展的影响十分重要。因为国家对义务教育发展的战略选择，决定着义务教育发展的策略选择。比如实行均衡发展，必然坚持投资（包括物质资本和人力资本）的均衡；实行非均衡发展，必然提倡和鼓励部分地区、部分人先发展，从而实行投资的非均衡。不可否认，直到20世纪末，我国对义务教育实际上实行的是非均衡发展。21世纪特别是从2005年开始，才逐步认识到实行均衡发展是义务教育本质属性的要求，是促进教育公平、构建社会主义和谐社会的重要举措，也是政府公共服务的基本职责，从而开始把均衡发展看作我国义务教育发展的基本政策。2005年教育部印发《关于进一步推进义务教育均衡发展的若干意见》，正式把义务教育均衡发展列为国家的基本政策。2006年新修订的《义务教育法》明确规定"促进义务教育均衡发展"。2007年10月党的十七大报告明确提出"促进义务教育均衡发展"。中共中央、国务院颁布的《国家中长期教育改革和发展规划纲要（2010—2020年）》进一步把"均衡发展"作为"义务教育的战略性任务"，同时明确了促进义务教育均衡发展的总体思路和策略，即推进义务教育学校标准化建设，建立健全义务教育均衡发展保障机制，均衡配置教师、设备、图书、校舍等各项资源。2011年1月教育部印发《关于贯彻落实科学发展观进一步推进义务教育均衡发展的意见》，把均衡发展作为义务教育的重中之重。2012年实现义务教育区域内初步均衡，2020年实现区域内基本均衡，率先在县（区）域内实现均衡发展，逐步向更大范围、更深程度推进。

从湖南省的情况来看，省委、省政府历来重视义务教育均衡发展，第九次全省党代会确立建设教育强省的战略目标，明确提出实施义务教育均衡发展。2008年，省政府办公厅印发了《关于推进义务教育均衡发展的意见》。此后，全省上下普遍采取有力措施，积极推进义务教育均衡发展，呈现了较好势头，形成了较好基础。

**（二）县级政府在县域内义务教育均衡发展中的地位分析**

促进县域内义务教育均衡发展，是中央、省、县和乡各级政府的职责，各级政府都可以发挥重要作用。但这种地位和作用是有很大差异的，比如现在乡镇政府的作用就比较有限。而县级政府则不一样，因为义务教育发展以县为主，国家对县域义务教育的支持力度较大，县级政府调控力度非常大等。而且，随着政治体制和财政体制的进一步改革，中央财政对县级财政的义务教育转移支付必将逐步规范。因而，县域内义务教育均衡发展在很大程度上依靠县级政府的"努力"。

**（三）县域内义务教育均衡发展综合预测的结果分析**

综合预测的结果反映了目标年度区域义务教育均衡发展可能达到的水平，这是选择区域内义务教育均衡发展省级目标的客观基础。如本课题对2009年义务教育均衡发展测评中，9个样本县有6个在总体水平上达到了"一般均衡"。对2020年义务教育均衡发展综合预测中，9个样本县有6个在总体水平上达到了"一般均衡"。

从湖南省的情况来看，2020年该省县域内义务教育均衡发展综合预测的总体水平是：总体发展水平方面，醴陵市"比较发达"、邵阳市双清区"一般发达"、泸溪县"非常不发达"；总体均衡水平方面，醴陵市"不太均衡"、邵阳市双清区"一般均衡"、泸溪县"一般均衡"。

## 二、2020年湖南省县域内义务教育均衡发展省级目标的选择

本课题选择2020年湖南省县域内义务教育均衡发展省级目标的专家主要是本课题组的成员，包括长沙师专彭世华教授、伍春辉博士、谭日辉博士、张德启博士、蔡华副教授、陈亮硕士，湖南师范大学范晓玲教授、周炀笾硕士，湖南省教育厅基础教育处副处长张晓春等。2011年5月23—30日课题组多次召开全体成员会议，集体讨论提出了《2020年湖南省县域内、省域内义务教育均衡发展省级目标（初稿）》。2011年6月—7月课题组对《2020年湖南省县域内、省域内义务教育均衡发展省级目标（初稿）》进行检验和修改，8月初确定《2020年湖南省县域内、省域内义务教育均衡发展省级目标（正式稿）》。

### （一）2020年湖南省县域内义务教育均衡发展的指导思想

县域内义务教育均衡发展省级目标选择的指导思想主要反映政府在促进均衡发展中的"努力"程度，是"比较努力"、"一般努力"还是"不太努力"。从义务教育的性质和地位以及均衡发展的现实情况来看，目前湖南省县级政府应该属于"比较努力"的态度。需要指出的是：政府对促进义务教育均衡发展采取什么样的态度，主要取决于对义务教育均衡发展的认识，而不是取决于区域经济发展的水平。政府的"努力"不仅表现在对义务教育的投入上，而且表现在对均衡发展的投入和管理上。比如，在相同投入水平的条件下，学校间可以有不同的投入水平。

根据上述情况分析，本课题认为2020年湖南省县域内义务教育均衡发展省级目标选择的指导思想应该是：坚持优先发展，即义务教育发展的速度要适当高于经济社会发展的速度、高于其他阶段教育的发展速度；坚持均衡发展；坚持首先推进县域内均衡发展，努力实现义务教育学校之间的均衡发展，确保所有义务教育阶段学生都能得到基本质量的义务教育；坚持总体目标的等次及其数值选取应略高于2020年综合预测的结果。

### （二）2020年湖南省县域内义务教育均衡发展省级总体目标的选择

1. 2020年湖南省县域内义务教育均衡发展省级总体发展目标的选择。根据2020年湖南省县域内义务教育均衡发展综合预测的结果和上述指导思想，2020年湖南省县域内义务教育均衡发展省级总体发展目标应选择"比较发达"，其发展分值的范围为：1.0112～1.0169。其一级发展指标及其数值分别为：教育机会发展的目标等次为"非常发达"，其发展分值的范围为大于0.3231，因为教育机会发展是义务教育发展的最基本指标，而且目前和2020年预测都已经达到很高的发展水平；资源配置发展的目标等次为"一般发达"，其发展分值的范围为0.5534～0.6741，因为资源配置发展是义务教

育均衡发展的基本条件，但由于经济发展的总体水平不足及县域间的差异性，2020年还达不到较高的发展水平；学校管理发展的目标等次为"比较发达"，其发展分值的范围为0.0711~0.2666，因为学校管理是促进义务教育均衡发展提高教育质量的基本保证，必须要有较高要求，而且已经有了较好基础；教育质量发展的目标等次为"比较发达"，其发展分值的范围为0.1646~0.4057，因为教育质量是义务教育均衡发展的最终目标，必须要有较高要求，同样现在已经有了较好基础。（具体见表6-2）

表6-2 2020年湖南省县域内义务教育均衡发展省级总体目标（初稿）

| 省级总体发展目标 | | 一级指标发展目标 | | | | | | | |
|---|---|---|---|---|---|---|---|---|---|
| | | 教育机会 | | 资源配置 | | 学校管理 | | 教育质量 | |
| 等次 | 分值 | 等次 | 分值 | 等次 | 分值 | 等次 | 分值 | 等次 | 分值 |
| 比较发达 | >1.0112 ≤1.0169 | 非常发达 | >0.3231 | 一般发达 | >0.5534 ≤0.6741 | 比较发达 | >0.0711 ≤0.2666 | 比较发达 | >0.1646 ≤0.4057 |

| 省级总体发展目标 | | 一级指标均衡目标 | | | | | | | |
|---|---|---|---|---|---|---|---|---|---|
| | | 教育机会 | | 资源配置 | | 学校管理 | | 教育质量 | |
| 等次 | 指数 | 等次 | 指数 | 等次 | 指数 | 等次 | 指数 | 等次 | 指数 |
| 比较均衡 | >0.0983 ≤0.1756 | 非常均衡 | ≤0.0003 | 比较均衡 | >0.2078 ≤0.3077 | 非常均衡 | ≤0.0429 | 比较均衡 | >0.0076 ≤0.0258 |

2. 2020年湖南省县域内义务教育均衡发展省级总体均衡目标的选择。根据2020年湖南省义务教育均衡发展综合预测的结果和上述指导思想，2020年湖南省县域内义务教育均衡发展省级总体均衡目标应选择"比较均衡"，其差异系数的范围为：0.0983~0.1756。其一级均衡指标及其差异系数分别为：教育机会均衡的目标等次为"非常均衡"，其差异系数的范围为不超过0.0003，因为教育机会均衡是义务教育均衡的最基本指标，而且目前和2020年预测都已经达到很高的均衡水平；资源配置均衡的目标等次为"比较均衡"，其差异系数的范围为不超过0.2078，因为资源配置均衡是义务教育均衡的基本条件，但由于经济发展的总体水平不足及县域间差异性，2020年还达不到较高的均衡水平；学校管理均衡的目标等次为"比较均衡"，其差异系数的范围为0.0429~0.0943，因为学校管理是提高教育质量、促进义务教育均衡的基本保证，必须要有较高要求，而且已经有了较好基础；教育质量均衡的目标等次为"比较均衡"，其差异系数的范围为0.0076~0.0258，因为教育质量均衡是义务教育均衡的最终目标，必须要有较高要求，同样现在已经有了较好基础。（具体见表6-2）

### （三）2020年湖南省县域内义务教育均衡发展省级单项目标的选择

1. 县域内义务教育均衡发展省级单项目标的指标选择，主要是根据对目标年度县域内义务教育均衡发展综合预测指标的敏感性分析，选择对目标年度县域内义务教育均衡发展最敏感（实际上是最重要）的指标。从2020年县域内义务教育均衡发展综合预测来看，县域内义务教育均衡发展的指标虽然很多，但到2020年有些指标已经不是很重要或不是很敏感了。为此，县域内义务教育均衡发展省级单项目标选择指标的主要依据是2009年县域内义务教育均衡发展测评结果、2020年县域内义务教育均衡发展综合预测的结果，以及国家有关义务教育的标准性规定。

2020年湖南省县域内义务教育均衡发展省级单项目标的指标选择办法：第一步，根据2020年湖南省县域内义务教育均衡发展省级目标所确定的4个一级指标的目标等次，确定各个单项指标差异系数的取值范围；第二步，根据一级指标目标的差异系数范围和敏感度计算公式，计算出各个指标的敏感度范围；第三步，将计算结果与2020年湖南省义务教育均衡发展综合预测指标的敏感性分析结果进行比对，确定指标的数值范围是否在目标选定的范围内。如果指标数值在目标选定的范围内，该指标就进入2020年义务教育均衡发展的目标体系（见表6-3）。根据上述比对结果，最终得到教育事业费、公用经费、教师年人均收入、生均校园面积、生均校舍面积、生均运动场（馆）面积、实验开出率、生均图书、生均计算机、校舍利用率共10个指标进入2020年湖南省县域内义务教育均衡发展预测目标体系。（见表6-4）

表6-3 2009年、2020年湖南省县域内义务教育均衡发展测评指标的敏感性比较分析

| 指标 | 2009 | | 2020 | | 2020年目标选择标准 | |
|---|---|---|---|---|---|---|
| | 差异系数敏感度 | 排序（从大到小） | 差异系数敏感度 | 排序（从大到小） | 目标 | 差异系数敏感度转换 |
| 1.1 小学适龄儿童入学率 | 0.0510 | 13 | 0.0510 | 13 | 非常均衡 | ≤0.0052 |
| 1.2 巩固率 | 0.008 | 14 | 0.0100 | 14 | 非常均衡 | |
| 2.1.1 教育事业费 | 0.9466 | 5 | 0.9635 | 2 | 比较均衡 | >0.3599 ≤1.1991 |
| 2.1.2 公用经费 | 0.7459 | 8 | 0.7050 | 7 | 比较均衡 | |
| 2.2.1 师资数量（生师比） | — | — | # | # | 比较均衡 | |
| 2.2.2 初中教师专业对口率 | — | — | 0 | 15 | 比较均衡 | |
| 2.2.3 教师职称结构 | 0.3442 | 10 | 0.1941 | 12 | 比较均衡 | |
| 2.2.4 教师年人均收入 | 0.2900 | 11 | 0.2976 | 9 | 比较均衡 | |
| 2.3.1 生均校园面积 | 1.2591 | 1 | 0.9003 | 4 | 比较均衡 | |
| 2.3.2 生均校舍面积 | 0.8491 | 7 | 0.8138 | 6 | 比较均衡 | |
| 2.3.3 生均运动场（馆）面积 | 1.1224 | 3 | 0.9883 | 1 | 比较均衡 | |
| 2.4.1 运动场（馆）达标校 | — | — | 0 | 16 | 比较均衡 | |
| 2.4.2 体育器械达标校 | — | — | 0 | 17 | 比较均衡 | |
| 2.4.3 音乐器材达标校 | — | — | 0 | 18 | 比较均衡 | |
| 2.4.4 美术器材达标校 | — | — | 0 | 19 | 比较均衡 | |

（续表）

| 指标 | 2009 差异系数敏感度 | 2009 排序（从大到小） | 2020 差异系数敏感度 | 2020 排序（从大到小） | 2020年目标选择标准 目标 | 2020年目标选择标准 差异系数敏感度转换 |
|---|---|---|---|---|---|---|
| 2.4.5 理科仪器达标校 | — | — | 0 | 20 | 比较均衡 | >0.3599 ≤1.1991 |
| 2.4.6 实验开出率 | 0.3892 | 9 | 0.2585 | 10 | 比较均衡 | |
| 2.4.7 生均图书 | 1.0346 | 4 | 0.9605 | 3 | 比较均衡 | |
| 2.4.8 生均计算机 | 1.2428 | 2 | 0.8582 | 5 | 比较均衡 | |
| 2.4.9 班级多媒体比例 | — | — | # | # | 比较均衡 | |
| 2.5.1 校均规模 | — | — | # | # | 比较均衡 | |
| 2.5.2 班额控制 | — | — | # | # | 比较均衡 | |
| 3.1 全面执行教学计划 | — | — | # | # | 非常均衡 | ≤0.8687 |
| 3.2 校舍利用率 | 0.8672 | 6 | 0.6315 | 8 | 非常均衡 | |
| 4.1 学生合格率 | 0.2383 | 12 | 0.2506 | 11 | 比较均衡 | >0.3568 ≤1.0258 |
| 4.2 社区对义务教育均衡发展的反响 | — | — | # | # | 比较均衡 | |

说明：各个指标的序号、含义、权重与表2-1相同。排序为该省的该指标的差异系数敏感度在所有指标中的次序。"—"表示已有数据不全导致此项数值空缺。

**表6-4　2020年湖南省县域内义务教育均衡发展省级单项指标目标数值推算结果**

| 指标 | | 发展目标数值 | 均衡目标数值（差异系数） |
|---|---|---|---|
| 2.1.1 教育事业费（元/年·生） | 小学 | 10817—12980/9679—11690/7728—9334 | >0.1078，≤0.2077 |
| | 初中 | 20988—25349/17289—20882/13202—15945 | >0.1078，≤0.2077 |
| 2.1.2 公用经费（元/年·生） | 小学 | 1002—1210/911—1100/818—988 | >0.1078，≤0.2077 |
| | 初中 | 1825—2204/1401—1696/1165—1407 | >0.1078，≤0.2077 |
| 2.2.4 教师年人均收入（万元） | 小学 | 7.32—8.84/5.90—7.13/5.12—6.18 | ≤0.2078 |
| | 初中 | 8.05—9.72/6.18—7.46/5.17—6.24 | ≤0.2078 |
| 2.3.1 生均校园面积（m²） | 初中 | 25.00—37.76/25.00—29.69/17.31—25.00 | >0.3077，≤0.4558 |
| | 小学 | 20.00—34.00/20—22.49/16.07—20.00 | >0.3077，≤0.4558 |
| 2.3.2 生均校舍面积（m²） | 小学 | 5.00—13.86/5.00—9.13/5.00—6.11 | >0.2078，≤0.3077 |
| | 初中 | 5.50—12.49/5.5—7.77/5.15—5.50 | >0.2078，≤0.3077 |
| 2.3.3 生均运动场（馆）面积 m² | 小学 | 3.00—11.87/3.00—7.47/3.00—5.85 | >0.3077，≤0.4558 |
| | 初中 | 4.00—10.01/4.00—8.32/4.00—9.62 | >0.3077，≤0.4558 |

（续表）

| 指标 | | 发展目标数值 | 均衡目标数值（差异系数） |
|---|---|---|---|
| 2.4.6 实验开出率（%） | 小学 | 96.70—100/86.44—100/69.23—100 | >0.2078，≤0.3077 |
| | 初中 | 100/99.23—100/97.73—100 | >0.2078，≤0.3077 |
| 2.4.7 生均图书（册） | 小学 | 30.00—51.32/30.00—32.40/26.72—30.00 | >0.2078，≤0.3077 |
| | 初中 | 40.00—52.39/35.35—40.00/27.28—40.00 | >0.2078，≤0.3077 |
| 2.4.8 生均计算机比例（%） | 小学 | ≥0.25/≥0.13/≥0.11 | >0.2078，≤0.3077 |
| | 初中 | ≥0.41/≥0.22/≥0.21 | >0.2078，≤0.3077 |
| 3.2 校舍利用率（%） | 小学 | 100/95.57—100/79.28—100 | >0.0943，≤0.2072 |
| | 初中 | 100/90.57—100/79.28—100 | >0.0943，≤0.2072 |

说明：各个指标的定义及其计算公式见表2-1。

2. 县域内义务教育均衡发展省级单项目标的数值选择。首先是单项目标的发展数值选择，主要是根据对目标年度县域内义务教育均衡发展综合预测结果的分析以及对目标年度县域内义务教育均衡发展的目标指标的选择，选取这些目标指标应该达到的均衡发展水平的数值（包括发展水平的数值和均衡水平的数值）。如前所述，县域类型虽然分为发达、较发达、欠发达三类，但在选取的县域内义务教育均衡发展省级单项目标时，其均衡水平的目标是一致的，只是发展水平有差异。区间值的确定以2020年湖南省县域内义务教育均衡发展综合预测值的最高值为基准值，再根据单项指标确定的差异系数计算最高值。如发达县域的小学生均教育事业费，2020年综合预测值（基准值）是10817，确定的差异系数是不大于0.2078，那么该指标的区间值就为10817 13064。同时，参照了一些国家标准，如生均校园面积、生均校舍面积、生均图书等。如校园面积，小学是生均20$m^2$，如果预测值是25$m^2$（比标准高），那么区间值就定为20~25$m^2$；如果欠发达县域是17.3$m^2$（比标准低），那么区间值就定为17.3~20$m^2$。（具体推算结果见表6-5）

表6-5 2020年湖南省县域内义务教育均衡发展省级单项指标目标（初稿）

| 指标 | | 发展目标 | | | 均衡目标（差异系数） |
|---|---|---|---|---|---|
| | | 发达县域 | 较发达县域 | 欠发达县域 | |
| 2.1.1 教育事业费（元/年·生） | 小学 | 12980 | 11690 | 9334 | 0.1078 |
| | 初中 | 25349 | 20882 | 15945 | 0.1078 |
| 2.1.2 公用经费（元/年·生） | 小学 | 1210 | 1100 | 988 | 0.1078 |
| | 初中 | 2204 | 1696 | 1407 | 0.1078 |
| 2.2.4 教师年人均收入（万元） | 小学 | 9 | 7 | 6 | 0.2078 |
| | 初中 | 10 | 7 | 6 | 0.2078 |

（续表）

| 指标 | | 发展目标 | | | 均衡目标（差异系数） |
|---|---|---|---|---|---|
| | | 发达县域 | 较发达县域 | 欠发达县域 | |
| 2.3.1 生均校园面积（m²） | 小学 | 34 | 22 | 20 | 0.3077 |
| | 初中 | 38 | 30 | 25 | 0.3077 |
| 2.3.2 生均校舍面积（m²） | 小学 | 12 | 6 | 6 | 0.2078 |
| | 初中 | 14 | 9 | 8 | 0.2078 |
| 2.3.3 生均运动场（馆）面积（m²） | 小学 | 10 | 7 | 6 | 0.3077 |
| | 初中 | 12 | 8 | 8 | 0.3077 |
| 2.4.6 实验开出率（%） | 小学 | 100 | 100 | 100 | 0.2078 |
| | 初中 | 100 | 100 | 100 | 0.2078 |
| 2.4.7 生均图书（册） | 小学 | 51 | 32 | 30 | 0.2078 |
| | 初中 | 52 | 40 | 40 | 0.2078 |
| 2.4.8 生均计算机（台） | 小学 | 25 | 13 | 11 | 0.2078 |
| | 初中 | 41 | 22 | 21 | 0.2078 |
| 3.2 校舍利用率（%） | 小学 | 100 | 100 | 100 | 0.0943 |
| | 初中 | 100 | 100 | 100 | 0.0943 |

说明：各个指标的定义及其计算公式见表2-1。

其次是单项目标的均衡指数（差异系数）的选择。如前所述，各个单项目标的均衡指数与其所在的一级指标目标的均衡指数是一致的，而一级指标的均衡指数在选择总体均衡目标时就已经选定了。

鉴于目标是较高要求，本课题确定将表6-5所推算的目标范围的最大值作为2020年目标值。基于目标的可操作性，本课题对推算的目标值的小数点进行了四舍五入处理，最终得到2020年湖南省县域内义务教育均衡发展的目标（初稿）。（见表6-5）

## 三、2020年湖南省县域内义务教育均衡发展省级目标选择的检验

### （一）2020年湖南省县域内义务教育均衡发展省级目标选择的现场检验

1. 2020年湖南省县域内义务教育均衡发展省级目标选择的现场检验设计。在湖南省内选取了与综合预测不同的3个样本县域（株洲市芦淞区、沅江市、慈利县），综合预测其2020年县域内义务教育均衡发展趋势并进行相应的分析，以其结果的数值比对2020年县域内义务教育均衡发展省级目标指标的数值，分析两者之间的差异，然后对目标指标明显偏低或偏高的数值予以修正。目标检验预测的样本学校选取见第一章，基础数据为2005—2010年，目标检验预测及分析的方法与区域内义务教育均衡发展综合预测的方法相同。

2. 2020年湖南省县域内义务教育均衡发展省级目标检验的结果（见附表6-1~6-3）

附表6-1  2020年湖南省株洲市芦淞区义务教育均衡发展省级目标的检验结果
附表6-2  2020年湖南省沅江市义务教育均衡发展省级目标的检验结果
附表6-3  2020年湖南省慈利县义务教育均衡发展省级目标的检验结果

3. 2020年湖南省县域内义务教育均衡发展省级目标检验预测结果的分析。

（1）检验预测结果的比较分析。县域内省级目标检验预测结果比较分析的设计，与县域内义务教育均衡发展测评结果比较分析基本相同。其目的是找出省域内不同发达程度的县域之间义务教育均衡发展指标的数值及其与标准值的差异，从而找出比较不均衡的指标，为选择县域内义务教育均衡发展省级目标作准备。分析的基本单位是县域，即先以县域为单位进行统计，再以省域为单位进行分析。比较分析的内容是各项指标的发展水平差异（最高值/全省平均值/最低值）、差异系数的差异（最高值/全省平均值/最低值）、各个主体测评的总均衡指数差异（最高值/全省平均值/最低值）。分析中标准值的设定是所在省域的平均数，没有全省平均数的则以3个样本县域平均数为准。（比较分析的结果见表6-6）

表6-6  2020年湖南省县域内义务教育均衡发展省级目标检验预测结果的比较分析

| 指标 | | 发展水平 | 均衡水平 | |
|---|---|---|---|---|
| | | | 标准差 | 差异系数 |
| 1.1 小学适龄儿童入学率（%） | | 100/99.87/99.78 | 0.54/0.33/0.00 | 0.0054/0.0033/0.0000 |
| 1.2 巩固率（%） | 1.2.1 小学 | 100/99.95/99.88 | 0.31/0.13/0.00 | 0.0030/0.0013/0.0000 |
| | 1.2.2 初中 | 99.89/99.41/98.47 | 1.92/0.96/0.17 | 0.0195/0.0098/0.0017 |
| 2.1.1 教育事业费（元/年·生） | 小学 | 12980/11303/9277 | 2987/1796/1019 | 0.5768/0.4019/0.2763 |
| | 初中 | 16020/14446/12894 | 1487/1406/1336 | 0.3133/0.2687/0.2228 |
| 2.1.2 公用经费（元/年·生） | 小学 | 1202/1015/766 | 175/127/87 | 0.3920/0.2652/0.1822 |
| | 初中 | 1654/1376/1074 | 1019/392/48 | 0.6781/0.3182/0.1016 |
| 2.2.1 师资数量（生师比） | 农村小学 | 17.24/16.83/16.48 | 5.00/3.79/2.95 | 0.2762/0.2207/0.1793 |
| | 农村初中 | 11.4/10.59/9.78 | 2.63/2.36/2.09 | 0.3209/0.2472/0.1735 |
| | 城市小学 | 16.89/16.45/15.89 | 7.52/4.33/1.06 | 0.3585/0.2497/0.0536 |
| | 城市初中 | 13.4/11.30/9.77 | 4.87/4.45/3.83 | 0.5280/0.4300/0.3256 |
| 2.2.2 初中教师专业对口率（%） | | 94.51/84.78/70.40 | 30.27/18.17/3.72 | 0.5698/0.3334/0.0386 |
| 2.2.3 教师职称结构 | 小学 | 0.65/0.53/0.46 | 0.13/0.12/0.11 | 0.2591/0.2453/0.2203 |
| | 初中 | 0.54/0.53/0.53 | 0.16/0.13/0.12 | 0.2636/0.2330/0.2211 |
| 2.2.4 教师年人均收入（万元） | 小学 | 8.94/7.06/5.32 | 1.95/1.08/0.40 | 0.4376/0.2940/0.1578 |
| | 初中 | 9.50/7.19/5.27 | 0.98/0.70/0.35 | 0.3132/0.2092/0.1369 |

(续表)

| 指标 | | 发展水平 | 均衡水平 | |
|---|---|---|---|---|
| | | | 标准差 | 差异系数 |
| 2.3.1 生均校园面积（m²） | 小学 | 22.46/20.01/16.10 | 15.63/14.58/12.82 | 0.6009/0.5623/0.5091 |
| | 初中 | 40.94/30.63/18.90 | 24.14/13.57/7.39 | 0.4877/0.3689/0.2845 |
| 2.3.2 生均校舍面积（m²） | 小学 | 8.96/7.62/6.84 | 4.27/4.13/4.03 | 0.8538/0.6352/0.3678 |
| | 初中 | 11.98/10.66/8.10 | 9.35/7.14/2.78 | 0.6799/0.4878/0.2292 |
| 2.3.3 生均运动场（馆）面积（m²） | 小学 | 4.22/3.89/3.49 | 3.31/2.06/0.62 | 0.8054/0.5522/0.2109 |
| | 初中 | 9.29/6.55/4.79 | 4.44/2.74/1.60 | 0.6178/0.4978/0.3972 |
| 2.4.1 运动场（馆）达标校（%） | 小学 | 86.77/80.91/72.02 | --/--/-- | --/--/-- |
| | 初中 | 100/98.69/96.06 | --/--/-- | --/--/-- |
| 2.4.2 体育器械达标校（%） | 小学 | 100/86.77/75.03 | --/--/-- | --/--/-- |
| | 初中 | 100/85.49/70.43 | --/--/-- | --/--/-- |
| 2.4.3 音乐器材达标校（%） | 小学 | 100/70.91/47.34 | --/--/-- | --/--/-- |
| | 初中 | 100/73.12/40.60 | --/--/-- | --/--/-- |
| 2.4.4 美术器材达标校（%） | 小学 | 100/68.24/40.95 | --/--/-- | --/--/-- |
| | 初中 | 100/67.70/46.18 | --/--/-- | --/--/-- |
| 2.4.5 理科仪器达标校（%） | 小学 | 100/91.62/86.02 | --/--/-- | --/--/-- |
| | 初中 | 100/90.08/84.91 | --/--/-- | --/--/-- |
| 2.4.6 实验开出率（%） | 小学 | 100/89.74/69.23 | 53.97/28.67/2.21 | 0.6655/0.4290/0.0229 |
| | 初中 | 100/95.60/86.79 | 42.73/20.06/1.79 | 0.4566/0.2308/0.0181 |
| 2.4.7 生均图书（册） | 小学 | 41/32/26 | 22.82/12.69/7.51 | 0.6097/0.4721/0.3914 |
| | 初中 | 50/43/38 | 15.70/10.38/7.52 | 0.5377/0.3879/0.2996 |
| 2.4.8 生均计算机（台） | 小学 | 13.71/9.00/5.49 | 7.17/3.18/1.04 | 0.7831/0.5460/0.3176 |
| | 初中 | 13.62/13.07/12.51 | 9.24/4.82/2.46 | 0.5133/0.4376/0.3174 |
| 2.4.9 班级多媒体比例（%） | 小学 | 100/38.30/2.05 | 47.34/17.11/0.98 | 0.6002/0.5696/0.5094 |
| | 初中 | 100/42.93/13.21 | 20.75/8.48/1.86 | 0.4904/0.4017/0.2571 |
| 2.5.1 校均规模（人） | 农村小学 | 419/363/335 | 224/248/89 | 0.7237/0.4282/0.2972 |
| | 农村初中 | 671/656/641 | 499/352/205 | 0.7187/0.5627/0.4068 |
| | 城市小学 | 2586/2182/1427 | 1309/1049/535 | 0.7916/0.6434/0.4392 |
| | 城市初中 | 1597/1427/1300 | 809/751/716 | 0.8051/0.7102/0.6504 |

(续表)

| 指标 | | 发展水平 | 均衡水平 | |
|---|---|---|---|---|
| | | | 标准差 | 差异系数 |
| 2.5.2 班额控制（人） | 农村小学 | 48/42/38 | 18/10/6 | 0.6138/0.3225/0.1594 |
| | 农村初中 | 53/52/50 | 11/8/4 | 0.2718/0.1781/0.0844 |
| | 城市小学 | 73/58/20 | 19/10/5 | 0.4038/0.2030/0.0757 |
| | 城市初中 | 56/52/46 | 11/8/5 | 0.2145/0.1501/0.1074 |
| 3.1 全面执行教学计划（%） | | 99.39/92.18/80.59 | 7.32/4.00/1.05 | 0.2269/0.1060/0.0105 |
| 3.2 校舍利用率（%） | 小学 | 100/97.98/93.95 | 10.01/4.41/0.84 | 0.1087/0.0474/0.0085 |
| | 初中 | 98.05/93.49/90.60 | 19.28/11.58/3.45 | 0.2085/0.1216/0.0348 |
| 4.1 学生合格率（%） | 4.1.1 农村 | 94.44/84.79/76.49 | 15.95/10.53/5.10 | 0.1917/0.1229/0.0541 |
| | 4.1.2 城市 | 95.58/88.46/84.74 | 24.64/14.13/3.62 | 0.0387/0.0387/0.0000 |
| 4.2 学生对学习的满意度（%） | | --/--/-- | --/--/-- | --/--/-- |
| 4.3 九年制义务教育完成率（%） | | --/--/-- | --/--/-- | --/--/-- |
| 4.4 社区对义务教育均衡发展的反响 | | --/--/-- | --/--/-- | --/--/-- |

说明：此表与表 3-1~3-3 相同，即各个指标的序号、定义、计算公式及其权重与表 2-1 相同。

（2）2020 年湖南省县域内义务教育均衡发展省级目标检验预测的指标敏感性分析（分析的结果见表 6-7）。分析的目的在于，找出对 2020 年县域内义务教育均衡发展水平比较敏感的指标，为选择县域内义务教育均衡发展省级目标的指标体系作参考。分析的方法以差异系数为依据，采取加权平均法和几何法，分析各项指标的敏感度，找出对 2020 年义务教育学校均衡发展比较敏感的指标，为选择县域内义务教育均衡发展省级目标的指标体系作参考。差异系数敏感度的计算方法是加权平均法、几何法，即同一指标内（如"生均公用经费"指标中的"小学"和"初中"）采用加权平均法合成，同一指标不同县域（同一指标有 3 个维度的值）的合成方法采用几何法（即方和根法），即指标 $x$ 的敏感度的来源有 3 项，则合成指标敏感度 $\mu(x)$ 为：

$$\mu(x) = \sqrt{\sum_{i=1}^{3} \mu^2(x_i)}$$

表 6-7  2020 年湖南省县域内义务教育均衡发展省级目标检验预测的指标敏感性分析

| 指标 | 差异系数敏感度 | 排序（从大到小） |
|---|---|---|
| 1.1 小学适龄儿童入学率 | 0.0069 | 19 |
| 1.2 巩固率 | 0.0116 | 18 |
| 2.1.1 教育事业费 | 0.5862 | 11 |
| 2.1.2 公用经费 | 0.5867 | 10 |
| 2.2.1 师资数量 | 0.5004 | 12 |

(续表)

| 指标 | 差异系数敏感度 | 排序（从大到小） |
| --- | --- | --- |
| 2.2.2 初中教师专业对口率 | 0.6926 | 9 |
| 2.2.3 教师职称结构 | 0.4182 | 14 |
| 2.2.4 教师年人均收入 | 0.4542 | 13 |
| 2.3.1 生均校园面积 | 0.8121 | 6 |
| 2.3.2 生均校舍面积 | 1.0246 | 1 |
| 2.3.3 生均运动场（馆）面积 | 0.9360 | 3 |
| 2.4.1 运动场（馆）达标校 | — | — |
| 2.4.2 体育器械达标校 | — | — |
| 2.4.3 音乐器材达标校 | — | — |
| 2.4.4 美术器材达标校 | — | — |
| 2.4.5 理科仪器达标校 | — | — |
| 2.4.6 实验开出率 | 0.6941 | 8 |
| 2.4.7 生均图书 | 0.7500 | 7 |
| 2.4.8 生均计算机 | 0.8594 | 4 |
| 2.4.9 班级多媒体比例 | 0.8443 | 5 |
| 2.5.1 校均规模 | 1.0213 | 2 |
| 2.5.2 班额控制 | 0.3807 | 15 |
| 3.1 全面执行教学计划 | 0.2410 | 16 |
| 3.2 校舍利用率 | 0.1760 | 17 |
| 4.1 学生合格率 | — | — |
| 4.2 社区对义务教育均衡发展的反响 | — | — |

说明：各个指标的序号、含义、权重与表 2-1 相同。排序为该省的该指标的差异系数敏感度在所有指标中的次序。"—"表示已有数据不全导致此项数值空缺。

（3）2020 年湖南省县域内义务教育均衡发展目标检测预测的总体发展程度差异分析。分析的目的在于，对每个样本县域 2020 年义务教育均衡发展的总体发展程度进行比较，并从中找出其特点，分析其中的原因，为选择 2020 年省级目标（总体发展目标）提供参考。分析的依据是各个样本县域的义务教育发展程度，分析的标准是《表 5-1 2020 年县域内义务教育均衡发展综合预测结果的发展水平评价标准》，分析的结果见表 6-8。

表 6-8  2020 年湖南省县域内义务教育均衡发展省级目标检验预测的总体发展水平分析

| 县 域 | 综合预测结果总发展指数 | 一级指标发展分值 | | | | 综合预测结果总体发展等次 |
| --- | --- | --- | --- | --- | --- | --- |
| | | 教育机会 | 资源配置 | 学校管理 | 教育质量 | |
| 芦淞区 | 1.0353 | 0.1181 | 0.6564 | 0.0899 | 0.1708 | 非常发达 |
| 沅江市 | 0.9155 | 0.1175 | 0.5405 | 0.0867 | 0.1708 | 比较发达 |
| 慈利县 | 0.9051 | 0.1180 | 0.5341 | 0.0859 | 0.1671 | 比较发达 |

表 6-9  2020 年省域内义务教育均衡发展综合预测的总体发展程度差异分析

| 省 域 | 综合预测结果总发展指数 | 一级指标发展分值 | | | | 综合预测结果总体发展等次 |
| --- | --- | --- | --- | --- | --- | --- |
| | | 教育机会 | 资源配置 | 县域管理 | 教育质量 | |
| 湖南 | 0.9360 | 0.0784 | 0.6717 | 0.1121 | 0.0738 | 比较发达 |

(4) 2020 年湖南省县域内义务教育均衡发展省级目标检验预测的总体均衡水平差异分析。分析的目的在于，对 2020 年每个样本县域的义务教育均衡发展综合预测的总体均衡水平进行比较，并从中找出其特点，分析其中的原因，为选择 2020 年省级均衡目标提供参考。分析的标准是《表 5-2 2020 年县域内义务教育均衡发展综合预测结果的均衡水平评价标准》，分析的结果见表 6-10。

表 6-10  2020 年湖南省县域内义务教育均衡发展省级目标检验预测的总体均衡水平分析

| 县 域 | 综合预测结果总均衡指数 | 一级指标均衡指数 | | | | 综合预测结果总体均衡水平 |
| --- | --- | --- | --- | --- | --- | --- |
| | | 教育机会 | 资源配置 | 学校管理 | 教育质量 | |
| 芦淞区 | 0.2869 | 0.0123 | 0.4526 | 0.1245 | 0.0526 | 一般均衡 |
| 沅江市 | 0.2365 | 0.0702 | 0.3625 | 0.0782 | 0.0368 | 一般均衡 |
| 慈利县 | 0.2926 | 0.0132 | 0.3652 | 0.0826 | 0.1028 | 一般均衡 |

说明：表中数值为差异系数。

### (二) 2020 年湖南省县域内义务教育均衡发展省级目标选择的专家检验

为检验 2020 年湖南省县域内义务教育均衡发展省级目标的选择，本课题组聘请专家进行了论证和修正。参与论证的专家是：湖南省基教处副处长张晓春；株洲市芦淞区教育局基教股负责人谢建平、叶占成、彭文蓓，计发股股长曾献忠，会计中心负责人邓宇林，人事股负责人汤立之；沅江市教育局副局长段学文、基教股负责人钟正安、教研室主任盛月华、莲花塘小学校长李淼、南嘴中学校长曹轩；慈利县教育局副局长莫胜晖，人事股股长陈文才，计财股股长朱家宏，基教股股长李思锋、工作人员陈银吾；本课题组成员伍春辉博士、谭日辉博士、陈亮硕士、蔡华副教授。

大家对 2020 年湖南省县域内义务教育均衡发展省级目标选择有如下主要意见。

1. 关于对 2020 年湖南省县域内义务教育均衡发展省级总体目标的意见。大家认为，到 2020 年，湖南省县域内义务教育均衡发展的总体目标是发展水平方面达到"比较发达"、均衡水平方面达到"比较均衡",要求是不高的。无论是经济社会发展水平,还是教育发展基础,都应该且可以朝向这个目标去努力。

2. 关于对2020年湖南省县域内义务教育均衡发展省级单项目标的意见。一是对单项目标均衡水平目标数值(差异系数)的意见。教育事业费、公用经费、教师年人均收入这3个指标的省级目标的差异系数定高了。因为义务教育小学、初中教育事业费、公用经费均是政府财政下拨的,县域内小学之间没有差距,初中之间也没有差距,但小学与初中之间有差距,这种差距主要是因为初中教师职称高些,工资会高些,但差距不太大,到2020年基本上应该没有差距。因此,建议将2020年湖南省县域内义务教育均衡发展省级单项目标的差异系数调整在5%以内。

二是对湖南省县域内义务教育均衡发展省级单项目标的发展水平目标数值的意见。

(1)初中生均教育事业费、公用经费、教师人均年收入目标定高了。芦淞区2010年初中生均教育事业费6000元,2020年目标数为15560元,与目标25439元相差较远。慈利县2010年小学是4336元,按年增长10%计算,2020年应为10233元;2010年初中是5233元,按年增长10%计算,2020年为12350元。小学公用经费,芦淞区2010年580元,2020年后应为1410元;初中800多元,2020年为1880元。

(2)生均校园面积、生均校舍面积、生均运动场(馆)面积在城区受学校空间的限制,数值会比较小,这点在市辖区(如芦淞区)表现比较明显。农村学校由于生源减少,部分教学点撤并等原因,数值会比较大。因此,目标应有所区别。如生均校园面积,目标选择为城市小学12平方米/生,农村小学14平方米/生,城市初中25平方米/生,农村初中50平方米/生。芦淞区(城市)反映,目前该区小学只有5—6平方米/生,初中12平方米/生。如生均运动场(馆)面积目标定为10平方米,芦淞区目前小学只有3.8平方米/生,初中9平方米/生。

(3)生均图书,芦淞区等地反映,既然有国家标准,就应该按国家标准配备。

(4)生均计算机。欠发达县域的目标定为小学生均0.11台,初中生均0.21台。慈利县(欠发达县)反映,目前该县小学生均0.04台(学生数是以五六年级学生为基数),初中生均0.042台。

(5)校舍利用率应该城乡分开。目前城区学校由于城市化等原因,大部分学校的校舍利用率均超过了100%,而农村学校由于生源减少等原因,校舍利用率普遍不足100%,建议把这一指标分城区学校和农村学校单独考虑。

### (三)2020年湖南省县域内义务教育均衡发展省级目标选择检验后的修正

通过对2020年湖南省县域内义务教育均衡发展省级目标选择的检验,可以看到2020年湖南省县域内义务教育均衡发展省级目标选择的指标中,其数值明显偏低的是:欠发达县域的小学生均教育事业费。明显偏高的是:初中生均教育事业费、初中生均公用经费、生均校园面积、生均校舍面积、生均计算机。根据预测情况和与专家座谈情况,将教育事业费、公用经费、教师年人均收入2020年的目标差异系数修正为0.05,欠发达县域小学生均教育事业费修正为9277元,发达县域初中生均教育事业费修正为16020元等,具体修正结果见表6-11、6-12。

## 第六章 区域内义务教育均衡发展省级目标的选择

表6-11 2020年湖南省县域内义务教育均衡发展省级总体目标（正式稿）

| 省级总体发展目标 | | 一级指标发展目标 | | | | | | | |
|---|---|---|---|---|---|---|---|---|---|
| | | 教育机会 | | 资源配置 | | 学校管理 | | 教育质量 | |
| 等次 | 分值 | 等次 | 分值 | 等次 | 分值 | 等次 | 分值 | 等次 | 分值 |
| 比较发达 | >1.0112 ≤1.0169 | 非常发达 | >0.3231 | 一般发达 | >0.5534 ≤0.6741 | 比较发达 | >0.0711 ≤0.2666 | 比较发达 | >0.1646 ≤0.4057 |

| 省级总体均衡目标 | | 一级指标均衡目标 | | | | | | | |
|---|---|---|---|---|---|---|---|---|---|
| | | 教育机会 | | 资源配置 | | 学校管理 | | 教育质量 | |
| 等次 | 指数 | 等次 | 指数 | 等次 | 指数 | 等次 | 指数 | 等次 | 指数 |
| 比较均衡 | ≤0.05* | 非常均衡 | ≤0.0003 | 比较均衡 | >0.2078 ≤0.3077 | 非常均衡 | ≤0.0429 | 比较均衡 | >0.0076 ≤0.0258 |

说明：本表同表2-13、2-5。*为根据检验情况进行了修正。

表6-12 2020年湖南省县域内义务教育均衡发展省级单项指标目标（正式稿）

| 指标 | | 发展目标 | | | 均衡目标 |
|---|---|---|---|---|---|
| | | 发达县域 | 较发达县域 | 欠发达县域 | （差异系数） |
| 2.1.1 教育事业费（元/年·生） | 小学 | 12980 | 11303* | 9277* | 0.05* |
| | 初中 | 16020* | 14446* | 12894* | 0.05* |
| 2.1.2 公用经费（元/年·生） | 小学 | 1410* | 1100 | 800 | 0.05* |
| | 初中 | 1880* | 1380 | 1100* | 0.05* |
| 2.2.4 教师年人均收入（万元） | 小学 | 9 | 7 | 6 | 0.05* |
| | 初中 | 9.5* | 7.2 | 6.5 | 0.05* |
| 2.3.1 生均校园面积（$m^2$） | 小学 | 22* | 20 | 16 | 0.3077 |
| | 初中 | 40* | 30 | 20 | 0.3077 |
| 2.3.2 生均校舍面积（$m^2$） | 小学 | 9* | 8 | 7 | 0.2078 |
| | 初中 | 12* | 11 | 8 | 0.2078 |
| 2.3.3 生均运动场（馆）面积（$m^2$） | 小学 | 5* | 4 | 4 | 0.3077 |
| | 初中 | 9* | 7 | 5 | 0.3077 |
| 2.4.6 实验开出率（%） | 小学 | 100 | 90 | 70 | 0.2078 |
| | 初中 | 100 | 95 | 90 | 0.2078 |
| 2.4.7 生均图书（册） | 小学 | 40 | 32 | 28 | 0.2078 |
| | 初中 | 50 | 40 | 38 | 0.2078 |

（续表）

| 指标 | | 发展目标 | | | 均衡目标 |
| --- | --- | --- | --- | --- | --- |
| | | 发达县域 | 较发达县域 | 欠发达县域 | （差异系数） |
| 2.4.8 生均计算机（台） | 小学 | 0.10 | 0.09 | 0.06 | 0.2078 |
| | 初中 | 0.14 | 0.13 | 0.12 | 0.2078 |
| 3.2 校舍利用率（%） | 小学 | 100 | 98* | 95* | 0.0943 |
| | 初中 | 100 | 95* | 92* | 0.0943 |

说明：各个指标的定义及其计算公式见表2-1。*为根据检验情况进行了修正。

## 第三节　省域内义务教育均衡发展省级目标的选择

### 一、省域内义务教育均衡发展省级目标选择的背景分析

#### （一）省域内义务教育均衡发展的国家战略分析

省域内义务教育均衡发展省级目标选择的背景中，国家关于义务教育均衡发展的总体战略是基本相同的，即最终要实现全国范围内的均衡发展。但受经济社会发展水平的限制，在策略上首先是实现县域内（学校之间）的均衡发展，第二步才是实现省域内（县域之间）的均衡发展。因为省域之间经济社会发展的差异，比县域之间的差异要大得多。省域之间义务教育均衡发展的差异，也远比县域之间的差异要大得多。而要缩小这些差异，需要一个相当长的历史时期。因此，现在要提倡省域内义务教育均衡发展，但只能是有重点的均衡、发展中的均衡。

#### （二）省级政府在促进义务教育均衡发展中的地位分析

与县域相比，省域内义务教育均衡发展具有一定特殊性。比如，省域的范围比较大，各地之间经济社会发展的差异比较大，义务教育均衡发展的差异也比较大；义务教育以县为主，省政府对义务教育学校是间接管理。因此，省政府对义务教育的调控力度比较有限，一般来讲，行政权力（比如学校设置、校长任命、教师调配、资源配置、地方课程开设、教学考核等）没有县级政府那样大、那样具体；财力支持和调控力度没有中央政府那样大。但省级政府还是有较大调控能力的，比如有一定的财力可以支配和调控，可以培养培训教师，可以进行义务教育均衡发展的督导评估，等等。

#### （三）省域内义务教育均衡发展综合预测的结果分析

2020年省域内义务教育均衡发展综合预测的结果包括：《表3-15 2009年省域内义务教育均衡发展测评的总体水平差异分析》、《表5-16 2020年省域内义务教育均衡发展综合预测结果的比较分析》、《表5-14 2020年省域内义务教育均衡综合预测的总体水平差异分析》。从总体水平来讲，总体发展水平方面3个省分别是"非常发达"

(辽宁省)、"不太发达"(湖南省)、"比较发达"(四川省),总体均衡水平方面三个省中有两个是"不太均衡"(辽宁省、四川省)、一个是"一般均衡"(湖南省)。

## 二、2020年湖南省省域内义务教育均衡发展省级目标的选择

湖南省省域内义务教育均衡发展省级目标选择的人员和过程,与湖南省县域内义务教育均衡发展省级目标选择相同。根据相关情况的分析,本课题认为,2020年,湖南省省域内义务教育均衡发展省级目标选择的指导思想应该是:坚持义务教育优先发展,即义务教育发展的速度要适当高于经济社会发展的速度、高于其他阶段教育的发展速度;坚持以县域内均衡发展、教育机会均等为重点,逐步推进教育资源和教育质量相对均衡;坚持总体目标的等次及其数值选取应略高于2020年综合预测的结果。

### (一)2020年湖南省省域内义务教育均衡发展省级总体目标的选择

1. 省级总体发展目标的选择。根据2020年湖南省省域内义务教育均衡发展综合预测的结果和上述指导思想,2020年湖南省省域内义务教育均衡发展省级总体发展目标应选择"比较发达",其发展分值的范围为0.9796~0.9898。其一级发展指标及其数值分别为:①教育机会的发展目标等次为"非常发达",其发展指数的范围为大于0.2798,因为教育机会发展是义务教育发展的最基本指标,而且目前和2020年预测都已经达到很高的发展水平;②资源配置的发展目标等次为"一般发达",其发展指数的范围为0.5634~0.6922,因为资源配置发展是义务教育均衡发展的基本条件,但由于经济发展的总体水平不足以及县域间的差异性,2020年还达不到较高的发展水平;③县域管理的发展目标等次为"比较发达",其发展指数的范围为0.1374~0.3707,因为县域管理是提高教育质量、促进义务教育均衡发展的基本保证,必须要有较高要求,而且已经有了较好基础;④教育质量的发展目标等次为"比较发达",其发展指数的范围为0.0717~0.2678,因为教育质量是义务教育均衡发展的最终目标,必须要有较高要求,同样现在已经有了较好基础。(具体见表6-13)

表6-13 2020年湖南省省域内义务教育均衡发展省级总体目标(初稿)

| 省级总体发展目标 | | 一级指标发展目标 | | | | | | | |
|---|---|---|---|---|---|---|---|---|---|
| | | 教育机会 | | 资源配置 | | 县域管理 | | 教育质量 | |
| 等次 | 分值 | 等次 | 分值 | 等次 | 分值 | 等次 | 分值 | 等次 | 分值 |
| 比较发达 | >0.9796 ≤0.9898 | 非常发达 | >0.2798 | 一般发达 | >0.5634 ≤0.6922 | 比较发达 | >0.1374 ≤0.3707 | 比较发达 | >0.0717 ≤0.2678 |
| 省级总体均衡目标 | | 一级指标均衡目标 | | | | | | | |
| | | 教育机会 | | 资源配置 | | 县域管理 | | 教育质量 | |
| 等次 | 指数 | 等次 | 指数 | 等次 | 指数 | 等次 | 指数 | 等次 | 指数 |
| 一般均衡 | >0.2332 ≤0.3788 | 非常均衡 | ≤0.0007 | 一般均衡 | >0.4792 ≤0.6922 | 比较均衡 | >0.2231 ≤0.3246 | 比较均衡 | >0.0078 ≤0.0262 |

2. 省级总体均衡目标的选择。一般来讲，省域内的均衡目标应比县域内均衡目标适当低一些（难度大一些）。2020年，湖南省域内义务教育均衡发展综合预测中，其一级指标中教育机会、资源配置、县域管理、教育质量的均衡水平均为"一般均衡"。根据上述依据和指导思想，2020年，湖南省省域内义务教育均衡的总体目标应为"一般均衡"，其均衡指数控制在0.2332~0.3788范围内。从一级指标来讲：①教育机会作为义务教育均衡发展的基础和重要的民生工程，其均衡目标的等次应定为"非常均衡"，其均衡指数不超过0.0007；②资源配置虽然目前的差异比较大，但它是义务教育均衡发展的物质条件，政府应该采取更加积极的措施促进均衡发展，而且随着经济的持续快速发展，政府也逐步有财力促进义务教育资源配置的县域间均衡，因此，本课题选定资源配置的省级目标的均衡等次为"一般均衡"，均衡指数在0.4792~0.6922范围内；③县域管理是省域内均衡的重要基础，其均衡的等次应定为"比较均衡"，均衡指数在0.2231~0.3246范围内；④教育质量的均衡等次可定为"比较均衡"，均衡指数在0.0078~0.0262范围内。（见表6-13）

### （二）省域内义务教育均衡发展省级单项目标的指标选择

省域内义务教育均衡发展省级单项目标的指标选择，与县域内均衡发展单项目标的指标选择相同。其步骤大致分为三步：第一步，根据2020年湖南省省域内义务教育均衡发展省级目标所确定的4个一级指标的均衡目标，确定各单项指标的差异系数的取值范围；第二步，根据一级指标目标的差异系数范围和敏感度计算公式，计算出各个指标的敏感度范围；第三步，将计算结果与2020年省域内义务教育均衡发展综合预测的指标的敏感性分析结果进行比对，确定各个指标的数值范围是否在目标选定的范围内。如果指标的数值在目标选定的范围内，该指标就进入2020年省域内义务教育均衡发展的目标体系。（见表6-14）

表6-14 2009年、2020年省域内义务教育均衡发展测评指标的敏感性分析结果

| | | 2009年 | | 2020年 | | 2020年目标选择标准 | |
| --- | --- | --- | --- | --- | --- | --- | --- |
| | | 差异系数敏感度 | 排序 | 差异系数敏感度 | 排序 | 目标 | 差异系数敏感度转换 |
| 1.1 小学适龄儿童入学率 | | 0.0147 | 29 | 0.0147 | 28 | 非常均衡 | 0.0012~0.0076 |
| 1.2 巩固率 | | 0.5756 | 30 | 0.4931 | 19 | | |
| 2.1 经费 | 2.1.1 教育事业费 | 0.8029 | 13 | 0.6478 | 13 | 一般均衡 | 0.6208~1.1989 |
| | 2.1.2 公用经费 | 1.4091 | 2 | 1.1179 | 3 | | |
| 2.2 师资 | 2.2.1 数量（生师比） | 0.2188 | 23 | 0.1762 | 23 | | |
| | 2.2.2 初中教师专业对口率 | 0.1142 | 27 | 0.1142 | 26 | | |
| | 2.2.3 职称结构 | 0.1841 | 25 | 0.1656 | 24 | | |
| | 2.2.4 年人均收入 | 0.2760 | 22 | 0.6777 | 11 | | |

（续表）

| | | 2009 年 | | 2020 年 | | 2020 年目标选择标准 | |
|---|---|---|---|---|---|---|---|
| | | 差异系数敏感度 | 排序 | 差异系数敏感度 | 排序 | 目标 | 差异系数敏感度转换 |
| 2.2 师资 | 2.2.5 年人均培训经费 | 1.1418 | 5 | 1.0083 | 5 | 一般均衡 | 0.6208 ~ 1.1989 |
| 2.3 校园校舍 | 2.3.1 生均校园面积 | 0.6060 | 18 | 0.5299 | 18 | | |
| | 2.3.2 生均校舍面积 | 0.7109 | 14 | 0.6716 | 12 | | |
| | 2.3.3 生均运动场（馆）面积 | 1.6274 | 1 | 1.2667 | 1 | | |
| 2.4 设施设备 | 2.4.1 运动场（馆）达标校 | 0.6833 | 17 | 0.3786 | 20 | | |
| | 2.4.2 体育器械达标校 | 1.0541 | 8 | 0.5772 | 16 | | |
| | 2.4.3 音乐器材达标校 | 1.0274 | 10 | 0.5500 | 17 | | |
| | 2.4.4 美术器材达标校 | 1.0380 | 9 | 0.7072 | 10 | | |
| | 2.4.5 理科仪器达标校 | 1.0583 | 7 | 0.7352 | 9 | | |
| | 2.4.6 实验开出率 | 0.1541 | 26 | 0.1605 | 25 | | |
| | 2.4.7 生均图书 | 1.1022 | 6 | 0.8346 | 8 | | |
| | 2.4.8 生均计算机 | 0.9130 | 12 | 0.6401 | 14 | | |
| | 2.4.9 班级多媒体比例 | 1.3645 | 3 | 1.1521 | 2 | | |
| 2.5 学校布局 | 2.5.1 特殊学校设立的比例 | 0 | 11 | 0 | 6 | | |
| | 2.5.2 校均规模 | 0.9391 | 11 | 0.9147 | 7 | | |
| | 2.5.3 班额控制 | 0.3882 | 20 | 0.3751 | 21 | | |
| 3.1 标准化学校比例 | | 0.0950 | 28 | 0.0950 | 27 | 比较均衡 | 0.3864 ~ 1.1698 |
| 3.2 校长交流比例 | | 1.1430 | 4 | 1.0837 | 4 | | |
| 3.3 校舍利用率 | | 0.6972 | 15 | 0.6360 | 15 | | |
| 4.1 九年制义务教育完成率 | | 0.2020 | 24 | 0.2020 | 22 | 比较均衡 | 0.0135 ~ 0.256 |
| 4.2 社区对义务教育均衡发展的反响 | | 0.3333 | 21 | # | # | | |

说明：各个指标的序号、含义、权重与表 2-2 相同。

根据上述对比，得到教育事业费、公用经费、教师年人均收入、教师年人均培训经费、生均校舍面积、生均运动场（馆）面积、生均图书、生均计算机、校均规模、校长交流比例、校舍利用率、九年制义务教育完成率共 12 个指标，把它们选定为 2020 年湖南省省域内义务教育均衡发展省级单项目标。（见表 6-15）

表6-15　2020年湖南省省域内义务教育均衡发展省级单项指标目标数值推算结果

| 指标名称 | | 发展目标数值 | 均衡目标（差异系数） |
|---|---|---|---|
| 2.1 教育事业费（元/年·生） | 小学 | 9334—12899 | >0.3317，≤0.4792 |
| | 初中 | 15945—21233 | >0.3317，≤0.4792 |
| 2.1.2 公用经费（元/年·生） | 小学 | 988—1316 | >0.2296，≤0.3317 |
| | 初中 | 1407—1920 | >0.2296，≤0.3317 |
| 2.2.4 教师年人均收入（万元） | 小学 | 6.18—8.23 | >0.3317，≤0.4792 |
| | 初中 | 6.24—8.31 | >0.3317，≤0.4792 |
| 2.2.5 教师年人均培训经费（元） | 小学 | 352—468 | >0.3317，≤0.4792 |
| | 初中 | 451—600 | >0.3317，≤0.4792 |
| 2.3.1 生均校园面积（m²） | 农村小学 | 20.00—23.68 | >0.3317，≤0.4792 |
| | 城市小学 | 20.00—23.68 | >0.3317，≤0.4792 |
| | 农村初中 | 25.00—39.61 | >0.3317，≤0.4792 |
| | 城市初中 | 25.00—39.61 | >0.3317，≤0.4792 |
| 2.3.2 生均校舍面积（m²） | 农村小学 | 5.00—6.97 | >0.3317，≤0.4792 |
| | 城市小学 | 5.00—6.97 | >0.3317，≤0.4792 |
| | 农村初中 | 5.50—10.00 | >0.3317，≤0.4792 |
| | 城市初中 | 5.50—10.00 | >0.3317，≤0.4792 |
| 2.3.3 生均运动场（馆）面积（m²） | 小学 | 3.00—6.73 | >0.3317，≤0.4792 |
| | 初中 | 4.00—11.00 | >0.3317，≤0.4792 |
| 2.4.6 实验开出率（%） | 小学 | 95.97—100 | >0.3317，≤0.4792 |
| | 初中 | 100 | >0.3317，≤0.4792 |
| 2.4.7 生均图书（册） | 小学 | 24.66—30.00 | >0.3317，≤0.4792 |
| | 初中 | 29.42—40.00 | >0.3317，≤0.4792 |
| 2.4.8 生均计算机（台） | 小学 | 0.11—0.15 | >0.3317，≤0.4792 |
| | 初中 | 0.21—0.28 | >0.3317，≤0.4792 |
| 2.5.2 校均规模（人） | 小学 | 332—491 | >0.3317，≤0.4792 |
| | 初中 | 392—582 | >0.3317，≤0.4792 |
| 3.2 校长交流比例（%） | 小学 | 32.26 | >0.2231，≤0.3246 |
| | 初中 | 31.79 | >0.2231，≤0.3246 |

(续表)

| 指标名称 | | 发展目标数值 | 均衡目标（差异系数） |
|---|---|---|---|
| 3.3 校舍利用率（%） | 3.3.1 小学 | 84—100 | >0.2231，≤0.3246 |
| | 3.3.2 初中 | 78—100 | >0.2231，≤0.3246 |
| 4.1 九年制义务教育完成率（%） | | 88.53—100 | >0.0078，≤0.0262 |

说明：各个指标的序号、定义、权重及其计算公式见表2-2。

### （三）2020年湖南省省域内义务教育均衡发展省级单项指标目标的数值选择

1. 2020年湖南省省域内义务教育均衡发展省级单项指标目标的发展数值选择。基本方法是：根据2020年湖南省省域内义务教育均衡发展综合预测结果（附表5-32）综合选择，即以该结果中欠发达县域各个单项指标的发展数值的上限为基点、以它们差异系数的下限数值为依据，计算这些指标的发展数值区间。同时，参照2020年湖南省县域内义务教育均衡发展综合预测结果的比较分析（表5-8），予以综合选择。如：小学生均教育事业费，2020年湖南省省域内义务教育均衡发展综合预测结果中，欠发达县域的数值区间为7728~9334、差异系数区间为0.3317~0.4792。我们分别选发展数值9334为基点，选差异系数0.3317为计算依据，得出湖南省小学教育事业费2020年的目标区间9334~12430。而2020年的综合预测值为9903，处于上述区间范围之内，与省内三类县域的预测目标比较接近。因此可以确定，上述目标区间的计算是可信的，将它选为目标数值也是可行的。（见表6-14）

有些指标在选择发展数值时，其依据的差异系数是选取最大值还是最小值也不是一成不变的，要根据县域内义务教育均衡发展的实际来确定。比如校均规模，综合预测的结果是小学332人，初中392人。为了更切合实际，我们就选了差异系数的最大值0.4792，从而得到小学校均规模的目标区间为332~491，初中校均规模的目标区间为392~579。有些指标在选择发展数值时不需要选区间，就以直接预测值作为目标值，如校长交流比例、社区对义务教育均衡发展的反响。（见表6-14）

对国家已有明确规定的发展数值的指标，其发展数值就直接采用国家标准，如生均校园面积、生均校舍面积、生均图书等。（见表6-14）

2. 2020年，湖南省省域内义务教育均衡发展省级单项指标目标的均衡指数（差异系数）选择。如前所述，各个单项指标目标的均衡指数与其所在的一级指标目标的均衡指数是一致的，而一级指标的均衡指数在选择总体均衡目标时就已经选定了。（见表6-15）

鉴于目标是较高要求，本课题确定将表6-15所推算的目标范围的最大值作为2020年目标值。基于目标的可操作性，本课题对所推算的目标值的小数点进行了四舍五入处理，最终得到2020年湖南省县域内义务教育均衡发展的目标。（见表6-16）

表6-16  2020年湖南省省域内义务教育均衡发展省级单项目标（初稿）

| 指标名称 | | 发展目标 | 均衡目标（差异系数） |
|---|---|---|---|
| 2.1.1 教育事业费（元/年·生） | 小学 | 12899 | 0.3317 |
| | 初中 | 21233 | 0.3317 |
| 2.1.2 公用经费（元/年·生） | 小学 | 1316 | 0.2296 |
| | 初中 | 1920 | 0.2296 |
| 2.2.4 教师年人均收入（万元） | 小学 | 8 | 0.3317 |
| | 初中 | 8 | 0.3317 |
| 2.2.5 教师年人均培训经费（元） | 小学 | 468 | 0.3317 |
| | 初中 | 600 | 0.3317 |
| 2.3.1 生均校园面积（m²） | 小学 | 23 | 0.3317 |
| | 初中 | 39 | 0.3317 |
| 2.3.2 生均校舍面积（m²） | 小学 | 7 | 0.3317 |
| | 初中 | 10 | 0.3317 |
| 2.3.3 生均运动场（馆）面积（m²） | 小学 | 7 | 0.3317 |
| | 初中 | 11 | 0.3317 |
| 2.4.6 实验开出率（%） | 小学 | 100 | 0.3317 |
| | 初中 | 100 | 0.3317 |
| 2.4.7 生均图书（册） | 小学 | 30 | 0.3317 |
| | 初中 | 40 | 0.3317 |
| 2.4.8 生均计算机（台） | 小学 | 0.15 | 0.3317 |
| | 初中 | 0.28 | 0.3317 |
| 2.5.2 校均规模（人） | 小学 | 500 | 0.3317 |
| | 初中 | 600 | 0.3317 |
| 3.2 校长交流比例（%） | 小学 | 32 | 0.2231 |
| | 初中 | 32 | 0.2231 |
| 3.3 校舍利用率（%） | 小学 | 100 | 0.2231 |
| | 初中 | 100 | 0.2231 |
| 4.1 九年制义务教育完成率（%） | | 100 | 0.0078 |

说明：各个指标的序号、定义、权重及其计算公式见表2-2。

## 三、2020 年湖南省省域内义务教育均衡发展省级目标选择的检验

### （一）2020 年湖南省省域内义务教育均衡发展省级目标选择的现场检验

2020 年省域内义务教育均衡发展省级目标选择现场检验的设计是：在湖南省内选取三个样本县域（株洲市芦淞区、沅江市、慈利县），综合预测 2020 年湖南省省域内义务教育均衡发展趋势，以其结果的数值比对 2020 省域内义务教育均衡发展省级目标指标的数值，分析两者之间的差异，然后对目标指标明显偏低或偏高的数值予以修正。2020 年湖南省省域内义务教育均衡发展省级目标选择的检验预测样本，见第一章表 1-8。基础数据为 2005—2010 年，检验预测的结果见表 6-17。

表 6-17　2020 年湖南省省域内义务教育均衡发展省级目标检验预测结果

| 指标 | | 发展水平 | 均衡水平 | |
|---|---|---|---|---|
| | | | 标准差 | 差异系数 |
| 1.1 小学适龄儿童入学率（%） | | 100 | 0.23 | 0.0023 |
| 1.2.1 小学巩固率 | | 100 | 0.06 | 0.0006 |
| 1.2.2 初中巩固率 | | 99.07 | 1.97 | 0.0205 |
| 2.1.1 教育事业费 | 小学 | 11084 | 1760 | 0.6477 |
| | 初中 | 14657 | 1681 | 0.4136 |
| 2.1.2 公用经费 | 小学 | 1156 | 161 | 0.2582 |
| | 初中 | 1703 | 438 | 0.3879 |
| 2.2.1 数量（生师比） | 小学 | 16.68 | 3.19 | 0.1751 |
| | 初中 | 9.90 | 3.00 | 0.2398 |
| 2.2.2 初中教师专业对口率（%） | | 79.87 | 25.15 | 0.3769 |
| 2.2.3 教师职称结构 | 小学 | 0.50 | 0.04 | 0.0834 |
| | 初中 | 0.47 | 0.06 | 0.1289 |
| 2.2.4 教师年人均收入（万元） | 小学 | 6.45 | 0.80 | 0.2361 |
| | 初中 | 6.62 | 0.87 | 0.2563 |
| 2.2.5 教师年人均培训经费（元） | 小学 | 1018 | 272 | 0.8475 |
| | 初中 | 1182 | 335 | 0.7618 |
| 2.3.1 生均校园面积（m²） | 小学 | 19.54 | 9.66 | 0.4275 |
| | 初中 | 39.61 | 11.53 | 0.3233 |
| 2.3.2 生均校舍面积（m²） | 小学 | 7.33 | 2.64 | 0.3805 |
| | 初中 | 12.44 | 1.47 | 0.1110 |

(续表)

| 指标 | | 发展水平 | 均衡水平 | |
|---|---|---|---|---|
| | | | 标准差 | 差异系数 |
| 2.3.3 生均运动场（馆）面积（m²） | 小学 | 2.81 | 0.76 | 0.3079 |
| | 初中 | 5.04 | 2.01 | 0.5158 |
| 2.4.1 运动场（馆）达标校（%） | 小学 | 63.62 | 6.74 | 0.1400 |
| | 初中 | 72.73 | 13.34 | 0.1961 |
| 2.4.2 体育器械达标校（%） | 小学 | 57.91 | 18.03 | 0.3152 |
| | 初中 | 69.24 | 19.86 | 0.2905 |
| 2.4.3 音乐器材达标校（%） | 小学 | 65.43 | 38.64 | 0.8972 |
| | 初中 | 58.90 | 38.21 | 0.8706 |
| 2.4.4 美术器材达标校（%） | 小学 | 63.31 | 37.13 | 0.8729 |
| | 初中 | 56.89 | 35.23 | 0.8334 |
| 2.4.5 理科仪器达标校（%） | 小学 | 60.95 | 38.85 | 0.7696 |
| | 初中 | 62.48 | 37.14 | 0.7393 |
| 2.4.6 实验开出率（%） | 小学 | 77.43 | 18.28 | 0.2418 |
| | 初中 | 91.66 | 7.68 | 0.0878 |
| 2.4.7 生均图书（册） | 小学 | 26.27 | 6.59 | 0.3718 |
| | 初中 | 40.09 | 3.40 | 0.1328 |
| 2.4.8 生均计算机（台） | 小学 | 7.13 | 3.81 | 0.8294 |
| | 初中 | 8.07 | 5.92 | 0.7533 |
| 2.4.9 班级多媒体比例（%） | 小学 | 57.67 | 5.47 | 0.6290 |
| | 初中 | 64.25 | 6.37 | 0.6237 |
| 2.5.1 特殊学校设立的比例（%） | | 100 | 0.00 | 0.0000 |
| 2.5.2 校均规模（人） | 小学 | 705 | 442 | 0.4745 |
| | 初中 | 580 | 158 | 0.2472 |
| 2.5.3 班额控制（人） | 小学 | 43 | 6 | 0.1554 |
| | 初中 | 49 | 6 | 0.1162 |
| 3.1 标准化学校比例（%） | | 71.39 | 5.57 | 0.0722 |
| 3.2 校长交流比例（%） | 小学 | 15.79 | 2.44 | 0.5384 |
| | 初中 | 20.24 | 5.06 | 0.5688 |

（续表）

| 指标 | | 发展水平 | 均衡水平 | |
|---|---|---|---|---|
| | | | 标准差 | 差异系数 |
| 3.3 校舍利用率（%） | 小学 | 96.27 | 11.93 | 0.0990 |
| | 初中 | 97.07 | 9.70 | 0.0741 |
| 4.1 九年制义务教育完成率（%） | | 97.41 | 2.59 | 0.0268 |
| 4.2 社区对义务教育均衡发展的反响 | | — | — | — |

说明：此表与表3-1~3-3相同，即各个指标的序号、定义、计算公式及其权重与表2-1相同。

### （二）2020年湖南省省域内义务教育均衡发展省级目标选择的专家检验

2020年，湖南省省域内义务教育均衡发展省级目标选择的专家检验的设计和组织，与县域内义务教育均衡发展省级目标选择的专家检验相同。专家对2020年湖南省省域内义务教育均衡发展省级目标选择有如下主要意见。

1. 对2020年湖南省省域内义务教育均衡发展省级总体目标的意见。大家认为，到2020年湖南省省域内义务教育均衡发展的总体目标，发展水平方面达到"比较发达"，均衡水平方面达到"一般均衡"，应该没有问题。但考虑到省域内发达县域、较发达县域、欠发达县域之间的经济社会发展差异，以及现有教育发展水平的差异，省域内差异系数在50%以内，40%左右比较合理。

2. 对2020年湖南省省域内义务教育均衡发展省级单项目标的意见。大家认为，2020年湖南省省域内义务教育均衡发展省级单项指标的均衡水平目标数值（差异系数）定得较合理，可以不作调整。

3. 对2020年湖南省省域内义务教育均衡发展省级单项指标的发展水平目标则要做一些调整。

（1）教师年人均收入。小学和初中教师的工资、福利收入均来自于财政拨款，基本无差距，差距主要体现在初中教师的职称普遍高于小学教师，因此教师年人均收入差距大概在5000元左右。因此，芦淞区反映2020年初中教师年人均收入的目标应在9.5万元比较合理。沅江市、慈利县反映的情况也类似。但县域之间的绩效工资不一样，芦淞区每年24100元全部到位，而慈利县每年15900元，县财政只负担70%，另外的30%需学校补齐，因此县域之间的差距比较大。

（2）教师年人均培训经费目标。目标对教师年人均培训经费定为小学468元、初中600元。芦淞区反映，2010年该区的培训经费为小学520元、初中720元，还不够教师外出培训的往返费用，更不用说每三年一次的轮训。

（3）校均规模应分农村、城市才比较合理。目标定为小学500人/校。芦淞区反映，目前该区小学平均944人/校，农村小学平均308人/校，城区初中平均675人/校，农村初中平均400人/校。

（4）校长交流比例。目标定为32%，芦淞区认为差不多；沅江市认为过高，因为大多数优秀校长都集中在城区,年龄为 40 多岁,到条件较差的农村学校还是有许多实际困难,建议定为 20%;慈利县认为正常情况交流比例在 5%以下,建议目标定为 10%。

(5) 九年义务教育完成率。目标定为 100%。各地反映,因为厌学、经济落后、留守儿童心理障碍以及社会上不良因素的影响,初中阶段极少数学生辍学也是难以避免的,100%的比例达不到。

### (三) 2020 年湖南省省域内义务教育均衡发展省级目标选择检验后的修正

通过对 2020 年湖南省省域内义务教育均衡发展省级目标选择的检验,可以看到 2020 年湖南省省域内义务教育均衡发展省级目标选择的指标中,其数值明显偏低的是:教师年人均培训经费;明显偏高的是:九年制义务教育完成率。根据预测情况及与专家座谈情况,修正结果见表 6-18、6-19。

表 6-18  2020 年湖南省省域内义务教育均衡发展省级总体目标

| 省级总体发展目标 | | 一级指标发展目标 | | | | | | | |
|---|---|---|---|---|---|---|---|---|---|
| | | 教育机会 | | 资源配置 | | 县域管理 | | 教育质量 | |
| 等次 | 分值 | 等次 | 分值 | 等次 | 分值 | 等次 | 分值 | 等次 | 分值 |
| 比较发达 | >0.9796 ≤0.9898 | 非常发达 | >0.2798 | 一般发达 | >0.5634 ≤0.6922 | 比较发达 | >0.1374 ≤0.3707 | 比较发达 | >0.0717 ≤0.2678 |

| 省级总体均衡目标 | | 一级指标均衡目标 | | | | | | | |
|---|---|---|---|---|---|---|---|---|---|
| | | 教育机会 | | 资源配置 | | 县域管理 | | 教育质量 | |
| 等次 | 指数 | 等次 | 指数 | 等次 | 指数 | 等次 | 指数 | 等次 | 指数 |
| 一般均衡 | ≤0.50* | 非常均衡 | ≤0.0007 | 一般均衡 | >0.4792 ≤0.6922 | 比较均衡 | >0.2231 ≤0.3246 | 比较均衡 | >0.0078 ≤0.0262 |

说明:*为根据检验情况进行了修正。

表 6-19  2020 年湖南省省域内义务教育均衡发展省级单项目标(正式稿)

| 指标名称 | | 发展目标 | 均衡目标(差异系数) |
|---|---|---|---|
| 2.1 教育事业费(元/年·生) | 小学 | 11084* | 0.3317 |
| | 初中 | 14657* | 0.3317 |
| 2.1.2 公用经费(元/年·生) | 小学 | 1156* | 0.2296 |
| | 初中 | 1700* | 0.2296 |
| 2.2.4 教师年人均收入(万元) | 小学 | 6.5* | 0.3317 |
| | 初中 | 7* | 0.3317 |

（续表）

| 指标名称 | | 发展目标 | 均衡目标（差异系数） |
|---|---|---|---|
| 2.2.5 教师年人均培训经费（元） | 小学 | 1050* | 0.3317 |
| | 初中 | 1200* | 0.3317 |
| 2.3.1 生均校园面积（$m^2$） | 小学 | 20 | 0.3317 |
| | 初中 | 40 | 0.3317 |
| 2.3.2 生均校舍面积（$m^2$） | 小学 | 7 | 0.3317 |
| | 初中 | 12 | 0.3317 |
| 2.3.3 生均运动场（馆）面积（$m^2$） | 小学 | 3 | 0.3317 |
| | 初中 | 5 | 0.3317 |
| 2.4.6 实验开出率（%） | 小学 | 80 | 0.3317 |
| | 初中 | 90 | 0.3317 |
| 2.4.7 生均图书（册） | 小学 | 30 | 0.3317 |
| | 初中 | 40 | 0.3317 |
| 2.4.8 生均计算机（台） | 小学 | 0.07 | 0.3317 |
| | 初中 | 0.08* | 0.3317 |
| 2.5.2 校均规模（人） | 小学 | 500 | 0.3317 |
| | 初中 | 600 | 0.3317 |
| 3.2 校长交流比例（%） | 小学 | 32 | 0.2231 |
| | 初中 | 32 | 0.2231 |
| 3.3 校舍利用率（%） | 小学 | 96 | 0.2231 |
| | 初中 | 98 | 0.2231 |
| 4.1 九年制义务教育完成率（%） | | 98 | 0.0078 |

说明：各个指标的序号、定义、权重及其计算公式见表2-2。*为根据检验情况进行了修正。

# 第七章 区域内义务教育均衡发展省级标准的制定与检测

作为省级政府教育发展规划（战略）的一个组成部分，区域内义务教育均衡发展的省级目标只能是比较简要和笼统的，而要实际执行好、落实好区域内义务教育均衡发展的省级目标，必须将省级目标予以细化、量化和规范，使之能够具体实施。一是要便于具体执行，如各个指标是什么含义、需要达到多少数值，要比较明确。二是要可以检验，如各个指标是否达到规定的要求，可以进行具体检验，能够心中有数。三是要可以比较。由于各个指标的概念及其技术方法一致，不同区域之间、学校之间都可以比较，从而提高了均衡发展目标的权威性。本章主要梳理和建立区域内义务教育均衡发展省级标准制定的理论，并在此基础上制定湖南省的相关标准。制定省级标准的目的在于促进区域内义务教育的均衡发展，而促进的主要形式就是运用省级标准去检测区域内义务教育均衡发展的状况，以便发现问题，并推动社会解决这些问题。

## 第一节 区域内义务教育均衡发展省级标准制定的理论架构

### 一、区域内义务教育均衡发展省级标准制定的研究综述

根据对教育标准和区域内义务教育均衡发展标准的检索，可以发现国外明确提出的教育标准和区域内义务教育均衡发展标准，往往与教育发展规划及其相关实践活动相关。因而对国外教育发展标准的借鉴，可以通过对国外教育规划的研究、教育现状的统计调查和基础教育现状来分析。2008年，联合国教科文组织在加拿大蒙特利尔完成了一项跨11个国家和地区的世界初等教育指向研究，重点考察了学生的背景特征、学校教师与领导的人口统计学及教育特征、学校管理、课堂中的教学与学习模式、学生的学习机会。[1]与以往研究相比较，该研究采用的标准更加细化，重视人文指标，值得予以借鉴。

以教育分权模式的美国和以教育集中管理模式的日本为例，美国虽然实行分权管理，但联邦政府还是注重从宏观上予以指导。如美国教育部2008年9月完成的《2017年教育未来情形报告》提出了下述教育发展考察的标准：初等以及中等教育的入学率、高中毕业生的情况、初等以及中等教育机构的教师、有关公立初等以及中等学校的经

费等。[2] 而且，美国很早就在推行基础教育标准化运动，但其成果有限，更多的是一种理念和反思。2007年，美国西雅图太平洋大学国际课程研究中心亚瑟·埃利斯（Anhurk. Ellis）在杭州课程改革与社会进步国际会议上，就曾介绍了这一运动的背景、动因和标准化的含义、影响，以及美国学者的反思。[3] 我们从中能够吸取的有利经验是，标准应涉及内容和表现两个方面。"内容标准明确学生应该知道什么和能够做什么；表现标准明确学生如何展示他们的掌握程度。"

日本高度重视基础教育，一直把发展基础教育特别是实施义务教育、提高国民素质作为"兴国强国"的基础和重要手段。对于基础教育学校建设，更是以国家财政作为主要保障手段，从建设模式、设施配置要求到教师轮换制度，都有专门法律条文加以规范。至于具体的教育发展标准，我们尚未找到专门文件，但可以从其教育规划文件中提炼其重点关注的衡量教育发展变量的指标：学校数量、学生数量、入学率、学生就业地、课程以及学生的成绩和学习本身、学生指导、教学与非教学人员、学校的国际化趋势、学校的信息化程度、学校的校舍以及设备。[4] 以上标准相当完备和细化，而且有强烈的时代性，如重视日语英语双语教学、教学信息化，这与日本的基础教育模式和崇尚的教育理念密切相关。

随着义务教育均衡发展的推进，近几年我国不少省市区开始制定义务教育均衡发展标准，如《山西省义务教育标准化建设验收标准》（2009年）分为普及程度、学校布局、校舍建设、设施设备、经费保障、机构与队伍建设、教育管理、课程实施与素质教育、学习化学校建设、教育质量10个一级指标、37个二级指标、125个三级指标，每个三级指标都明确了具体标准。《安徽省义务教育阶段学校办学基本标准》（2007年）分为总则、办学条件、学校管理、教育教学和附则5章，共32条，每条都有定量或定性的标准。《湖南省义务教育学校办学标准（试行）》（2007年）分为总则、校园规划建设、装备条件、生均公用经费、队伍建设、学校管理、教育教学、办学水平和附则9章，共42条，每条都有定量或定性的标准。其他还有《广东省义务教育规范化学校标准（试行）》、《甘肃省普及九年义务教育标准及评估办法》（2009）、《上海市中长期教育改革和发展纲要（2010—2020年）》、《黑龙江省义务教育学校标准化建设标准》等。可以看出，上述标准并不是严格意义上的教育标准，而且它们的构建主要是基于实践经验而不是教育测量的基础上，主要是基于行政管理需要而不是教育科学的逻辑，此外，在内容上它们只反映纵向发展水平的最低要求（标准），没有反映横向发展的均衡水平的最低要求（标准）。

## 二、区域内义务教育均衡发展省级标准的概念、规范和意义

### （一）区域内义务教育均衡发展省级标准的概念

标准，指衡量事物的准则，某种行为想要达到的目的或期望，也是检验行为效果的依据。标准来源于工业化，应该参考标准化组织对标准的定义。国家《标准化工作

指南》对标准的定义是：为了在一定的范围内获得最佳秩序，经协商一致并由公认机构批准、共同使用的和重复使用的一种规范性文件。按照属性，可以分为强制性标准和推荐性标准两种；按照涉及的内容，可以分为产品标准、过程标准、服务标准、接口标准和信息技术标准；按照适用范围，可以分为国际、国家、行业、地方和企业标准；按照成熟程度，可以分为正式标准、事实标准和超前标准（见表7-1）。

表7-1 标准的基本分类

| 按属性划分 | 强制性标准：指由政府制定并强制执行的标准 |
|---|---|
| | 推荐性标准：指由标准化机构发布的、由生产或使用者自愿采用的标准 |
| 按内容划分 | 产品标准：为确保产品适用性而规定产品应该满足的要求或性能特性（或规定产品的形状、材料、质量、成分等）的标准，为了验证是否满足各项要求，还需要有对应的试验方法 |
| | 过程标准：为确保过程适用性而规定过程应该满足的要求，如设计规范、工艺规范、试验标准、安装规程，可以规定具体的操作，也可以推荐惯例 |
| | 服务标准：为确保服务（为满足顾客需要而在供方和需方之间发生的活动以及供方内部活动所产生的结果）的适用性而规定服务应该满足的要求，包括服务基础、服务质量、服务资质、服务设施、服务信息、服务安全和卫生、保护消费者权益等方面 |
| | 接口标准：规定产品（或系统）与外界连接的部位和兼容性方面的要求 |
| | 信息技术标准：规定信息获取、加工、分析、存贮、传递和利用方面的要求 |
| 按领域划分 | 如工业领域、安全领域、卫生领域、环保领域、服务领域等 |
| 按范围划分 | 国际标准、国家标准、行业标准、地方标准、企业标准等 |
| 按成熟度划分 | 正式标准、事实标准、超前标准等 |

与标准有关的概念还有"标准化"，其含义是制定和实施标准（规范）的活动。所制定的标准（规范）应能够共同使用和重复使用并形成规范性文件，其内容应是现实问题或潜在问题，其目的是在一定范围内获得最佳秩序。标准化的意义：一是组织现代化生产的必要条件和手段；二是进行现代化交易的必要条件和手段；三是研发、推广新技术、新产品、新工艺的必要条件和手段。

教育标准，这是借鉴工程技术标准化建设和公共管理标准化建设的经验，结合教育规律特点，对教育条件、教育行为、教育质量、教育管理等整个教育服务的规范化要求。从教育标准的角度，教育的特定规律包括三个方面。①教育自身的规律，比如因材施教等。②教育作为一种服务，具有服务的特殊规律，比如，教育的形式大多是完全劳务的无形产品（如教学、辅导等），但其表现形式常常与有形产品的制造和提供结合在一起；服务的生产和消费常常是同时进行的，一次性的；服务不能储藏，也不宜运输；服务具有不可逆性。③教育特别是义务教育作为一种公共产品，具有公共产品的特殊规律。

对教育标准作出最完整解释的是谢维和。他认为，教育标准一是指一种教育的标志，以衡量和区别某种教育的标志和符号；二是指测量、评估或评价教育发展水平的一种手段和工具，以衡量教育发展水平是否符合一定的要求和规范，是否达到了必要的水平与目标；三是指交易活动的"一般等价物"，以便一个教育系统内部各种不同的教育活动进行沟通、过渡和"交换"，不同教育系统之间和不同教育活动之间交流、认同与联系。[5] 教育标准化，即制定和实施教育标准的系统活动。龙承建、周鸿认为，"教育标准化是以学校布局进行科学合理规划为基础，在学校办学规模与办学条件、经费投入、师资配备、课程设置、教育教学质量等方面达到国家最起码的标准要求"。[6]

区域内义务教育均衡发展省级标准，参照谢维和对教育标准的解释框架和义务教育均衡发展的含义，本课题拟作如下界定。①指省级人民政府制定和颁发的省域内义务教育均衡发展的标准，具有指导并规范全省义务教育均衡发展的作用。省级是指标准的制定和颁发层级，这种层级一般是与行政区划的层次相一致的，我国主要有国家级、省级、县级等。②指测量、评估或评价省域内义务教育均衡发展水平的一种手段和工具，以衡量省域内义务教育均衡发展水平是否符合一定时期均衡发展的目标的要求。③指根据区域内义务教育均衡发展的基本要求或"底线"，或衡量区域内义务教育均衡发展的当前的原则、依据和规范。具体来讲，可以是政府当前必须提供的或居民应该享受的义务教育的底线，是当前允许区域、学校、学龄人口之间义务教育发展的差距或均衡的最低标准，也是社会当前认可的或可以承受的发展不均衡的程度。这个"底线"表现在：事业发展的最低水平；均衡发展的最低程度（均衡度）；单个对象（学生、学校或县域）所享受的最低水平。（见表7-2）

表7-2 区域内义务教育均衡发展省级标准的一般含义

| 构成要素 | 定性标准，即对促进区域内义务教育均衡发展的指导思想、原则及其对发展的宏观趋势等的概括性要求 |
| --- | --- |
| | 定量标准，即对可以量化的各种指标的定量要求 |
| 基本内容 | 义务教育的最低平均普及水平 |
| | 义务教育均衡的最低程度 |
| 固有特性 | "底线"性，即区域内所有学生和学校都必须达到这个"底线"，同时允许条件较好的学生和学校超过这个"底线"，创造特色 |
| | 约束性，即对区域经济社会和教育发展具有约束作用，要求保证对义务教育的投入，保证义务教育的优先发展、充分发展和均衡发展 |
| | 可检验性，即标准是对比较宏观的目标的具体化，主要用于对现实情况的检验 |

区域内义务教育均衡发展省级标准的体系结构：按均衡发展的条件、过程和结果编写的标准，又可以划分为基础标准、技术标准、质量标准和行为标准；按均衡发展对象来编写的标准，本课题主要是县域内义务教育均衡发展的标准、省域内义务教育均衡发展的标准；按均衡发展的时间来编写的标准，如本课题制定的是2020年区域内

义务教育均衡发展的标准；按照发达、较发达和欠发达等经济发达程度划分的区域来编写的标准（见表7-3）。其中，义务教育的基础标准是最稳定的，对所有对象、时间段和区域都通用；义务教育的行为标准虽然在不同区域和时间段略有差别，但本课题的目标时间跨度不长、区域间的差别不是很大，因而予以忽略；为了节省篇幅，按区域划分的标准可以和前几类标准合并编写。

表7-3 区域内义务教育均衡发展省级标准的体系结构

| | |
|---|---|
| 按均衡发展条件、过程和结果划分 | 基础标准，主要是名词术语、编写规范等 |
| | 技术标准，主要是师资、校园校舍、设施的标准等 |
| | 质量标准，主要是均衡发展的过程和结果的标准 |
| | 行为标准，主要是教师和教育管理、服务人员的职业行为标准 |
| 按对象划分 | 县域内义务教育均衡发展省级标准，省域内义务教育均衡发展省级标准 |
| 按时间划分 | 2020年县域内、省域内义务教育均衡发展省级标准 |

本课题制定的区域内义务教育均衡发展省级标准包括：《2020年湖南省县域内义务教育均衡发展省级标准》、《2020年湖南省省域内义务教育均衡发展省级标准》。

**（二）区域内义务教育均衡发展省级标准的规范**

1. 标准的内容。①本标准的制定原因、过程及与相关标准的关系，批准、发布和实施的时间等。②本标准的适用范围和制定依据。③本标准的主要内容，即标准的规范性要素（一般分为总体目标和具体目标），规定标准的要求和必须实施的条文（指标及其数值）。其主要组成部分是：一般要素（名称、范围、引用文件）、技术要素（术语与定义、符号和缩略语、要求、附录）、评价或实验办法等。④本标准的附录，即标准补充要素，包括资料性附录、注释、参考文献和索引等。

2. 标准的基本要求。标准对相关指标、概念都规定了正确的名称和含义，对技术指标、参数、公式以及其他内容都有准确和清楚的表达，与相关法规和标准的内容及其表述方式、术语、符号、代号都比较一致，避免产生不同的理解。

3. 标准制定的一般方法。①定性标准的制定方法，这是比较困难的部分，主要采取如下办法：注意机构和当事人的主观行为表现；尽可能用相关的数据予以佐证；注意均衡对象和社会的客观反映；参照已有的实践和科研成果。②定量标准的制定方法：主要是根据各项指标的定义，适当分解出必要的横向子指标，确定其确切的定义；根据各项指标的参数及其计算方法，适当分解出必要的纵向子指标及其参数、计算方法。③术语（基础）标准的制定办法：一般按词条编号、术语条文、英文对应词、定义或说明（包括概念所属的类型以及与其他概念相区别的特点）、同义词、索引等。

**（三）区域内义务教育均衡发展省级标准制定的目的、检测与意义**

1. 制定区域内义务教育均衡发展省级标准的目的。制定区域内义务教育均衡发展省级标准，主要目的是将区域内义务教育均衡发展的省级目标予以细化、量化，使之能够实际实施。①便于具体理解和执行区域内义务教育均衡发展的省级目标。如省级目标有哪些指标，各个指标的含义是什么，需要达到多少数值。无论是专业部门还是社会各界，都能够心中有数。②便于检测区域内义务教育均衡发展省级目标的执行情况。比如区域内义务教育均衡发展是否达到省级目标，包括距离省级目标的总目标、发展目标和均衡目标以及各个单项指标目标还有多少差距，都可以根据省级标准进行检测，得出比较量化的数值。③可以比较。由于区域内义务教育均衡发展省级标准的各个指标的概念及其测量方法是一致的，不同区域之间、学校之间都可以进行同标准的比较，从而提高了执行省级目标和省级标准的权威性。

2. 区域内义务教育均衡发展省级标准的运用。制定区域内义务教育均衡发展省级标准，主要目的在于运用，即依据省级标准对区域内义务教育均衡发展的实际情况进行检测。其基本要求是：根据省级标准的特性，开发配套的软件，以方便数据的测量。通过按照省级标准所规定的指标体系收集整理数据，能够便捷地检测出总体及各个一、二级指标的发展水平和均衡水平，以及与省级标准的偏离程度。

3. 制定区域内义务教育均衡发展省级标准的意义。制定区域内义务教育均衡发展省级标准，就是建立义务教育服务和管理的省级标准。对学生来讲，有助于实现省域内义务教育机会、过程和结果的均等化。对学校和教育行政部门来讲，有助于实现义务教育行为的科学化。对政府来讲，建立义务教育资源（包括师资培养和经费拨付等）配置的省级标准，有助于实现义务教育供给的规范化。

第一，标准是区域内义务教育均衡发展目标的具体化，是引导和具体衡量义务教育均衡发展方向、水平的标尺。这对检验区域内义务教育均衡发展的努力程度及其客观效果，对检测区域内义务教育的各个对象（学生、学校、县域和省域）距离均衡发展要求的偏离度，具有可执行、可操作的重要意义。

第二，标准具体规定了区域内义务教育均衡发展的最低水平要求，也是强制性要求。比如对均衡发展的方向和速度，均衡发展的重点（如到目标年度义务教育投入水平，办学条件改善和均衡水平，师资配备、待遇改善和均衡水平，教学质量提高和均衡水平，以及阶段性目标和区域性目标等），标准都规定了最低水平要求和强制性要求。这对约束政府、学校和家长等义务教育发展主体的行为，具有可追究的实际操作意义。

第三，省级标准对充分发挥省级政府的作用、在较大范围内促进义务教育的均衡发展（此前多是在县域内和少数地级市域内提倡均衡发展）具有重要作用。

## 三、区域内义务教育均衡发展省级标准制定的设计

### （一）区域内义务教育均衡发展省级标准制定的对象及指标体系

区域内义务教育均衡发展省级标准制定的对象，一般是与区域内义务教育均衡发

展的省级目标相对应的，即有什么样的目标就制定什么样的标准。本课题研究选取的是 2020 年湖南省县域内和省域内义务教育均衡发展的省级目标，相应就研究制定了《2020 年湖南省县域内义务教育均衡发展省级标准》、《2020 年湖南省省域内义务教育均衡发展省级标准》。

区域内义务教育均衡发展省级标准的指标体系，是依据省级目标的指标体系来确定的，但两者有一定差别。一级指标依据省级目标的规定，必须全选。二、三级指标除个别对均衡发展的敏感性不强的指标如"校均办学规模"之外，其他基本上都要选取。对区域内义务教育均衡发展比较敏感的指标很多，它们都选取在《区域内义务教育均衡发展指标体系》之中，其中县域内有 56 项、省域内有 54 项。但省级目标是比较宏观的，所选取的是对均衡发展最敏感的指标。而省级标准作为全省义务教育均衡发展的最低要求，也就是说所有区域都要达到它的所有指标的要求。因此，如果有的指标不选，就有可能在某些方面不能满足义务教育均衡发展的最低要求。

### （二）区域内义务教育均衡发展省级标准制定的程序、方式和依据

1. 区域内义务教育均衡发展省级标准制定的程序。

第一步，根据《县域内义务教育均衡发展省级目标》和《省域内义务教育均衡发展省级目标》以及国家有关法律法规、权威性的教育学著作和词典，界定、细化和规定性说明指标及其数值，提出县域内和省域内义务教育均衡发展的省级标准（初稿）。

第二步，采取到样本单位检验和聘请专家论证等形式，检验并修正县域内和省域内义务教育均衡发展的省级标准（初稿），提出省级标准（修正稿）。制定区域内义务教育均衡发展省级标准，不仅是对省级目标所选择的指标体系和数据进行规定性说明，还要通过样本单位对制定的结果进行检验。通过检验、补充或调整的标准指标概念及其数值等规定性说明，提出县域内和省域内均衡发展的省级标准（修正稿）。检验的方式主要是样本检验，其形式主要有两种：①课题组研究人员到样本单位去现场检验；②召开样本单位相关人员会议进行论证。鉴于本课题已经对区域内义务教育均衡发展的省级目标进行了现场检验，因此，这里主要进行专家论证。

第三步，评审和修订《县域内义务教育均衡发展省级标准（修正稿）》和《省域内义务教育均衡发展省级标准（修正稿）》，确定正式稿。

2. 区域内义务教育均衡发展省级标准制定的方法。

区域内义务教育均衡发展省级标准制定的方法，主要是组织包括义务教育科研人员和一线工作者在内的各方面专家，以会议商讨的形式来进行。依据区域内义务教育均衡发展省级目标、国家促进区域内义务教育均衡发展的有关方针政策、区域内义务教育均衡发展综合预测的结果以及权威性的学术著作，来综合制定科学可行的区域内义务教育均衡发展省级标准。标准制定主要是客观的，但多少有一定的主观性。因而聘请的专家不同，所制定的区域内义务教育均衡发展标准也可能有一定差异。

3. 区域内义务教育均衡发展省级标准制定的依据。

第一，区域内义务教育均衡发展的省级目标。标准是依据目标制定的，依据的目

标不同,制定的标准自然也不同。本课题制定区域内义务教育均衡发展省级标准,依据的是本课题选择的《2020年湖南省县域内义务教育均衡发展的省级目标》、《2020年湖南省省域内义务教育均衡发展的省级目标》。

第二,适用范围。标准是有着特定适用范围的,适用的范围不同,制定的标准自然也不同。本课题制定的区域内义务教育均衡发展省级标准的适用范围是:①时间范围,即标准约定的适用时间,不到或超过这个时间点,其标准的数值可能偏高或偏低;②对象范围,即标准约定的适用对象主要是义务教育学校和县域,学校层次不同,其标准的数值可能有所不同;③地域范围,即按照所处区域的经济发达程度又划分为发达地区学校或县域标准、较发达地区学校或县域标准、欠发达地区学校或县域标准,城市学校和农村学校标准。所处区域不同,其标准的数值可能有所不同。发达程度的划分标准为人均GDP,如果达不到其底线或超过其上线,这个标准将不适用。

第三,文献依据。标准也是依据特定文献制定的,依据的文献不同,制定的标准自然也有所区别。本课题制定的区域内义务教育均衡发展省级标准,同样规定了所依据的文献。包括确定义务教育的学制和相关的办学体制、投资体制以及师资配备等教育资源配置等重大政策界限的国家相关法律法规,界定相关术语定义的教育学权威著作和词典等工具书。

### (三) 区域内义务教育均衡发展省级标准的数值选取

区域内义务教育均衡发展省级标准的数值与省级目标数值的特征基本相同:①结构上分为总体标准的数值和单项指标标准的数值,发展标准的数值和均衡标准的数值(只选取差异系数);②数值的来源主要是目标年度区域内义务教育均衡发展综合预测的结果;③发展标准的分值和均衡标准的指数数值依据本来都有一个区间范围,但鉴于省级标准一般是底线要求,因而本课题按照最低要求选取区间范围之内的最低发展水平和最低均衡指数。

同样,区域内义务教育均衡发展省级标准数值的选取原则与省级目标大致相同。①同级总体标准之间发展数值的差异性和均衡指数数值的相近性。即同一层级区域之内(同一个县域之内或同一个省域之内)不同发达程度的下级区域内之间,其义务教育均衡发展总体标准的发展数值是有差异的,其均衡指数数值是大致相近的。比如县域内不同发达程度乡镇或各所学校之间或省域内不同发达程度县域之间,其义务教育均衡发展标准的数值一般是有差异的,但均衡标准数值是大致相近的。②各级指标标准之间数值的一致性,即上一级指标标准的发展数值或均衡指数数值应该基本等于其所属下一级指标标准的发展数值或均衡指数数值的合成。③为了反映区域内义务教育均衡发展的差异性,省级标准的指标数值均要设置一定的区间,以体现不同经济发展水平区域之间义务教育均衡发展的差异性。区间的划分分为发达地区、较发达地区、欠发达地区。④省级标准的数值原则上以2020年区域内义务教育均衡发展综合测评结果为基础进行综合评估确定。其中,单项指标标准的数值以2020年区域内义务教育均衡发展省级单项指标目标数值推算结果为依据,进行综合评估确定。发达地区以最高值为基础进行评估确定，欠发达地区以最低值为基础进行评估确定，较发达地区以平均值为基础进行评估确定；国家已有标准性规定的指标采用国家标准；同时要反映义务教育发展的规律，体现政府的主动性和积极促进的意识。

## 第二节  区域内义务教育均衡发展省级标准的制定

### 一、《县域内/省域内义务教育均衡发展省级标准》制定的设计

#### （一）《县域内/省域内义务教育均衡发展省级标准》制定的对象和依据

本课题制定《2020年湖南省县域内/省域内义务教育均衡发展省级标准》的依据如下。

第一，对应的县域内/省域内义务教育均衡发展省级目标依据。《2020年湖南省县域内义务教育均衡发展省级总体目标》（表6-11）、《2020年湖南省县域内义务教育均衡发展省级单项指标目标》（表6-12）、《2020年湖南省省域内义务教育均衡发展省级总体目标》（表6-18）、《2020年湖南省省域内义务教育均衡发展省级单项指标目标》（表6-19）明确了：①时间范围（时间基点）（本课题是2020年），不到或超过这个时间点，其标准的数值可能偏高或偏低；②地域范围是湖南省，其他两个样本省域可以按照本课题确定的模式和预测的数据另行选择；③对象范围是县域内/省域内义务教育，其中县域内又按照所处区域的经济发达程度划分为发达县域标准、较发达县域标准、欠发达县域标准，城市学校标准和农村学校标准。

第二，执行的政策依据。适用的政策范围不同，所制定的省级标准自然也有所不同。在本课题制定的《2020年湖南省县域内/省域内义务教育均衡发展省级标准》中，选定了对有关义务教育的学制和相关的办学体制、投资体制以及师资配备等教育资源配置等重大政策界限的国家相关法律法规（具体选定情况见《2020年湖南省县域内/省域内义务教育均衡发展省级标准》）。

第三，适用的学术文献依据。适用的学术文献不同，所制定的省级标准自然也有所不同。在本课题制定的《2020年湖南省县域内/省域内义务教育均衡发展省级标准》中，选定了界定相关术语定义的教育学权威著作和工具书（具体选定情况见《2020年湖南省县域内/省域内义务教育均衡发展省级标准》）。

#### （二）《县域内/省域内义务教育均衡发展省级总体标准》的指标及其数值选取

《县域内/省域内义务教育均衡发展省级总体标准》中的指标，如总体发展标准、总体均衡标准及其等次和数值，在《县域内/省域内义务教育均衡发展省级目标》中已经明确规定。在制定省级标准时，主要任务是界定各项指标的定义及其计算方法。

### (三)《县域内/省域内义务教育均衡发展省级单项标准》的指标及其数值选取

关于选取《县域内/省域内义务教育均衡发展省级单项指标标准》的指标：鉴于省级标准是对全省义务教育均衡发展的最低要求，因而其指标的选取要比省级目标全一些，除了对均衡发展的敏感性很弱的"校均办学规模"之外，其他指标都要选取。不仅二级指标要全选，三、四级指标也要全选。在此基础上，界定各项单项指标标准。

制定《2020 年湖南省县域内/省域内义务教育均衡发展省级单项指标标准》，最重要、最困难的是选取各项指标标准的数值。对此，本课题考虑了如下问题。

1. 坚持县域内/省域内不同发达程度学校（县域）之间发展标准的数值可以有一定差异，但其均衡标准的数值要大致相近；上一级指标的发展标准数值或均衡标准数值应该等于其所属下一级指标标准的数值的合成；为了反映区域内义务教育均衡发展的差异性，各个指标标准的数值均要设置一定的区间，以体现不同经济发展水平区域之间义务教育均衡发展的差异性；所有指标标准的数值不得低于 2020 年综合预测的基准值，即确保所有指标都达到最低均衡发展要求；所有指标标准的数值要反映义务教育发展的规律，体现政府的主动性和积极促进的意识。

2. 单项指标标准数值的来源：县域内单项指标标准数值的来源以《表 6-4　2020 年湖南省县域内义务教育均衡发展省级单项指标目标数值推算结果》为依据，进行综合评估确定。省域内单项指标标准数值的来源以《表 6-15　2020 年湖南省省域内义务教育均衡发展省级单项指标目标数值推算结果》为依据，进行综合评估确定。其中，发达县域以最高值为基础进行评估确定，欠发达县域以最低值为基础进行评估确定，较发达县域以平均值为基础进行评估确定，国家已有标准性规定的指标均采用国家标准。

3. 鉴于省级标准一般是底线要求，因而各项指标标准的数值是按照最低要求（包括发展水平标准的最低要求和均衡水平的最低要求）制定的，即以上述单项指标目标数值推算结果为依据选择各项指标标准的数值时，有区间范围的一般是选择下限。

## 二、《县域内/省域内义务教育均衡发展省级标准》制定的检验

《县域内/省域内义务教育均衡发展省级标准》是依据《县域内/省域内义务教育均衡发展省级目标》制定的，因而对《县域内/省域内义务教育均衡发展省级标准》制定的检验重点，是建立在对《县域内/省域内义务教育均衡发展省级目标》检验的基础上的。本课题对省级标准的检验基本上是和 2020 年湖南省县域内/省域内义务教育均衡发展省级目标选择的检验同时进行的，采取了两条途径。

1. 现场检验。在湖南省内选取了与综合预测不同的 3 个样本县域（株洲市芦淞区、沅江市、慈利县），综合预测其 2020 年县域内义务教育均衡发展趋势并进行相应的分析，以其结果的数值比对 2020 年县域内义务教育均衡发展省级目标指标的数值，分析两者之间的差异，然后对目标指标明显偏低或偏高的数值予以修正。目标检验预测的样本学校选取见第一章表 1-8，基础数据为 2005—2010 年，目标检验预测及分析的方法与前面所进行的区域内义务教育均衡发展综合预测的方法相同。检验预测之后，

进行了检验预测结果的比较分析、检验预测指标的敏感性分析、总体发展水平的差异分析、总体均衡水平的差异分析。根据这些分析，找出了省级目标选择（亦即省级标准制定）可能存在的偏差。

2. 专家检验。为检验 2020 年湖南省县域内和省域内义务教育均衡发展省级目标的选择（亦即省级标准制定），本课题聘请有代表性的专家对其进行了论证和修正。参与的专家是：湖南省基教处副处长张晓春；湖南省株洲市芦淞区教育局基教股负责人谢建平、叶占成、彭文蓓，计发股股长曾献忠，会计中心负责人邓宇林，人事股负责人汤立之；沅江市教育局副局长段学文，基教股负责人钟正安，教研室主任盛月华、莲花塘小学校长李淼，南嘴中学校长曹轩；慈利县教育局副局长莫胜晖，人事股股长陈文才，计财股股长朱家宏，基教股股长李思锋、工作人员陈银吾；本课题组成员伍春辉博士、谭日辉博士、陈亮硕士、蔡华副教授。大家对 2020 年湖南省县域内和省域内义务教育均衡发展省级目标选择（亦即省级标准制定）提出了一些意见（详见第六章）。根据这些意见，找出了省级目标选择（亦即省级标准制定）可能存在的偏差。

根据现场检验和专家检验的情况，对 2020 年湖南省县域内和省域内义务教育均衡发展省级标准制定（亦即省级标准选择）进行了修正。具体修正意见详见第六章，具体修正结果详见 2020 年湖南省县域内和省域内义务教育均衡发展省级标准文本。

### 三、《2020 年湖南省县域内义务教育均衡发展省级标准》

#### 2020 年湖南省县域内义务教育均衡发展省级标准

一、前言

（一）制定的缘由、过程及其与相关标准的关系

制定《2020 年湖南省县域内义务教育均衡发展省级标准》（简称《县域内标准》）是本课题研究的一个重要内容，同时也是企图为湖南省促进义务教育均衡发展提供学术参考。本标准是在课题研究的最后阶段即基本完成《2020 年湖南省县域内义务教育均衡发展省级目标》选择之后进行的。大致从 2011 年 5 月中旬开始，6 月底结束。

（二）批准、发布和实施的时间（略）

（三）适用范围和制定依据

本标准适用于 2015—2020 年湖南省县域内义务教育。其制定依据是：

1. 法律文本、政策：《中华人民共和国教育法》、《中华人民共和国义务教育法》、《国家中长期教育改革和发展规划纲要（2010—2020 年）》（2010 年）、教育部《关于贯彻落实科学发展观进一步推进义务教育均衡发展的意见》（2010 年）、《湖南省义务教育学校办学标准》（附件一）。

2. 学术成果依据：本课题研究选择的《2020 年湖南省县域内义务教育均衡发展省级目标》。

3. 学术规范依据：《教育大辞典》、《教育百科辞典》、《教育管理辞典》、《中国教

育统计年鉴》、《中国社会发展统计年鉴》、《中国教育事业统计年鉴》、《中国教育经费统计年鉴》。

## 二、2020 年湖南省县域内义务教育均衡发展省级总体标准

（一）县域内省级总体标准的文本与概要说明

《2020 年湖南省县域内义务教育均衡发展省级总体标准》（简称《县域内省级总体标准》）根据《2020 年湖南省县域内义务教育均衡发展省级总体目标》制定，规定了 2020 年湖南省县域内义务教育均衡发展的总体要求及其规范。该标准分为总体发展标准和总体均衡标准两个部分，每个部分又分为总体标准和 4 个一级指标（教育机会、资源配置、学校管理和教育质量）标准，每项一级指标的标准又分为应该达到的标准等次及其数值范围。根据县域间经济社会发展的差异，每项标准又按发达县域、较发达县域和欠发达县域划分了等次及其指数。

（二）县域内总体发展标准的术语解释以及各项指标的测量办法

1. 2020 年县域内义务教育发展水平的等次划分是：非常发达、比较发达、一般发达、不太发达、严重不发达。

2. 县域内总体发展标准即 2020 年湖南省县域内义务教育发展水平应该达到的水准。包括：总的发展等次"比较发达"和发展指数"1.0112"，以及 4 个一级指标应该达到的发展等次及发展指数：教育机会"非常发达"，发展指数"0.3231"；资源配置"一般发达"，发展指数"0.5534"；学校管理"比较发达"，发展指数"0.0711"；教育质量"比较发达"，发展指数"0.1646"。

3. 总体发展程度的指数的测量方法是：①对个别指标发展水平进行转换，如生师比、班级规模等（以其倒数代替）；②计算出每一个指标实际发展水平相对于参考基准值的比值；③将各指标所得比值（即对样本区域贡献的发展水平）与其相应权重（第二章中均衡发展指标体系各级指标权重）相乘并求和，最终得出区域义务教育总发展水平。

用公式表示如下：

$$D = \sum_{i=1}^{k} \frac{x_i}{n_i} \times \omega_i$$

其中，$D$ 为区域内义务教育总发展水平，$k$ 为区域内义务教育均衡发展指标体系中指标总数目，$x_i$ 为区域内义务教育均衡发展指标体系中某一指标的实际发展水平，$n_i$ 为区域内义务教育均衡发展指标体系中某一指标的基准值，$\omega_i$ 为区域内义务教育均衡发展指标体系中某一指标的权重。

4. 4 个一级发展指标的发展指数的测量方法是：如果按教育机会、资源配置、学校管理、教育质量 4 个一级指标计算，则

$$D = D_1 + D_2 + D_3 + D_4$$

其中，$D_1$ = 教育机会；$D_2$ = 资源配置；$D_3$ = 学校管理；$D_4$ = 教育质量。

发展分值的测算方法下同，不再赘述。

（三）县域内省级总体均衡标准的术语解释以及各项指标的测量办法

表7-4  2020年湖南省县域内义务教育均衡水平省级总体标准

| | 省级总体均衡标准 | 一级指标标准 | | | |
|---|---|---|---|---|---|
| | | 教育机会 | 资源配置 | 学校管理 | 教育质量 |
| 等次 | 比较均衡 | 非常均衡 | 比较均衡 | 非常均衡 | 比较均衡 |
| 指数 | 0.0983 | 0.0003 | 0.2078 | 0.0429 | 0.0076 |

1. 2020年县域内义务教育均衡水平的等次划分是：非常均衡、比较均衡、一般均衡、不太均衡、严重不均衡。

2. 县域内总体均衡标准即2020年湖南省县域内义务教育均衡水平应该达到的水准。包括：总的均衡等次"比较均衡"和均衡指数为"0.0983"，以及4个一级指标应该达到的均衡等次及其均衡指数：教育机会"非常均衡"，均衡指数为"0.0003"；资源配置"比较均衡"，均衡指数为"0.2078"；学校管理"非常均衡"，均衡指数为"0.0429"；教育质量"比较均衡"，均衡指数为"0.0076"。

3. 总体均衡水平的分值的测量方法是：首先，根据本课题的不同指标体系确定均衡指数体系的组成。其次，确定每一个指标的最大值和最小值。比如入学率、巩固率，其均衡指数的最小值为0%，最大值为100%，各级教育数据指标差异系数的最小值和最大值的标准为0和1。具体可根据前述有关教育均衡水平分析的方法计算出每个指标的差异系数。再次，将上述指数按照教育均衡指数分别作简单平均，分别得出教育机会均衡指数、资源配置均衡指数、教育质量均衡指数、学校管理均衡指数；然后再将这四个方面的指数作简单平均，其结果就是区域内义务教育均衡指数。为了使指数计算精确，本研究借鉴从1995年起联合国开发计划署陆续开发的有关人类发展指数的计算方法。用下列公式计算教育均衡指数，这里用$P$表示指标。

$$EEI_i = \left[\frac{1}{n}(P_1^3 + P_2^3 + \cdots + P_n^3)\right]^{\frac{1}{3}}$$

计算的结果是总的差异系数。因为差异系数越小，越均衡；差异系数越大，越不均衡。

最后，均衡指数是根据差异系数计算结果转换而来，具体转换办法是：

均衡指数 = 1.00 - 差异系数

4. 4个一级指标均衡水平的测量方法是：4个一级指标分别对应上述总公式中的$P_1$、$P_2$、$P_3$、$P_4$。

$P_1$ = 教育机会，$P_2$ = 资源配置，$P_3$ = 学校管理，$P_4$ = 教育质量。

### 三、2020年湖南省县域内义务教育均衡发展省级单项标准

（一）县域内省级单项标准的文本及其概要说明

《2020年湖南省县域内义务教育均衡发展省级单项标准》（简称《县域内单项标准》）根据《2020年湖南省县域内义务教育均衡发展省级单项指标目标》制定，规定了2020年湖南省县域内义务教育各个单项指标均衡发展的具体要求及其规范。每项规范性规定的内容大致包括：一般要素（指标名称、数值、适用范围、引用文件）、技术

要素（术语与定义、符号和缩略语、要求、附录）、评价或检验办法等。根据2020年湖南省县域内义务教育均衡发展综合预测结果，《2020年湖南省县域内义务教育均衡发展省级标准》必须选取的是资源配置方面的指标，因为这些指标对2020年湖南省义务教育均衡发展最敏感、最重要。但鉴于标准是对义务教育均衡发展的最底线要求，各项指标都应该稳定发展，因而《县域内单项标准》加选了教育机会、学校管理和教育质量3个一级指标及其二级和三级指标，即《县域内单项标准》的指标体系与《县域内义务教育均衡发展指标体系》基本相同。

《县域内单项标准》每项指标的标准分为发展标准和均衡标准两个部分，发展标准又根据县域间经济社会发展的差异分为发达县域、较发达县域和欠发达县域。单项指标的均衡标准分别为一级指标规定了均衡标准的具体数值，子指标的均衡标准数值为所在一级指标的均衡标准数值（均衡指数即差异系数）。根据各项指标对2020年湖南省义务教育均衡发展的影响程度以及目前的发展基础，对其指数的选取有所区别。即必选指标的指数是《2020年湖南省县域内义务教育均衡发展省级标准》所确定的指数，加选指标的指数是根据2020年湖南省义务教育均衡发展综合预测数据的较低值综合评估而来。

表7-5　2020年湖南省县域内义务教育均衡发展省级单项指标标准

| 指标 | | 发展标准 | | | 均衡标准（差异系数） |
|---|---|---|---|---|---|
| | | 发达县域 | 较发达县域 | 欠发达县域 | |
| 1. 教育机会 | | | | | |
| 1.1 小学适龄儿童入学率（%） | | 100* | 100* | 100* | 0 |
| 1.2 巩固率（%） | 1.2.1 小学 | 100* | 100* | 99.0* | 0.0003 |
| | 1.2.2 初中 | 99.97 | 99.97 | 99.0* | 0.0003 |
| 2. 资源配置 | | | | | |
| 2.1.1 教育事业费（元/年·生） | 小学 | 13000* | 9700 | 7800 | 0.2078 |
| | 初中 | 14000* | 12000 | 10000 | 0.2078 |
| 2.2.2 公用经费（元/年·生） | 小学 | 1200* | 900 | 800 | 0.2078 |
| | 初中 | 1350* | 1200* | 1100 | 0.2078 |
| 2.2.1 师资数量（生师比） | 小学 | 18* | 18* | 18* | 0.2078 |
| | 初中 | 8* | 9* | 10* | 0.2078 |
| 2.2.2 初中教师专业对口率（%） | | 95.39* | 83.55* | 60* | 0.2078 |
| 2.2.3 教师职称结构 | 小学 | 0.26 | 0.24 | 0.23 | 0.2078 |
| | 初中 | 0.26 | 0.24 | 0.23 | 0.2078 |

(续表)

| 指标 | | 发展标准 | | | 均衡标准 |
|---|---|---|---|---|---|
| | | 发达县域 | 较发达县域 | 欠发达县域 | (差异系数) |
| 2.3 教师年人均收入（万元） | 小学 | 8* | 6* | 5* | 0.2078 |
| | 初中 | 8.5* | 6.5* | 5.5* | 0.2078 |
| 2.3.1 生均校园面积（m²） | 小学 | 25 | 25 | 17.31 | 0.4558 |
| | 初中 | 20 | 20 | 16.07 | 0.4558 |
| 2.3.2 生均校舍面积（m²） | 小学 | 5 | 5 | 5 | 0.3077 |
| | 初中 | 5.5 | 5.5 | 5.15 | 0.3077 |
| 2.3.3 生均运动场（馆）面积（m²） | 小学 | 4* | 3 | 3 | 0.4558 |
| | 初中 | 9* | 4 | 4 | 0.4558 |
| 2.4.1 运动场（馆）达标校（%） | 小学 | 100 | 79.22 | 50* | 0.3077 |
| | 初中 | 100 | 79.22 | 50* | 0.3077 |
| 2.4.2 体育器械达标校（%） | 小学 | 100 | 79.22 | 60* | 0.3077 |
| | 初中 | 100 | 79.22 | 60* | 0.3077 |
| 2.4.3 音乐器材达标校（%） | 小学 | 100 | 79.22 | 40* | 0.3077 |
| | 初中 | 100 | 79.22 | 40* | 0.3077 |
| 2.4.4 美术器材达标校（%） | 小学 | 100 | 79.22 | 40* | 0.3077 |
| | 初中 | 100 | 79.22 | 40* | 0.3077 |
| 2.4.5 理科仪器达标校（%） | 小学 | 100 | 100* | 100* | 0.3077 |
| | 初中 | 100 | 100* | 100* | 0.3077 |
| 2.4.6 实验开出率（%） | 小学 | 100 | 100* | 100* | 0.3077 |
| | 初中 | 100 | 100* | 100* | 0.3077 |
| 2.8 生均图书（册） | 小学 | 30 | 30 | 26.72 | 0.3077 |
| | 初中 | 40 | 35.35 | 27.28 | 0.3077 |
| 2.9 生均计算机（台） | 小学 | 0.10* | 0.09* | 0.08* | 0.3077 |
| | 初中 | 0.13* | 0.12* | 0.11* | 0.3077 |
| 3. 学校管理 | | | | | |
| 3.1 校舍利用率（%） | 小学 | 100 | 95.57 | 90* | 0.2072 |
| | 初中 | 100 | 90.57 | 90* | 0.2072 |
| 4. 教育质量 | | | | | |

（续表）

| 指标 | | 发展标准 | | | 均衡标准 |
| --- | --- | --- | --- | --- | --- |
| | | 发达县域 | 较发达县域 | 欠发达县域 | （差异系数） |
| 4.1 学生合格率（%） | 小学 | 100* | 100* | 97.17 | 0.0076 |
| | 初中 | 100 | 90* | 75* | 0.0076 |
| 4.2 学生对学习的满意度（%） | | | | | |
| 4.3 九年制义务教育完成率（%） | | 98 | 98 | 95* | 0.0076 |
| 4.4 社区对义务教育均衡发展的反响 | | 82.44 | 82.44 | 82.44 | 0.0076 |

说明：指标的定义同表2-1。本表各项指标的序号为单独编制，且只编列到三级指标。本表测评统计的单位是学校，再以此为据测评到县。发展水平是县域样本学校的平均数，比较的单位是学校，比较的标准值是所在县的全县平均数。*为根据检验情况进行了修正。

（二）县域内省级单项标准的指标定义与测量方法

1.1 小学适龄儿童入学率：小学年龄段人口中在校学生数与该年龄段人口之比。与当地现行学制和规定入学年龄相对应的那部分应入学的人口称为适龄人口，适龄人口中的在校生所占比例为适龄人口入学率。实际统计时，一般以学年初为统计的时间标准。计算公式为：小学适龄儿童入学率＝学年初小学适龄人口中在校学生数÷学年初小学适龄人口数×100%。先分别样本学校测量，再以此统计测量出全县发展水平和学校间均衡水平。

1.2 巩固率：与"流失率"相对。计算公式为：巩固率＝（学年初在校学生总数－中途停学离校生总数）÷学年初在校学生总数×100%。先分别样本学校测量，再以此统计测量出全县发展水平和学校间均衡水平。

2.1.1 教育事业费（这里指义务教育事业费），指国家财政支出中用于义务教育事业的教育经常性费用，按用途分为人员经费和公用经费。人员经费包括工资、补助工资、职工福利费、助学金（奖学金）；公用经费包括公务费、业务费、修缮费、小型设备购置费、差额补助费及其他费用。按年度计算的生均义务教育事业费为年生均义务教育事业费。计算公式为：年生均教育事业费＝全年教育事业费÷年均在校生数。

学校的义务教育事业费主要由政府下拨，一般以下拨数为准。先分别样本学校统计，再以此统计出全县发展水平和测量出学校间均衡水平。

2.1.2 公用经费（这里指生均义务教育公用经费）：指义务教育事业费中用于保证和改善办学条件的公共开支部分，是平均每名义务教育学生耗费的义务教育事业费中的公用经费。包括：①公务费，如办公费、邮电费、水电费、公用取暖费、行政人员差旅费、毕业生派遣费、车船保养维修和燃料费、会议费、行政设备维修费、炊事管理和维修费、宣传费、校园绿化费、清洁卫生费等；②设备和图书购置费；③修缮费，如公用房屋等建筑物及附属设备的修缮费、公房租金、零星土建工程费用；④业务费，如教学所需的消耗性开支，含医疗卫生材料、试验用工具器皿等低值易耗品、试剂、材料、专业资料讲义及实习等费用；⑤其他费用。计算公式为：

生均义务教育公用经费＝（年度义务教育事业费－人员经费）÷在校生数

学校的义务教育公用经费主要由政府下拨，一般以下拨数为准。先分别样本学校统计，再以此统计出全县发展水平和测量出学校间均衡水平。

2.2.1 生师比，学校学生人数与教师人数的比例关系。计算公式为：生师比＝年均在校生数÷年均教师总数。先分别样本学校测量，再以此统计测量出全县发展水平和学校间均衡水平。

2.2.2 初中教师专业对口率：指初中语文、数学、英语、物理、化学、生物6门课程的教师中，所学专业与所教课程学科的一致率。计算公式为：教师专业对口率＝6门课程的专业对口教师÷6门课程的教师总数。先分别样本学校测量，再以此统计测量出全县发展水平和学校间均衡水平。

2.2.3 教师职称结构：小学指中高、小高、小中、小初、没有职称的教师人数比例；初中指中高、中一、中二、没有职称的教师人数比例。

合理的职称结构为"纺锤形"，即两头小、中间大，中高与中二（小中）教师分布于纺锤的两头，中一（小高）居于其间；职称结构的比较，可用非参数统计方法 Ridit，统计各个对象（学校、县域等）中高、中一、中二（小一）、教师人数，计算每个县的平均 Ridit 值，再进行比较；平均值 Ridit 越大，职称结构越合理。职称结构的 Ridit 分析办法如下。

第一步，设定标准组。所有县的中高、中一、中二教师人数合并作为标准组，将标准组各职称结构的人数与累计人数（移下一行）相加除以总人数，并计算出标准组的 Ridit 平均值，计算公式为：

$$R_{标}=\frac{\sum_{i=1}^{3} C_j R_j}{N}$$

其中，$C_1$、$C_2$、$C_3$ 分别为中高、中一、中二的教师总人数，$R_j$ 为相应的 Ridit 值，$N = C_1 + C_2 + C_3$。$R_j$ 的计算如下：

| 职称 | 合计数（$C$） | $C_1 = \frac{1}{2} \times C$ | (2) 累计并移入下一行 | $D =$ (3) + (4) | Ridit 值 $= \frac{D}{N}$ |
|---|---|---|---|---|---|
| (1) | (2) | (3) | (4) | (5) | (6) |
| 中高 | $C_1$ | $C'_1$ | 0 | $d_1$ | $R_1$ |
| 中一 | $C_2$ | $C'_2$ | $C_1$ | $d_2$ | $R_2$ |
| 中二 | $C_3$ | $C'_3$ | $C_1 + C_2$ | $d_3$ | $R_3$ |

理论上 $R_{标}=0.5$。

第二步，计算对比组的平均 Ridit 值 $\overline{R}_j$

$$\overline{R}_j = \frac{\sum_{i=1}^{3} b_{ij} R_i}{a_j}$$

$\overline{R}_j$ 值越大，结构越好。

| 职称 | $A_1$ 县 | $A_2$ 县 | $A_j$ 县 | 合计 | Ridit 值 |
|---|---|---|---|---|---|
| 中高 | $b_{11}$ | $b_{12}\cdots$ | $b_{1j}$ | $C_1$ | $R_1$ |
| 中一 | $b_{21}$ | $b_{22}\cdots$ | $b_{2j}$ | $C_2$ | $R_2$ |
| 中二 | $b_{31}$ | $b_{32}\cdots$ | $b_{3j}$ | $C_3$ | $R_3$ |
| 合计 | $a_1\cdots$ | $a_2\cdots$ | $a_j$ | $N$ | |

说明：先分别样本学校测量，再以此统计测量出全县发展水平和学校间均衡水平。

2.2.4 教师年人均收入：指所有教师年收入总和（包括工资、福利、津贴、保险等）除以该年度教师总人数。计算公式为：教师年人均收入＝单位所有教师年收入总和÷该年度教师总人数。先分别样本学校测量，再以此统计测量出全县发展水平和学校间均衡水平。

2.3.1 生均校园面积＝学校校园总面积÷在校学生人数。先分别样本学校测量，再以此统计测量出全县发展水平和学校间均衡水平。

2.3.2 生均校舍面积：指一定时期内，在学校校舍总建筑面积中，每个在校学生平均占有的面积。其中，校舍总建筑面积包括：教室、图书馆、教学行政用房、学生食堂、学生宿舍、福利及附属用房、风雨操场等建筑面积，不包括危房。其计算公式为：生均校舍面积＝学校总建筑面积÷在校学生人数。先分别样本学校测量，再以此统计测量出全县发展水平和学校间均衡水平。

2.3.3 生均运动场（馆）面积＝学校运动场（馆）总面积÷在校学生人数。先分别样本学校测量，再以此统计测量出全县发展水平和学校间均衡水平。

2.4.1 运动场（馆）达标校，2.4.2 体育器材达标校，2.4.3 音乐器材达标校，2.4.4 美术器材达标校，2.4.5 理科仪器达标校：先在学校层面用"是"、"否"统计，再在县级层面用比例统计。

2.4.6 实验开出率：指小学《科学》、初中理化生等课程标准要求应开实验课与实际开出课时量之比。其计算公式为：某学科的实验开出率＝该学科实验实际开出课时量÷该学科应开实验课时量。再对各个学科的实验开出率求算术平均。先分别测量样本学校，再以此统计测量出全县发展水平和学校间均衡水平。

2.4.7 生均图书（册）＝图书总册数÷在校学生人数。先分别测量样本学校，再以此统计测量出全县发展水平和学校间均衡水平。

2.4.8 生均计算机（台）＝计算机总台数÷在校学生人数。先分别样本学校测量，再以此统计测量出全县发展水平和学校间均衡水平。

2.4.9 班级多媒体比例：学校所有班级拥有多媒体的比例。计算公式：班级多媒体比例＝学校拥有的多媒体教室总数÷学校班级总数。先分别样本学校测量，再以此统计测量出全县发展水平和学校间均衡水平。

2.5.1 班额控制：班均学生数，学校平均每个班级学生的数量。按适度班级规模的要求，国家对各类学校及城镇、农村中小学的班均学生数有一定的要求。班额控制以小学45人/班，初中以50人/班为基准。计算公式为：班均学生数＝学生总数÷班级总数。先分别样本学校测量，再以此统计测量出全县发展水平和学校间均衡水平。

3.1 全面执行教学计划：教学计划管理由课题组评价，其等次为优秀、良好、中等、较差。

3.2 校舍利用率：学校校舍实用面积与校舍总建筑面积的比例。计算公式为：校舍利用率＝校舍实用面积÷校舍总建筑面积×100%。先分别样本学校测量，再以此统计测量出全县发展水平和学校间均衡水平。

4.1 学生合格率：考试成绩合格（如满60分以上者）人数与参加考试总人数的比值。计算公式为：合格率＝考试合格人数÷考试总人数。本标准界定学生合格率为学校各年级学生成绩合格率的算术平均数。计算公式为：各个年级的学生合格率＝该年级合格人数÷该年级全部在校生人数。再对各个年级的学生合格率求算术平均。最后对各年级的学生合格率求算术平均。学校和县域学生合格率均衡水平以100%为基准，计算标准差和差异系数。小学对学生的合格评价是分等级，因此计算优秀率，将上面计算公式中的合格率全部换成优秀率就行。以全县平均优秀率为基准，计算标准差和差异系数。

4.2 学生对学习的满意度：测算为在样本学校随机抽取两个班，询问学生对学习的满意度，满意度分五个等次：很满意、满意、较满意、不满意、很不满意。等级权数确定见下表：

| 学习满意度 | 很满意 | 满意 | 较满意 | 不满意 | 很不满意 |
|---|---|---|---|---|---|
| 权数 | 1 | 0.8 | 0.6 | 0.3 | 0 |

CSD 计算公式如下：

| | $X_1$ | $X_2$ | $X_3$ | $X_4$ | $X_5$ |
|---|---|---|---|---|---|
| CSD | $n_1$ | $n_2$ | $n_3$ | $n_4$ | $n_5$ |

$$CSD = (\sum X_i n_i) \times 100/N$$

$X_i$ 为满意等级的权值；$n_i$ 为具有 $X_i$ 等级的样本数；$N$ 为总样本数。

学生对本校教学满意度的均衡水平计算（学校之间比较），以 80%—95% 为基准，计算标准差和差异系数。

4.3 社区对县域内义务教育均衡发展的反响：指县域内社会各界对学校义务教育的总体评价。测算办法为：从学校周边随机抽取 10 户居民，询问如有适龄子女就读义务教育是否希望到别的学校就读（分 5 个指标予以考察：很满意、满意，一般、不满意、很不满意）。满意程度等级权数确定见下表：

| 满意等级 | 很满意 | 满意 | 较满意 | 不满意 | 很不满意 |
|---|---|---|---|---|---|
| 权数 | 1 | 0.8 | 0.6 | 0.3 | 0 |

CSD 计算公式如下：

| | $X_1$ | $X_2$ | $X_3$ | $X_4$ | $X_5$ |
|---|---|---|---|---|---|
| CSD | $n_1$ | $n_2$ | $n_3$ | $n_4$ | $n_5$ |

$$CSD = (\sum X_i n_i) \times 100/N$$

$X_i$ 为满意等级的权值；$n_i$ 为具有 $X_i$ 等级的样本数；$N$ 为总样本数

先分别样本学校测量，再以此统计测量出全县发展水平和学校间均衡水平。

四、附录

（一）资料性附录（略）

（二）注释（略）

（三）参考文献和索引（略）

## 四、《2020 年湖南省省域内义务教育均衡发展省级标准》

### 2020 年湖南省省域内义务教育均衡发展省级标准

一、前言

（一）制定的缘由、过程及其与相关标准的关系制定《2020 年湖南省省域内义务教育均衡发展省级标准》是本课题研究的一个重要内容,同时也是试图为湖南省促进义务教育均衡发展提供学术参考。本标准是在本课题研究的最后阶段即基本完成《2020 年湖南省省域内义务教育均衡发展省级目标》选择之后进行的。大致从 2011 年 5 月中旬开始,6 月底结束。

(二)批准、发布和实施的时间(略)

(三)适用范围和制定依据

本标准适用于 2015—2020 年湖南省省域内义务教育。其制定依据是:

1. 文件依据:《中华人民共和国教育法》、《中华人民共和国义务教育法》、《国家中长期教育改革和发展规划纲要(2010—2020 年)》(2010 年)、教育部《关于贯彻落实科学发展观进一步推进义务教育均衡发展的意见》(2010 年)、《湖南省义务教育学校办学标准》(附件一)。

2. 学术成果依据:本课题研究选择的《2020 年湖南省省域内义务教育均衡发展省级目标》。

3. 学术规范依据:《教育大辞典》、《教育百科辞典》、《教育管理辞典》、《中国教育统计年鉴》、《中国社会发展统计年鉴》、《中国教育事业统计年鉴》、《中国教育经费统计年鉴》。

## 二、2020 年湖南省省域内义务教育均衡发展省级总体标准

(一)省域内省级总体标准的文本与概要说明

《2020 年湖南省省域内义务教育均衡发展省级总体标准》根据《2020 年湖南省省域内义务教育均衡发展省级总体目标》制定,分为总体发展标准和总体均衡标准两个部分,每个部分又分为总体标准和 4 个一级指标(教育机会、资源配置、学校管理和教育质量)标准,每项一级指标的标准又分为不同的等次。

**表 7-6  2020 年湖南省省域内义务教育均衡发展省级总体标准**

| 省级总体发展标准 | | 一级指标发展标准 | | | | | | | |
|---|---|---|---|---|---|---|---|---|---|
| | | 教育机会 | | 资源配置 | | 学校管理 | | 教育质量 | |
| 等次 | 分值 | 等次 | 分值 | 等次 | 分值 | 等次 | 分值 | 等次 | 分值 |
| 比较发达 | 0.9796 | 非常发达 | 0.2798 | 一般发达 | 0.5634 | 比较发达 | 0.1374 | 比较发达 | 0.0717 |

| 省级总体均衡标准 | | 一级指标均衡标准 | | | | | | | |
|---|---|---|---|---|---|---|---|---|---|
| | | 教育机会 | | 资源配置 | | 学校管理 | | 教育质量 | |
| 等次 | 指数 | 等次 | 指数 | 等次 | 指数 | 等次 | 指数 | 等次 | 指数 |
| 一般均衡 | 0.2332 | 非常均衡 | 0.0007 | 一般均衡 | 0.4792 | 比较均衡 | 0.2231 | 比较均衡 | 0.0078 |

说明:本表表式同 6-6。各项指标的内涵同表 2-13、表 2-14。如运用本表进行检测,则统计的单位是省域,比较的单位是县域。

(二)省域内省级总体发展标准的术语解释以及各项指标的测量办法

1. 2020年省域内义务教育发展水平的等次划分是：非常发达、比较发达、一般发达、不太发达、严重不发达。

2. 省级总体发展标准即2020年湖南省省域内义务教育发展应该达到的水准。包括总的发展等次"比较发达"和指数为"0.9796"，以及4个一级指标应该达到的发展等次及其指数：教育机会"非常发达"，指数为"0.2798"；资源配置"一般发达"，指数为"0.5634"；学校管理"比较发达"，指数为"0.1374"；教育质量"比较发达"，指数为"0.0717"。

3. 总体发展指数的测量方法是：①对个别指标发展水平进行转换，如生师比、班级规模等（以其倒数代替）；②计算出每一个指标"实际发展水平"相对于"参考基准值"的比值；③将各指标所得比值（即对样本区域贡献的发展水平）与其相应权重（第二章中均衡发展指标体系各级指标权重）相乘并求和，最终得出省域内义务教育总发展水平。

用公式表示如下：

$$D = \sum_{i=1}^{k} \frac{x_i}{n_i} \times \omega_i$$

其中，$D$为省域内义务教育总发展水平，$k$为省域内义务教育均衡发展指标体系中指标总数目，$x_i$为省域内义务教育均衡发展指标体系中某一指标的实际发展水平，$n_i$为省域内义务教育均衡发展指标体系中某一指标的基准值，$\omega_i$为县域内义务教育均衡发展指标体系中某一指标的权重。

如果按教育机会、资源配置、学校管理、教育质量四个一级指标计算，则

$$D = D_1 + D_2 + D_3 + D_4$$

其中，$D_1$=教育机会；$D_2$=资源配置；$D_3$=学校管理；$D_4$=教育质量。

（三）总体均衡标准的术语解释以及各项指标的测量办法

1. 2020年省域内义务教育均衡水平的等次划分是：非常均衡、比较均衡、一般均衡、不太均衡、严重不均衡。

2. 省级总体均衡标准：2020年湖南省省域内义务教育均衡应该达到的水准。包括总的均衡等次"一般均衡"和指数"0.2332"，以及4个一级指标应该达到的均衡等次及其指数；教育机会"非常均衡"，指数为"0.0007"；资源配置"一般均衡"，指数为"0.4792"；学校管理"比较均衡"，指数为"0.2231"；教育质量"比较均衡"，指数为"0.0078"。

3. 总体均衡水平分值的测量方法、一级指标（教育机会、资源配置、学校管理、教育质量）均衡水平的测量方法与县域内总体均衡水平分值的测量方法相同。

三、2020年湖南省省域内义务教育均衡发展省级单项标准

《2020年湖南省省域内义务教育均衡发展省级单项标准》（简称《省域内单项标准》）根据《2020年湖南省省域内义务教育均衡发展省级单项指标目标》而制定，规定了2020年湖南省省域内义务教育各个单项指标均衡发展的具体要求及规范。每项规范性规定的内容大致包括：一般要素（指标名称、数值、适用范围、引用文件）、技术

要素（术语与定义、符号和缩略语、要求、附录）、评价或检验办法等。根据2020年湖南省省域内义务教育均衡发展综合预测结果，《2020年湖南省省域内义务教育均衡发展省级标准》必须选取的是资源配置方面的指标，因为这些指标对2020年湖南省义务教育均衡发展最敏感、最重要。但鉴于标准是对义务教育均衡发展的最底线要求，各项指标都应该稳定发展，因而《省域内单项标准》加选了教育机会、学校管理和教育质量3个一级指标及其二级和三级指标，即与《县域内义务教育均衡发展指标体系》基本相同。

《省域内单项标准》每项指标的标准分为发展标准和均衡标准两个部分。单项指标的发展标准又分一级指标规定了发展标准的具体指数。单项指标的均衡标准分别为一级指标规定了均衡标准的具体指数，子指标的均衡标准指数为所在一级指标的均衡标准数即差异系数。根据各项指标对2020年湖南省义务教育均衡发展的影响程度以及目前的发展基础，对其指数的选取有所区别。即必选指标的指数是《2020年湖南省县域内义务教育均衡发展省级标准》所确定的指数，加选指标的指数是根据2020年湖南省义务教育均衡发展综合预测数据的较低值综合评估而来。

表7-7　2020年湖南省省域内义务教育均衡发展省级单项标准

| 指标 | | | 发展标准 | 均衡标准（差异系数） |
|---|---|---|---|---|
| 1. 教育机会 | | | | |
| 1.1 小学适龄儿童入学率（%） | | | 100 * | 0.0007 |
| 1.2 巩固率（%） | | 1.2.1 小学 | 100 * | 0.0007 |
| | | 1.2.2 初中 | 99.56 | 0.0007 |
| 2. 资源配置 | | | | |
| 2.1 教育经费 | 2.1.1 教育事业费（元/年·生） | 小学 | 9334 | 0.4792 |
| | | 初中 | 12945 * | 0.4792 |
| | 2.2.2 公用经费（元/年·生） | 小学 | 900 | 0.3317 |
| | | 初中 | 1400 | 0.3317 |
| 2.2 师资 | 2.2.1 数量（生师比） | 小学 | 15 | 0.3317 |
| | | 初中 | 12 | 0.3317 |
| | 2.2.2 初中教师专业对口率（%） | | 90 * | 0.3317 |
| | 2.2.3 职称结构 | 小学 | 0.51 * | 0.3317 |
| | | 初中 | 0.54 * | 0.3317 |
| | 2.2.4 年人均收入（万元） | 小学 | 6.2 | 0.4792 |
| | | 初中 | 6.5 | 0.4792 |
| | 2.2.5 年人均培训经费（元） | 小学 | 1000 * | 0.4792 |
| | | 初中 | 1200 * | 0.4792 |

（续表）

| 指标 | | | 发展标准 | 均衡标准（差异系数） |
|---|---|---|---|---|
| 2.3 校园校舍 | 2.3.1 生均校园面积（m²） | 小学 | 20 | 0.4792 |
| | | 初中 | 20 | 0.4792 |
| | 2.3.2 生均校舍面积（m²） | 小学 | 25 | 0.4792 |
| | | 初中 | 25 | 0.4792 |
| | 2.3.3 生均运动场（馆）面积（m²） | 小学 | 5 | 0.4792 |
| | | 初中 | 5 | 0.4792 |
| 2.4 设施设备 | 2.4.1 运动场（馆）达标校（%） | 小学 | 92 | 0.4792 |
| | | 初中 | 75 | 0.4792 |
| | 2.4.2 体育器械达标校（%） | 小学 | 92 | 0.4792 |
| | | 初中 | 75 | 0.4792 |
| | 2.4.3 音乐器材达标校（%） | 小学 | 92 | 0.4792 |
| | | 初中 | 75 | 0.4792 |
| | 2.4.4 美术器材达标校（%） | 小学 | 92 | 0.4792 |
| | | 初中 | 75 | 0.4792 |
| 2.4 设施设备 | 2.4.5 理科仪器达标校（%） | 小学 | 92 | 0.4792 |
| | | 初中 | 75 | 0.4792 |
| | 2.4.6 实验开出率（%） | 小学 | 96 | 0.4792 |
| | | 初中 | 100 | 0.4792 |
| | 2.4.7 生均图书（册） | 小学 | 25 | 0.4792 |
| | | 初中 | 30 | 0.4792 |
| | 2.4.8 生均计算机（台） | 小学 | 0.10 | 0.4792 |
| | | 初中 | 0.20 | 0.4792 |
| | 2.4.9 班级多媒体比例（%） | 小学 | 7 | 0.4792 |
| | | 初中 | 6 | 0.4792 |
| 2.5 学校布局 | 2.5.1 特殊学校设立的比例（%） | | 100 | 0.4792 |
| | 2.5.3 学校规模（人） | 小学 | 332 | 0.4792 |
| | | 初中 | 392 | 0.4792 |
| | 2.5.3 班额控制（人） | 小学 | 40 | 0.4792 |
| | | 初中 | 45 | 0.4792 |

(续表)

| 指标 | | 发展标准 | 均衡标准（差异系数） |
|---|---|---|---|
| 3. 县域管理 | | | |
| 3.1 标准化学校建设比例（%） | | 96 | 0.3246 |
| 3.2 校长交流比例（%） | 3.2.1 小学 | 32 | 0.3246 |
| | 3.2.2 初中 | 32 | 0.3246 |
| 3.3 校舍利用率（%） | 3.3.1 小学 | 85 | 0.3246 |
| | 3.3.2 初中 | 90 | 0.3246 |
| 4. 教学质量 | | | |
| 4.1 九年制义务教育完成率（%） | | 97* | 0.0262 |
| 4.2 社区对义务教育均衡发展的反响 | | 85* | 0.0262 |

说明：本表各项指标的序号为单独编制，且只编列到三级指标。*为根据检验情况进行了修正。

## 四、附录

（一）资料性附录（略）

（二）注释（略）

（三）参考文献和索引（略）

# 第三节 区域内义务教育均衡发展省级标准的检测

## 一、区域内义务教育均衡发展省级标准检测的目的、依据与软件

制定《县域内/省域内义务教育均衡发展省级标准》，目的是应用于促进区域义务教育均衡发展，其中主要是帮助政府、学校和家长等相关主体把握、检测义务教育均衡发展的水准，用以指导工作或提出相关要求（如政府向下级政府和学校、家长提出要求，学校向政府和家长提出要求，家长向政府和学校提出要求）。因此，县域内/省域内义务教育均衡发展检测，即以《县域内/省域内义务教育均衡发展省级标准》为基准，对所适用范围内的县域内/省域内义务教育均衡发展状况进行测评，并根据检测结果（偏离指数）对相关主体提出有针对性的要求。

（一）区域内义务教育均衡发展省级标准检测的目的

对县域内/省域内义务教育均衡发展进行检测，其目的首先是能快速、便捷地测量出所检测县域内/省域内义务教育总的和各级指标的发展水平的等次、数值及其偏离程度，总的和各级指标的均衡水平的等次、数值及其偏离程度。其次，运用检测的结果帮助县域内/省域内义务教育均衡发展的工作。

对县域内义务教育均衡发展状况进行检测,其结果要求包括:①得出县域内义务教育总体及其一级指标的发展水平,总体及其一、二、三级指标的发展指数和偏离指数;②得出县域内义务教育总体及其一级指标的均衡水平,总体及其一级、二级、三级指标的均衡指数和偏离指数。(具体见表7-8、7-9)

对省域内义务教育均衡发展状况进行检测,其结果要求包括:①得出省域内义务教育总体及其一级指标的发展水平,总体及其一、二、三级指标的发展指数和偏离指数;②得出省域内义务教育总体及其一级指标的均衡水平,总体及其一级、二级、三级指标的均衡指数和偏离指数。(具体见表7-10、7-11)

### (二) 区域内义务教育均衡发展省级标准检测的依据

一方面是《2020年湖南省县域内义务教育均衡发展省级标准》、《2020年湖南省省域内义务教育均衡发展省级标准》。它们分别规定了2020年湖南省县域内/省域内义务教育均衡发展应该达到的基准值,规定了各项指标的定义、数据收集方法和测量方法。

另一方面是按照《2020年湖南省县域内义务教育均衡发展省级标准》、《2020年湖南省省域内义务教育均衡发展省级标准》的要求,所收集的完整、准确的数据。

### (三) 区域内义务教育均衡发展省级标准检测的软件

1. 区域内义务教育均衡发展检测软件的设计。

为了便于对区域内义务教育均衡发展实际状况进行检测,本课题开发了《湖南省县域内义务教育均衡发展检测软件》、《湖南省省域内义务教育均衡发展检测软件》。设计这套《县域内/省域内义务教育均衡发展检测软件》,考虑了以下三个因素。

(1) 准确可靠。即运用《县域内/省域内义务教育均衡发展省级标准》及其检测软件,所检测出来的区域内义务教育均衡发展水平是比较客观的,有一定权威性。当然,要求检测结果客观,首先是《县域内/省域内义务教育均衡发展省级标准》要比较客观,所收集的数据要可靠,但检测软件能否计算出准确的结果也很重要。

(2) 简便易用。因为这个软件的使用不仅是本课题研究成果推广应用的需要,还要考虑今后上级教育行政部门和各个县域乃至各所学校使用的需要。因此,应该使用方便、操作容易、界面清晰。

(3) 能够及时调整检测变量。一般来讲,县域内义务教育均衡发展指标的计算方法是稳定不变的,其他如指标体系、评价标准、各个指标的基准值等是随着时间的推移而可能发生变化的。对这些可能发生变化的因素,软件设计时要考虑能够及时修改。

2. 《〈2020年湖南省县域内义务教育均衡发展省级标准〉检测软件》的界面。

第七章 区域内义务教育均衡发展省级标准的制定与检测

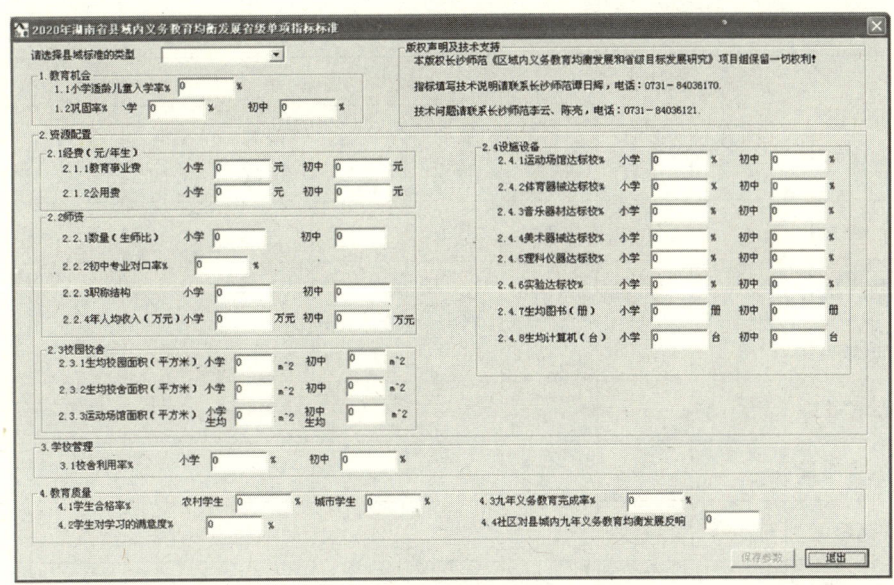

3. 《〈2020年湖南省省域内义务教育均衡发展省级标准〉检测软件》的界面。

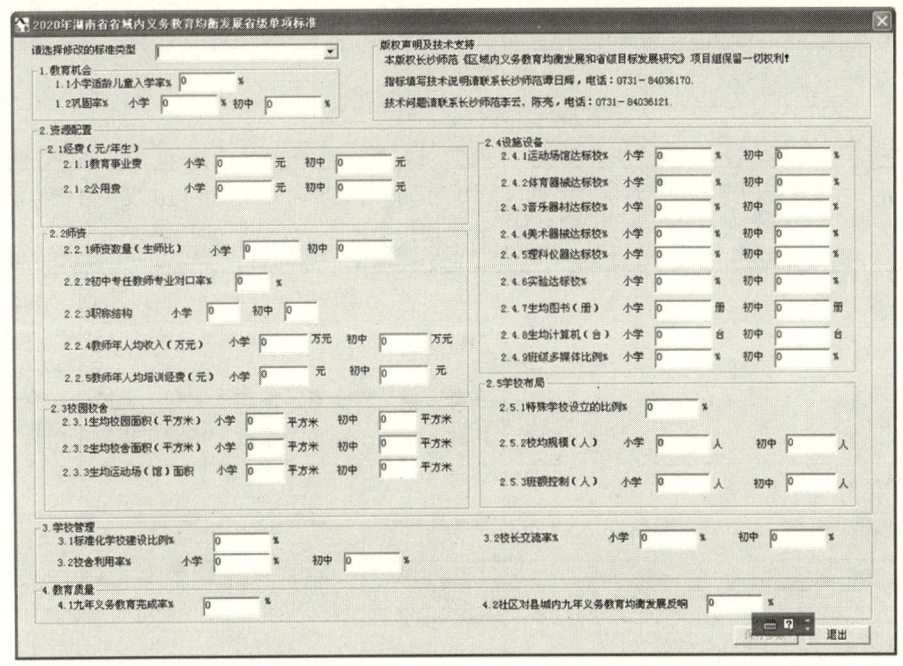

## 二、区域内义务教育均衡发展省级标准检测的结果与偏离指数

1. 对县域内义务教育均衡发展省级标准检测的结果要求（具体见表7-8、7-9）。

表7-8  县域内义务教育均衡发展省级标准总体检测结果

|  |  | 发达县域 | | | 较发达县域 | | | 欠发达县域 | | |
|---|---|---|---|---|---|---|---|---|---|---|
|  |  | 实有等次 | 实有指数 | 偏离指数 | 实有等次 | 实有指数 | 偏离指数 | 实有等次 | 实有指数 | 偏离指数 |
| 总体发展检测 | | | | | | | | | | |
| 一级指标 | 教育机会 | | | | | | | | | |
| | 资源配置 | | | | | | | | | |
| | 学校管理 | | | | | | | | | |
| | 教育质量 | | | | | | | | | |
| 总体均衡检测 | | | | | | | | | | |
| 一级指标 | 教育机会 | | | | | | | | | |
| | 资源配置 | | | | | | | | | |
| | 学校管理 | | | | | | | | | |
| | 教育质量 | | | | | | | | | |

说明：各项指标的定义及其测量方法见《2020年湖南省县域内义务教育均衡发展省级标准》。

表7-9  县域内义务教育均衡发展省级标准单项检测结果

| 指标 | | 发展水平检测 | | | | | | 均衡水平检测 | |
|---|---|---|---|---|---|---|---|---|---|
| | | 发达县 | | 较发达县 | | 欠发达县 | | | |
| | | 实有指数 | 偏离指数 | 实有指数 | 偏离指数 | 实有指数 | 偏离指数 | 实有指数 | 偏离指数 |
| 1.1 小学适龄儿童入学率（%） | | | | | | | | | |
| 1.2.1 小学巩固率（%） | | | | | | | | | |
| 1.2.2 初中巩固率（%） | | | | | | | | | |
| 2.1.1 教育事业费（元/年·生） | 小学 | | | | | | | | |
| | 初中 | | | | | | | | |
| 2.2.2 公用经费（元/年·生） | 小学 | | | | | | | | |
| | 初中 | | | | | | | | |

（续表）

| 指标 | | 发展水平检测 | | | | | | 均衡水平检测 | |
|---|---|---|---|---|---|---|---|---|---|
| | | 发达县 | | 较发达县 | | 欠发达县 | | | |
| | | 实有指数 | 偏离指数 | 实有指数 | 偏离指数 | 实有指数 | 偏离指数 | 实有指数 | 偏离指数 |
| 2.2.1 师资数量（生师比） | 农村小学 | | | | | | | | |
| | 农村初中 | | | | | | | | |
| | 城市小学 | | | | | | | | |
| | 城市初中 | | | | | | | | |
| 2.2.2 初中教师专业对口率（%） | | | | | | | | | |
| 2.2.3 教师职称结构 | 小学 | | | | | | | | |
| | 初中 | | | | | | | | |
| 2.3.4 教师年人均收入（万元） | 小学 | | | | | | | | |
| | 初中 | | | | | | | | |
| 2.3.1 生均校园面积（m²） | 小学 | | | | | | | | |
| | 初中 | | | | | | | | |
| 2.3.2 生均校舍面积（m²） | 小学 | | | | | | | | |
| | 初中 | | | | | | | | |
| 2.3.3 生均运动场（馆）面积（m²） | 小学 | | | | | | | | |
| | 初中 | | | | | | | | |
| 2.4.1 运动场（馆）达标校（%） | 小学 | | | | | | | | |
| | 初中 | | | | | | | | |
| 2.4.2 体育器械达标校（%） | 小学 | | | | | | | | |
| | 初中 | | | | | | | | |
| 2.4.3 音乐器材达标校（%） | 小学 | | | | | | | | |
| | 初中 | | | | | | | | |
| 2.4.4 美术器材达标校（%） | 小学 | | | | | | | | |
| | 初中 | | | | | | | | |
| 2.4.5 理科仪器达标校（%） | 小学 | | | | | | | | |
| | 初中 | | | | | | | | |
| 2.4.6 实验开出率（%） | 小学 | | | | | | | | |
| | 初中 | | | | | | | | |

(续表)

| 指标 | | 发展水平检测 | | | | | | 均衡水平检测 | |
| --- | --- | --- | --- | --- | --- | --- | --- | --- | --- |
| | | 发达县 | | 较发达县 | | 欠发达县 | | | |
| | | 实有指数 | 偏离指数 | 实有指数 | 偏离指数 | 实有指数 | 偏离指数 | 实有指数 | 偏离指数 |
| 2.4.7 生均图书（册） | 小学 | | | | | | | | |
| | 初中 | | | | | | | | |
| 2.4.8 生均计算机（台） | 小学 | | | | | | | | |
| | 初中 | | | | | | | | |
| 2.4.9 班级多媒体比例（%） | 小学 | | | | | | | | |
| | 初中 | | | | | | | | |
| 2.5.1 班额控制（人） | 农村小学 | | | | | | | | |
| | 农村初中 | | | | | | | | |
| | 城市小学 | | | | | | | | |
| | 城市初中 | | | | | | | | |
| 3.1 全面执行教学计划（%） | | | | | | | | | |
| 3.2 校舍利用率（%） | 3.2.1 小学 | | | | | | | | |
| | 3.2.2 初中 | | | | | | | | |
| 4.1 学生合格率（%） | 4.1.1 农村 | | | | | | | | |
| | 4.1.2 城市 | | | | | | | | |
| 4.2 学生对学习的满意度（%） | | | | | | | | | |
| 4.3 九年制义务教育完成率（%） | | | | | | | | | |
| 4.4 社区对义务教育均衡发展的反响 | | | | | | | | | |

说明：各项指标的定义及其测量方法见《2020年湖南省县域内义务教育均衡发展省级标准》。

2. 对省域内义务教育均衡发展省级标准检测的结果要求，具体见表7-10、7-11。

表7-10 省域内义务教育均衡发展省级标准总体检测结果

| | | 2020年省级标准 | 实有等次 | 实有指数 | 偏离指数 |
| --- | --- | --- | --- | --- | --- |
| 总体发展检测结果 | | | | | |
| 一级指标 | 教育机会 | | | | |
| | 资源配置 | | | | |
| | 县域管理 | | | | |
| | 教育质量 | | | | |

(续表)

| | | 2020年省级标准 | 实有等次 | 实有指数 | 偏离指数 |
|---|---|---|---|---|---|
| 总体均衡检测结果 | | | | | |
| 一级指标 | 教育机会 | | | | |
| | 资源配置 | | | | |
| | 县域管理 | | | | |
| | 教育质量 | | | | |

说明：各项指标的定义及其测量方法见《2020年湖南省省域内义务教育均衡发展省级标准》。

表7－11 省域内义务教育均衡发展省级标准单项检测结果

| 指标 | | | 发展水平检测 | | 均衡水平检测 | |
|---|---|---|---|---|---|---|
| | | | 实有结果 | 偏离指数 | 实有结果 | 偏离指数 |
| 1. 教育机会 | | | | | | |
| 1.1 小学适龄儿童入学率（%） | | | | | | |
| 1.2 巩固率（%） | | 1.2.1 小学 | | | | |
| | | 1.2.2 初中 | | | | |
| 2. 资源配置 | | | | | | |
| 2.1 教育经费 | 2.1.1 教育事业费（元/年·生） | 小学 | | | | |
| | | 初中 | | | | |
| | 2.2.2 公用经费（元/年·生） | 小学 | | | | |
| | | 初中 | | | | |
| 2.2 师资 | 2.2.1 数量（生师比） | 小学 | | | | |
| | | 初中 | | | | |
| | 2.2.2 初中教师专业对口率（%） | | | | | |
| | 2.2.3 职称结构 | 小学 | | | | |
| | | 初中 | | | | |
| | 2.2.4 年人均收入（万元） | 小学 | | | | |
| | | 初中 | | | | |
| | 2.2.5 年人均培训经费（元） | 小学 | | | | |
| | | 初中 | | | | |
| 2.3 校园校舍 | 2.3.1 生均校园面积（m²） | 小学 | | | | |
| | | 初中 | | | | |

(续表)

| 指标 | | | 发展水平检测 | | 均衡水平检测 | |
|---|---|---|---|---|---|---|
| | | | 实有结果 | 偏离指数 | 实有结果 | 偏离指数 |
| 2.3 校园校舍 | 2.3.2 生均校舍面积（$m^2$） | 小学 | | | | |
| | | 初中 | | | | |
| | 2.3.3 生均运动场（馆）面积（$m^2$） | 小学 | | | | |
| | | 初中 | | | | |
| 2.4 设施设备 | 2.4.1 运动场（馆）达标校（%） | 小学 | | | | |
| | | 初中 | | | | |
| | 2.4.2 体育器械达标校（%） | 小学 | | | | |
| | | 初中 | | | | |
| | 2.4.3 音乐器材达标校（%） | 小学 | | | | |
| | | 初中 | | | | |
| | 2.4.4 美术器材达标校（%） | 小学 | | | | |
| | | 初中 | | | | |
| | 2.4.5 理科仪器达标校（%） | 小学 | | | | |
| | | 初中 | | | | |
| | 2.4.6 实验开出率（%） | 小学 | | | | |
| | | 初中 | | | | |
| | 2.4.7 生均图书（册） | 小学 | | | | |
| | | 初中 | | | | |
| | 2.4.8 生均计算机（台） | 小学 | | | | |
| | | 初中 | | | | |
| | 2.4.9 班级多媒体比例（%） | 小学 | | | | |
| | | 初中 | | | | |
| 2.5 学校布局 | 2.5.1 特殊学校设立的比例（%） | 小学 | | | | |
| | | 初中 | | | | |
| | 2.5.2 班额控制（人） | 小学 | | | | |
| | | 初中 | | | | |
| | 2.5.3 校均规模（人） | 小学 | | | | |
| | | 初中 | | | | |
| 3. 县域管理 | | | | | | |

(续表)

| 指标 | | 发展水平检测 | | 均衡水平检测 | |
|---|---|---|---|---|---|
| | | 实有结果 | 偏离指数 | 实有结果 | 偏离指数 |
| 3.1 标准化学校建设比例（%） | | | | | |
| 3.2 校长交流比例（%） | 3.2.1 小学 | | | | |
| | 3.2.2 初中 | | | | |
| 3.3 校舍利用率（%） | 3.3.1 小学 | | | | |
| | 3.3.2 初中 | | | | |
| 4. 教学质量 | | | | | |
| 4.1 九年制义务教育完成率（%） | | | | | |
| 4.2 社区对义务教育均衡发展的反响 | | | | | |

说明：各项指标的定义及其测量方法见《2020年湖南省省域内义务教育均衡发展省级标准》。

3. 对县域内和省域内义务教育均衡发展省级标准检测的总体结果要求（见表7－12）。

表7－12 湖南省县域内（省域内）义务教育均衡发展省级标准检测总体结果（偏离指数）

| 县域内 | 发展指数 | | | 均衡指数（差异系数） | | |
|---|---|---|---|---|---|---|
| | 被检测年度测评值 | 2020年标准值 | 偏离指数 | 被检测年度测评值 | 2020年标准值 | 偏离指数 |
| 总指数 | | 1.0112 | | | 0.0983 | |
| 教育机会 | | 0.3231 | | | 0.0003 | |
| 资源配置 | | 0.5534 | | | 0.2078 | |
| 学校管理 | | 0.0711 | | | 0.0429 | |
| 教育质量 | | 0.1646 | | | 0.0076 | |
| 省域内 | | | | | | |
| 总指数 | | 0.9796 | | | 0.2332 | |
| 教育机会 | | 0.2798 | | | 0.0007 | |
| 资源配置 | | 0.5634 | | | 0.4792 | |
| 县域管理 | | 0.1374 | | | 0.2231 | |
| 教育质量 | | 0.0717 | | | 0.0078 | |

对区域内义务教育均衡发展进行检测，其结果的重要指标之一是偏离指数。包括区域内义务教育总体发展、总体均衡、单项发展、单项均衡的偏离指数，它们均以省级标准为基准值，以被检测年度（时间点一般宜在省级标准所确定的目标年度附近，

否则可能导致偏离指数太大或太小）区域内义务教育均衡发展的指数为依据，分别计算偏离指数。

关于总体均衡发展的偏离指数的计算公式：

总体发展的偏离指数 =（被检测年度的总体发展指数 -《2020 年湖南省县域内/省域内义务教育均衡发展省级标准》的总体发展指数）÷《2020 年湖南省县域内/省域内义务教育均衡发展省级标准》的总体发展指数 ×100%

总体均衡的偏离指数 =（被检测年度的总体均衡指数 -《2020 年湖南省县域内/省域内义务教育均衡发展省级标准》的总体均衡指数）÷《2020 年湖南省县域内/省域内义务教育均衡发展省级标准》的总体均衡指数 ×100%

关于单项指标均衡发展的偏离指数的计算公式：

单项发展指标的偏离指数 =（被检测年度的单项指标的发展指数 -《2020 年湖南省县域内/省域内义务教育均衡发展省级标准》的该项指标发展指数）÷《2020 年湖南省县域内/省域内义务教育均衡发展省级标准》的该项指标发展指数 ×100%

单项均衡指标的偏离指数 =（被检测年度的单项指标的均衡指数 -《2020 年湖南省县域内/省域内义务教育均衡发展省级标准》的该项指标均衡指数）÷《2020 年湖南省县域内/省域内义务教育均衡发展省级标准》的该项指标均衡指数 ×100%

## 三、区域内义务教育均衡发展省级标准检测的数据、步骤与检验

### （一）区域内义务教育均衡发展省级标准检测的数据

收集的数据是否可靠，直接关系到区域内义务教育均衡发展检测的结果，而且检测所需要的数据要求特别严、数量特别多、收集的难度也很大，必须引起高度重视。对数据的具体要求，《2020 年湖南省县域内/省域内义务教育均衡发展省级标准》已有详细说明，这里再对几个重要问题予以说明。

1. 区域内义务教育均衡发展省级标准检测的数据定义。虽然《2020 年湖南省县域内/省域内义务教育均衡发展省级标准》对数据（指标）已经予以了定义，但要十分注意三个问题。①数据的层次。比如是学校一级的，还是县域一级的或是省域一级的。②数据的范围，即属于哪个范围的数据。比如是全部样本学校的，还是全县的，还是本省几个县域的等，都要十分清楚。③数据的来源。来源不同，数据往往有一定差异。省级标准的各个指标的数据来源都有规定，一定要遵照执行。比如规定采用学校统计就要采用学校的统计，规定采用政府部门的统计就要采用政府部门的统计，尽可能使数据的口径一致。

2. 县域内义务教育均衡发展省级标准检测的数据样本。运用《2020 年湖南省县域内义务教育均衡发展省级标准》检测县域内义务教育均衡发展状况，需要从所检测县域抽取一定样本学校。其抽样的要求是：①只选取小学（六年制）和初中（三年制），因为农村小学教学点（初小）多数已经挂靠到邻近的小学（六年制），九年一贯制学校数量较少，这两类学校不具有代表性；②每个县域均以办学水平为依据，按优、一般、较差标准，对所有小学（六年制）和初中（三年制）进行分类；③按优、一般、较差

的标准抽选 1/5 的小学（六年制）和初中（三年制），其中每类不足 3 所抽足 3 所。

3. 省域内义务教育均衡发展省级标准检测的数据样本。检测省域内义务教育均衡发展状况，需要从所检测省域抽取一定样本县域。其抽样的要求是：只选取纯粹县域、县级市和地级市的市辖区；对所有纯粹县域、县级市和地级市的市辖区，均按经济发展程度划分为发达、较发达、欠发达分类；对每类发达、较发达、欠发达县域、县级市和地级市的市辖区，抽选 1/5 的样本学校，每类不足 3 个抽足 3 个。

### （二）区域内义务教育均衡发展省级标准检测的步骤

第一步，学习掌握区域内义务教育均衡发展的省级标准和检测要求，重点是明了省级标准各项指标的含义、数据收集要求、测量办法，检测要求规定的样本选取、数据收集要求、检测步骤。

第二步，按照省级标准和检测要求，选取样本，收集数据。

第三步，统计分析，计算偏离指数。

第四步，检验检测的结果，提出促进区域内义务教育均衡发展的整改建议。

### （三）区域内义务教育均衡发展省级标准检测的检验

由于运用《县域内/省域内义务教育均衡发展省级标准》检测区域内义务教育均衡发展状况，是很难对其检测结果进行整体检验的。本课题确定结合检测过程，分三步进行检验。

第一步，根据经验，对三级指标标准检测的结果进行检验。

第二步，根据经验，对二级指标标准检测的结果进行检验。

第三步，根据经验，对一级指标标准检测的结果进行检验。

## 参考文献

［1］Yan－hong, Zhan & Neville Post lethwaite, T.（edited）(2008). A View Inside Primary Schools-A World Education Indicators (WEI) cross－national study. UNESCO Institute for Statistics, Montreal.

［2］Hussar, W. J., and Bailey, T. M.（2008）. Projection of Education Statistics to 2017（NCES 2008－078）. National Center for Education Statistics, Institute of Education Sciences, U. S. Department of Education. Washington, DC.

［3］亚瑟·埃利斯. 张文军，译. 美国基础教育标准化运动分析［J］. 教育发展研究，2008（2）.

［4］Japan's education at a glance 2006, Analytical Research Planning Division, Lifelong Learning Policy Bureau, Ministry of Education, Culture, Sports, Science and Technology.

［5］谢维和. 我国应该建立自己的教育标准［J］. 教育研究，2001（11）.

［6］龙承建，周鸿. 论教育标准化与义务教育均衡发展［J］. 河北师范大学学报：教育科学版，2009（1）.

# 附 录

## 第二章附录

### 一、《县域内义务教育均衡发展指标体系》编码对应表

附表 2-1 《县域内义务教育均衡发展指标体系》编码对应表

| 一级 | 二级 | 三级 | | 发展水平 | 均衡水平 | |
|---|---|---|---|---|---|---|
| | | | | | 标准差 | 差异系数 |
| 1. 教育机会 | 1.1 小学适龄儿童入学率（%） | | | $P_{11}$ | | |
| | 1.2 巩固率（%） | 1.2.1 小学 | | $P_{121}$ | | |
| | | 1.2.2 初中 | | $P_{122}$ | | |
| 2. 资源配置 | 2.1 经费（元/年·生） | 2.1.1 教育事业费 | 小学 | $P_{211a}$ | | |
| | | | 初中 | $P_{211b}$ | | |
| | | 2.1.2 公用经费 | 小学 | $P_{212a}$ | | |
| | | | 初中 | $P_{212b}$ | | |
| | 2.2 师资 | 2.2.1 数量（生师比） | 农村小学 | $P_{221a}$ | | |
| | | | 农村初中 | $P_{221b}$ | | |
| | | | 城市小学 | $P_{221c}$ | | |
| | | | 城市初中 | $P_{221d}$ | | |
| | | 2.2.2 初中教师专业对口率（%） | | $P_{222}$ | | |
| | | 2.2.3 职称结构 | 小学 | $P_{223a}$ | | |
| | | | 初中 | $P_{223b}$ | | |
| | | 2.2.4 年人均收入（万元） | 小学 | $P_{224a}$ | | |
| | | | 初中 | $P_{224b}$ | | |
| | 2.3 校园校舍 | 2.3.1 生均校园面积（m²） | 小学 | $P_{231a}$ | | |
| | | | 初中 | $P_{231b}$ | | |
| | | 2.3.2 生均校舍面积（m²） | 小学 | $P_{232a}$ | | |
| | | | 初中 | $P_{232b}$ | | |

（续表）

| 一级 | 二级 | 三级 | | 发展水平 | 均衡水平 | |
|---|---|---|---|---|---|---|
| | | | | | 标准差 | 差异系数 |
| 2. 资源配置 | 2.3 校园校舍 | 2.3.3 生均运动场（馆）面积（m²） | 小学 | $P_{233a}$ | | |
| | | | 初中 | $P_{233b}$ | | |
| | 2.4 设施设备 | 2.4.1 运动场（馆）达标校（%） | 小学 | $P_{241a}$ | | |
| | | | 初中 | $P_{241b}$ | | |
| | | 2.4.2 体育器械达标校（%） | 小学 | $P_{242a}$ | | |
| | | | 初中 | $P_{242b}$ | | |
| | | 2.4.3 音乐器材达标校（%） | 小学 | $P_{243a}$ | | |
| | | | 初中 | $P_{243b}$ | | |
| | | 2.4.4 美术器材达标校（%） | 小学 | $P_{244a}$ | | |
| | | | 初中 | $P_{244b}$ | | |
| | | 2.4.5 理科仪器达标校（%） | 小学 | $P_{245a}$ | | |
| | | | 初中 | $P_{245b}$ | | |
| | | 2.4.6 实验开出率（%） | 小学 | $P_{246a}$ | | |
| | | | 初中 | $P_{246b}$ | | |
| | | 2.4.7 生均图书（册） | 小学 | $P_{247a}$ | | |
| | | | 初中 | $P_{247b}$ | | |
| | | 2.4.8 生均计算机（台） | 小学 | $P_{248a}$ | | |
| | | | 初中 | $P_{248b}$ | | |
| | | 2.4.9 班级多媒体比例（%） | 小学 | $P_{249a}$ | | |
| | | | 初中 | $P_{249b}$ | | |
| | 2.5 学校布局 | 2.5.1 校均规模（人） | 农村小学 | $P_{251a}$ | | |
| | | | 农村初中 | $P_{251b}$ | | |
| | | | 城市小学 | $P_{251c}$ | | |
| | | | 城市初中 | $P_{251d}$ | | |
| | | 2.5.2 班额控制（人） | 农村小学 | $P_{252a}$ | | |
| | | | 农村初中 | $P_{252b}$ | | |
| | | | 城市小学 | $P_{252c}$ | | |
| | | | 城市初中 | $P_{252d}$ | | |

（续表）

| 一级 | 二级 | 三级 | | 发展水平 | 均衡水平 | |
|---|---|---|---|---|---|---|
| | | | | | 标准差 | 差异系数 |
| 3. 学校管理 | 3.1 全面执行教学计划（%） | | | $P_{31}$ | | |
| | 3.2 校舍利用率（%） | | 小学 | $P_{32a}$ | | |
| | | | 初中 | $P_{32b}$ | | |
| 4. 教育质量 | 4.1 学生合格率（%） | 4.1.1 农村学生 | | $P_{411}$ | | |
| | | 4.1.2 城市学生 | | $P_{412}$ | | |
| | 4.2 学生对学习的满意度（%） | | | $P_{42}$ | | |
| | 4.3 九年制义务教育完成率（%） | | | $P_{43}$ | | |
| | 4.4 社区对义务教育均衡发展的反响 | | | $P_{44}$ | | |
| 总发展水平 | | | | | | |
| 总均衡指数 | | | | | | |

## 二、《省域内义务教育均衡发展指标体系》编码对应表

附表2-2 《省域内义务教育均衡发展指标体系》编码对应表

| 一级 | 二级 | 三级 | | 发展水平 | 均衡水平 | |
|---|---|---|---|---|---|---|
| | | | | | 标准差 | 差异系数 |
| 1. 教育机会 | 1.1 小学适龄儿童入学率（%） | | | $P_{11}$ | | |
| | 1.2 巩固率（%） | 1.2.1 小学 | | $P_{121}$ | | |
| | | 1.2.2 初中 | | $P_{122}$ | | |
| 2. 资源配置 | 2.1 经费（元/年·生） | 2.1.1 教育事业费 | 小学 | $P_{211a}$ | | |
| | | | 初中 | $P_{211b}$ | | |
| | | 2.1.2 公用经费 | 小学 | $P_{212a}$ | | |
| | | | 初中 | $P_{212b}$ | | |
| | 2.2 师资 | 2.2.1 数量（生师比） | 小学 | $P_{221a}$ | | |
| | | | 初中 | $P_{221b}$ | | |
| | | 2.2.2 初中教师专业对口率（%） | | $P_{222}$ | | |
| | | 2.2.3 职称结构 | 小学 | $P_{223a}$ | | |
| | | | 初中 | $P_{223b}$ | | |
| | | 2.2.4 年人均收入（万元） | 小学 | $P_{224a}$ | | |
| | | | 初中 | $P_{224b}$ | | |

（续表）

| 一级 | 二级 | 三级 | | 发展水平 | 均衡水平 | |
|---|---|---|---|---|---|---|
| | | | | | 标准差 | 差异系数 |
| 2. 资源配置 | 2.2 师资 | 2.2.5 年人均培训经费（元） | 小学 | $P_{225a}$ | | |
| | | | 初中 | $P_{225d}$ | | |
| | 2.3 校园校舍 | 2.3.1 生均校园面积（m²） | 小学 | $P_{231a}$ | | |
| | | | 初中 | $P_{231b}$ | | |
| | | 2.3.2 生均校舍面积（m²） | 小学 | $P_{232a}$ | | |
| | | | 初中 | $P_{232b}$ | | |
| | | 2.3.3 生均运动场（馆）面积（m²） | 小学 | $P_{233a}$ | | |
| | | | 初中 | $P_{233b}$ | | |
| | 2.4 设施设备 | 2.4.1 运动场（馆）达标校（%） | 小学 | $P_{241a}$ | | |
| | | | 初中 | $P_{241b}$ | | |
| | | 2.4.2 体育器械达标校（%） | 小学 | $P_{242a}$ | | |
| | | | 初中 | $P_{242b}$ | | |
| | | 2.4.3 音乐器材达标校（%） | 小学 | $P_{243a}$ | | |
| | | | 初中 | $P_{243b}$ | | |
| | | 2.4.4 美术器材达标校（%） | 小学 | $P_{244a}$ | | |
| | | | 初中 | $P_{244h}$ | | |
| | | 2.4.5 理科仪器达标校（%） | 小学 | $P_{245a}$ | | |
| | | | 初中 | $P_{245b}$ | | |
| | | 2.4.6 实验开出率（%） | 小学 | $P_{246a}$ | | |
| | | | 初中 | $P_{246b}$ | | |
| | | 2.4.7 生均图书（册） | 小学 | $P_{247a}$ | | |
| | | | 初中 | $P_{247b}$ | | |
| | | 2.4.8 生均计算机（台） | 小学 | $P_{248a}$ | | |
| | | | 初中 | $P_{248b}$ | | |
| | | 2.4.9 班级多媒体比例（%） | 小学 | $P_{249a}$ | | |
| | | | 初中 | $P_{249b}$ | | |
| | 2.5 学校布局 | 2.5.1 特殊学校设立的比例（%） | | $P_{251}$ | | |
| | | 2.5.2 校均规模（人） | 小学 | $P_{252a}$ | | |
| | | | 初中 | $P_{252b}$ | | |

（续表）

| 一级 | 二级 | 三级 | | 发展水平 | 均衡水平 | |
|---|---|---|---|---|---|---|
| | | | | | 标准差 | 差异系数 |
| 2. 资源配置 | 2.5 学校布局 | 2.5.3 班额控制（人） | 小学 | $P_{253a}$ | | |
| | | | 初中 | $P_{253b}$ | | |
| 3. 县域管理 | 3.1 标准化学校比例（%） | | | $P_{31}$ | | |
| | 3.2 校长交流比例（%） | | 小学 | $P_{32a}$ | | |
| | | | 初中 | $P_{32b}$ | | |
| 3. 县域管理 | 3.3 校舍利用率（%） | | 小学 | $P_{33a}$ | | |
| | | | 初中 | $P_{33b}$ | | |
| 4. 教育质量 | 4.1 九年制义务教育完成率（%） | | | $P_{41}$ | | |
| | 4.2 社区对县域义务教育均衡发展的反响 | | | $P_{42}$ | | |
| 总发展水平 | | | | | | |
| 总均衡指数 | | | | | | |

### 三、区域内义务教育均衡指数计算软件使用说明

1. 安装软件，双击 codeblocks – 10.05mingw – setup.exe 进行安装。

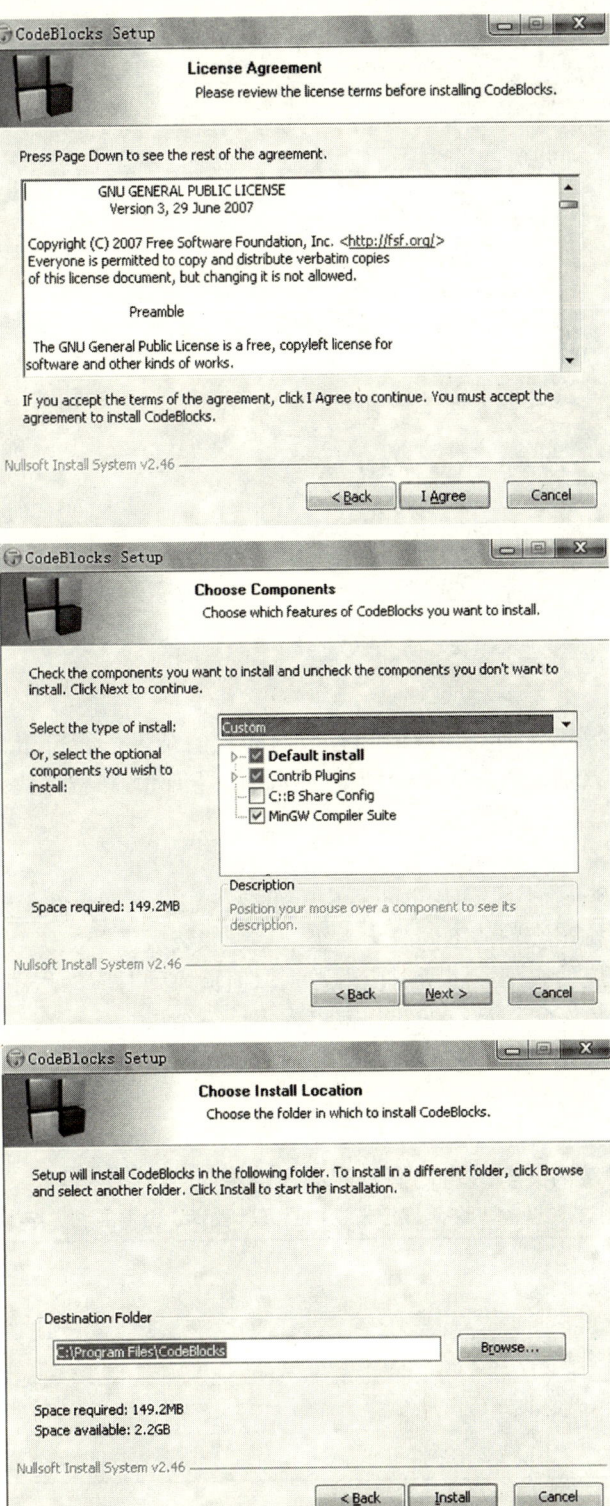

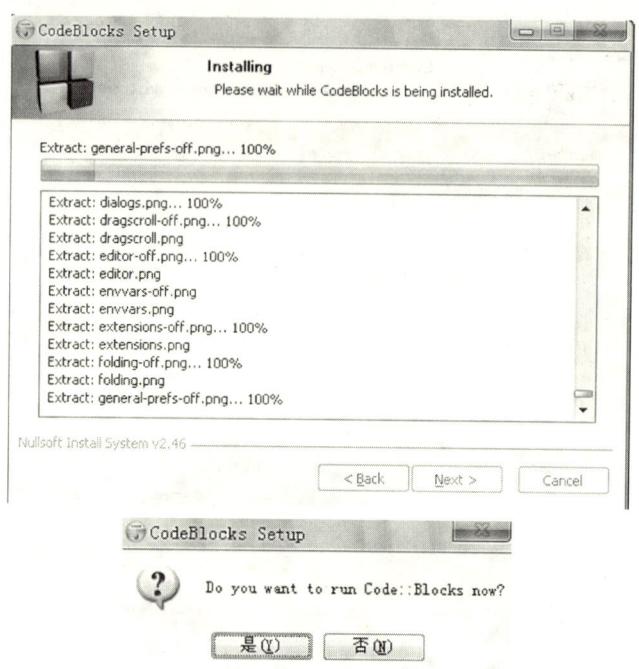

2. 代码选择。

由于统计结果要求分别就县域内和省域内的数值结果进行分析,同时由于两种统计结果的项目略有差别,所以需要分别编写程序代码 Test5 和程序代码 Test6。(源代码分别见于附录)

3. 代码使用。

以 Test6. c 为例,在代码使用的过程中,需要注意按照如下的步骤进行。

首先,将数据按照级别的不同分为一级数据、二级数据、三级数据、四级数据。

其次,按照相应的表格,将所对应的数据取值输入到对应的程序代码中。

再次,单击绿色三角形运行按钮,得出程序计算结果。

## 第三章附录

### 一、2009 年县域内义务教育均衡发展测评结果

附表 3-1  2009 年辽宁省辽中县义务教育均衡发展测评结果

| 一级 | 二级 | 三级 | 发展水平 | 均衡水平 | |
|---|---|---|---|---|---|
| | | | | 标准差 | 差异系数 |
| 1. 教育机会 | | 1.1.1 小学适龄儿童入学率(%) | 100.00 | 0.002 | 0.00 |
| | 1.2 巩固率(%) | 1.2.1 小学 | 100.00 | 0.00 | 0.00 |
| | | 1.2.2 初中 | 99.13 | 0.02 | 0.02 |

（续表）

| 一级 | 二级 | 三级 | | 发展水平 | 均衡水平 | |
|---|---|---|---|---|---|---|
| | | | | | 标准差 | 差异系数 |
| 2. 资源配置 | 2.1 经费（元/年·生） | 2.1.1 教育事业费 | 小学 | 5328 | 1540 | 0.25 |
| | | | 初中 | 6083 | 5254 | 0.69 |
| | | 2.1.2 公用经费 | 小学 | 832 | 0 | 0.00 |
| | | | 初中 | 703 | 687 | 0.61 |
| | 2.2 师资 | 2.2.1 数量（生师比） | 农村小学 | 11.63 | 3.23 | 0.27 |
| | | | 农村初中 | 7.56 | 2.74 | 0.39 |
| | | | 城市小学 | 16.00 | 4.00 | 0.18 |
| | | | 城市初中 | 10.71 | 7.18 | 0.42 |
| | | 2.2.2 初中教师专业对口率（%） | | — | — | — |
| | | 2.2.3 职称结构 | 小学 | 0.23 | 0.01 | 0.04 |
| | | | 初中 | 0.24 | 0.00 | 0.00 |
| | | 2.2.4 年人均收入（万元） | 小学 | 4.10 | 0.56 | 0.12 |
| | | | 初中 | 3.98 | 0.39 | 0.10 |
| | 2.3 校园校舍 | 2.3.1 生均校园面积（m²） | 小学 | 31.52 | 25.48 | 0.8083 |
| | | | 初中 | 117.14 | 97.95 | 0.8362 |
| | | 2.3.2 生均校舍面积（m²） | 小学 | 11.28 | 10.08 | 0.8936 |
| | | | 初中 | 14.05 | 11.03 | 0.65 |
| | | 2.3.3 生均运动场（馆）面积（m²） | 小学 | 12.45 | 5.14 | 0.38 |
| | | | 初中 | 19.52 | 13.41 | 0.72 |
| | 2.4 设施设备 | 2.4.1 运动场（馆）达标校（%） | 小学 | 100.00 | — | — |
| | | | 初中 | 100.00 | — | — |
| | | 2.4.2 体育器械达标校（%） | 小学 | 100.00 | — | — |
| | | | 初中 | 95.00 | — | — |
| | | 2.4.3 音乐器材达标校（%） | 小学 | 100.00 | — | — |
| | | | 初中 | 95.00 | — | — |
| | | 2.4.4 美术器材达标校（%） | 小学 | 100.00 | — | — |
| | | | 初中 | 99.00 | — | — |
| | | 2.4.5 理科仪器达标校（%） | 小学 | 100.00 | — | — |
| | | | 初中 | 95.00 | — | — |

(续表)

| 一级 | 二级 | 三级 | | 发展水平 | 均衡水平 | |
|---|---|---|---|---|---|---|
| | | | | | 标准差 | 差异系数 |
| 2. 资源配置 | 2.4 设施设备 | 2.4.6 实验开出率（%） | 小学 | 98.33 | 0.03 | 0.03 |
| | | | 初中 | 99.93 | 0.01 | 0.01 |
| | | 2.4.7 生均图书（册） | 小学 | 12.53 | 10.64 | 0.8492 |
| | | | 初中 | 32.23 | 15.57 | 0.4831 |
| | | 2.4.8 生均计算机（台） | 小学 | 0.08 | 0.06 | 0.7500 |
| | | | 初中 | 0.11 | 0.02 | 0.22 |
| | | 2.4.9 班级多媒体比例（%） | 小学 | 40.67 | 0.41 | 0.0101 |
| | | | 初中 | 35.00 | 0.35 | 0.0100 |
| | 2.5 学校布局 | 2.5.1 校均规模（人） | 农村小学 | 1958 | 639 | 0.3264 |
| | | | 农村初中 | 388 | 110 | 0.24 |
| | | | 城市小学 | 1498 | 487 | 0.25 |
| | | | 城市初中 | 1954 | 476 | 0.22 |
| | | 2.5.2 班额控制（人） | 农村小学 | 43 | 8 | 0.22 |
| | | | 农村初中 | 32 | 20 | 0.44 |
| | | | 城市小学 | 62 | 2 | 0.03 |
| | | | 城市初中 | 44 | 23 | 0.35 |
| 3. 学校管理 | 3.1 全面执行教学计划（%） | | | 100.00 | 0.00 | 0.0000 |
| | 3.2 校舍利用率（%） | | 小学 | 113.01 | 1.45 | 0.59 |
| | | | 初中 | 75.54 | 0.48 | 0.16 |
| 4. 教育质量 | 4.1 学生合格率（%） | 4.1.1 农村学生 | | 90.38 | 0.16 | 0.18 |
| | | 4.1.2 城市学生 | | 82.17 | 0.25 | 0.31 |
| | 4.2 学生对学习的满意度（%） | | | 95.89 | 0.07 | 0.08 |
| | 4.3 九年制义务教育完成率（%） | | | — | — | — |
| | 4.4 社区对义务教育均衡发展的反响 | | | 88.75 | 0.26 | 0.30 |
| 总发展指数 | | | | 0.8834 | | |
| 总均衡指数 | | | | 0.5251 | | |

说明：2009 年辽中县人均 GDP 38487 元，人均财政收入 2340 元，人均财政支出 2088 元，城镇居民人均可支配收入 11367 元，农村居民纯收入 8155 元。各个指标的序号、含义、权重与表 2-1 相

同。测算人：曾凡梅。

附表3-2 2009年辽宁省鞍山市铁西区义务教育均衡发展测评结果

| 一级 | 二级 | 三级 | | 发展水平 | 均衡水平 | |
|---|---|---|---|---|---|---|
| | | | | | 标准差 | 差异系数 |
| 1. 教育机会 | 1.1.1 小学适龄儿童入学率（%） | | | 100.00 | 0.000 | 0.00 |
| | 1.2 巩固率（%） | 1.2.1 小学 | | 100.00 | 0.00 | 0.00 |
| | | 1.2.2 初中 | | 100.00 | 0.00 | 0.00 |
| 2. 资源配置 | 2.1 经费（元/年·生） | 2.1.1 教育事业费 | 小学 | 5215 | 2826 | 0.73 |
| | | | 初中 | 8191 | 5063 | 0.94 |
| | | 2.1.2 公用经费 | 小学 | 295 | 69 | 0.20 |
| | | | 初中 | 276 | 367 | 0.59 |
| | 2.2 师资 | 2.2.1 数量（生师比） | 农村小学 | — | — | — |
| | | | 农村初中 | — | — | — |
| | | | 城市小学 | 9.44 | 6.59 | 0.41 |
| | | | 城市初中 | 6.91 | 7.16 | 0.51 |
| | | 2.2.2 初中教师专业对口率（%） | | — | — | — |
| | | 2.2.3 职称结构 | 小学 | 0.21 | 0.02 | 0.10 |
| | | | 初中 | 0.24 | 0.03 | 0.14 |
| | | 2.2.4 年人均收入（万元） | 小学 | 3.35 | 0.95 | 0.33 |
| | | | 初中 | 3.30 | 0.28 | 0.09 |
| | 2.3 校园校舍 | 2.3.1 生均校园面积（m²） | 小学 | 9.64 | 7.46 | 0.45 |
| | | | 初中 | 26.00 | 18.13 | 0.85 |
| | | 2.3.2 生均校舍面积（m²） | 小学 | 7.51 | 3.70 | 0.58 |
| | | | 初中 | 10.77 | 6.89 | 0.79 |
| | | 2.3.3 生均运动场（馆）面积（m²） | 小学 | 3.79 | 5.18 | 0.69 |
| | | | 初中 | 13.75 | 11.11 | 0.808 |
| | 2.4 设施设备 | 2.4.1 运动场（馆）达标校（%） | 小学 | 85.71 | — | — |
| | | | 初中 | 88.89 | — | — |
| | | 2.4.2 体育器械达标校（%） | 小学 | 100.00 | — | — |
| | | | 初中 | 100.00 | — | — |
| | | 2.4.3 音乐器材达标校（%） | 小学 | 100.00 | — | — |
| | | | 初中 | 100.00 | — | — |

(续表)

| 一级 | 二级 | 三级 | | 发展水平 | 均衡水平 | |
|---|---|---|---|---|---|---|
| | | | | | 标准差 | 差异系数 |
| 2. 资源配置 | 2.4 设施设备 | 2.4.4 美术器材达标校（%） | 小学 | 100.00 | — | — |
| | | | 初中 | 100.00 | — | — |
| | | 2.4.5 理科仪器达标校（%） | 小学 | 100.00 | — | — |
| | | | 初中 | 100.00 | — | — |
| | | 2.4.6 实验开出率（%） | 小学 | 81.33 | 0.31 | 0.32 |
| | | | 初中 | 98.33 | 0.02 | 0.02 |
| | | 2.4.7 生均图书（册） | 小学 | 38.23 | 14.08 | 0.56 |
| | | | 初中 | 37.73 | 21.78 | 0.93 |
| | | 2.4.8 生均计算机（台） | 小学 | 0.10 | 0.03 | 0.30 |
| | | | 初中 | 0.17 | 0.09 | 0.53 |
| | | 2.4.9 班级多媒体比例（%） | 小学 | 0.74 | 0.089 | 0.1202 |
| | | | 初中 | 0.67 | 0.094 | 0.1403 |
| | 2.5 学校布局 | 2.5.1 校均规模（人） | 农村小学 | — | — | — |
| | | | 农村初中 | — | — | — |
| | | | 城市小学 | 695 | 229 | 0.38 |
| | | | 城市初中 | 1024 | 941 | 0.9189 |
| | | 2.5.2 班额控制（人） | 农村小学 | — | — | — |
| | | | 农村初中 | — | — | — |
| | | | 城市小学 | 39 | 23 | 0.5897 |
| | | | 城市初中 | 32 | 16 | 0.89 |
| 3. 学校管理 | 3.1 全面执行教学计划（%） | | | 100.00 | 0.00 | 0.00 |
| | 3.2 校舍利用率（%） | | 小学 | 94.67 | 0.17 | 0.22 |
| | | | 初中 | 89.67 | 0.10 | 0.13 |
| 4. 教育质量 | 4.1 学生合格率（%） | 4.1.1 农村学生 | | — | — | — |
| | | 4.1.2 城市学生 | | 93.17 | 0.11 | 0.12 |
| | 4.2 学生对学习的满意度（%） | | | 96.50 | 0.06 | 0.06 |
| | 4.3 九年制义务教育完成率（%） | | | — | — | — |
| | 4.4 社区对义务教育均衡发展的反响 | | | 94.17 | 0.08 | 0.09 |
| 总发展水平 | | | | | 0.8525 | |
| 总均衡指数 | | | | | 0.3747 | |

说明：2009年鞍山市铁西区人均GDP 17009元，人均财政收入1118元，人均财政支出1624元。因铁西区区域行政划分的所属区域内无农村小学和农村初中，因此，表格中没有农村小学和农村初中的数据。各个指标的序号、含义、权重与表2-1相同。测算人：曾凡梅。

附表3-3　2009年辽宁省阜蒙县义务教育均衡发展测评结果

| 一级 | 二级 | 三级 | | 发展水平 | 均衡水平 | |
|---|---|---|---|---|---|---|
| | | | | | 标准差 | 差异系数 |
| 1. 教育机会 | | 1.1.1 小学适龄儿童入学率（%） | | 100.00 | 0.000 | 0.00 |
| | 1.2 巩固率（%） | 1.2.1 小学 | | 100.00 | 0.02 | 0.02 |
| | | 1.2.2 初中 | | 98.85 | 0.01 | 0.01 |
| 2. 资源配置 | 2.1 经费（元/年·生） | 2.1.1 教育事业费 | 小学 | 2484 | 1580 | 0.6361 |
| | | | 初中 | 2662 | 1577 | 0.5924 |
| | | 2.1.2 公用经费 | 小学 | 362 | 54 | 0.13 |
| | | | 初中 | 546 | 81 | 0.13 |
| | 2.2 师资 | 2.2.1 数量（生师比） | 农村小学 | 10.27 | 1.20 | 0.11 |
| | | | 农村初中 | 10.62 | 3.27 | 0.30 |
| | | | 城市小学 | 13.09 | 15.35 | 0.70 |
| | | | 城市初中 | 15.85 | 4.85 | 0.44 |
| | | 2.2.2 初中教师专业对口率（%） | | — | — | — |
| | | 2.2.3 职称结构 | 小学 | 0.19 | 0.04 | 0.19 |
| | | | 初中 | 0.22 | 0.01 | 0.04 |
| | | 2.2.4 年人均收入（万元） | 小学 | 2.18 | 1.99 | 0.79 |
| | | | 初中 | 2.31 | 2.10 | 0.76 |
| | 2.3 校园校舍 | 2.3.1 生均校园面积（m²） | 小学 | 55.53 | 38.48 | 0.6929 |
| | | | 初中 | 48.78 | 36.23 | 0.7427 |
| | | 2.3.2 生均校舍面积（m²） | 小学 | 8.07 | 2.63 | 0.31 |
| | | | 初中 | 10.44 | 5.34 | 0.66 |
| | | 2.3.3 生均运动场（馆）面积（m²） | 小学 | 35.45 | 30.85 | 0.8702 |
| | | | 初中 | 11.49 | 7.21 | 0.42 |
| | 2.4 设施设备 | 2.4.1 运动场（馆）达标校（%） | 小学 | 60.00 | — | — |
| | | | 初中 | 50.00 | — | — |
| | | 2.4.2 体育器械达标校（%） | 小学 | 60.00 | — | — |
| | | | 初中 | 50.00 | — | — |

(续表)

| 一级 | 二级 | 三级 | | 发展水平 | 均衡水平 | |
|---|---|---|---|---|---|---|
| | | | | | 标准差 | 差异系数 |
| 2. 资源配置 | 2.4 设施设备 | 2.4.3 音乐器材达标校（%） | 小学 | 60.00 | — | — |
| | | | 初中 | 50.00 | — | — |
| | | 2.4.4 美术器材达标校（%） | 小学 | 60.00 | — | — |
| | | | 初中 | 50.00 | — | — |
| | | 2.4.5 理科仪器达标校（%） | 小学 | 60.00 | — | — |
| | | | 初中 | 50.00 | — | — |
| | | 2.4.6 实验开出率（%） | 小学 | 74.00 | 0.38 | 0.47 |
| | | | 初中 | 73.75 | 0.43 | 0.52 |
| | | 2.4.7 生均图书（册） | 小学 | 12.41 | 5.50 | 0.37 |
| | | | 初中 | 21.27 | 14.26 | 0.65 |
| | | 2.4.8 生均计算机（台） | 小学 | 0.05 | 0.011 | 0.21 |
| | | | 初中 | 0.06 | 0.004 | 0.29 |
| | | 2.4.9 班级多媒体比例（%） | 小学 | 30.17 | 0.28 | 0.0093 |
| | | | 初中 | 8.20 | 0.05 | 0.0061 |
| | 2.5 学校布局 | 2.5.1 校均规模（人） | 农村小学 | 1108 | 324 | 0.32 |
| | | | 农村初中 | 663 | 383 | 0.78 |
| | | | 城市小学 | 1207 | 463 | 0.39 |
| | | | 城市初中 | 2187 | 93 | 0.04 |
| | | 2.5.2 班额控制（人） | 农村小学 | 38 | 13 | 0.52 |
| | | | 农村初中 | 48 | 11 | 0.25 |
| | | | 城市小学 | 45 | 11 | 0.22 |
| | | | 城市初中 | 59 | 2 | 0.03 |
| 3. 学校管理 | 3.1 全面执行教学计划（%） | | | 100.00 | 0.00 | 0.0000 |
| | 3.2 校舍利用率（%） | | 小学 | 70.95 | 0.25 | 0.42 |
| | | | 初中 | 76.45 | 0.31 | 0.36 |
| 4. 教育质量 | 4.1 学生合格率（%） | 4.1.1 农村学生 | | 81.46 | 0.19 | 0.23 |
| | | 4.1.2 城市学生 | | 79.45 | 0.29 | 0.36 |
| | 4.2 学生对学习的满意度（%） | | | 86.99 | 0.18 | 0.21 |
| | 4.3 九年制义务教育完成率（%） | | | — | — | — |

（续表）

| 一级 | 二级 | 三级 | 发展水平 | 均衡水平 | |
|---|---|---|---|---|---|
| | | | | 标准差 | 差异系数 |
| 4. 教育质量 | 4.4 社区对义务教育均衡发展的反响 | | 90.00 | 0.20 | 0.22 |
| 总发展水平 | | | 0.7368 | | |
| 总均衡指数 | | | 0.3557 | | |

说明：2009年阜蒙县人均GDP 34193元，人均财政收入355.19元，人均财政支出1892.11元，城镇居民人均可支配收入11700元，农村居民纯收入5120元。各个指标的序号、含义、权重与表2-1相同。测算人：曾凡梅。

**附表3-4　2009年湖南省醴陵市义务教育均衡发展测评结果**

| 一级 | 二级 | 三级 | | 发展水平 | 均衡水平 | |
|---|---|---|---|---|---|---|
| | | | | | 标准差 | 差异系数 |
| 1. 教育机会 | 1.1.1 小学适龄儿童入学率（%） | | | 99.43 | 0.01 | 0.0139 |
| | 1.2 巩固率（%） | 1.2.1 小学 | | 100.00 | 0.00 | 0.0000 |
| | | 1.2.2 初中 | | 99.76 | 0.00 | 0.0029 |
| 2. 资源配置 | 2.1 经费（元/年·生） | 2.1.1 教育事业费 | 小学 | 2232 | 258 | 0.8664 |
| | | | 初中 | 3159 | 563 | 0.8287 |
| | | 2.1.2 公用经费 | 小学 | 318 | 75 | 0.6814 |
| | | | 初中 | 579 | 117 | 0.7519 |
| | 2.2 师资 | 2.2.1 数量（生师比） | 农村小学 | 18.03 | 4.09 | 0.2275 |
| | | | 城市小学 | 11.94 | 3.47 | 0.3158 |
| | | | 农村初中 | 14.96 | 7.14 | 0.3968 |
| | | | 城市初中 | 11.99 | 0.99 | 0.0900 |
| | | 2.2.2 初中教师专业对口率（%） | | — | — | — |
| | | 2.2.3 职称结构 | 小学 | 0.25 | 0.032 | 0.1280 |
| | | | 初中 | 0.26 | 0.035 | 0.1346 |
| | | 2.2.4 年人均收入（万元） | 小学 | 2.89 | 0.2257 | 0.0694 |
| | | | 初中 | 3.02 | 0.04 | 0.0123 |
| | 2.3 校园校舍 | 2.3.1 生均校园面积（m²） | 小学 | 46.72 | 53.14 | 1.5184 |
| | | | 初中 | 49.86 | 26.11 | 0.4352 |
| | | 2.3.2 生均校舍面积（m²） | 小学 | 13.5 | 5.4 | 0.4 |
| | | | 初中 | 13.18 | 6.20 | 0.47 |

（续表）

| 一级 | 二级 | 三级 | | 发展水平 | 均衡水平 | |
|---|---|---|---|---|---|---|
| | | | | | 标准差 | 差异系数 |
| 2. 资源配置 | 2.3 校园校舍 | 2.3.3 生均运动场（馆）面积（m²） | 小学 | 11.69 | 7.75 | 0.66 |
| | | | 初中 | 12.19 | 8.32 | 0.68 |
| | 2.4 设施设备 | 2.4.1 运动场（馆）达标校（%） | 小学 | 100 | — | — |
| | | | 初中 | 100 | — | — |
| | | 2.4.2 体育器械达标校（%） | 小学 | 100 | — | — |
| | | | 初中 | 100 | — | — |
| | | 2.4.3 音乐器材达标校（%） | 小学 | 100 | — | — |
| | | | 初中 | 100 | — | — |
| | | 2.4.4 美术器材达标校（%） | 小学 | 100 | — | — |
| | | | 初中 | 100 | — | — |
| | | 2.4.5 理科仪器达标校（%） | 小学 | 100 | — | — |
| | | | 初中 | 100 | — | — |
| | | 2.4.6 实验开出率（%） | 小学 | 97.17 | 0.04 | 0.0449 |
| | | | 初中 | 100.00 | 0.02 | 0.0204 |
| | | 2.4.7 生均图书（册） | 小学 | 33.11 | 14.75 | 0.45 |
| | | | 初中 | 61.12 | 45.75 | 0.75 |
| | | 2.4.8 生均计算机（台） | 小学 | 0.08 | 0.10 | 1.22 |
| | | | 初中 | 0.14 | 0.10 | 0.68 |
| | | 2.4.9 班级多媒体比例（%） | 小学 | 16.68 | 0.37 | 0.0222 |
| | | | 初中 | 79.18 | 0.42 | 0.53 |
| | 2.5 学校布局 | 2.5.1 校均规模（人） | 农村小学 | 436 | 219.89 | 0.5043 |
| | | | 城市小学 | 423 | 270.11 | 0.64 |
| | | | 农村初中 | 572 | 200.08 | 0.0017 |
| | | | 城市初中 | 892 | 115.52 | 0.2 |
| | | 2.5.2 班额控制（人） | 农村小学 | 36 | 10.57 | 0.4202 |
| | | | 城市小学 | 38 | 15.32 | 0.1180 |
| | | | 农村初中 | 48 | 2.94 | 0.4114 |
| | | | 城市初中 | 52 | 6.81 | 0.1725 |

（续表）

| 一级 | 二级 | 三级 | | 发展水平 | 均衡水平 | |
|---|---|---|---|---|---|---|
| | | | | | 标准差 | 差异系数 |
| 3. 学校管理 | 3.1 全面执行教学计划（%） | | | 100 | 0.00 | 0.0000 |
| | 3.2 校舍利用率（%） | | 小学 | 50.00 | 25.694 | 0.5139 |
| | | | 初中 | 43.75 | 49.427 | 1.1298 |
| 4. 教育质量 | 4.1 学生合格率（%） | 4.1.1 农村学生 | | 80.40 | 24.01 | 0.2985 |
| | | 4.1.2 城市学生 | | 94.73 | 8.09 | 0.0854 |
| | 4.2 学生对学习的满意度（%） | | | 92.70 | 3.95 | 0.0427 |
| | 4.3 九年制义务教育完成率（%） | | | — | — | — |
| | 4.4 社区对义务教育均衡发展的反响 | | | 88.3 | 2.36 | 0.0268 |
| 总发展水平 | | | | 0.8298 | | |
| 总均衡指数 | | | | 0.5559 | | |

说明：2009 年醴陵市人均 GDP 20649 元，人均财政收入 973 元，人均财政支出 1566 元，城镇居民可支配收入 15288 元，农村居民纯收入 7757 元；城市化率 24.20%，初中毕业生升入高中阶段的比例 95.26%；义务教育学龄人口 6—11 岁 5.7 万，12—14 岁 2.85 万。各个指标的序号、含义、权重与表 2-1 相同。测算人：谭文、姜鹭。

**附表 3-5　2009 年湖南省邵阳市双清区义务教育均衡发展测评结果**

| 一级 | 二级 | 三级 | | 发展水平 | 均衡水平 | |
|---|---|---|---|---|---|---|
| | | | | | 标准差 | 差异系数 |
| 1. 教育机会 | 1.1.1 小学适龄儿童入学率（%） | | | 98.72 | 2.96 | 0.0296 |
| | 1.2 巩固率（%） | 1.2.1 小学 | | 99.92 | 0.20 | 0.002 |
| | | 1.2.2 初中 | | 98.90 | 0.79 | 0.008 |
| 2. 资源配置 | 2.1 经费（元/年·生） | 2.1.1 教育事业费 | 小学 | 1329 | 1014 | 0.3057 |
| | | | 初中 | 2630 | 827 | 0.1285 |
| | | 2.1.2 公用经费 | 小学 | 290 | 14 | 0.0467 |
| | | | 初中 | 427 | 127 | 0.254 |
| | 2.2 师资 | 2.2.1 数量（生师比） | 农村小学 | 21.34 | 5.11 | 0.2395 |
| | | | 农村初中 | 7.9 | — | — |
| | | | 城市小学 | 19.46 | 5.11 | 0.2626 |
| | | | 城市初中 | 13.03 | 3.08 | 0.2364 |
| | | 2.2.2 初中教师专业对口率（%） | | — | — | — |

（续表）

| 一级 | 二级 | 三级 | | 发展水平 | 均衡水平 | |
|---|---|---|---|---|---|---|
| | | | | | 标准差 | 差异系数 |
| 2. 资源配置 | 2.2 师资 | 2.2.3 职称结构 | 小学 | 0.21 | 0.06 | 0.2699 |
| | | | 初中 | 0.20 | 0.09 | 0.3385 |
| | | 2.2.4 年人均收入（万元） | 小学 | 2.10 | 0.61 | 0.2443 |
| | | | 初中 | 2.32 | 0.58 | 0.2014 |
| | 2.3 校园校舍 | 2.3.1 生均校园面积（$m^2$） | 小学 | 15.38 | 12.48 | 0.7009 |
| | | | 初中 | 40.23 | 17.06 | 0.4700 |
| | | 2.3.2 生均校舍面积（$m^2$） | 小学 | 5.76 | 3.27 | 0.5027 |
| | | | 初中 | 5.52 | 3.85 | 0.5001 |
| | | 2.3.3 生均运动场（馆）面积（$m^2$） | 小学 | 8.28 | 6.24 | 0.7536 |
| | | | 初中 | 11.30 | 3.91 | 0.2752 |
| | 2.4 设施设备 | 2.4.1 运动场（馆）达标校（%） | 小学 | 50.00 | — | — |
| | | | 初中 | 100.00 | — | — |
| | | 2.4.2 体育器械达标校（%） | 小学 | 50.00 | — | — |
| | | | 初中 | 100.00 | — | — |
| | | 2.4.3 音乐器材达标校（%） | 小学 | 50.00 | — | — |
| | | | 初中 | 100.00 | — | — |
| | | 2.4.4 美术器材达标校（%） | 小学 | 50.00 | — | — |
| | | | 初中 | 100.00 | — | — |
| | | 2.4.5 理科仪器达标校（%） | 小学 | 50.00 | — | — |
| | | | 初中 | 100.00 | — | — |
| | | 2.4.6 实验开出率（%） | 小学 | 68.17 | 24.59 | 0.2443 |
| | | | 初中 | 100.00 | 11.76 | 0.2014 |
| | | 2.4.7 生均图书（册） | 小学 | 18.47 | 12.48 | 0.7009 |
| | | | 初中 | 29.50 | 17.06 | 0.4700 |
| | | 2.4.8 生均计算机（台） | 小学 | 0.02 | 0.03 | 0.5027 |
| | | | 初中 | 0.08 | 0.04 | 0.5001 |
| | | 2.4.9 班级多媒体比例（%） | 小学 | 2.47 | 1.24 | 0.5020 |
| | | | 初中 | 7.60 | 3.91 | 0.2752 |

（续表）

| 一级 | 二级 | 三级 | | 发展水平 | 均衡水平 | |
|---|---|---|---|---|---|---|
| | | | | | 标准差 | 差异系数 |
| 2. 资源配置 | 2.5 学校布局 | 2.5.1 校均规模（人） | 农村小学 | 688 | 511 | 0.7427 |
| | | | 农村初中 | 466 | — | — |
| | | | 城市小学 | 849 | 472 | 0.4605 |
| | | | 城市初中 | 979 | 4 | 0.0022 |
| | | 2.5.2 班额控制（人） | 农村小学 | 53 | 20 | 0.4739 |
| | | | 农村初中 | 51 | — | — |
| | | | 城市小学 | 47 | 25 | 0.3949 |
| | | | 城市初中 | 56 | 4 | 0.0645 |
| 3. 学校管理 | 3.1 全面执行教学计划（%） | | | 100.00 | 0.00 | 0.0000 |
| | 3.2 校舍利用率（%） | | 小学 | 110.22 | 46.88 | 0.4253 |
| | | | 初中 | 87.67 | 12.815 | 0.1281 |
| 4. 教育质量 | 4.1 学生合格率（%） | 4.1.1 农村学生 | | 98.17 | 2.53 | 0.0258 |
| | | 4.1.2 城市学生 | | 89 | 6.87 | 0.0772 |
| | 4.2 学生对学习的满意度（%） | | | — | — | — |
| | 4.3 九年制义务教育完成率（%） | | | — | — | — |
| | 4.4 社区对义务教育均衡发展的反响 | | | — | — | — |
| 总发展水平 | | | | 0.7657 | | |
| 总均衡指数 | | | | 0.2820 | | |

说明：2009 年邵阳市双清区人均 GDP 19000 元，人均财政收入 667 元，人均财政支出 1965 元，城镇居民可支配收入 12739 元，农村居民纯收入 7179 元；城市化率 83.5%，初中毕业生升入高中阶段的比例 98.7%；双清区县域义务教育学龄人口 6—11 岁 2.00 万，12—14 岁 0.74 万。各个指标的序号、含义、权重与表 2-1 相同。测算人：谭文、姜鹭。

附表 3-6　2009 年湖南省泸溪县义务教育均衡发展测评结果

| 一级 | 二级 | 三级 | 发展水平 | 均衡水平 | |
|---|---|---|---|---|---|
| | | | | 标准差 | 差异系数 |
| 1. 教育机会 | 1.1.1.1 小学适龄儿童入学率（%） | | 98.52 | 3.9195 | 0.0392 |
| | 1.2 巩固率（%） | 1.2.1 小学 | 100 | 0.28 | 0.0028 |
| | | 1.2.2 初中 | 97.61 | 1.1373 | 0.0114 |

(续表)

| 一级 | 二级 | 三级 | | 发展水平 | 均衡水平 | |
|---|---|---|---|---|---|---|
| | | | | | 标准差 | 差异系数 |
| 2. 资源配置 | 2.1 经费（元/年·生） | 2.1.1 教育事业费 | 小学 | 2152 | 1036 | 0.4816 |
| | | | 初中 | 1767 | 821 | 0.2411 |
| | | 2.1.2 公用经费 | 小学 | 300 | 0 | 0.00 |
| | | | 初中 | 441 | 125 | 0.2838 |
| | 2.2 师资 | 2.2.1 数量（生师比） | 农村小学 | 12.57 | 0.4674 | 0.7251 |
| | | | 城市小学 | 19.23 | 0.1544 | 0.1446 |
| | | | 农村初中 | 12.88 | 0.1366 | 0.1442 |
| | | | 城市初中 | 21.37 | — | — |
| | | 2.2.2 初中教师专业对口率（%） | | — | | |
| | | 2.2.3 职称结构 | 小学 | 0.2251 | 0.0324 | 0.1521 |
| | | | 初中 | 0.2348 | 0.0086 | 0.0346 |
| | | 2.2.4 年人均收入（万元） | 小学 | 2.15 | 0.3065 | 0.1412 |
| | | | 初中 | 1.83 | 0.5054 | 0.2207 |
| | 2.3 校园校舍 | 2.3.1 生均校园面积（m²） | 小学 | 16.02 | 11.495 | 0.6531 |
| | | | 初中 | 23.77 | 12.882 | 0.4210 |
| | | 2.3.2 生均校舍面积（m²） | 小学 | 5.16 | 2.3119 | 0.5254 |
| | | | 初中 | 6.73 | 4.2679 | 0.5335 |
| | | 2.3.3 生均运动场（馆）面积（m²） | 小学 | 5.07 | 3.0566 | 0.7642 |
| | | | 初中 | 5.19 | 4.0702 | 0.7141 |
| | 2.4 设施设备 | 2.4.1 运动场（馆）达标校（%） | 小学 | 12.5 | — | — |
| | | | 初中 | 0.00 | | |
| | | 2.4.2 体育器械达标校（%） | 小学 | 12.5 | — | — |
| | | | 初中 | 0.00 | | |
| | | 2.4.3 音乐器材达标校（%） | 小学 | 12.5 | — | — |
| | | | 初中 | 0.00 | | |
| | | 2.4.4 美术器材达标校（%） | 小学 | 12.5 | — | — |
| | | | 初中 | 0.00 | | |
| | | 2.4.5 理科仪器达标校（%） | 小学 | 12.5 | — | — |
| | | | 初中 | 0.00 | | |

（续表）

| 一级 | 二级 | 三级 | | 发展水平 | 均衡水平 | |
|---|---|---|---|---|---|---|
| | | | | | 标准差 | 差异系数 |
| 2. 资源配置 | 2.4 设施设备 | 2.4.6 实验开出率（%） | 小学 | 76.86 | 30.97 | 0.3441 |
| | | | 初中 | 74.75 | 27.618 | 0.2907 |
| | | 2.4.7 生均图书（册） | 小学 | 9.98 | 10.658 | 0.5921 |
| | | | 初中 | 8.23 | 12.41 | 0.6205 |
| | | 2.4.8 生均计算机（台） | 小学 | 0.06 | 0.0207 | 0.4349 |
| | | | 初中 | 0.03 | 0.0194 | 0.8151 |
| | | 2.4.9 班级多媒体比例（%） | 小学 | 0 | 0 | — |
| | | | 初中 | 2.27 | 0 | — |
| | 2.5 学校布局 | 2.5.1 校均规模（人） | 农村小学 | 623 | 604 | 0.9120 |
| | | | 城市小学 | 1925 | 802 | 0.4166 |
| | | | 农村初中 | 847 | 238 | 0.2811 |
| | | | 城市初中 | 2885 | — | — |
| | | 2.5.2 班额控制（人） | 农村小学 | 40 | 21 | 0.5526 |
| | | | 城市小学 | 61 | 2 | 0.0323 |
| | | | 农村初中 | 53 | 6 | 0.1053 |
| | | | 城市初中 | 66 | | |
| 3. 学校管理 | 3.1 全面执行教学计划（%） | | | 100 | 0.00 | 0.0000 |
| | 3.2 校舍利用率（%） | | 小学 | 121 | 0.6062 | 0.0053 |
| | | | 初中 | 93 | 1 | 0.0114 |
| 4. 教育质量 | 4.1 学生合格率（%） | 4.1.1 农村学生 | | 85.4 | 17.644 | 0.2126 |
| | | 4.1.2 城市学生 | | 92.7 | 4.6755 | 0.0504 |
| | 4.2 学生对学习的满意度（%） | | | 92.50 | 3.1391 | 0.0339 |
| | 4.3 九年制义务教育完成率（%） | | | — | — | — |
| | 4.4 社区对义务教育均衡发展的反响 | | | 88.33 | 2.357 | 0.0267 |
| 总发展水平 | | | | 0.7027 | | |
| 总均衡指数 | | | | 0.3214 | | |

说明：2009年泸溪县人均GDP 11100元，人均财政收入910元，人均财政支出3274元，城镇居民可支配收入9584元，农村居民纯收入2855元；城市化率33.05%，初中毕业生升入高中阶段的比例47.5%；县域义务教育学龄人口6—11岁2.1万，12—14岁1.4万。各个指标的序号、含义、权重与表2-1相同。测算人：谭文、姜鹭。

附表 3-7 2009年四川省双流县义务教育均衡发展测评结果

| 一级 | 二级 | 三级 | | 发展水平 | 均衡水平 | |
|---|---|---|---|---|---|---|
| | | | | | 标准差 | 差异系数 |
| 1. 教育机会 | 1.1 小学适龄儿童入学率（%） | | | 100 | 0.01 | 0.0001 |
| | 1.2 巩固率（%） | 1.2.1 小学 | | 100 | 2.6 | 0.026 |
| | | 1.2.2 初中 | | 99.4 | 3.3645 | 0.0338 |
| 2. 资源配置 | 2.1 经费（元/年·生） | 2.1.1 教育事业费 | 小学 | 4198 | 910 | 0.2115 |
| | | | 初中 | 5135 | 1133 | 0.2337 |
| | | 2.1.2 公用经费 | 小学 | 748 | 631 | 0.4776 |
| | | | 初中 | 623 | 1905 | 0.7584 |
| | 2.2 师资 | 2.2.1 数量（生师比） | 农村小学 | 17.67 | 2.5323 | 0.1393 |
| | | | 农村初中 | 16.33 | 4.1468 | 0.2701 |
| | | | 城市小学 | 19.52 | 2.7121 | 0.1321 |
| | | | 城市初中 | 16 | 1.39 | 0.0951 |
| | | 2.2.2 初中教师专业对口率（%） | | — | — | — |
| | | 2.2.3 职称结构 | 小学 | 0.26 | 0.0920 | 0.4718 |
| | | | 初中 | 0.19 | 0.0206 | 0.1157 |
| | | 2.2.4 年人均收入（万元） | 小学 | 4.8 | 1.0703 | 0.2787 |
| | | | 初中 | 4.63 | 1.4456 | 0.4016 |
| | 2.3 校园校舍 | 2.3.1 生均校园面积（m²） | 小学 | 17.26 | 8.3619 | 0.5162 |
| | | | 初中 | 17.35 | 10.7429 | 0.4835 |
| | | 2.3.2 生均校舍面积（m²） | 小学 | 7.43 | 3.3907 | 0.635 |
| | | | 初中 | 7.68 | 3.1795 | 0.3434 |
| | | 2.3.3 生均运动场（馆）面积（m²） | 小学 | 5.57 | 2.2145 | 0.4623 |
| | | | 初中 | 10.8 | 6.6308 | 0.6139 |
| | 2.4 设施设备 | 2.4.1 运动场（馆）达标校（%） | 小学 | 100 | — | — |
| | | | 初中 | 100 | — | — |
| | | 2.4.2 体育器械达标校（%） | 小学 | 100 | — | — |
| | | | 初中 | 100 | — | — |
| | | 2.4.3 音乐器材达标校（%） | 小学 | 100 | — | — |
| | | | 初中 | 100 | — | — |

（续表）

| 一级 | 二级 | 三级 | | 发展水平 | 均衡水平 | |
|---|---|---|---|---|---|---|
| | | | | | 标准差 | 差异系数 |
| 2. 资源配置 | 2.4 设施设备 | 2.4.4 美术器材达标校（%） | 小学 | 100 | — | |
| | | | 初中 | 100 | — | |
| | | 2.4.5 理科仪器达标校（%） | 小学 | 100 | — | |
| | | | 初中 | 100 | — | |
| | | 2.4.6 实验开出率（%） | 小学 | 99.2 | 7.0831 | 0.0767 |
| | | | 初中 | 97.5 | 9.0089 | 0.1005 |
| | | 2.4.7 生均图书（册） | 小学 | 17.36 | 2.5653 | 0.1602 |
| | | | 初中 | 17.38 | 2.7014 | 0.1678 |
| | | 2.4.8 生均计算机（台） | 小学 | 0.06 | 0.0225 | 0.1125 |
| | | | 初中 | 0.064 | 0.0124 | 0.062 |
| | | 2.4.9 班级多媒体比例（%） | 小学 | 21.59 | 7.9281 | 0.3672 |
| | | | 初中 | 15.8 | 6.5673 | 0.4157 |
| | 2.5 学校布局 | 2.5.1 校均规模（人） | 农村小学 | 1133 | 739 | 0.3951 |
| | | | 农村初中 | 944 | 237 | 0.235 |
| | | | 城市小学 | 3160 | 646 | 0.2525 |
| | | | 城市初中 | 3204 | 2011 | 0.6277 |
| | | 2.5.2 班额控制（人） | 农村小学 | 49 | 4 | 0.0924 |
| | | | 农村初中 | 48 | 3 | 0.0739 |
| | | | 城市小学 | 60 | 6 | 0.1169 |
| | | | 城市初中 | 63 | 13 | 0.2502 |
| 3. 学校管理 | 3.1 全面执行教学计划（%） | | | 100 | 0.00 | 0.0000 |
| | 3.2 校舍利用率（%） | | 小学 | 100 | 9.6 | 0.096 |
| | | | 初中 | 93 | 10.339 | 0.1112 |
| 4. 教育质量 | 4.1 学生合格率（%） | 4.1.1 农村学生 | | 95.61 | 8.7867 | 0.0919 |
| | | 4.1.2 城市学生 | | 99.09 | 0.9508 | 0.0096 |
| | 4.2 学生对学习的满意度（%） | | | — | — | — |
| | 4.3 九年制义务教育完成率（%） | | | — | — | — |
| | 4.4 社区对义务教育均衡发展的反响 | | | — | — | — |
| 总发展水平 | | | | 0.7027 | | |
| 总均衡指数 | | | | 0.3214 | | |

说明：2009年双流县人均GDP 41157.31元，人均财政收入11542.28元，人均财政支出10194.6元，城镇居民人均可支配收入18977元，农村居民纯收入7718元。各个指标的序号、含义、权重与表2-1相同。测算人：姜鹭。

**附表3-8　2009年四川省德阳市旌阳区义务教育均衡发展测评结果**

| 一级 | 二级 | 三级 | | 发展水平 | 均衡水平 | |
|---|---|---|---|---|---|---|
| | | | | | 标准差 | 差异系数 |
| 1. 教育机会 | 1.1 小学适龄儿童入学率（%） | | | 100 | 0 | 0 |
| | 1.2 巩固率（%） | 1.2.1 小学 | | 100 | 0 | 0 |
| | | 1.2.2 初中 | | 100 | 0.164 | 0.0016 |
| 2. 资源配置 | 2.1 经费（元/年·生） | 2.1.1 教育事业费 | 小学 | 3374 | 2093 | 0.6167 |
| | | | 初中 | 4289 | 482 | 0.1231 |
| | | 2.1.2 公用经费 | 小学 | 657 | 99 | 0.2111 |
| | | | 初中 | 676 | 186 | 0.2797 |
| | 2.2 师资 | 2.2.1 数量（生师比） | 农村小学 | 11.03 | 2.776 | 0.2169 |
| | | | 农村初中 | 10.32 | 6.078 | 0.3596 |
| | | | 城市小学 | 23.20 | 3.066 | 0.1316 |
| | | | 城市初中 | 15.78 | 1.126 | 0.0731 |
| | | 2.2.2 初中教师专业对口率（%） | | — | — | — |
| | | 2.2.3 职称结构 | 小学 | 0.2375 | 0.0137 | 0.0604 |
| | | | 初中 | 0.2397 | 0.0168 | 0.0748 |
| | | 2.2.4 年人均收入（万元） | 小学 | 3.69 | 0.5582 | 0.1388 |
| | | | 初中 | 3.95 | 0.6861 | 0.1661 |
| | 2.3 校园校舍 | 2.3.1 生均校园面积（m²） | 小学 | 13.89 | 12.153 | 0.5987 |
| | | | 初中 | 22.15 | 12.29 | 0.5549 |
| | | 2.3.2 生均校舍面积（m²） | 小学 | 5.13 | 2.679 | 0.3800 |
| | | | 初中 | 7.92 | 1.578 | 0.2191 |
| | | 2.3.3 生均运动场（馆）面积（m²） | 小学 | 3.37 | 13.27 | 0.8249 |
| | | | 初中 | 4.69 | 14.50 | 0.7773 |
| | 2.4 设施设备 | 2.4.1 运动场（馆）达标校（%） | 小学 | 67 | — | — |
| | | | 初中 | 25 | — | — |
| | | 2.4.2 体育器械达标校（%） | 小学 | 67 | — | — |
| | | | 初中 | 25 | — | — |

(续表)

| 一级 | 二级 | 三级 | | 发展水平 | 均衡水平 | |
|---|---|---|---|---|---|---|
| | | | | | 标准差 | 差异系数 |
| 2. 资源配置 | 2.4 设施设备 | 2.4.3 音乐器材达标校（%） | 小学 | 67 | — | — |
| | | | 初中 | 25 | — | — |
| | | 2.4.4 美术器材达标校（%） | 小学 | 67 | — | — |
| | | | 初中 | 25 | — | — |
| | | 2.4.5 理科仪器达标校（%） | 小学 | 67 | — | — |
| | | | 初中 | 25 | — | — |
| | | 2.4.6 实验开出率（%） | 小学 | 73.9 | 29.83 | 0.4036 |
| | | | 初中 | 94.75 | 7.462 | 0.0788 |
| | | 2.4.7 生均图书（册） | 小学 | 11.12 | 12.16 | 0.5403 |
| | | | 初中 | 31.58 | 14.93 | 0.4728 |
| | | 2.4.8 生均计算机（台） | 小学 | 0.07 | 0.0345 | 0.4833 |
| | | | 初中 | 0.05 | 0.4682 | 0.9003 |
| | | 2.4.9 班级多媒体比例（%） | 小学 | 78.2 | 40.79 | 0.5217 |
| | | | 初中 | 4.43 | 43.59 | 0.9851 |
| | 2.5 学校布局 | 2.5.1 校均规模（人） | 农村小学 | 1409 | 397 | 0.2814 |
| | | | 农村初中 | 1066 | 236 | 0.221 |
| | | | 城市小学 | 1662 | 783 | 0.4713 |
| | | | 城市初中 | 1556 | 820 | 0.5268 |
| | | 2.5.2 班额控制（人） | 农村小学 | 44 | 10 | 0.2974 |
| | | | 农村初中 | 52 | 11 | 0.2734 |
| | | | 城市小学 | 61 | 5 | 0.0880 |
| | | | 城市初中 | 58 | 5 | 0.0896 |
| 3. 学校管理 | 3.1 全面执行教学计划（%） | | | 100 | 0 | 0 |
| | 3.2 校舍利用率（%） | | 小学 | 115.08 | 27.923 | 0.2426 |
| | | | 初中 | 99.25 | 1.299 | 0.0131 |
| 4. 教育质量 | 4.1 学生合格率（%） | 4.1.1 农村学生 | | 97.81 | 1.622 | 0.0166 |
| | | 4.1.2 城市学生 | | 86.60 | 21.18 | 0.2446 |
| | 4.2 学生对学习的满意度（%） | | | — | — | — |
| | 4.3 九年制义务教育完成率（%） | | | — | — | — |

（续表）

| 一级 | 二级 | 三级 | 发展水平 | 均衡水平 | |
|---|---|---|---|---|---|
| | | | | 标准差 | 差异系数 |
| 4. 教育质量 | 4.4 社区对义务教育均衡发展的反响 | | 75 | 25 | 0.3333 |
| 总发展水平 | | | 0.7618 | | |
| 总均衡指数 | | | 0.3036 | | |

说明：2009 年，德阳市旌阳区人均 GDP 32333 元，人均财政收入 4418.68 元，人均财政支出 26229 元，城镇居民人均可支配收入 16349 元，农村居民纯收入 6392 元。各个指标的序号、含义、权重与表 2-1 相同。测算人：姜鹭。

附表 3-9 2009 年四川省乐至县义务教育均衡发展测评结果

| 一级 | 二级 | 三级 | | 发展水平 | 均衡水平 | |
|---|---|---|---|---|---|---|
| | | | | | 标准差 | 差异系数 |
| 1. 教育机会 | 1.1 小学适龄儿童入学率（%） | | | 100 | 2.74 | 0.0282 |
| | 1.2 巩固率（%） | 1.2.1 小学 | | 99.09 | 1.462 | 0.0148 |
| | | 1.2.2 初中 | | 99.53 | 0.340 | 0.0034 |
| 2. 资源配置 | 2.1 经费（元/年·生） | 2.1.1 教育事业费 | 小学 | 3238 | 927 | 0.2945 |
| | | | 初中 | 2413 | 1585 | 0.4027 |
| | | 2.1.2 公用经费 | 小学 | 357 | 68 | 0.2133 |
| | | | 初中 | 727 | 323 | 0.5987 |
| | 2.2 师资 | 2.2.1 数量（生师比） | 农村小学 | 14.64 | 4.257 | 0.2907 |
| | | | 农村初中 | 14.28 | 2.023 | 0.1416 |
| | | | 城市小学 | 19.61 | 0.61 | 0.0311 |
| | | | 城市初中 | — | — | — |
| | | 2.2.2 初中教师专业对口率（%） | | — | — | — |
| | | 2.2.3 职称结构 | 小学 | 0.2209 | 0.025 | 0.1043 |
| | | | 初中 | 0.2338 | 0.0111 | 0.0494 |
| | | 2.2.4 年人均收入（万元） | 小学 | 2.75 | 0.6783 | 0.2175 |
| | | | 初中 | 2.32 | 0.9151 | 0.2950 |
| | 2.3 校园校舍 | 2.3.1 生均校园面积（m²） | 小学 | 19.36 | 18.93 | 0.9778 |
| | | | 初中 | 13.65 | 1.874 | 0.1405 |
| | | 2.3.2 生均校舍面积（m²） | 小学 | 11.4 | 16.87 | 0.6995 |
| | | | 初中 | 5.13 | 1.957 | 0.3458 |

（续表）

| 一级 | 二级 | 三级 | | 发展水平 | 均衡水平 | |
|---|---|---|---|---|---|---|
| | | | | | 标准差 | 差异系数 |
| 2. 资源配置 | 2.3 校园校舍 | 2.3.3 生均运动场（馆）面积（m²） | 小学 | 5.85 | 3.586 | 0.6130 |
| | | | 初中 | 2.73 | 1.595 | 0.4208 |
| | 2.4 设施设备 | 2.4.1 运动场（馆）达标校（%） | 小学 | 71.4 | — | — |
| | | | 初中 | 66.7 | — | — |
| | | 2.4.2 体育器械达标校（%） | 小学 | 71.4 | — | — |
| | | | 初中 | 33.3 | — | — |
| | | 2.4.3 音乐器材达标校（%） | 小学 | 71.4 | — | — |
| | | | 初中 | 33.3 | — | — |
| | | 2.4.4 美术器材达标校（%） | 小学 | 71.4 | — | — |
| | | | 初中 | 33.3 | — | — |
| | | 2.4.5 理科仪器达标校（%） | 小学 | 71.4 | — | — |
| | | | 初中 | 66.7 | — | — |
| | | 2.4.6 实验开出率（%） | 小学 | 68.43 | 35.05 | 0.4437 |
| | | | 初中 | 88.87 | 8.872 | 0.1020 |
| | | 2.4.7 生均图书（册） | 小学 | 17.23 | 10.79 | 0.6262 |
| | | | 初中 | 8.14 | 9.369 | 0.5500 |
| | | 2.4.8 生均计算机（台） | 小学 | 0.06 | 0.0587 | 0.9783 |
| | | | 初中 | 0.03 | 0.0175 | 0.2364 |
| | | 2.4.9 班级多媒体比例（%） | 小学 | 22.85 | 14.32 | 0.6267 |
| | | | 初中 | 16.75 | 12.65 | 0.7552 |
| | 2.5 学校布局 | 2.5.1 校均规模（人） | 农村小学 | 591 | 366 | 0.5173 |
| | | | 农村初中 | 558 | 258 | 0.5196 |
| | | | 城市小学 | 2048 | 1344 | 0.6563 |
| | | | 城市初中 | — | — | — |
| | | 2.5.2 班额控制（人） | 农村小学 | 44 | 12 | 0.2848 |
| | | | 农村初中 | 54 | 8 | 0.1322 |
| | | | 城市小学 | 69 | 2 | 0.0246 |
| | | | 城市初中 | — | — | — |

（续表）

| 一级 | 二级 | 三级 | | 发展水平 | 均衡水平 | |
|---|---|---|---|---|---|---|
| | | | | | 标准差 | 差异系数 |
| 3. 学校管理 | 3.1 全面执行教学计划（%） | | | 100 | 0 | 0 |
| | 3.2 校舍利用率（%） | | 小学 | 96.57 | 8.5833 | 0.0858 |
| | | | 初中 | 109.33 | 8.9938 | 0.0823 |
| 4. 教育质量 | 4.1 学生合格率（%） | 4.1.1 农村学生 | | 83.43 | 20.19 | 0.2420 |
| | | 4.1.2 城市学生 | | 99.96 | 0.035 | 0.0004 |
| | 4.2 学生对学习的满意度（%） | | | — | — | — |
| | 4.3 九年制义务教育完成率（%） | | | — | — | — |
| | 4.4 社区对义务教育均衡发展的反响 | | | 75 | 25 | 0.3333 |
| 总发展水平 | | | | | 0.6935 | |
| 总均衡指数 | | | | | 0.3033 | |

说明：2009年乐至县人均GDP 7692元，人均财政收入235元，人均财政支出478元，城镇居民人均可支配收入11794元，农村居民纯收入4140元。各个指标的序号、含义、权重与表2-1相同。测算人：姜鹭。

## 二、2009年县域内义务教育均衡发展测评结果的单项均衡水平差异分析

**附表3-10　2009年辽宁省辽中县义务教育均衡发展测评结果的单项均衡水平差异分析**

| 均衡等次 | 均衡指标及其差异系数 |
|---|---|
| 非常均衡 | 小学适龄儿童入学率（0.00），小学巩固率（0.00），小学教育事业费（0.25），小学公用经费（0.00），城市小学师资数量（0.18），小学教师职称结构（0.04），初中教师职称结构（0.00），小学教师年人均收入（0.12），初中教师年人均收入（0.10），小学实验开出率（0.03），初中实验开出率（0.01），初中生均计算机（0.22），小学班级多媒体比例（0.01），初中班级多媒体比例（0.01），农村初中校均规模（0.24），城市小学校均规模（0.25），城市初中校均规模（0.22），农村小学班额控制（0.22），城市小学班额控制（0.03），全面执行教学计划（0.00） |
| 比较均衡 | 农村小学师资数量（0.27），农村小学校均规模（0.33），城市初中班额控制（0.35） |
| 一般均衡 | 农村初中师资数量（0.39），城市初中师资数量（0.42），小学生均运动场（馆）面积（0.38），初中生均图书（0.48），农村初中班额控制（0.44），初中校舍利用率（0.16），学生对学习的满意度（0.08） |
| 不太均衡 | 初中巩固率（0.02），初中教育事业费（0.69），初中公用经费（0.61），初中生均校舍面积（0.65），农村学生合格率（0.18），城市学生合格率（0.31），社区对义务教育均衡发展的反响（0.30） |

(续表)

| 均衡等次 | 均衡指标及其差异系数 |
|---|---|
| 非常不均衡 | 小学生均校园面积（0.81），初中生均校园面积（0.84），小学生均校舍面积（0.89），初中生均运动场（馆）面积（0.72），小学生均图书（0.85），小学生均计算机（0.75），小学校舍利用率（0.59） |

说明：分析的标准是差异系数；分析的指标到四级。

附表3-11 2009年辽宁省鞍山市铁西区义务教育均衡发展测评结果的单项均衡水平差异分析

| 均衡等次 | 均衡指标及其差异系数 |
|---|---|
| 非常均衡 | 小学适龄儿童入学率（0.00），小学巩固率（0.00），初中巩固率（0.00），小学公用经费（0.20），初中公用经费（0.59），小学教师职称结构（0.10），初中教师职称结构（0.14），初中教师年人均收入（0.09），初中实验开出率（0.02），小学班级多媒体比例（0.12），初中班级多媒体比例（0.14），全面执行教学计划（0.00） |
| 比较均衡 | 小学教师年人均收入（0.33），小学实验开出率（0.32），小学生均计算机（0.30），初中校舍利用率（0.13） |
| 一般均衡 | 城市小学师资数量（0.41），小学生均校园面积（0.45），城市小学校均规模（0.38），小学校舍利用率（0.22），城市学生合格率（0.12），学生对学习的满意度（0.06），社区对义务教育均衡发展的反响（0.09） |
| 不太均衡 | 城市初中师资数量（0.51），小学生均校舍面积（0.58），小学生均运动场（馆）面积（0.69），小学生均图书（0.56），初中生均计算机（0.53），城市小学班额控制（0.59） |
| 非常不均衡 | 小学教育事业费（0.73），初中教育事业费（0.94），初中生均校园面积（0.85），初中生均校舍面积（0.79），初中生均运动场（馆）面积（0.81），初中生均图书（0.93），城市初中校均规模（0.92），城市初中班额控制（0.89） |

说明：分析的标准是差异系数；分析的指标到四级。

附表3-12 2009年辽宁省阜蒙县义务教育均衡发展测评结果的单项均衡水平差异分析

| 均衡等次 | 均衡指标及其差异系数 |
|---|---|
| 非常均衡 | 小学适龄儿童入学率（0.00），小学公用经费（0.13），初中公用经费（0.13），农村小学师资数量（0.11），小学教师职称结构（0.19），初中教师职称结构（0.04），小学生均计算机（0.21），小学班级多媒体比例（0.01），初中班级多媒体比例（0.01），城市初中校均规模（0.04），农村初中班额控制（0.25），城市小学班额控制（0.22），城市初中班额控制（0.03），全面执行教学计划（0.00） |
| 比较均衡 | 农村初中师资数量（0.30），小学生均校舍面积（0.31），初中生均计算机（0.29），农村小学校均规模（0.32） |

（续表）

| 均衡等次 | 均衡指标及其差异系数 |
|---|---|
| 一般均衡 | 初中巩固率（0.01），城市初中师资数量（0.44），初中生均运动场（馆）面积（0.42），小学实验开出率（0.47），小学生均图书（0.37），城市小学校均规模（0.39） |
| 不太均衡 | 小学巩固率（0.02），小学教育事业费（0.64），初中教育事业费（0.59），城市小学师资数量（0.70），小学生均校园面积（0.69），初中生均校舍面积（0.66），初中实验开出率（0.52），初中生均图书（0.65），农村小学班额控制（0.52），小学校舍利用率（0.42），初中校舍利用率（0.36），农村学生合格率（0.23），城市学生合格率（0.36），学生对学习的满意度（0.21），社区对义务教育均衡发展的反响（0.22） |
| 非常不均衡 | 小学教师年人均收入（0.79），初中教师年人均收入（0.76），初中生均校园面积（0.74），小学生均运动场（馆）面积（0.87），农村初中校均规模（0.78） |

说明：分析的标准是差异系数；分析的指标到四级。

**附表3－13　2009年湖南省醴陵市义务教育均衡发展测评结果的单项均衡水平差异分析**

| 均衡等次 | 均衡指标及其差异系数 |
|---|---|
| 非常均衡 | 小学巩固率（0.00），农村小学师资数量（0.23），城市初中师资数量（0.09），小学教师职称结构（0.13），初中教师职称结构（0.13），小学教师年人均收入（0.07），初中教师年人均收入（0.01），小学实验开出率（0.04），初中实验开出率（0.02），小学班级多媒体比例（0.02），农村初中校均规模（0.00），城市初中校均规模（0.20），城市小学班额控制（0.12），城市初中班额控制（0.17），全面执行教学计划（0.00） |
| 比较均衡 | 城市小学师资数量（0.32），学生对学习的满意度（0.04），社区对义务教育均衡发展的反响（0.03） |
| 一般均衡 | 小学适龄儿童入学率（0.01），初中巩固率（0.00），农村初中师资数量（0.40），初中生均校园面积（0.44），小学生均校舍面积（0.40），初中生均校舍面积（0.47），小学生均图书（0.45），农村小学班额控制（0.42），农村初中班额控制（0.41），城市学生合格率（0.09） |
| 不太均衡 | 小学公用经费（0.68），小学生均运动场（馆）面积（0.66），初中生均运动场（馆）面积（0.68），初中生均计算机（0.68），初中班级多媒体比例（0.53），农村小学校均规模（0.50），城市小学校均规模（0.64），小学校舍利用率（0.51），农村学生合格率（0.30） |
| 非常不均衡 | 小学教育事业费（0.87），初中教育事业费（0.83），初中公用经费（0.75），小学生均校园面积（1.52），初中生均图书（0.75），小学生均计算机（1.22），初中校舍利用率（1.13） |

说明：分析的标准是差异系数；分析的指标到四级。

**附表 3-14　2009 年湖南省邵阳市双清区义务教育均衡发展测评结果的单项均衡水平差异分析**

| 均衡等次 | 均衡指标及其差异系数 |
|---|---|
| 非常均衡 | 初中教育事业费（0.13），小学公用经费（0.05），小学教师年人均收入（0.24），初中教师年人均收入（0.20），小学实验开出率（0.24），初中实验开出率（0.20）城市初中校均规模（0.00），城市初中班额控制（0.06），全面执行教学计划（0.00） |
| 比较均衡 | 小学教育事业费（0.31），初中公用经费（0.25），农村小学师资数量（0.24），城市初中师资数量（0.24），城市小学师资数量（0.26），小学教师职称结构（0.27），初中教师职称结构（0.34），初中生均运动场（馆）面积（0.28），初中班级多媒体比例（0.28），农村学生合格率（0.03） |
| 一般均衡 | 小学巩固率（0.00），初中巩固率（0.01），初中生均校园面积（0.47），初中生均校舍面积（0.50），初中生均图书（0.47），初中生均计算机（0.50），城市小学校均规模（0.46），农村小学班额控制（0.47），城市小学班额控制（0.39），初中校舍利用率（0.13），城市学生合格率（0.08） |
| 不太均衡 | 小学适龄儿童入学率（0.03），小学生均校园面积（0.70），小学生均校舍面积（0.50），小学生均图书（0.70），小学生均计算机（0.50），小学班级多媒体比例（0.50），小学校舍利用率（0.43） |
| 非常不均衡 | 小学生均运动场（馆）面积（0.75），农村小学校均规模（0.74） |

说明：分析的标准是差异系数；分析的指标到四级。

**附表 3-15　2009 年湖南省泸溪县义务教育均衡发展测评结果的单项均衡水平差异分析**

| 均衡等次 | 均衡指标及其差异系数 |
|---|---|
| 非常均衡 | 初中教育事业费（0.24），小学公用经费（0.00），城市小学师资数量（0.14），农村初中师资数量（0.14），小学教师职称结构（0.15），初中教师职称结构（0.03），小学教师年人均收入（0.14），初中教师年人均收入（0.22），城市小学班额控制（0.03），农村初中班额控制（0.11），全面执行教学计划（0.00），小学校舍利用率（0.01），初中校舍利用率（0.01） |
| 比较均衡 | 初中公用经费（0.28），小学实验开出率（0.34），初中实验开出率（0.29），农村初中校均规模（0.28），城市学生合格率（0.05），学生对学习的满意度（0.03），社区对义务教育均衡发展的反响（0.03） |
| 一般均衡 | 小学巩固率（0.00），初中巩固率（0.01），小学教育事业费（0.48），初中生均校园面积（0.42），小学生均计算机（0.43），城市小学校均规模（0.42） |
| 不太均衡 | 小学适龄儿童入学率（0.04），小学生均校园面积（0.65），小学生均校舍面积（0.53），初中生均校舍面积（0.53），小学生均图书（0.59），初中生均图书（0.62），农村小学班额控制（0.55），农村学生合格率（0.21） |
| 非常不均衡 | 农村小学师资数量（0.73），小学生均运动场（馆）面积（0.76），初中生均运动场（馆）面积（0.71），初中生均计算机（0.82），农村小学校均规模（0.91） |

说明：分析的标准是差异系数；分析的指标到四级。

**附表 3-16　2009 年四川省双流县义务教育均衡发展测评结果的单项均衡水平差异分析**

| 均衡等次 | 均衡指标及其差异系数 |
|---|---|
| 非常均衡 | 小学适龄儿童入学率（0.00），小学教育事业费（0.21），初中教育事业费（0.23），农村小学师资数量（0.14），城市小学师资数量（0.13），城市初中师资数量（0.10），初中教师职称结构（0.12），小学实验开出率（0.08），初中实验开出率（0.10），全面执行教学计划（0.00），小学生均计算机（0.11），初中生均计算机（0.06），农村小学班额控制（0.09），农村初中班额控制（0.07），城市小学班额控制（0.12），小学校舍利用率（0.10），初中校舍利用率（0.11），小学生均图书（0.16），初中生均图书（0.17），农村初中校均规模（0.24），城市初中班额控制（0.25），城市学生合格率（0.01） |
| 比较均衡 | 农村初中师资数量（0.27），小学教师年人均收入（0.28），初中生均校舍面积（0.34），城市小学校均规模（0.25），小学班级多媒体比例（0.37），初中班级多媒体比例（0.42），农村小学校均规模（0.40） |
| 一般均衡 | 小学公用经费（0.48），小学教师职称结构（0.47），初中教师年人均收入（0.40），初中生均校园面积（0.48），小学生均运动场（馆）面积（0.46） |
| 不太均衡 | 小学巩固率（0.03），初中巩固率（0.03），小学生均校园面积（0.52），小学生均校舍面积（0.64），初中生均运动场（馆）面积（0.61），城市初中校均规模（0.63），农村学生合格率（0.09） |
| 非常不均衡 | 初中公用经费（0.76） |

说明：分析的标准是差异系数；分析的指标到四级。

**附表 3-17　2009 年四川省德阳市旌阳区义务教育均衡发展测评结果的单项均衡水平差异分析**

| 均衡等次 | 均衡指标及其差异系数 |
|---|---|
| 非常均衡 | 小学适龄儿童入学率（0.00），小学巩固率（0.00），初中巩固率（0.00），初中教育事业费（0.12），城市小学师资数量（0.13），城市初中师资数量（0.07），小学教师职称结构（0.06），初中教师职称结构（0.07），小学教师年人均收入（0.14），初中实验开出率（0.08），城市小学班额控制（0.09），城市初中班额控制（0.09），小学公用经费（0.21），农村小学师资数量（0.22），初中教师年人均收入（0.17），初中生均校舍面积（0.22），农村初中校均规模（0.22），初中公用经费（0.28），初中校舍利用率（0.01），农村学生合格率（0.02），全面执行教学计划（0.00） |
| 比较均衡 | 农村小学班额控制（0.30），农村初中班额控制（0.27），农村小学校均规模（0.28） |
| 一般均衡 | 农村初中师资数量（0.36），小学生均校舍面积（0.38），小学实验开出率（0.40），初中生均图书（0.47），小学生均计算机（0.48），城市小学校均规模（0.47），小学校舍利用率（0.24） |

（续表）

| 均衡等次 | 均衡指标及其差异系数 |
|---|---|
| 不太均衡 | 小学教育事业费（0.62），小学生均校园面积（0.60），初中生均校园面积（0.55），小学生均图书（0.54），小学班级多媒体比例（0.52），城市初中校均规模（0.53），城市学生合格率（0.24），社区对义务教育均衡发展的反响（0.33） |
| 非常不均衡 | 小学生均运动场（馆）面积（0.82），初中生均运动场（馆）面积（0.78），初中生均计算机（0.90），初中班级多媒体比例（0.99） |

说明：分析的标准是差异系数；分析的指标到四级。

附表 3-18　2009 年四川省乐至县义务教育均衡发展测评结果的单项均衡水平差异分析

| 均衡等次 | 均衡指标及其差异系数 |
|---|---|
| 非常均衡 | 城市小学师资数量（0.03），初中职称结构（0.05），城市小学班额控制（0.02），全面执行教学计划（0.00），农村初中师资数量（0.14），初中生均校园面积（0.14），初中实验开出率（0.10），农村初中班额控制（0.13），小学公用经费（0.21），小学职称结构（0.10），小学教师年人均收入（0.22），初中生均计算机台数（0.24），城市学生合格率（0.00） |
| 比较均衡 | 小学教育事业费（0.29），农村小学师资数量（0.29），初中教师年人均收入（0.30），农村小学班额控制（0.28），小学校舍利用率（0.09），初中校舍利用率（0.08） |
| 一般均衡 | 小学巩固率（0.01），初中巩固率（0.00），初中教育事业费（0.40），初中生均运动场（馆）面积（0.42），小学实验开出率（0.44） |
| 不太均衡 | 小学适龄儿童入学率（0.03），初中公用经费（0.60），小学生均校舍面积（0.70），小学生均运动场（馆）面积（0.61），小学生均图书（0.63），初中生均图书（0.55），小学班级多媒体比例（0.63），农村小学校均规模（0.52），农村初中校均规模（0.52），城市小学校均规模（0.66），农村学生合格率（0.24），社区对义务教育均衡发展的反响（0.33） |
| 非常不均衡 | 小学生均校园面积（0.98），小学生均计算机台数（0.98），初中班级多媒体比例（0.76） |

说明：分析的标准是差异系数；分析的指标到四级。

### 三、2009 年省域内义务教育均衡发展测评结果

附表 3-19　2009 年辽宁省省域内义务教育均衡发展测评结果

| 一级 | 二级 | 三级 | 发展水平 | 均衡水平 | |
|---|---|---|---|---|---|
| | | | | 标准差 | 差异系数 |
| 1. 教育机会 | 1.1 小学适龄儿童入学率（％） | | 99.93 | 0.001 | 0.001 |
| | 1.2 巩固率（％） | 1.2.1 小学 | 99.20 | 0.57 | 0.58 |
| | | 1.2.2 初中 | 99.20 | 0.57 | 0.57 |

(续表)

| 一级 | 二级 | 三级 | | 发展水平 | 均衡水平 | |
|---|---|---|---|---|---|---|
| | | | | | 标准差 | 差异系数 |
| 2. 资源配置 | 2.1 经费（元/年·生） | 2.1.1 教育事业费 | 小学 | 3751 | 2728 | 0.72 |
| | | | 初中 | 4813 | 3450 | 0.72 |
| | | 2.1.2 公用经费 | 小学 | 531 | 515 | 0.97 |
| | | | 初中 | 789 | 783 | 0.99 |
| | 2.2 师资 | 2.2.1 数量（生师比） | 小学 | 13.83 | 2.23 | 0.15 |
| | | | 初中 | 11.67 | 2.43 | 0.18 |
| | | 2.2.2 初中教师专业对口率（%） | | 95.03 | 0.04 | 0.04 |
| | | 2.2.3 职称结构 | 小学 | 0.21 | 0.02 | 0.09 |
| | | | 初中 | 0.22 | 0.02 | 0.10 |
| | | 2.2.4 年人均收入（万元） | 小学 | 3.54 | 1.02 | 0.29 |
| | | | 初中 | 3.27 | 0.51 | 0.16 |
| | | 2.2.5 年人均培训经费（元） | 小学 | 138 | 105 | 0.76 |
| | | | 初中 | 137 | 107 | 0.78 |
| | 2.3 校园校舍 | 2.3.1 生均校园面积（m²） | 小学 | 14.82 | 13.88 | 0.51 |
| | | | 初中 | 29.17 | 12.17 | 0.35 |
| | | 2.3.2 生均校舍面积（m²） | 小学 | 5.61 | 2.71 | 0.53 |
| | | | 初中 | 11.22 | 4.66 | 0.53 |
| | | 2.3.3 生均运动场（馆）面积（m²） | 小学 | 13.34 | 4.70 | 0.35 |
| | | | 初中 | 14.61 | 4.51 | 0.31 |
| | 2.4 设施设备 | 2.4.1 运动场（馆）达标校（%） | 小学 | 81.90 | 0.18 | 0.20 |
| | | | 初中 | 79.63 | 0.25 | 0.27 |
| | | 2.4.2 体育器械达标校（%） | 小学 | 86.67 | 0.19 | 0.23 |
| | | | 初中 | 81.67 | 0.25 | 0.27 |
| | | 2.4.3 音乐器材达标校（%） | 小学 | 86.67 | 0.22 | 0.29 |
| | | | 初中 | 81.67 | 0.24 | 0.26 |
| | | 2.4.4 美术器材达标校（%） | 小学 | 86.67 | 0.23 | 0.31 |
| | | | 初中 | 83.00 | 0.24 | 0.27 |
| | | 2.4.5 理科仪器达标校（%） | 小学 | 86.67 | 0.23 | 0.31 |
| | | | 初中 | 81.67 | 0.26 | 0.27 |

(续表)

| 一级 | 二级 | 三级 | | 发展水平 | 均衡水平 | |
|---|---|---|---|---|---|---|
| | | | | | 标准差 | 差异系数 |
| 2. 资源配置 | 2.4 设施设备 | 2.4.6 实验开出率（%） | 小学 | 93.00 | 0.09 | 0.09 |
| | | | 初中 | 93.10 | 0.08 | 0.08 |
| | | 2.4.7 生均图书（册） | 小学 | 14.07 | 10.06 | 0.58 |
| | | | 初中 | 15.47 | 14.15 | 0.56 |
| | | 2.4.8 生均计算机（台） | 小学 | 0.06 | 0.05 | 0.65 |
| | | | 初中 | 0.09 | 0.05 | 0.40 |
| | | 2.4.9 班级多媒体比例（%） | 小学 | 1.67 | 0.012 | 0.70 |
| | | | 初中 | 2.54 | 0.017 | 0.67 |
| | 2.5 学校布局 | 2.5.1 特殊学校设立的比例（%） | | 100 | 0.00 | 0.00 |
| | | 2.5.2 校均规模（人） | 小学 | 978 | 671 | 0.6861 |
| | | | 初中 | 1035 | 25 | 0.02 |
| | | 2.5.3 班额控制（人） | 小学 | 29 | 11 | 0.32 |
| | | | 初中 | 31 | 16 | 0.33 |
| 3. 县域管理 | 3.1 标准化学校比例（%） | | | 97.00 | 0.04 | 0.04 |
| | 3.2 校长交流比例（%） | | 小学 | 46.00 | 0.38 | 0.83 |
| | | | 初中 | 41.67 | 0.21 | 0.50 |
| | 3.3 校舍利用率（%） | | 小学 | 128.39 | 0.85 | 0.66 |
| | | | 初中 | 69.47% | 0.42 | 0.40 |
| 4. 教育质量 | 4.1 九年制义务教育完成率（%） | | | 90.68 | 0.10 | 0.11 |
| | 4.2 社区对义务教育均衡发展的反响（%） | | | 100 | 0.00 | 0.00 |
| 总发展水平 | | | | 0.8941 | | |
| 总均衡指数 | | | | 0.4896 | | |

说明：2009 年，辽宁省人均 GDP 35239 元，人均财政收入 10843.9 元，人均财政支出 6302.61 元，城镇居民人均可支配收入 15761.38 元，农村居民人均纯收入 5958 元。各个指标的序号、含义、权重与表 2-2 相同。测算人：曾凡梅。

附表 3-20  2009 年湖南省省域内义务教育均衡发展测评结果

| 一级 | 二级 | 三级 | 发展水平 | 均衡水平 | |
|---|---|---|---|---|---|
| | | | | 标准差 | 差异系数 |
| 1. 教育机会 | 1.1 小学适龄儿童入学率（%） | | 100.00 | 0.38 | 0.0038 |
| | 1.2 巩固率（%） | 1.2.1 小学 | 99.64 | 0.48 | 0.0048 |
| | | 1.2.2 初中 | 98.50 | 3.23 | 0.0338 |

（续表）

| 一级 | 二级 | 三级 | | 发展水平 | 均衡水平 | |
|---|---|---|---|---|---|---|
| | | | | | 标准差 | 差异系数 |
| 2. 资源配置 | 2.1 经费（元/年·生） | 2.1.1 教育事业费 | 小学 | 3142 | 561 | 0.1852 |
| | | | 初中 | 6132 | 2012 | 0.4187 |
| | | 2.1.2 公用经费 | 小学 | 588 | 343 | 0.5405 |
| | | | 初中 | 1177 | 876 | 0.8182 |
| | 2.2 师资 | 2.2.1 数量（生师比） | 小学 | 18.63 | 0.50 | 0.0267 |
| | | | 初中 | 12.83 | 1.53 | 0.1243 |
| | | 2.2.2 初中教师专业对口率（%） | | 90.11 | 8.80 | 0.0977 |
| | | 2.2.3 职称结构 | 小学 | 0.22 | 0.02 | 0.0935 |
| | | | 初中 | 0.24 | 0.03 | 0.1383 |
| | | 2.2.4 年人均收入（万元） | 小学 | 2.65 | 0.36 | 0.1358 |
| | | | 初中 | 2.73 | 0.32 | 0.1172 |
| | | 2.2.5 年人均培训经费（元） | 小学 | 218 | 60.95 | 0.2796 |
| | | | 初中 | 244 | 39.47 | 0.1615 |
| | 2.3 校园校舍 | 2.3.1 生均校园面积（m²） | 小学 | 23.47 | 8.16 | 0.3477 |
| | | | 初中 | 42.30 | 12.73 | 0.3009 |
| | | 2.3.2 生均校舍面积（m²） | 小学 | 6.97 | 2.34 | 0.3556 |
| | | | 初中 | 10.93 | 5.39 | 0.3798 |
| | | 2.3.3 生均运动场（馆）面积（m²） | 小学 | 7.12 | 6.11 | 1.0795 |
| | | | 初中 | 12.76 | 12.06 | 1.5703 |
| | 2.4 设施设备 | 2.4.1 运动场（馆）达标校（%） | 小学 | 71.73 | 35.95 | 0.5012 |
| | | | 初中 | 70.33 | 41.96 | 0.5966 |
| | | 2.4.2 体育器械达标校（%） | 小学 | 71.73 | 35.95 | 0.5012 |
| | | | 初中 | 70.33 | 41.96 | 0.5966 |
| | | 2.4.3 音乐器材达标校（%） | 小学 | 71.73 | 35.95 | 0.5012 |
| | | | 初中 | 70.33 | 41.96 | 0.5966 |
| | | 2.4.4 美术器材达标校（%） | 小学 | 71.73 | 35.95 | 0.5012 |
| | | | 初中 | 70.33 | 41.96 | 0.5966 |
| | | 2.4.5 理科仪器达标校（%） | 小学 | 71.73 | 35.95 | 0.5012 |
| | | | 初中 | 70.33 | 41.96 | 0.5966 |

（续表）

| 一级 | 二级 | 三级 | | 发展水平 | 均衡水平 | |
|---|---|---|---|---|---|---|
| | | | | | 标准差 | 差异系数 |
| 2. 资源配置 | 2.4 设施设备 | 2.4.6 实验开出率（%） | 小学 | 86.67 | 8.52 | 0.0983 |
| | | | 初中 | 94.33 | 3.32 | 0.0352 |
| | | 2.4.7 生均图书（册） | 小学 | 17.25 | 1.19 | 0.0744 |
| | | | 初中 | 22.80 | 3.47 | 0.1335 |
| | | 2.4.8 生均计算机（台） | 小学 | 0.04 | 0.27 | 0.8847 |
| | | | 初中 | 0.05 | 0.06 | 0.6042 |
| | | 2.4.9 班级多媒体比例（%） | 小学 | 3.5 | 3.5 | 1.0000 |
| | | | 初中 | 0.5 | 0.5 | 1.0000 |
| | 2.5 学校布局 | 2.5.1 特殊学校设立的比例（%） | | 50.00 | 50.00 | 1.0000 |
| | | 2.5.2 校均规模（人） | 小学 | 334 | 203 | 0.5739 |
| | | | 初中 | 396 | 503 | 0.7857 |
| | | 2.5.3 班额控制（人） | 小学 | 46 | 7 | 0.1659 |
| | | | 初中 | 57 | 5 | 0.0931 |
| 3. 县域管理 | 3.1 标准化学校比例（%） | | | 58.00 | 5.00 | 0.0862 |
| | 3.2 校长交流比例（%） | | 小学 | 37.93 | 23.20 | 0.6117 |
| | | | 初中 | 33.70 | 22.85 | 0.6780 |
| | 3.3 校舍利用率（%） | | 小学 | 0.8 | 0.75 | 0.4985 |
| | | | 初中 | 0.73 | 0.34 | 0.3456 |
| 4. 教育质量 | 4.1 九年制义务教育完成率（%） | | | 91.05 | 8.52 | 0.0873 |
| | 4.2 社区对义务教育均衡发展的反响 | | | — | — | — |
| 总发展水平 | | | | 0.8097 | | |
| 总均衡指数 | | | | 0.4916 | | |

说明：2009年，湖南省人均GDP 20226元，人均财政收入2180.48元，人均财政支出2210.44元，城镇居民人均可支配收入15084.31元，农村居民人均纯收入4910元，城市化率42.86%。各个指标的序号、含义、权重与表2-2相同。测算人：谭文、姜鹭。

附表3-21 2009年四川省省域内义务教育均衡发展测评结果

| 一级 | 二级 | 三级 | | 发展水平 | 均衡水平 | |
|---|---|---|---|---|---|---|
| | | | | | 标准差 | 差异系数 |
| 1. 教育机会 | 1.1 小学适龄儿童入学率（%） | | | 99.09 | 1.41 | 0.0142 |
| | 1.2 巩固率（%） | 1.2.1 小学 | | 100.49 | 1.74 | 0.0173 |
| | | 1.2.2 初中 | | 100.49 | 1.74 | 0.0173 |
| 2. 资源配置 | 2.1 经费（元/年·生） | 2.1.1 教育事业费 | 小学 | 3615 | 708 | 0.2277 |
| | | | 初中 | 4233 | 567 | 0.1466 |
| | | 2.1.2 公用经费 | 小学 | 704 | 441 | 0.6274 |
| | | | 初中 | 1239 | 920 | 0.8742 |
| | 2.2 师资 | 2.2.1 数量（生师比） | 小学 | 17.44 | 2.90 | 0.1442 |
| | | | 初中 | 15.87 | 1.77 | 0.1005 |
| | | 2.2.2 初中教师专业对口率（%） | | 94.02 | 3.98 | 0.0435 |
| | | 2.2.3 职称结构 | 小学 | 0.2205 | 0.02 | 0.0859 |
| | | | 初中 | 0.2091 | 0.03 | 0.1281 |
| | | 2.2.4 年人均收入（万元） | 小学 | 3.66 | 0.34 | 0.0938 |
| | | | 初中 | 3.61 | 0.37 | 0.1019 |
| | | 2.2.5 年人均培训经费（元） | 小学 | 551 | 421 | 0.7640 |
| | | | 初中 | 796 | 686 | 0.8618 |
| | 2.3 校园校舍 | 2.3.1 生均校园面积（m²） | 小学 | 16.42 | 4.22 | 0.3116 |
| | | | 初中 | 17.62 | 3.93 | 0.2438 |
| | | 2.3.2 生均校舍面积（m²） | 小学 | 5.65 | 1.42 | 0.3039 |
| | | | 初中 | 7.37 | 1.84 | 0.2937 |
| | | 2.3.3 生均运动场（馆）面积（m²） | 小学 | 8.41 | 7.15 | 0.8505 |
| | | | 初中 | 9.23 | 8.50 | 0.9205 |
| | 2.4 设施设备 | 2.4.1 运动场（馆）达标校（%） | 小学 | 79.47 | 14.63 | 0.1841 |
| | | | 初中 | 63.9 | 30.68 | 0.4802 |
| | | 2.4.2 体育器械达标校（%） | 小学 | 40.73 | 38.60 | 0.9478 |
| | | | 初中 | 39.73 | 31.03 | 0.7811 |
| | | 2.4.3 音乐器材达标校（%） | 小学 | 39.67 | 33.85 | 0.8534 |
| | | | 初中 | 36.43 | 28.93 | 0.7941 |

(续表)

| 一级 | 二级 | 三级 | | 发展水平 | 均衡水平 | |
|---|---|---|---|---|---|---|
| | | | | | 标准差 | 差异系数 |
| 2. 资源配置 | 2.4 设施设备 | 2.4.4 美术器材达标校（%） | 小学 | 39 | 32.99 | 0.846 |
| | | | 初中 | 40.77 | 33.35 | 0.8179 |
| | | 2.4.5 理科仪器达标校（%） | 小学 | 42.77 | 34.85 | 0.8147 |
| | | | 初中 | 41.33 | 37.17 | 0.8994 |
| | | 2.4.6 实验开出率（%） | 小学 | 80.43 | 9.16 | 0.1139 |
| | | | 初中 | 82.2 | 8.69 | 0.1057 |
| | | 2.4.7 生均图书（册） | 小学 | 15.99 | 8.68 | 0.9492 |
| | | | 初中 | 18.38 | 9.02 | 0.926 |
| | | 2.4.8 生均计算机（台） | 小学 | 0.04 | 0.01 | 0.0258 |
| | | | 初中 | 0.06 | 0.02 | 0.096 |
| | | 2.4.9 班级多媒体比例（%） | 小学 | 15.21 | 13.11 | 0.8607 |
| | | | 初中 | 17.79 | 6.987 | 0.3923 |
| | 2.5 学校布局 | 2.5.1 特殊学校设立的比例（%） | | 1.00 | 0.00 | 0.00 |
| | | 2.5.2 校均规模（人） | 小学 | 1173 | 886 | 0.7553 |
| | | | 初中 | 693 | 291 | 0.3311 |
| | | 2.5.3 班额控制（人） | 小学 | 42 | 6 | 0.13 |
| | | | 初中 | 45 | 12 | 0.2066 |
| 3. 县域管理 | 3.1 标准化学校比例（%） | | | 100 | 0 | 0 |
| | 3.2 校长交流比例（%） | | 小学 | 12.5 | 7.5 | 0.6 |
| | | | 初中 | 11.5 | 8.5 | 0.7391 |
| | 3.3 校舍利用率（%） | | 小学 | 103.88 | 20.55 | 0.1979 |
| | | | 初中 | 100.53 | 13.21 | 0.1314 |
| 4. 教育质量 | 4.1 九年制义务教育完成率（%） | | | 101.85 | 14.79 | 0.1452 |
| | 4.2 社区对义务教育均衡发展的反响 | | | 75 | 25 | 0.3333 |
| 总发展水平 | | | | 0.8745 | | |
| 总均衡指数 | | | | 0.4369 | | |

说明：2009 年，四川省人均 GDP 17339 元，人均财政收入 1307.3 元，人均财政支出 3996.5 元，城镇居民人均可支配收入 13839.4 元，农村居民人均纯收入 4462.05 元。各个指标的序号、含义、权重与表 2-2 相同。测算人：姜鹭。

## 四、2009年省域内义务教育均衡发展测评结果的单项均衡水平差异分析

附表3-22　2009年辽宁省省域内义务教育均衡发展测评结果的单项均衡水平差异分析

| 均衡等次 | 均衡指标及其差异系数 |
| --- | --- |
| 非常均衡 | 小学师资数量（0.15），初中师资数量（0.18），初中教师专业对口率（0.04），小学职称结构（0.09），初中职称结构（0.10），小学年人均收入（0.29），初中年人均收入（0.16），初中生均校园面积（0.35），小学生均运动场（馆）面积（0.35），初中生均运动场（馆）面积（0.31），小学运动场（馆）达标校比例（0.20），初中运动场（馆）达标校比例（0.27），小学体育器械达标校比例（0.23），初中体育器械达标校比例（0.27），小学音乐器材达标校比例（0.29），初中音乐器材达标校比例（0.26），小学美术器材达标校比例（0.31），初中美术器材达标校比例（0.27），小学理科仪器达标校比例（0.31），初中理科仪器达标校比例（0.27），小学实验开出率（0.09），初中实验开出率（0.08），特殊学校设立比例（0.00），初中校均规模（0.02），小学班额控制（0.32），初中班额控制（0.33），标准化学校比例（0.04），社区对义务教育均衡发展的反响（0.00） |
| 比较均衡 | 小学适龄儿童入学率（0.00），初中生均计算机比例（0.40） |
| 一般均衡 | 小学生均校园面积（0.51），小学生均校舍面积（0.53），初中生均校舍面积（0.53），小学生均图书（0.58），初中生均图书（0.56），初中校长交流比例（0.50），初中校舍利用率（0.40），九年制义务教育完成率（0.11） |
| 不太均衡 | 小学生均计算机比例（0.65），小学班级多媒体比例（0.70），初中班级多媒体比例（0.67），小学校均规模（0.69），小学校舍利用率（0.66） |
| 非常不均衡 | 小学巩固率（0.58），初中巩固率（0.57），小学教育事业费（0.72），初中教育事业费（0.72），小学公用经费（0.97），初中公用经费（0.99），小学年人均培训经费（0.76），初中年人均培训经费（0.78），小学校长交流比例（0.83） |

说明：分析的依据是差异系数；分析的指标到四级。

附表3-23　2009年湖南省省域内义务教育均衡发展测评结果的单项均衡水平差异分析

| 均衡等次 | 均衡指标及其差异系数 |
| --- | --- |
| 非常均衡 | 小学生均教育事业费（0.19），小学生师比（0.03），初中生师比（0.12），初中教师专业对口率（0.10），小学职称结构（0.09），初中职称结构（0.14），小学年人均收入（0.14），初中年人均收入（0.12），小学年人均培训经费（0.28），初中年人均培训经费（0.16），小学生均校园面积（0.35），初中生均校园面积（0.30），小学生均校舍面积（0.36），初中生均校舍面积（0.38），小学实验开出率（0.10），初中实验开出率（0.04），小学生均图书（0.07），初中生均图书（0.13），小学班额控制（0.17），初中班额控制（0.09），标准化学校比例（0.09），特殊学校设立比例（1.00） |

(续表)

| 均衡等次 | 均衡指标及其差异系数 |
|---|---|
| 比较均衡 | 小学适龄儿童入学率（0.00），初中生均教育事业费（0.42） |
| 一般均衡 | 小学巩固率（0.00），小学生均公用经费（0.54），小学运动场（馆）达标校比例（0.50），初中运动场（馆）达标校比例（0.60），小学体育器械达标校比例（0.50），初中体育器械达标校比例（0.60），小学音乐器材达标校比例（0.50），初中音乐器材达标校比例（0.60），小学美术器材达标校比例（0.50），初中美术器材达标校比例（0.60），小学理科仪器达标校比例（0.50），初中理科仪器达标校比例（0.60），初中生均计算机比例（0.60），小学校均规模（0.57），小学校舍利用率（0.50），初中校舍利用率（0.35），九年制义务教育完成率（0.09） |
| 不太均衡 | 初中巩固率（0.03），小学校长交流比例（0.61），初中校长交流比例（0.68） |
| 非常不均衡 | 初中公用经费（0.82），小学生均运动场（馆）面积（1.08），初中生均运动场（馆）面积（1.57），小学生均计算机比例（0.88），小学班级多媒体比例（1.00），初中班级多媒体比例（1.00），初中校均规模（0.79） |

说明：分析的依据是差异系数；分析的指标到四级。

附表3-24 2009年四川省省域内义务教育均衡发展测评结果的单项均衡水平差异分析

| 均衡等次 | 均衡指标及其差异系数 |
|---|---|
| 非常均衡 | 小学生均教育事业费（0.23），初中生均教育事业费（0.15），小学师资数量（0.14），初中师资数量（0.10），初中教师专业对口率（0.04），小学职称结构（0.09），初中职称结构（0.13），小学年人均收入（0.09），初中年人均收入（0.10），小学生均校园面积（0.31），初中生均校园面积（0.24），小学生均校舍面积（0.30），初中生均校舍面积（0.29），小学运动场（馆）达标校比例（0.18），小学实验开出率（0.11），初中实验开出率（0.11），小学生均计算机比例（0.03），初中生均计算机比例（0.10），初中班级多媒体比例（0.39），特殊学校设立比例（0.00），初中校均规模（0.33），小学班额控制（0.13），初中班额控制（0.21），标准化学校的比例（0.00），小学校舍利用率（0.20），初中校舍利用率（0.13） |
| 比较均衡 | 初中运动场（馆）达标校比例（0.48） |
| 一般均衡 | 小学适龄儿童入学率（0.01），小学巩固率（0.02），初中巩固率（0.02），小学生均公用经费（0.63） |
| 不太均衡 | 初中体育器械达标校比例（0.78），小学校均规模（0.76），小学校长交流比例（0.60），九年制义务教育完成率（0.15），社区对义务教育均衡发展的反响（0.33） |

(续表)

| 均衡等次 | 均衡指标及其差异系数 |
|---|---|
| 非常不均衡 | 初中生均公用经费（0.87），小学年人均培训经费（0.76），初中年人均培训经费（0.86），小学生均运动场（馆）面积（0.85），初中生均运动场（馆）面积（0.92），小学体育器械达标校比例（0.95），小学音乐器材达标校比例（0.85），初中音乐器材达标校比例（0.79），小学美术器材达标校比例（0.85），初中美术器材达标校比例（0.82），小学理科仪器达标校比例（0.81），初中理科仪器达标校比例（0.90），小学生均图书（0.95），初中生均图书（0.93），小学班级多媒体比例（0.86），初中校长交流比例（0.74） |

说明：分析的依据是差异系数；分析的指标到四级。

## 第五章附录

### 一、2015年县域内义务教育均衡发展综合预测结果

附表5-1　2015年辽宁省辽中县义务教育均衡发展综合预测结果

| 一级 | 二级 | 三级 | | 发展水平 | 均衡水平 | |
|---|---|---|---|---|---|---|
| | | | | | 标准差 | 差异系数 |
| 1. 教育机会 | 1.1 小学适龄儿童入学率（%） | | | 100 | 0.00 | 0.0000 |
| | 1.2 巩固率（%） | 1.2.1 小学 | | 100 | 0.00 | 0.0000 |
| | | 1.2.2 初中 | | 99.2 | 0.02 | 0.0156 |
| 2. 资源配置 | 2.1 经费（元/年·生） | 2.1.1 教育事业费 | 小学 | 9966 | 1151 | 0.2047 |
| | | | 初中 | 11378 | 5259 | 0.6450 |
| | | 2.1.2 公用经费 | 小学 | 973 | 0.00 | 0.0000 |
| | | | 初中 | 1315 | 960 | 0.5821 |
| | 2.2 师资 | 2.2.1 数量（生师比） | 农村小学 | 12.22 | 2.29 | 0.1737 |
| | | | 农村初中 | 7.27 | 3.02 | 0.3142 |
| | | | 城市小学 | 16.00 | 2.88 | 0.1380 |
| | | | 城市初中 | 10.79 | 5.47 | 0.3564 |
| | | 2.2.2 初中教师专业对口率（%） | | — | — | — |
| | | 2.2.3 职称结构 | 小学 | 0.24 | 0.01 | 0.0400 |
| | | | 初中 | 0.24 | 0.01 | 0.0243 |
| | | 2.2.4 年人均收入（万元） | 小学 | 7.67 | 0.51 | 0.1539 |
| | | | 初中 | 7.44 | 0.53 | 0.1892 |

（续表）

| 一级 | 二级 | 三级 | | 发展水平 | 均衡水平 | |
|---|---|---|---|---|---|---|
| | | | | | 标准差 | 差异系数 |
| 2. 资源配置 | 2.3 校园校舍 | 2.3.1 生均校园面积（m²） | 小学 | 43.66 | 32.56 | 0.8425 |
| | | | 初中 | 115.32 | 193.75 | 0.6022 |
| | | 2.3.2 生均校舍面积（m²） | 小学 | 10.29 | 8.31 | 0.8073 |
| | | | 初中 | 13.07 | 10.92 | 0.7059 |
| | | 2.3.3 生均运动场（馆）面积（m²） | 小学 | 15.22 | 7.30 | 0.2300 |
| | | | 初中 | 20.67 | 14.19 | 0.6750 |
| | 2.4 设施设备 | 2.4.1 运动场（馆）达标校（%） | 小学 | 99.85 | — | — |
| | | | 初中 | 100.00 | — | — |
| | | 2.4.2 体育器械达标校（%） | 小学 | 99.85 | — | — |
| | | | 初中 | 94.33 | — | — |
| | | 2.4.3 音乐器材达标校（%） | 小学 | 99.64 | — | — |
| | | | 初中 | 95.57 | — | — |
| | | 2.4.4 美术器材达标校（%） | 小学 | 99.85 | — | — |
| | | | 初中 | 98.42 | — | — |
| | | 2.4.5 理科仪器达标校（%） | 小学 | 99.17 | — | — |
| | | | 初中 | 95.78 | — | — |
| | | 2.4.6 实验开出率（%） | 小学 | 98.57 | 0.04 | 0.0318 |
| | | | 初中 | 99.59 | 0.12 | 0.0452 |
| | | 2.4.7 生均图书（册） | 小学 | 17.75 | 7.42 | 0.6386 |
| | | | 初中 | 46.84 | 28.01 | 0.4627 |
| | | 2.4.8 生均计算机（台） | 小学 | 0.13 | 0.06 | 0.7542 |
| | | | 初中 | 0.19 | 0.02 | 0.2317 |
| | | 2.4.9 班级多媒体比例（%） | 小学 | 42.09 | 0.31 | 0.0099 |
| | | | 初中 | 40.84 | 0.27 | 0.0099 |
| | 2.5 学校布局 | 2.5.1 校均规模（人） | 农村小学 | 2083 | 1860 | 0.2951 |
| | | | 农村初中 | 386 | 171 | 0.3137 |
| | | | 城市小学 | 1567 | 293 | 0.1150 |
| | | | 城市初中 | 2038 | 620 | 0.2618 |

(续表)

| 一级 | 二级 | 三级 | | 发展水平 | 均衡水平 | |
|---|---|---|---|---|---|---|
| | | | | | 标准差 | 差异系数 |
| 2. 资源配置 | 2.5 学校布局 | 2.5.2 班额控制（人） | 农村小学 | 39 | 6 | 0.1608 |
| | | | 农村初中 | 30 | 20 | 0.4404 |
| | | | 城市小学 | 53 | 7 | 0.1235 |
| | | | 城市初中 | 45 | 22 | 0.3553 |
| 3. 学校管理 | 3.1 全面执行教学计划（%） | | | 100 | 0.00 | 0.0000 |
| | 3.2 校舍利用率（%） | | 小学 | 100 | 1.07 | 0.4400 |
| | | | 初中 | 80.29 | 0.46 | 0.5954 |
| 4. 教育质量 | 4.1 学生合格率（%） | 4.1.1 农村学生 | | 91.62 | 0.10 | 0.1039 |
| | | 4.1.2 城市学生 | | 79.32 | 0.28 | 0.0400 |
| | 4.2 学生对学习的满意度（%） | | | — | — | — |
| | 4.3 九年制义务教育完成率（%） | | | — | — | — |
| | 4.4 社区对义务教育均衡发展的反响 | | | — | — | — |
| 总发展水平 | | | | — | | |
| 总均衡指数 | | | | 0.3033 | | |

说明：此表中的生均教育事业费、生均公用经费、年人均收入等指标是在直接预测基础上综合考虑各方面因素后得到的综合预测值，其他指标中所得到值均为直接预测值（趋势外推法、移动平均法等）。生均教育事业费[小学预测值为11200（7176－15264），综合值为9966；初中预测值为13160（5070－21249），综合值为11378]、生均公用经费[小学预测值为795（739－851），综合值为973；初中预测值为1441（1010－1871），综合值为1315]、年人均收入[小学预测值为9.03（6.03－12.03），综合值为7.67；初中预测值为8.3（4.79－11.81），综合值为7.44]。

**附表5－2　2015年辽宁省鞍山市铁西区义务教育均衡发展综合预测结果**

| 一级 | 二级 | 三级 | | 发展水平 | 均衡水平 | |
|---|---|---|---|---|---|---|
| | | | | | 标准差 | 差异系数 |
| 1. 教育机会 | 1.1 小学适龄儿童入学率（%） | | | 100 | 0.00 | 0.0000 |
| | 1.2 巩固率（%） | 1.2.1 小学 | | 100 | 0.00 | 0.0000 |
| | | 1.2.2 初中 | | 99.61 | 0.00 | 0.0068 |
| 2. 资源配置 | 2.1 经费（元/年·生） | 2.1.1 教育事业费 | 小学 | 8996 | 1855 | 0.5562 |
| | | | 初中 | 11993 | 3784 | 0.8145 |
| | | 2.1.2 公用经费 | 小学 | 590 | 83 | 0.2406 |
| | | | 初中 | 1032 | 271 | 0.5827 |

(续表)

| 一级 | 二级 | 三级 | | 发展水平 | 均衡水平 | |
|---|---|---|---|---|---|---|
| | | | | | 标准差 | 差异系数 |
| 2. 资源配置 | 2.2 师资 | 2.2.1 数量（生师比） | 农村小学 | — | — | — |
| | | | 农村初中 | — | — | — |
| | | | 城市小学 | 9.47 | 7.83 | 0.3050 |
| | | | 城市初中 | 8.56 | 6.87 | 0.4630 |
| | | 2.2.2 初中教师专业对口率（%） | | — | — | — |
| | | 2.2.3 职称结构 | 小学 | 0.23 | 0.02 | 0.1000 |
| | | | 初中 | 0.24 | 0.02 | 0.0860 |
| | | 2.2.4 年人均收入（万元） | 小学 | 6.27 | 0.76 | 0.1950 |
| | | | 初中 | 6.17 | 0.20 | 0.0600 |
| | 2.3 校园校舍 | 2.3.1 生均校园面积（m²） | 小学 | 10.66 | 7.14 | 0.4610 |
| | | | 初中 | 25.48 | 20.72 | 0.8653 |
| | | 2.3.2 生均校舍面积（m²） | 小学 | 7.51 | 3.92 | 0.2950 |
| | | | 初中 | 10.6 | 8.12 | 0.8733 |
| | | 2.3.3 生均运动场（馆）面积（m²） | 小学 | 3.9 | 4.99 | 0.5850 |
| | | | 初中 | 12.96 | 11.48 | 0.8483 |
| | 2.4 设施设备 | 2.4.1 运动场（馆）达标校（%） | 小学 | 86.77 | — | — |
| | | | 初中 | 90.89 | — | — |
| | | 2.4.2 体育器械达标校（%） | 小学 | 84.33 | — | — |
| | | | 初中 | 70.35 | — | — |
| | | 2.4.3 音乐器材达标校（%） | 小学 | 92.17 | — | — |
| | | | 初中 | 70.35 | — | — |
| | | 2.4.4 美术器材达标校（%） | 小学 | 84.33 | — | — |
| | | | 初中 | 70.35 | — | — |
| | | 2.4.5 理科仪器达标校（%） | 小学 | 90.42 | — | — |
| | | | 初中 | 92.66 | — | — |
| | | 2.4.6 实验开出率（%） | 小学 | 0.90 | 0.31 | 0.2450 |
| | | | 初中 | 100.00 | 0.06 | 0.0507 |
| | | 2.4.7 生均图书（册） | 小学 | 39.27 | 18.27 | 0.6111 |
| | | | 初中 | 48.62 | 20.56 | 0.6636 |

（续表）

| 一级 | 二级 | 三级 | | 发展水平 | 均衡水平 | |
|---|---|---|---|---|---|---|
| | | | | | 标准差 | 差异系数 |
| 2. 资源配置 | 2.4 设施设备 | 2.4.8 生均计算机（台） | 小学 | 0.17 | 0.04 | 0.3763 |
| | | | 初中 | 0.22 | 0.09 | 0.6250 |
| | | 2.4.9 班级多媒体比例（%） | 小学 | 64 | 0.76 | 0.1570 |
| | | | 初中 | 61 | 0.62 | 0.1093 |
| | 2.5 学校布局 | 2.5.1 校均规模（人） | 农村小学 | — | — | — |
| | | | 农村初中 | — | — | — |
| | | | 城市小学 | 614 | 275 | 0.4219 |
| | | | 城市初中 | 1205 | 1269 | 0.5249 |
| | | 2.5.2 班额控制（人） | 农村小学 | — | — | — |
| | | | 农村初中 | — | — | — |
| | | | 城市小学 | 40 | 23 | 0.4260 |
| | | | 城市初中 | 33 | 15 | 0.7874 |
| 3. 学校管理 | 3.1 全面执行教学计划（%） | | | 100 | 0.00 | 0.0000 |
| | 3.2 校舍利用率（%） | | 小学 | 93.89 | 0.11 | 0.1379 |
| | | | 初中 | 92.14 | 0.13 | 0.1000 |
| 4. 教育质量 | 4.1 学生合格率（%） | 4.1.1 农村学生 | | — | — | — |
| | | 4.1.2 城市学生 | | 93.23 | 0.12 | 0.1050 |
| | 4.2 学生对学习的满意度（%） | | | — | — | — |
| | 4.3 九年制义务教育完成率（%） | | | — | — | — |
| | 4.4 社区对义务教育均衡发展的反响 | | | — | — | — |
| 总发展水平 | | | | — | | |
| 总均衡指数 | | | | 0.3181 | | |

说明：此表中的生均教育事业费、生均公用经费、年人均收入等指标是在直接预测基础上综合考虑各方面因素后得到的综合预测值，其他指标中所得到值均为直接预测值（趋势外推法、移动平均法等）。生均教育事业费［小学为直接预测值；初中预测值为10786（8077－13495），综合值为11993］、生均公用经费［小学预测值为475（360－590），综合值为590；初中预测值为722（242－1202），综合值为1032］、年人均收入［小学预测值为5.43（3.99－6.88），综合值为6.27；初中预测值为5.07（2.72－7.42），综合值为6.17］。

附表 5-3  2015 年辽宁省阜蒙县义务教育均衡发展综合预测结果

| 一级 | 二级 | 三级 | | 发展水平 | 均衡水平 标准差 | 差异系数 |
|---|---|---|---|---|---|---|
| 1. 教育机会 | 1.1 小学适龄儿童入学率（%） | | | 100 | 0.00 | 0.0000 |
| | 1.2 巩固率（%） | 1.2.1 小学 | | 100 | 0.02 | 0.0200 |
| | | 1.2.2 初中 | | 98.45 | 0.02 | 0.0146 |
| 2. 资源配置 | 2.1 经费（元/年·生） | 2.1.1 教育事业费 | 小学 | 4646 | 1530 | 0.7099 |
| | | | 初中 | 5023 | 1473 | 0.6524 |
| | | 2.1.2 公用经费 | 小学 | 677 | 38 | 0.1118 |
| | | | 初中 | 1021 | 91 | 0.1000 |
| | 2.2 师资 | 2.2.1 数量（生师比） | 农村小学 | 11.21 | 1.60 | 0.0800 |
| | | | 农村初中 | 11.40 | 3.24 | 0.1800 |
| | | | 城市小学 | 13.34 | 14.46 | 0.3353 |
| | | | 城市初中 | 17.25 | 6.25 | 0.2795 |
| | | 2.2.2 初中教师专业对口率（%） | | — | — | — |
| | | 2.2.3 职称结构 | 小学 | 0.23 | 0.03 | 0.1318 |
| | | | 初中 | 0.23 | 0.01 | 0.0517 |
| | | 2.2.4 年人均收入（万元） | 小学 | 4.08 | 1.66 | 0.7267 |
| | | | 初中 | 4.32 | 1.49 | 0.5895 |
| | 2.3 校园校舍 | 2.3.1 生均校园面积（m²） | 小学 | 52.09 | 54.34 | 0.6209 |
| | | | 初中 | 46.53 | 32.94 | 0.7058 |
| | | 2.3.2 生均校舍面积（m²） | 小学 | 7.95 | 3.29 | 0.4124 |
| | | | 初中 | 9.98 | 3.80 | 0.7300 |
| | | 2.3.3 生均运动场（馆）面积（m²） | 小学 | 33.68 | 47.87 | 0.7234 |
| | | | 初中 | 11.44 | 6.55 | 0.3150 |
| | 2.4 设施设备 | 2.4.1 运动场（馆）达标校（%） | 小学 | 90.00 | — | — |
| | | | 初中 | 50.00 | — | — |
| | | 2.4.2 体育器械达标校（%） | 小学 | 90.00 | — | — |
| | | | 初中 | 50.00 | — | — |
| | | 2.4.3 音乐器材达标校（%） | 小学 | 90.00 | — | — |
| | | | 初中 | 50.00 | — | — |

（续表）

| 一级 | 二级 | 三级 | | 发展水平 | 均衡水平 | |
|---|---|---|---|---|---|---|
| | | | | | 标准差 | 差异系数 |
| 2. 资源配置 | 2.4 设施设备 | 2.4.4 美术器材达标校（%） | 小学 | 90.00 | — | — |
| | | | 初中 | 50.00 | — | — |
| | | 2.4.5 理科仪器达标校（%） | 小学 | 90.00 | — | — |
| | | | 初中 | 50.00 | — | — |
| | | 2.4.6 实验开出率（%） | 小学 | 84 | 0.37 | 0.4831 |
| | | | 初中 | 85.55 | 0.43 | 0.5377 |
| | | 2.4.7 生均图书（册） | 小学 | 17.96 | 4.68 | 0.4046 |
| | | | 初中 | 29.8 | 11.74 | 0.7054 |
| | | 2.4.8 生均计算机（台） | 小学 | 0.1 | 0.01 | 0.2801 |
| | | | 初中 | 0.11 | 0.01 | 0.1775 |
| | | 2.4.9 班级多媒体比例（%） | 小学 | 34.77 | 0.25 | 0.0093 |
| | | | 初中 | 14.91 | 0.05 | 0.0338 |
| | 2.5 学校布局 | 2.5.1 校均规模（人） | 农村小学 | 944 | 913 | 0.3693 |
| | | | 农村初中 | 576 | 417 | 0.7496 |
| | | | 城市小学 | 1304 | 434 | 0.3835 |
| | | | 城市初中 | 2357 | 200 | 0.1057 |
| | | 2.5.2 班额控制（人） | 农村小学 | 37 | 16 | 0.8387 |
| | | | 农村初中 | 47 | 10 | 0.2419 |
| | | | 城市小学 | 47 | 11 | 0.2240 |
| | | | 城市初中 | 61 | 2 | 0.0276 |
| 3. 学校管理 | 3.1 全面执行教学计划（%） | | | 100 | 0.00 | 0.00 |
| | 3.2 校舍利用率（%） | | 小学 | 94.81 | 0.38 | 0.6130 |
| | | | 初中 | 94.81 | 0.34 | 0.3637 |
| 4. 教育质量 | 4.1 学生合格率（%） | 4.1.1 农村学生 | | 81.35 | 0.20 | 0.2462 |
| | | 4.1.2 城市学生 | | 79.51 | 0.28 | 0.3604 |
| | 4.2 学生对学习的满意度（%） | | | — | — | — |
| | 4.3 九年制义务教育完成率（%） | | | — | — | — |
| | 4.4 社区对义务教育均衡发展的反响 | | | — | — | — |
| 总发展水平 | | | | | — | |
| 总均衡指数 | | | | | 0.3744 | |

说明：此表中的生均教育事业费、生均公用经费、年人均收入等指标是在直接预测基础上综合考虑各方面因素后得到的综合预测值，其他指标中所得到值均为直接预测值（趋势外推法、移动平均法等）。生均教育事业费［小学预测值为3875（3542－4209），综合值为4646；初中预测值为4279（3535－5023），综合值为5023］、生均公用经费［小学预测值为452（351－554），综合值为677；初中预测值为771（486－1056），综合值为1021］、年人均收入［小学预测值为3.66（3.05－4.26），综合值为4.08；初中预测值为4.05（1.89－6.22），综合值为4.32］。

附表5-4 2015年湖南省醴陵市义务教育均衡发展综合预测结果

| 一级 | 二级 | 三级 | | 发展水平 | 均衡水平 | |
|---|---|---|---|---|---|---|
| | | | | | 标准差 | 差异系数 |
| 1. 教育机会 | 1.1 小学适龄儿童入学率（%） | | | 99.83 | 0.00 | 0.0041 |
| | 1.2 巩固率（%） | 1.2.1 小学 | | 100.00 | 0.08 | 0.0000 |
| | | 1.2.2 初中 | | 99.58 | 0.03 | 0.0031 |
| 2. 资源配置 | 2.1 经费（元/年·生） | 2.1.1 教育事业费 | 小学 | 6620 | 493 | 0.8664 |
| | | | 初中 | 12078 | 499 | 0.7928 |
| | | 2.1.2 公用经费 | 小学 | 595 | 73 | 0.5767 |
| | | | 初中 | 1016 | 255 | 0.6469 |
| | 2.2 师资 | 2.2.1 数量（生师比） | 农村小学 | 17.68 | 5.73 | 0.2094 |
| | | | 农村初中 | 12.38 | 2.82 | 0.2417 |
| | | | 城市小学 | 16.27 | 6.37 | 0.3520 |
| | | | 城市初中 | 12.45 | 1.93 | 0.1778 |
| | | 2.2.2 初中教师专业对口率（%） | | — | — | — |
| | | 2.2.3 职称结构 | 小学 | 0.26 | 0.03 | 0.1105 |
| | | | 初中 | 0.24 | 0.04 | 0.1611 |
| | | 2.2.4 年人均收入（万元） | 小学 | 5.25 | 0.45 | 0.1733 |
| | | | 初中 | 5.68 | 0.37 | 0.1753 |
| | 2.3 校园校舍 | 2.3.1 生均校园面积（m²） | 小学 | 33.78 | 52.48 | 0.8759 |
| | | | 初中 | 34 | 21.13 | 0.4044 |
| | | 2.3.2 生均校舍面积（m²） | 小学 | 13.90 | 5.46 | 0.4956 |
| | | | 初中 | 12.41 | 5.81 | 0.3500 |
| | | 2.3.3 生均运动场（馆）面积（m²） | 小学 | 11.9 | 7.58 | 0.7950 |
| | | | 初中 | 9.78 | 5.24 | 0.4883 |
| | 2.4 设施设备 | 2.4.1 运动场（馆）达标校（%） | 小学 | 100 | — | — |
| | | | 初中 | 100 | — | — |

(续表)

| 一级 | 二级 | 三级 | | 发展水平 | 均衡水平 | |
|---|---|---|---|---|---|---|
| | | | | | 标准差 | 差异系数 |
| 2. 资源配置 | 2.4 设施设备 | 2.4.2 体育器械达标校（%） | 小学 | 100 | — | — |
| | | | 初中 | 100 | — | — |
| | | 2.4.3 音乐器材达标校（%） | 小学 | 100 | — | — |
| | | | 初中 | 100 | — | — |
| | | 2.4.4 美术器材达标校（%） | 小学 | 100 | — | — |
| | | | 初中 | 100 | — | — |
| | 2.4 设施设备 | 2.4.5 理科仪器达标校（%） | 小学 | 100 | — | — |
| | | | 初中 | 100 | — | — |
| | | 2.4.6 实验开出率（%） | 小学 | 96.65 | 0.00 | 0.0613 |
| | | | 初中 | 99.96 | 0.00 | 0.0388 |
| | | 2.4.7 生均图书（册） | 小学 | 43.07 | 12.06 | 0.6900 |
| | | | 初中 | 51.47 | 34.32 | 0.6811 |
| | | 2.4.8 生均计算机（台） | 小学 | 0.17 | 0.07 | 0.4484 |
| | | | 初中 | 0.29 | 0.08 | 0.6597 |
| | | 2.4.9 班级多媒体比例（%） | 小学 | 12.09 | 0.139 | 0.0156 |
| | | | 初中 | 64.78 | 0.38 | 0.4892 |
| | 2.5 学校布局 | 2.5.1 校均规模（人） | 农村小学 | 584 | 211 | 0.5439 |
| | | | 农村初中 | 735 | 300 | 0.4503 |
| | | | 城市小学 | 792 | 229 | 0.3614 |
| | | | 城市初中 | 942 | 34 | 0.0595 |
| | | 2.5.2 班额控制（人） | 农村小学 | 36 | 14 | 0.4196 |
| | | | 农村初中 | 46 | 10 | 0.1150 |
| | | | 城市小学 | 44 | 11 | 0.2035 |
| | | | 城市初中 | 54 | 7 | 0.1537 |
| 3. 学校管理 | 3.1 全面执行教学计划（%） | | | 100 | 0.00 | 0.0000 |
| | 3.2 校舍利用率（%） | | 小学 | 66.16 | 25.77 | 0.4995 |
| | | | 初中 | 52.52 | 42.68 | 0.7418 |
| 4. 教育质量 | 4.1 学生合格率（%） | 4.1.1 农村学生 | | 95.34 | 14.35 | 0.1661 |
| | | 4.1.2 城市学生 | | 91.76 | 18.40 | 0.2262 |

(续表)

| 一级 | 二级 | 三级 | 发展水平 | 均衡水平 | |
|---|---|---|---|---|---|
| | | | | 标准差 | 差异系数 |
| 4. 教育质量 | 4.2 学生对学习的满意度（%） | | — | — | — |
| | 4.3 九年制义务教育完成率（%） | | — | — | — |
| | 4.4 社区对义务教育均衡发展的反响 | | — | — | — |
| 总发展水平 | | | | — | |
| 总均衡指数 | | | | 0.4171 | |

说明：在此预测结果中，我们分别采用了趋势外推法、移动平均法及综合预测法。如本市指标体系中的生均教育事业费、生均公用经费、生均校园面积等指标，就是在直接预测（趋势外推法、移动平均法）得到结果的基础上，综合考虑各方面因素得到的综合预测值，其他指标值均为直接预测值。生均教育事业费［小学选取值为直接预测值；初中预测值为 14978（12078－17877），综合值为 12078］、生均公用经费［小学预测值为 557（410－703），综合值为 703；初中选取值为直接预测值］、年人均收入取值均为直接预测值。生均校园面积考虑 2005—2009 年数据采取过程中的特殊性，综合了国家及部分省市标准最终选取了综合值。

附表 5－5　2015 年湖南省邵阳市双清区义务教育均衡发展综合预测结果

| 一级 | 二级 | 三级 | | 发展水平 | 均衡水平 | |
|---|---|---|---|---|---|---|
| | | | | | 标准差 | 差异系数 |
| 1. 教育机会 | 1.1 小学适龄儿童入学率（%） | | | 94.48 | 9.29 | 0.0768 |
| | 1.2 巩固率（%） | 1.2.1 小学 | | 99.83 | 0.34 | 0.0032 |
| | | 1.2.2 初中 | | 98.77 | 0.71 | 0.0073 |
| 2. 资源配置 | 2.1 经费（元/年·生） | 2.1.1 教育事业费 | 小学 | 6227 | 723 | 0.3205 |
| | | | 初中 | 11279 | 600 | 0.1724 |
| | | 2.1.2 公用经费 | 小学 | 542 | 33 | 0.1276 |
| | | | 初中 | 818 | 97 | 0.2684 |
| | 2.2 师资 | 2.2.1 数量（生师比） | 农村小学 | 20.26 | 4.26 | 0.2162 |
| | | | 农村初中 | 8.81 | — | — |
| | | | 城市小学 | 16.65 | 4.38 | 0.2260 |
| | | | 城市初中 | 11.93 | 3.55 | 0.2616 |
| | | 2.2.2 初中教师专业对口率（%） | | — | — | — |
| | | 2.2.3 职称结构 | 小学 | 0.23 | 0.03 | 0.1419 |
| | | | 初中 | 0.24 | 0.04 | 0.1682 |
| | | 2.2.4 年人均收入（万元） | 小学 | 3.93 | 0.53 | 0.2569 |
| | | | 初中 | 4.34 | 0.48 | 0.2072 |

（续表）

| 一级 | 二级 | 三级 | | 发展水平 | 均衡水平 | |
|---|---|---|---|---|---|---|
| | | | | | 标准差 | 差异系数 |
| 2. 资源配置 | 2.3 校园校舍 | 2.3.1 生均校园面积（m²） | 小学 | 16.12 | 11.41 | 0.6502 |
| | | | 初中 | 37.44 | 17.60 | 0.4834 |
| | | 2.3.2 生均校舍面积（m²） | 小学 | 6.13 | 3.12 | 0.4994 |
| | | | 初中 | 5.11 | 3.94 | 0.5179 |
| | | 2.3.3 生均运动场（馆）面积（m²） | 小学 | 5.66 | 8.10 | 0.5751 |
| | | | 初中 | 9.49 | 4.55 | 0.3254 |
| | 2.4 设施设备 | 2.4.1 运动场（馆）达标校（%） | 小学 | 66.7 | — | — |
| | | | 初中 | 97.24 | — | — |
| | | 2.4.2 体育器械达标校（%） | 小学 | 66.7 | — | — |
| | | | 初中 | 97.24 | — | — |
| | | 2.4.3 音乐器材达标校（%） | 小学 | 66.7 | — | — |
| | | | 初中 | 97.24 | — | — |
| | | 2.4.4 美术器材达标校（%） | 小学 | 66.7 | — | — |
| | | | 初中 | 97.24 | — | — |
| | | 2.4.5 理科仪器达标校（%） | 小学 | 66.7 | — | — |
| | | | 初中 | 97.24 | — | — |
| | | 2.4.6 实验开出率（%） | 小学 | 66.7 | 18.02 | 0.3383 |
| | | | 初中 | 97.24 | 12.46 | 0.1697 |
| | | 2.4.7 生均图书（册） | 小学 | 23.84 | 7.79 | 0.5088 |
| | | | 初中 | 31.32 | 9.94 | 0.3567 |
| | | 2.4.8 生均计算机（台） | 小学 | 0.02 | 0.02 | 0.5633 |
| | | | 初中 | 0.15 | 0.03 | 0.5255 |
| | | 2.4.9 班级多媒体比例（%） | 小学 | 2.83 | 4.53 | 0.6387 |
| | | | 初中 | 15.12 | 5.97 | 0.5095 |
| | 2.5 学校布局 | 2.5.1 校均规模（人） | 农村小学 | 813 | 439 | 0.7281 |
| | | | 农村初中 | 467 | — | — |
| | | | 城市小学 | 990 | 427 | 0.3968 |
| | | | 城市初中 | 961 | 321 | 0.1926 |

（续表）

| 一级 | 二级 | 三级 | | 发展水平 | 均衡水平 | |
|---|---|---|---|---|---|---|
| | | | | | 标准差 | 差异系数 |
| 2. 资源配置 | 2.5 学校布局 | 2.5.2 班额控制（人） | 农村小学 | 52 | 19 | 0.4484 |
| | | | 农村初中 | 49 | — | — |
| | | | 城市小学 | 43 | 18 | 0.2928 |
| | | | 城市初中 | 55 | 3 | 0.0822 |
| 3. 学校管理 | 3.1 全面执行教学计划（%） | | | 100 | 0.00 | 0.0000 |
| | 3.2 校舍利用率（%） | | 小学 | 100 | 37.90 | 0.2421 |
| | | | 初中 | 87.14 | 12.63 | 0.1266 |
| 4. 教育质量 | 4.1 学生合格率（%） | 4.1.1 农村学生 | | 97.55 | 2.39 | 0.0248 |
| | | 4.1.2 城市学生 | | 88.01 | 8.14 | 0.0906 |
| | 4.2 学生对学习的满意度（%） | | | — | — | — |
| | 4.3 九年制义务教育完成率（%） | | | — | — | — |
| | 4.4 社区对义务教育均衡发展的反响 | | | — | — | — |
| 总发展水平 | | | | | — | |
| 总均衡指数 | | | | 0.2506 | | |

说明：在此预测结果中，我们分别采用了趋势外推法、移动平均法及综合预测法。如本市指标体系中的生均教育事业费、生均公用经费、生均运动场（馆）面积、生均图书册数等指标，就是在直接预测（趋势外推法、移动平均法）得到结果的基础上，综合考虑各方面因素得到的综合预测值，其他指标值均为直接预测值。生均教育事业费［小学预测值为 7319（2670－11968）；综合值为 6227；初中预测值为 14012（5344－22680），综合值为 11279］、生均公用经费［小学预测值为 506（229－784），综合值为 542；初中预测值为 582（346－818），综合值为 818］、年人均收入［小学预测值为 3.71（2.08－5.35），综合值为 3.93；初中预测值为 3.90（2.79－5.01），综合值为 4.34］、生均运动场（馆）面积值［小学预测值为 6.91（5.66－8.16），综合值为 5.66；初中选取值为直接预测值］、生均图书［小学选取值为直接预测值，初中预测值为 48.42（31.32－65.52），综合值为 31.32］。

**附表 5-6　2015 年湖南省泸溪县义务教育均衡发展综合预测结果**

| 一级 | 二级 | 三级 | 发展水平 | 均衡水平 | |
|---|---|---|---|---|---|
| | | | | 标准差 | 差异系数 |
| 1. 教育机会 | 1.1 小学适龄儿童入学率（%） | | 98.57 | 5.72 | 0.0394 |
| | 1.2 巩固率（%） | 1.2.1 小学 | 99.97 | 0.37 | 0.0037 |
| | | 1.2.2 初中 | 97.52 | 1.29 | 0.0132 |

(续表)

| 一级 | 二级 | 三级 | | 发展水平 | 均衡水平 | |
|---|---|---|---|---|---|---|
| | | | | | 标准差 | 差异系数 |
| 2. 资源配置 | 2.1 经费（元/年·生） | 2.1.1 教育事业费 | 小学 | 4296 | 857 | 0.5323 |
| | | | 初中 | 7046 | 816 | 0.3044 |
| | | 2.1.2 公用经费 | 小学 | 530 | 33 | 0.1354 |
| | | | 初中 | 762 | 153 | 0.4188 |
| | 2.2 师资 | 2.2.1 数量（生师比） | 农村小学 | 16.42 | 0.82 | 0.5031 |
| | | | 农村初中 | 14.33 | 0.16 | 0.1373 |
| | | | 城市小学 | 14.5 | 0.43 | 0.1208 |
| | | | 城市初中 | 20.23 | — | — |
| | | 2.2.2 初中教师专业对口率（%） | | — | | |
| | | 2.2.3 职称结构 | 小学 | 0.24 | 0.02 | 0.1167 |
| | | | 初中 | 0.24 | 0.01 | 0.0357 |
| | | 2.2.4 年人均收入（万元） | 小学 | 3.61 | 0.31 | 0.1852 |
| | | | 初中 | 3.42 | 0.36 | 0.1760 |
| | 2.3 校园校舍 | 2.3.1 生均校园面积（m²） | 小学 | 17.19 | 11.15 | 0.4877 |
| | | | 初中 | 20.16 | 13.01 | 0.3537 |
| | | 2.3.2 生均校舍面积（m²） | 小学 | 6.37 | 1.91 | 0.4872 |
| | | | 初中 | 5.63 | 3.61 | 0.4677 |
| | | 2.3.3 生均运动场（馆）面积（m²） | 小学 | 4.66 | 2.67 | 0.6972 |
| | | | 初中 | 5.33 | 4.60 | 0.5784 |
| | 2.4 设施设备 | 2.4.1 运动场（馆）达标校（%） | 小学 | 31.25 | — | — |
| | | | 初中 | 0 | — | — |
| | | 2.4.2 体育器械达标校（%） | 小学 | 31.25 | — | — |
| | | | 初中 | 0 | — | — |
| | | 2.4.3 音乐器材达标校（%） | 小学 | 31.25 | — | — |
| | | | 初中 | 0 | — | — |
| | | 2.4.4 美术器材达标校（%） | 小学 | 31.25 | — | — |
| | | | 初中 | 0 | — | — |
| | | 2.4.5 理科仪器达标校（%） | 小学 | 31.25 | — | — |
| | | | 初中 | 0 | — | — |

（续表）

| 一级 | 二级 | 三级 | | 发展水平 | 均衡水平 | |
|---|---|---|---|---|---|---|
| | | | | | 标准差 | 差异系数 |
| 2. 资源配置 | 2.4 设施设备 | 2.4.6 实验开出率（%） | 小学 | 83.72 | 16.76 | 0.1935 |
| | | | 初中 | 90.99 | 16.65 | 0.1175 |
| | | 2.4.7 生均图书（册） | 小学 | 13.98 | 9.75 | 0.4126 |
| | | | 初中 | 13.43 | 11.94 | 0.5374 |
| | | 2.4.8 生均计算机（台） | 小学 | 0.06 | 0.02 | 0.2614 |
| | | | 初中 | 0.03 | 0.02 | 0.5994 |
| | | 2.4.9 班级多媒体比例（%） | 小学 | 0 | 0.00 | — |
| | | | 初中 | 2 | 0.00 | — |
| | 2.5 学校布局 | 2.5.1 校均规模（人） | 农村小学 | 634 | 602 | 0.9241 |
| | | | 农村初中 | 1954 | 884 | 0.4780 |
| | | | 城市小学 | 712 | 190 | 0.2142 |
| | | | 城市初中 | 2597 | — | |
| | | 2.5.2 班额控制（人） | 农村小学 | 38 | 22 | 0.6148 |
| | | | 农村初中 | 64 | 5 | 0.0761 |
| | | | 城市小学 | 54 | 7 | 0.1182 |
| | | | 城市初中 | 58 | — | |
| 3. 学校管理 | 3.1 全面执行教学计划（%） | | | 100 | 0.00 | 0.0000 |
| | 3.2 校舍利用率（%） | | 小学 | 100 | 0.57 | 0.0046 |
| | | | 初中 | 100 | 0.48 | 0.0054 |
| 4. 教育质量 | 4.1 学生合格率（%） | 4.1.1 农村学生 | | 99.55 | 16.40 | 0.2107 |
| | | 4.1.2 城市学生 | | 92.02 | 6.57 | 0.074 |
| | 4.2 学生对学习的满意度（%） | | | — | — | — |
| | 4.3 九年制义务教育完成率（%） | | | | | |
| | 4.4 社区对义务教育均衡发展的反响 | | | | | |
| 总发展水平 | | | | — | | |
| 总均衡指数 | | | | 0.2716 | | |

说明：此表中的生均教育事业费、生均公用经费、生师比、年人均收入等指标是在直接预测基础上综合考虑各方面因素后得到的综合预测值，其他指标中所得到值均为直接预测值（趋势外推法、移动平均法等）。生均教育事业费［小学选取值为直接预测值；初中预测值为7817（4043－11591），综合值为7046］、生均公用经费［小学预测值为351（171－530），综合值为530；初中预测值为698

(438－958), 综合值为 762]、生师比[农村小学预测值为 9.83 (3.37－16.42), 综合值为 16.42; 城市小学预测值为 11.98 (9.63－14.33), 综合值为 14.33; 初中选取值为直接预测值]、年人均收入[小学选取值为直接预测值; 初中预测值为 2.13 (1.90－2.60), 综合值为 3.42]。

**附表 5－7　2015 年四川省双流县义务教育均衡发展综合预测结果**

| 一级 | 二级 | 三级 | | 发展水平 | 均衡水平 | |
|---|---|---|---|---|---|---|
| | | | | | 标准差 | 差异系数 |
| 1. 教育机会 | 1.1 小学适龄儿童入学率（%） | | | 100 | 0.01 | 0.0001 |
| | 1.2 巩固率（%） | 1.2.1 小学 | | 100 | 2.77 | 0.0277 |
| | | 1.2.2 初中 | | 99.54 | 3.22 | 0.0323 |
| 2. 资源配置 | 2.1 经费（元/年·生） | 2.1.1 教育事业费 | 小学 | 7271 | 936 | 0.3334 |
| | | | 初中 | 8139 | 1120 | 0.3029 |
| | | 2.1.2 公用经费 | 小学 | 1399 | 538 | 0.5847 |
| | | | 初中 | 1348 | 967 | 0.6080 |
| | 2.2 师资 | 2.2.1 数量（生师比） | 农村小学 | 16.57 | 2.76 | 0.1427 |
| | | | 农村初中 | 16.77 | 4.12 | 0.2644 |
| | | | 城市小学 | 16.43 | 2.75 | 0.1343 |
| | | | 城市初中 | 16 | 2.99 | 0.1456 |
| | | 2.2.2 初中教师专业对口率（%） | | — | — | — |
| | | 2.2.3 职称结构 | 小学 | 0.24 | 0.05 | 0.2369 |
| | | | 初中 | 0.22 | 0.02 | 0.0755 |
| | | 2.2.4 年人均收入（万元） | 小学 | 5.28 | 1.15 | 0.3513 |
| | | | 初中 | 5.11 | 1.40 | 0.4314 |
| | 2.3 校园校舍 | 2.3.1 生均校园面积（m²） | 小学 | 27.15 | 9.80 | 0.6570 |
| | | | 初中 | 19.67 | 9.87 | 0.4536 |
| | | 2.3.2 生均校舍面积（m²） | 小学 | 6.13 | 3.55 | 0.7324 |
| | | | 初中 | 7.67 | 2.87 | 0.3412 |
| | | 2.3.3 生均运动场（馆）面积（m²） | 小学 | 4.84 | 2.53 | 0.5546 |
| | | | 初中 | 10.73 | 6.62 | 0.6171 |
| | 2.4 设施设备 | 2.4.1 运动场（馆）达标校（%） | 小学 | 100 | — | — |
| | | | 初中 | 100 | | |
| | | 2.4.2 体育器械达标校（%） | 小学 | 100 | | |
| | | | 初中 | 100 | | |

（续表）

| 一级 | 二级 | 三级 | | 发展水平 | 均衡水平 | |
|---|---|---|---|---|---|---|
| | | | | | 标准差 | 差异系数 |
| 2. 资源配置 | 2.4 设施设备 | 2.4.3 音乐器材达标校（%） | 小学 | 100 | — | — |
| | | | 初中 | 100 | — | — |
| | | 2.4.4 美术器材达标校（%） | 小学 | 100 | — | — |
| | | | 初中 | 100 | — | — |
| | | 2.4.5 理科仪器达标校（%） | 小学 | 100 | — | — |
| | | | 初中 | 100 | — | — |
| | | 2.4.6 实验开出率（%） | 小学 | 92.66 | 16.95 | 0.1671 |
| | | | 初中 | 97.57 | 14.65 | 0.1587 |
| | | 2.4.7 生均图书（册） | 小学 | 25.25 | 4.64 | 0.3091 |
| | | | 初中 | 27.48 | 4.67 | 0.3154 |
| | | 2.4.8 生均计算机（台） | 小学 | 0.11 | 0.03 | 0.0930 |
| | | | 初中 | 0.09 | 0.03 | 0.0979 |
| | | 2.4.9 班级多媒体比例（%） | 小学 | 22 | 7.66 | 0.5069 |
| | | | 初中 | 33.42 | 3.80 | 0.4397 |
| | 2.5 学校布局 | 2.5.1 校均规模（人） | 农村小学 | 894 | 568 | 0.5229 |
| | | | 农村初中 | 959 | 253 | 0.2417 |
| | | | 城市小学 | 3307 | 1690 | 0.8244 |
| | | | 城市初中 | 3121 | 1415 | 0.6207 |
| | | 2.5.2 班额控制（人） | 农村小学 | 40 | 5 | 0.0988 |
| | | | 农村初中 | 44 | 4 | 0.0880 |
| | | | 城市小学 | 58 | 8 | 0.1605 |
| | | | 城市初中 | 63 | 9 | 0.1606 |
| 3. 学校管理 | 3.1 全面执行教学计划（%） | | | 100 | 0.00 | 0.0000 |
| | 3.2 校舍利用率（%） | | 小学 | 98.11 | 21.39 | 0.2196 |
| | | | 初中 | 93.85 | 9.05 | 0.0973 |
| 4. 教育质量 | 4.1 学生合格率（%） | 4.1.1 农村学生 | | 97.62 | 10.96 | 0.1168 |
| | | 4.1.2 城市学生 | | 99.36 | 1.59 | 0.0163 |
| | 4.2 学生对学习的满意度（%） | | | — | — | — |
| | 4.3 九年制义务教育完成率（%） | | | — | — | — |

275

(续表)

| 一级 | 二级 | 三级 | 发展水平 | 均衡水平 标准差 | 均衡水平 差异系数 |
|---|---|---|---|---|---|
| 4. 教育质量 | 4.4 社区对义务教育均衡发展的反响 | | — | — | — |
| 总发展水平 | | | — | | |
| 总均衡指数 | | | 0.2916 | | |

说明：此表中的生均公用经费、生师比、年人均收入等指标是在直接预测基础上综合考虑各方面因素后得到的综合预测值，其他指标中所得到值均为直接预测值（趋势外推法、移动平均法等）。生均公用经费［小学预测值为1248（574－1348），综合值为1399；初中预测值为822（721－1348），综合值为1348］、生师比［农村小学预测值为12.89（9.21－16.57），综合值为16.57；城市小学、初中选取值为直接预测值］、年人均收入［小学预测值为6.05（1.53－10.57），综合值为5.28；初中预测值为5.66（1.59－9.73），综合值为5.11］。

**附表5-8  2015年四川省德阳市旌阳区义务教育均衡发展综合预测结果**

| 一级 | 二级 | 三级 | | 发展水平 | 均衡水平 标准差 | 均衡水平 差异系数 |
|---|---|---|---|---|---|---|
| 1. 教育机会 | 1.1 小学适龄儿童入学率（%） | | | 100 | 0.02 | 0.0005 |
| | 1.2 巩固率（%） | 1.2.1 小学 | | 100 | 0.24 | 0.0024 |
| | | 1.2.2 初中 | | 99.94 | 0.49 | 0.0072 |
| 2. 资源配置 | 2.1 经费（元/年·生） | 2.1.1 教育事业费 | 小学 | 5566 | 1191 | 0.5298 |
| | | | 初中 | 7711 | 1171 | 0.4341 |
| | | 2.1.2 公用经费 | 小学 | 1005 | 136 | 0.2705 |
| | | | 初中 | 1329 | 308 | 0.4546 |
| | 2.2 师资 | 2.2.1 数量（生师比） | 农村小学 | 12.79 | 3.79 | 0.2269 |
| | | | 农村初中 | 10.65 | 5.41 | 0.3343 |
| | | | 城市小学 | 22.88 | 2.76 | 0.1177 |
| | | | 城市初中 | 16.06 | 1.18 | 0.0737 |
| | | 2.2.2 初中教师专业对口率（%） | | — | — | — |
| | | 2.2.3 职称结构 | 小学 | 0.24 | 0.01 | 0.0563 |
| | | | 初中 | 0.24 | 0.01 | 0.0470 |
| | | 2.2.4 年人均收入（万元） | 小学 | 5.05 | 0.48 | 0.1787 |
| | | | 初中 | 5.56 | 0.63 | 0.2232 |
| | 2.3 校园校舍 | 2.3.1 生均校园面积（m²） | 小学 | 16.06 | 12.48 | 0.5612 |
| | | | 初中 | 17.7 | 8.71 | 0.4503 |

（续表）

| 一级 | 二级 | 三级 | | 发展水平 | 均衡水平 | |
|---|---|---|---|---|---|---|
| | | | | | 标准差 | 差异系数 |
| 2. 资源配置 | 2.3 校园校舍 | 2.3.2 生均校舍面积（m²） | 小学 | 5.94 | 2.65 | 0.2195 |
| | | | 初中 | 8.41 | 1.79 | 0.2888 |
| | | 2.3.3 生均运动场（馆）面积（m²） | 小学 | 3.09 | 11.36 | 0.6677 |
| | | | 初中 | 4.18 | 13.53 | 0.8013 |
| | 2.4 设施设备 | 2.4.1 运动场（馆）达标校（%） | 小学 | 84.13 | — | — |
| | | | 初中 | 25 | — | — |
| | | 2.4.2 体育器械达标校（%） | 小学 | 84.13 | — | — |
| | | | 初中 | 25 | — | — |
| | | 2.4.3 音乐器材达标校（%） | 小学 | 84.13 | — | — |
| | | | 初中 | 25 | — | — |
| | | 2.4.4 美术器材达标校（%） | 小学 | 84.13 | — | — |
| | | | 初中 | 25 | — | — |
| | | 2.4.5 理科仪器达标校（%） | 小学 | 84.13 | — | — |
| | | | 初中 | 25 | — | — |
| | | 2.4.6 实验开出率（%） | 小学 | 80.56 | 31.00 | 0.1714 |
| | | | 初中 | 98.55 | 6.96 | 0.0730 |
| | | 2.4.7 生均图书（册） | 小学 | 9.24 | 7.53 | 0.4926 |
| | | | 初中 | 23.32 | 12.51 | 0.5688 |
| | | 2.4.8 生均计算机（台） | 小学 | 0.14 | 0.03 | 0.5710 |
| | | | 初中 | 0.1 | 0.36 | 0.9004 |
| | | 2.4.9 班级多媒体比例（%） | 小学 | 87.37 | 44.96 | 0.2541 |
| | | | 初中 | 5.28 | 48.22 | 0.9255 |
| | 2.5 学校布局 | 2.5.1 校均规模（人） | 农村小学 | 1367 | 512 | 0.3749 |
| | | | 农村初中 | 1107 | 226 | 0.2039 |
| | | | 城市小学 | 1714 | 776 | 0.4535 |
| | | | 城市初中 | 1517 | 783 | 0.5167 |
| | | 2.5.2 班额控制（人） | 农村小学 | 43 | 10 | 0.2883 |
| | | | 农村初中 | 43 | 11 | 0.2709 |

(续表)

| 一级 | 二级 | 三级 | | 发展水平 | 均衡水平 | |
|---|---|---|---|---|---|---|
| | | | | | 标准差 | 差异系数 |
| 2. 资源配置 | 2.5 学校布局 | 2.5.2 班额控制（人） | 城市小学 | 62 | 6 | 0.0942 |
| | | | 城市初中 | 58 | 5 | 0.0911 |
| 3. 学校管理 | 3.1 全面执行教学计划（%） | | | 100 | 0.00 | 0.0000 |
| | 3.2 校舍利用率（%） | | 小学 | 100 | 27.28 | 0.2328 |
| | | | 初中 | 99.29 | 2.60 | 0.0261 |
| 4. 教育质量 | 4.1 学生合格率（%） | 4.1.1 农村学生 | | 97.96 | 1.60 | 0.0163 |
| | | 4.1.2 城市学生 | | 95.14 | 7.49 | 0.0848 |
| | 4.2 学生对学习的满意度（%） | | | — | — | — |
| | 4.3 九年制义务教育完成率（%） | | | | | |
| | 4.4 社区对义务教育均衡发展的反响 | | | | | |
| 总发展水平 | | | | — | | |
| 总均衡指数 | | | | 0.2820 | | |

说明：此表中的生均公用经费、年人均收入、生均校园面积、生均计算机等指标是在直接预测基础上综合考虑各方面因素后得到的综合预测值，其他指标中所得到值均为直接预测值（趋势外推法、移动平均法等）。生均公用经费［小学预测值为1170（760-1580），综合值为1005；初中预测值为997（665-1329），综合值为1329］、年人均收入［小学预测值为4.38（3.71-5.05），综合值为5.05；初中预测值为4.9（3.99-5.80），综合值为5.56］、生均校园面积［小学选取值为直接预测值；初中预测值为35.27（17.7-52.84），综合值为17.7］、生均计算机［小学预测值为0.10（0.05-0.14），综合值为0.14；初中预测值为0.07（0.04-0.10），综合值为0.10］。

附表5-9　2015年四川省乐至县义务教育均衡发展综合预测结果

| 一级 | 二级 | 三级 | | 发展水平 | 均衡水平 | |
|---|---|---|---|---|---|---|
| | | | | | 标准差 | 差异系数 |
| 1. 教育机会 | 1.1 小学适龄儿童入学率（%） | | | 100 | 1.47 | 0.0150 |
| | 1.2 巩固率（%） | 1.2.1 小学 | | 99.25 | 1.73 | 0.0120 |
| | | 1.2.2 初中 | | 97.90 | 0.44 | 0.0045 |
| 2. 资源配置 | 2.1 经费（元/年·生） | 2.1.1 教育事业费 | 小学 | 5238 | 676 | 0.2700 |
| | | | 初中 | 5624 | 1297 | 0.4109 |
| | | 2.1.2 公用经费 | 小学 | 668 | 149 | 0.4876 |
| | | | 初中 | 1278 | 343 | 0.7314 |

(续表)

| 一级 | 二级 | 三级 | | 发展水平 | 均衡水平 | |
|---|---|---|---|---|---|---|
| | | | | | 标准差 | 差异系数 |
| 2. 资源配置 | 2.2 师资 | 2.2.1 数量（生师比） | 农村小学 | 14.26 | 3.84 | 0.2373 |
| | | | 农村初中 | 12.69 | 2.04 | 0.1375 |
| | | | 城市小学 | 16.12 | 0.84 | 0.0382 |
| | | | 城市初中 | — | — | — |
| | | 2.2.2 初中教师专业对口率（%） | | — | — | — |
| | | 2.2.3 职称结构 | 小学 | 0.23 | 0.02 | 0.0668 |
| | | | 初中 | 0.24 | 0.01 | 0.0449 |
| | | 2.2.4 年人均收入（万元） | 小学 | 4.57 | 0.53 | 0.2276 |
| | | | 初中 | 4.56 | 0.66 | 0.2757 |
| | 2.3 校园校舍 | 2.3.1 生均校园面积（m²） | 小学 | 16.53 | 14.02 | 0.8283 |
| | | | 初中 | 16.22 | 2.24 | 0.2091 |
| | | 2.3.2 生均校舍面积（m²） | 小学 | 9.58 | 8.88 | 1.5702 |
| | | | 初中 | 4.82 | 1.21 | 0.2376 |
| | | 2.3.3 生均运动场（馆）面积（m²） | 小学 | 5.11 | 3.81 | 0.6556 |
| | | | 初中 | 2.83 | 1.65 | 0.4909 |
| | 2.4 设施设备 | 2.4.1 运动场（馆）达标校（%） | 小学 | 71.4 | — | — |
| | | | 初中 | 66.7 | — | — |
| | | 2.4.2 体育器械达标校（%） | 小学 | 71.4 | — | — |
| | | | 初中 | 33.3 | — | — |
| | | 2.4.3 音乐器材达标校（%） | 小学 | 71.4 | — | — |
| | | | 初中 | 33.3 | — | — |
| | | 2.4.4 美术器材达标校（%） | 小学 | 71.4 | — | — |
| | | | 初中 | 33.3 | — | — |
| | | 2.4.5 理科仪器达标校（%） | 小学 | 71.4 | — | — |
| | | | 初中 | 66.7 | — | — |
| | | 2.4.6 实验开出率（%） | 小学 | 78.56 | 33.97 | 0.3339 |
| | | | 初中 | 92.15 | 9.45 | 0.0460 |
| | | 2.4.7 生均图书（册） | 小学 | 32.72 | 7.95 | 0.5865 |
| | | | 初中 | 14.55 | 7.01 | 0.3496 |

(续表)

| 一级 | 二级 | 三级 | | 发展水平 | 均衡水平 | |
|---|---|---|---|---|---|---|
| | | | | | 标准差 | 差异系数 |
| 2. 资源配置 | 2.4 设施设备 | 2.4.8 生均计算机（台） | 小学 | 0.1 | 0.04 | 0.8774 |
| | | | 初中 | 0.08 | 0.06 | 0.2964 |
| | | 2.4.9 班级多媒体比例（%） | 小学 | 10.66 | 5.23 | 0.3650 |
| | | | 初中 | 20.18 | 11.03 | 0.6616 |
| | 2.5 学校布局 | 2.5.1 校均规模（人） | 农村小学 | 576 | 373 | 0.4679 |
| | | | 农村初中 | 573 | 216 | 0.3926 |
| | | | 城市小学 | 2034 | 1252 | 0.6152 |
| | | | 城市初中 | — | — | — |
| | | 2.5.2 班额控制（人） | 农村小学 | 44 | 12 | 0.2769 |
| | | | 农村初中 | 60 | 6 | 0.0898 |
| | | | 城市小学 | 62 | 6 | 0.1059 |
| | | | 城市初中 | — | — | — |
| 3. 学校管理 | 3.1 全面执行教学计划（%） | | | 100 | 0.00 | 0.0000 |
| | 3.2 校舍利用率（%） | | 小学 | 97.27 | 13.39 | 0.1339 |
| | | | 初中 | 100 | 5.18 | 0.0460 |
| 4. 教育质量 | 4.1 学生合格率（%） | 4.1.1 农村学生 | | 83.56 | 17.23 | 0.2062 |
| | | 4.1.2 城市学生 | | 98.94 | 1.06 | 0.0109 |
| | 4.2 学生对学习的满意度（%） | | | — | — | — |
| | 4.3 九年制义务教育完成率（%） | | | | | |
| | 4.4 社区对义务教育均衡发展的反响 | | | | | |
| 总发展水平 | | | | | — | |
| 总均衡指数 | | | | 0.3802 | | |

说明：此表中的生均教育事业费、生均公用经费、生师比、年人均收入、生均图书、生均计算机等指标，是在直接预测基础上综合考虑各方面因素后得到的综合预测值，其他指标中所得到值均为直接预测值（趋势外推法、移动平均法等）。生均教育事业费［小学预测值为6507（4284－8729），综合值为5238；初中预测值为4485（3345－5624），综合值为5624］、生均公用经费［小学预测值为577（477－677），综合值为668；初中选取值为预测值］、生师比［农村小学预测值为7.94（6.06－14.26），综合值为14.26；农村初中预测值为10（7.94－12.69），综合值为12.69；城市小学预测值为10.65（7.94－16.12），综合值为16.12；城市初中没有采集到相应数据］、年人均收入［小学选取值为预测值；初中预测值为4.10（2.25－5.95），综合值为4.56］、生均图书［小学预测值32.72（21.56－43.88），综合值为21.56；初中预测值为12.53（10.51－14.55），综合值为14.55］、生均计

算机[小学选取值为预测值;初中预测值为0.04(0.01-0.08),综合值为0.08]。

## 二、2020年县域内义务教育均衡发展综合预测结果及标准差比较分析

附表5-10　2020年辽宁省辽中县义务教育均衡发展综合预测结果

| 一级 | 二级 | 三级 | | 发展水平 | 均衡水平 | |
|---|---|---|---|---|---|---|
| | | | | | 标准差 | 差异系数 |
| 1. 教育机会 | 1.1 小学适龄儿童入学率（%） | | | 100 | 0.0015 | 0.0000 |
| | 1.2 巩固率（%） | 1.2.1 小学 | | 100 | 0.0000 | 0.0000 |
| | | 1.2.2 初中 | | 99.19 | 0.0159 | 0.0159 |
| 2. 资源配置 | 2.1 经费（元/年·生） | 2.1.1 教育事业费 | 小学 | 12606 | 5812 | 0.2091 |
| | | | 初中 | 13000 | 7028 | 0.6075 |
| | | 2.1.2 公用经费 | 小学 | 1639 | 0.0000 | 0.0000 |
| | | | 初中 | 2025 | 1340 | 0.5855 |
| | 2.2 师资 | 2.2.1 数量（生师比） | 农村小学 | 12.18 | 2.37 | 0.1817 |
| | | | 农村初中 | 7.27 | 2.99 | 0.3206 |
| | | | 城市小学 | 16.00 | 2.98 | 0.1419 |
| | | | 城市初中 | 10.82 | 5.57 | 0.3597 |
| | | 2.2.2 初中教师专业对口率（%） | | — | — | — |
| | | 2.2.3 职称结构 | 小学 | 0.24 | 0.01 | 0.0400 |
| | | | 初中 | 0.24 | 0.01 | 0.0240 |
| | | 2.2.4 年人均收入（万元） | 小学 | 10.64 | 0.52 | 0.1537 |
| | | | 初中 | 10.45 | 0.52 | 0.1872 |
| | 2.3 校园校舍 | 2.3.1 生均校园面积（m²） | 小学 | 42.35 | 31.99 | 0.8421 |
| | | | 初中 | 115.96 | 195.34 | 0.6054 |
| | | 2.3.2 生均校舍面积（m²） | 小学 | 10.30 | 8.40 | 0.8150 |
| | | | 初中 | 13.19 | 10.99 | 0.7053 |
| | | 2.3.3 生均运动场（馆）面积（m²） | 小学 | 16.73 | 7.01 | 0.1050 |
| | | | 初中 | 20.63 | 14.20 | 0.6375 |
| | 2.4 设施设备 | 2.4.1 运动场（馆）达标校（%） | 小学 | 99.86 | — | — |
| | | | 初中 | 100.00 | — | — |
| | | 2.4.2 体育器械达标校（%） | 小学 | 99.86 | — | — |
| | | | 初中 | 94.32 | — | — |

（续表）

| 一级 | 二级 | 三级 | | 发展水平 | 均衡水平 | |
|---|---|---|---|---|---|---|
| | | | | | 标准差 | 差异系数 |
| 2. 资源配置 | 2.4 设施设备 | 2.4.3 音乐器材达标校（%） | 小学 | 99.66 | — | — |
| | | | 初中 | 95.48 | — | — |
| | | 2.4.4 美术器材达标校（%） | 小学 | 99.86 | — | — |
| | | | 初中 | 98.46 | — | — |
| | | 2.4.5 理科仪器达标校（%） | 小学 | 99.25 | — | — |
| | | | 初中 | 95.68 | — | — |
| | | 2.4.6 实验开出率（%） | 小学 | 95.56 | 0.04 | 0.0317 |
| | | | 初中 | 99.48 | 0.10 | 0.0442 |
| | | 2.4.7 生均图书（册） | 小学 | 21.91 | 7.67 | 0.6580 |
| | | | 初中 | 59.89 | 28.67 | 0.4625 |
| | | 2.4.8 生均计算机（台） | 小学 | 0.17 | 0.06 | 0.7607 |
| | | | 初中 | 0.25 | 0.02 | 0.2295 |
| | | 2.4.9 班级多媒体比例（%） | 小学 | 43.13 | 0.33 | 0.0099 |
| | | | 初中 | 46.42 | 0.28 | 0.0099 |
| | 2.5 学校布局 | 2.5.1 校均规模（人） | 农村小学 | 2080 | 1834 | 0.2987 |
| | | | 农村初中 | 386 | 167 | 0.3095 |
| | | | 城市小学 | 1566 | 293 | 0.0025 |
| | | | 城市初中 | 2037 | 610 | 0.2566 |
| | | 2.5.2 班额控制（人） | 农村小学 | 39 | 6 | 0.1622 |
| | | | 农村初中 | 30 | 20 | 0.4407 |
| | | | 城市小学 | 46 | 7 | 0.1180 |
| | | | 城市初中 | 45 | 22 | 0.3515 |
| 3. 学校管理 | 3.1 全面执行教学计划（%） | | | 100 | 0.00 | 0.0000 |
| | 3.2 校舍利用率（%） | | 小学 | 93.52 | 1.10 | 0.3150 |
| | | | 初中 | 79.86 | 0.47 | 0.5976 |
| 4. 教育质量 | 4.1 学生合格率（%） | 4.1.1 农村学生 | | 88.98 | 0.10 | 0.1078 |
| | | 4.1.2 城市学生 | | 79.61 | 0.28 | 0.0000 |
| | 4.2 学生对学习的满意度（%） | | | — | — | — |
| | 4.3 九年制义务教育完成率（%） | | | — | — | — |

（续表）

| 一级 | 二级 | 三级 | 发展水平 | 均衡水平 | |
|---|---|---|---|---|---|
| | | | | 标准差 | 差异系数 |
| 4. 教育质量 | 4.4 社区对义务教育均衡发展的反响 | | — | — | — |
| 总发展水平 | | | 0.9815 | | |
| 总均衡指数 | | | 0.3452 | | |

说明：此表中的生均教育事业费、生均公用经费、年人均收入等指标是在直接预测基础上综合考虑各方面因素后得到的综合预测值，其他指标中所得到值均为直接预测值（趋势外推法、移动平均法等）。生均教育事业费［小学预测值为16189（9948－15264），综合值为12606；初中预测值为18988（6504－31471），综合值为13000］、生均公用经费［小学预测值为1026（940－1111），综合值为1639；初中预测值为2025（1361－2689），综合值为2025］、年人均收入［小学预测值为12.99（8.36－17.62），综合值为10.64；初中预测值为11.77（6.35－17.19），综合值为10.45］。

**附表5－11  2020年辽宁省鞍山市铁西区义务教育均衡发展综合预测结果**

| 一级 | 二级 | 三级 | | 发展水平 | 均衡水平 | |
|---|---|---|---|---|---|---|
| | | | | | 标准差 | 差异系数 |
| 1. 教育机会 | 1.1 小学适龄儿童入学率（%） | | | 100 | 0.00 | 0.0000 |
| | 1.2 巩固率（%） | 1.2.1 小学 | | 100 | 0.00 | 0.0000 |
| | | 1.2.2 初中 | | 99.65 | 0.01 | 0.0061 |
| 2. 资源配置 | 2.1 经费（元/年·生） | 2.1.1 教育事业费 | 小学 | 12219 | 1916 | 0.5674 |
| | | | 初中 | 20209 | 3888 | 0.8252 |
| | | 2.1.2 公用经费 | 小学 | 930 | 82 | 0.2397 |
| | | | 初中 | 1740 | 278 | 0.5850 |
| | 2.2 师资 | 2.2.1 数量（生师比） | 农村小学 | — | — | — |
| | | | 农村初中 | — | — | — |
| | | | 城市小学 | 9.47 | 7.75 | 0.2175 |
| | | | 城市初中 | 8.46 | 6.84 | 0.4642 |
| | | 2.2.2 初中教师专业对口率（%） | | — | — | — |
| | | 2.2.3 职称结构 | 小学 | 0.23 | 0.02 | 0.1017 |
| | | | 初中 | 0.24 | 0.02 | 0.0886 |
| | | 2.2.4 年人均收入（万元） | 小学 | 7.2 | 0.77 | 0.0825 |
| | | | 初中 | 6.76 | 0.20 | 0.0350 |

(续表)

| 一级 | 二级 | 三级 | | 发展水平 | 均衡水平 | |
|---|---|---|---|---|---|---|
| | | | | | 标准差 | 差异系数 |
| 2. 资源配置 | 2.3 校园校舍 | 2.3.1 生均校园面积（m²） | 小学 | 10.6 | 7.15 | 0.4591 |
| | | | 初中 | 25.38 | 20.54 | 0.8648 |
| | | 2.3.2 生均校舍面积（m²） | 小学 | 7.51 | 3.90 | 0.0575 |
| | | | 初中 | 10.59 | 8.04 | 0.8725 |
| | | 2.3.3 生均运动场（馆）面积（m²） | 小学 | 3.89 | 5.00 | 0.4975 |
| | | | 初中 | 12.98 | 11.44 | 0.8479 |
| | 2.4 设施设备 | 2.4.1 运动场（馆）达标校（%） | 小学 | 88.61 | — | — |
| | | | 初中 | 91.71 | — | — |
| | | 2.4.2 体育器械达标校（%） | 小学 | 100.00 | — | — |
| | | | 初中 | 100.00 | — | — |
| | | 2.4.3 音乐器材达标校（%） | 小学 | 100.00 | — | — |
| | | | 初中 | 100.00 | — | — |
| | | 2.4.4 美术器材达标校（%） | 小学 | 100.00 | — | — |
| | | | 初中 | 100.00 | — | — |
| | | 2.4.5 理科仪器达标校（%） | 小学 | 100.00 | — | — |
| | | | 初中 | 100.00 | — | — |
| | | 2.4.6 实验开出率（%） | 小学 | 100.00 | 0.31 | 0.1825 |
| | | | 初中 | 100.00 | 0.06 | 0.0503 |
| | | 2.4.7 生均图书（册） | 小学 | 40.89 | 17.84 | 0.6101 |
| | | | 初中 | 65.98 | 20.50 | 0.6776 |
| | | 2.4.8 生均计算机（台） | 小学 | 0.23 | 0.03 | 0.3738 |
| | | | 初中 | 0.26 | 0.09 | 0.6174 |
| | | 2.4.9 班级多媒体比例（%） | 小学 | 0.65 | 0.77 | 0.1559 |
| | | | 初中 | 0.61 | 0.65 | 0.1136 |
| | 2.5 学校布局 | 2.5.1 校均规模（人） | 农村小学 | — | — | — |
| | | | 农村初中 | — | — | — |
| | | | 城市小学 | 614 | 276 | 0.4262 |
| | | | 城市初中 | 1202 | 1253 | 0.5419 |

（续表）

| 一级 | 二级 | 三级 | | 发展水平 | 均衡水平 | |
|---|---|---|---|---|---|---|
| | | | | | 标准差 | 差异系数 |
| 2. 资源配置 | 2.5 学校布局 | 2.5.2 班额控制（人） | 农村小学 | — | — | — |
| | | | 农村初中 | — | — | — |
| | | | 城市小学 | 40 | 23 | 0.4262 |
| | | | 城市初中 | 33 | 15 | 0.8012 |
| 3. 学校管理 | 3.1 全面执行教学计划（%） | | | 100.00 | 0.00 | 0.0000 |
| | 3.2 校舍利用率（%） | | 小学 | 93.86 | 0.12 | 0.1430 |
| | | | 初中 | 91.99 | 0.12 | 0.0750 |
| 4. 教育质量 | 4.1 学生合格率（%） | 4.1.1 农村学生 | | — | — | — |
| | | 4.1.2 城市学生 | | 93.23 | 0.12 | 0.0925 |
| | 4.2 学生对学习的满意度（%） | | | — | — | — |
| | 4.3 九年制义务教育完成率（%） | | | — | — | — |
| | 4.4 社区对义务教育均衡发展的反响 | | | — | — | — |
| 总发展水平 | | | | 0.9241 | | |
| 总均衡指数 | | | | 0.3359 | | |

说明：此表中的生均教育事业费、生均公用经费、年人均收入等指标是在直接预测基础上综合考虑各方面因素后得到的综合预测值，其他指标中所得到值均为直接预测值（趋势外推法、移动平均法等）。生均教育事业费［小学为直接预测值；初中预测值为14335（10154－18516），综合值为20209］、生均公用经费［小学预测值为623（446－800），综合值为930；初中预测值为913（172－1654），综合值为1740］、年人均收入［小学预测值为7.20（4.96－9.43），综合值为9.43；初中预测值为6.76（3.13－10.39），综合值为10.39］。

附表5－12　2020年辽宁省阜蒙县义务教育均衡发展综合预测结果

| 一级 | 二级 | 三级 | | 发展水平 | 均衡水平 | |
|---|---|---|---|---|---|---|
| | | | | | 标准差 | 差异系数 |
| 1. 教育机会 | 1.1 小学适龄儿童入学率（%） | | | 100 | 0.00 | 0.0000 |
| | 1.2 巩固率（%） | 1.2.1 小学 | | 100 | 0.02 | 0.0200 |
| | | 1.2.2 初中 | | 98.53 | 0.02 | 0.0146 |
| 2. 资源配置 | 2.1 经费（元/年·生） | 2.1.1 教育事业费 | 小学 | 7829 | 1540 | 0.7088 |
| | | | 初中 | 8390 | 1485 | 0.6514 |
| | | 2.1.2 公用经费 | 小学 | 1141 | 39 | 0.1148 |
| | | | 初中 | 1386 | 92 | 0.0750 |

(续表)

| 一级 | 二级 | 三级 | | 发展水平 | 均衡水平 | |
|---|---|---|---|---|---|---|
| | | | | | 标准差 | 差异系数 |
| 2. 资源配置 | 2.2 师资 | 2.2.1 数量（生师比） | 农村小学 | 10.99 | 1.63 | 0.0550 |
| | | | 农村初中 | 11.35 | 3.22 | 0.0800 |
| | | | 城市小学 | 13.36 | 14.50 | 0.3375 |
| | | | 城市初中 | 17.23 | 6.23 | 0.2797 |
| | | 2.2.2 初中教师专业对口率（%） | | — | — | — |
| | | 2.2.3 职称结构 | 小学 | 0.23 | 0.03 | 0.1352 |
| | | | 初中 | 0.23 | 0.01 | 0.0508 |
| | | 2.2.4 年人均收入（万元） | 小学 | 6.87 | 1.68 | 0.7317 |
| | | | 初中 | 7.08 | 1.53 | 0.5994 |
| | 2.3 校园校舍 | 2.3.1 生均校园面积（m²） | 小学 | 52.34 | 54.64 | 0.6286 |
| | | | 初中 | 46.66 | 33.18 | 0.7089 |
| | | 2.3.2 生均校舍面积（m²） | 小学 | 7.95 | 3.13 | 0.4101 |
| | | | 初中 | 10.01 | 2.51 | 0.7297 |
| | | 2.3.3 生均运动场（馆）面积（m²） | 小学 | 33.77 | 48.01 | 0.7396 |
| | | | 初中 | 11.44 | 6.00 | 0.2275 |
| | 2.4 设施设备 | 2.4.1 运动场（馆）达标校（%） | 小学 | 100 | — | — |
| | | | 初中 | 50.00 | — | — |
| | | 2.4.2 体育器械达标校（%） | 小学 | 100 | — | — |
| | | | 初中 | 50.00 | — | — |
| | | 2.4.3 音乐器材达标校（%） | 小学 | 100 | — | — |
| | | | 初中 | 50.00 | — | — |
| | | 2.4.4 美术器材达标校（%） | 小学 | 100 | — | — |
| | | | 初中 | 50.00 | — | — |
| | | 2.4.5 理科仪器达标校（%） | 小学 | 100 | — | — |
| | | | 初中 | 50.00 | — | — |
| | | 2.4.6 实验开出率（%） | 小学 | 91.7 | 0.38 | 0.3600 |
| | | | 初中 | 94.05 | 0.43 | 0.4650 |

（续表）

| 一级 | 二级 | 三级 | | 发展水平 | 均衡水平 | |
|---|---|---|---|---|---|---|
| | | | | | 标准差 | 差异系数 |
| 2. 资源配置 | 2.4 设施设备 | 2.4.7 生均图书（册） | 小学 | 22.57 | 4.73 | 0.2600 |
| | | | 初中 | 37.84 | 11.84 | 0.0000 |
| | | 2.4.8 生均计算机（台） | 小学 | 0.13 | 0.01 | 0.0450 |
| | | | 初中 | 0.14 | 0.01 | 0.1800 |
| | | 2.4.9 班级多媒体比例（%） | 小学 | 42.01 | 0.25 | 0.0093 |
| | | | 初中 | 19.78 | 0.05 | 0.0329 |
| | 2.5 学校布局 | 2.5.1 校均规模（人） | 农村小学 | 682 | 905 | 0.3699 |
| | | | 农村初中 | 475 | 417 | 0.7496 |
| | | | 城市小学 | 1299 | 437 | 0.3846 |
| | | | 城市初中 | 2353 | 198 | 0.1027 |
| | | 2.5.2 班额控制（人） | 农村小学 | 37 | 16 | 0.7733 |
| | | | 农村初中 | 47 | 10 | 0.2459 |
| | | | 城市小学 | 47 | 11 | 0.2241 |
| | | | 城市初中 | 61 | 2 | 0.0273 |
| 3. 学校管理 | 3.1 全面执行教学计划（%） | | | 100 | 0.00 | 0.0000 |
| | 3.2 校舍利用率（%） | | 小学 | 93.66 | 0.38 | 0.6004 |
| | | | 初中 | 81.31 | 0.34 | 0.3634 |
| 4. 教育质量 | 4.1 学生合格率（%） | 4.1.1 农村学生 | | 79.51 | 0.20 | 0.2449 |
| | | 4.1.2 城市学生 | | 100 | 0.28 | 0.3607 |
| | 4.2 学生对学习的满意度（%） | | | — | — | — |
| | 4.3 九年制义务教育完成率（%） | | | — | — | — |
| | 4.4 社区对义务教育均衡发展的反响 | | | — | — | — |
| 总发展水平 | | | | 0.8609 | | |
| 总均衡指数 | | | | 0.3673 | | |

说明：此表中的生均教育事业费、生均公用经费、年人均收入等指标是在直接预测基础上综合考虑各方面因素后得到的综合预测值，其他指标中所得到值均为直接预测值（趋势外推法、移动平均法等）。生均教育事业费［小学预测值为5047（4532－5562），综合值为7829；初中预测值为5652（4504－6800），综合值为8390］、生均公用经费［小学预测值为530（374－687），综合值为1141；初中预测值为945（505－1386），综合值为1386］、年人均收入［小学预测值为4.90（3.97－5.83），综合值为6.87；初中预测值为5.46（2.13－8.80），综合值为7.08］。

附表 5-13  2020 年湖南省醴陵市义务教育均衡发展综合预测结果

| 一级 | 二级 | 三级 | | 发展水平 | 均衡水平 | |
|---|---|---|---|---|---|---|
| | | | | | 标准差 | 差异系数 |
| 1. 教育机会 | 1.1 小学适龄儿童入学率（%） | | | 99.81 | 0.00 | 0.0045 |
| | 1.2 巩固率（%） | 1.2.1 小学 | | 100.00 | 0.07 | 0.0000 |
| | | 1.2.2 初中 | | 99.59 | 0.03 | 0.0031 |
| 2. 资源配置 | 2.1 经费（元/年·生） | 2.1.1 教育事业费 | 小学 | 10817 | 492 | 0.8676 |
| | | | 初中 | 20988 | 505 | 0.7964 |
| | | 2.1.2 公用经费 | 小学 | 1002 | 73 | 0.5797 |
| | | | 初中 | 1825 | 251 | 0.6581 |
| | 2.2 师资 | 2.2.1 数量（生师比） | 农村小学 | 16.41 | 5.71 | 0.1942 |
| | | | 农村初中 | 12.28 | 2.81 | 0.2432 |
| | | | 城市小学 | 16.20 | 6.40 | 0.3545 |
| | | | 城市初中 | 12.45 | 1.92 | 0.1770 |
| | | 2.2.2 初中教师专业对口率（%） | | — | — | — |
| | | 2.2.3 职称结构 | 小学 | 0.26 | 0.03 | 0.0686 |
| | | | 初中 | 0.24 | 0.04 | 0.1641 |
| | | 2.2.4 年人均收入（万元） | 小学 | 7.32 | 0.44 | 0.1717 |
| | | | 初中 | 8.05 | 0.37 | 0.1730 |
| | 2.3 校园校舍 | 2.3.1 生均校园面积（m²） | 小学 | 34 | 52.54 | 0.8362 |
| | | | 初中 | 34 | 21.47 | 0.4049 |
| | | 2.3.2 生均校舍面积（m²） | 小学 | 13.86 | 5.46 | 0.5756 |
| | | | 初中 | 12.49 | 5.83 | 0.2500 |
| | | 2.3.3 生均运动场（馆）面积（m²） | 小学 | 11.87 | 7.59 | 0.9075 |
| | | | 初中 | 10.01 | 5.47 | 0.5025 |
| | 2.4 设施设备 | 2.4.1 运动场（馆）达标校（%） | 小学 | 100 | — | — |
| | | | 初中 | 100 | — | — |
| | | 2.4.2 体育器械达标校（%） | 小学 | 100 | — | — |
| | | | 初中 | 100 | — | — |
| | | 2.4.3 音乐器材达标校（%） | 小学 | 100 | — | — |
| | | | 初中 | 100 | — | — |

(续表)

| 一级 | 二级 | 三级 | | 发展水平 | 均衡水平 | |
|---|---|---|---|---|---|---|
| | | | | | 标准差 | 差异系数 |
| 2. 资源配置 | 2.4 设施设备 | 2.4.4 美术器材达标校（%） | 小学 | 100 | — | — |
| | | | 初中 | 100 | — | — |
| | | 2.4.5 理科仪器达标校（%） | 小学 | 100 | — | — |
| | | | 初中 | 100 | — | — |
| | | 2.4.6 实验开出率（%） | 小学 | 96.7 | 0.0000 | 0.0611 |
| | | | 初中 | 99.97 | 0.0000 | 0.0385 |
| | | 2.4.7 生均图书（册） | 小学 | 51.32 | 30.31 | 0.8900 |
| | | | 初中 | 52.39 | 115.71 | 0.6825 |
| | | 2.4.8 生均计算机（台） | 小学 | 0.25 | 0.13 | 0.4439 |
| | | | 初中 | 0.41 | 0.20 | 0.6658 |
| | | 2.4.9 班级多媒体比例（%） | 小学 | 12.02 | 0.14 | 0.0158 |
| | | | 初中 | 76.29 | 0.22 | 0.5050 |
| | 2.5 学校布局 | 2.5.1 校均规模（人） | 农村小学 | 711 | 212 | 0.5426 |
| | | | 农村初中 | 706 | 294 | 0.4592 |
| | | | 城市小学 | 1019 | 230 | 0.3570 |
| | | | 城市初中 | 935 | 38 | 0.0652 |
| | | 2.5.2 班额控制（人） | 农村小学 | 36 | 14 | 0.4177 |
| | | | 农村初中 | 46 | 10 | 0.1128 |
| | | | 城市小学 | 44 | 11 | 0.0303 |
| | | | 城市初中 | 54 | 7 | 0.1564 |
| 3. 学校管理 | 3.1 全面执行教学计划（%） | | | 100 | 0.00 | 0.0000 |
| | 3.2 校舍利用率（%） | | 小学 | 77.7 | 25.62 | 0.4999 |
| | | | 初中 | 51.49 | 43.24 | 0.7444 |
| 4. 教育质量 | 4.1 学生合格率（%） | 4.1.1 农村学生 | | 97.17 | 14.69 | 0.1709 |
| | | 4.1.2 城市学生 | | 99.14 | 18.26 | 0.2243 |
| | 4.2 学生对学习的满意度（%） | | | — | — | — |
| | 4.3 九年制义务教育完成率（%） | | | — | — | — |
| | 4.4 社区对义务教育均衡发展的反响 | | | — | — | — |
| 总发展水平 | | | | 0.9238 | | |
| 总均衡指数 | | | | 0.4235 | | |

说明：在此预测结果中，我们分别采用了趋势外推法、移动平均法及综合预测法。如本市指标体系中的生均教育事业费、生均公用经费、年人均收入、生均校园面积等指标，就是在直接预测（趋势外推法、移动平均法）得到结果的基础上，综合考虑各方面因素得到的综合预测值，其他指标值均为直接预测值。生均教育事业费［小学预测值为9293（7902－10685），综合值为10817；初中预测值为21772（17297－26247），综合值为20988］、生均公用经费［小学预测值为750（524－976），综合值为1002；初中预测值为1381（1199－1563），综合值为1825］、年人均收入取值均为直接预测值。生均校园面积考虑2005—2009年数据采取过程中的特殊性，综合了国家及部分省市标准最终选取了综合值。

附表5－14  2020年湖南省邵阳市双清区义务教育均衡发展综合预测结果

| 一级 | 二级 | 三级 | | 发展水平 | 均衡水平 | |
|---|---|---|---|---|---|---|
| | | | | | 标准差 | 差异系数 |
| 1. 教育机会 | 1.1 小学适龄儿童入学率（%） | | | 94.83 | 8.93 | 0.0757 |
| | 1.2 巩固率（%） | 1.2.1 小学 | | 99.85 | 0.31 | 0.0031 |
| | | 1.2.2 初中 | | 98.78 | 0.72 | 0.0073 |
| 2. 资源配置 | 2.1 经费（元/年·生） | 2.1.1 教育事业费 | 小学 | 10492 | 745 | 0.3220 |
| | | | 初中 | 19005 | 617 | 0.1762 |
| | | 2.1.2 公用经费 | 小学 | 914 | 32 | 0.1467 |
| | | | 初中 | 1223 | 98 | 0.2674 |
| | 2.2 师资 | 2.2.1 数量（生师比） | 农村小学 | 20.36 | 4.25 | 0.2109 |
| | | | 农村初中 | 8.77 | — | — |
| | | | 城市小学 | 14.41 | 4.36 | 0.2195 |
| | | | 城市初中 | 11.01 | 3.56 | 0.2667 |
| | | 2.2.2 初中教师专业对口率（%） | | — | | |
| | | 2.2.3 职称结构 | 小学 | 0.23 | 0.03 | 0.1254 |
| | | | 初中 | 0.23 | 0.04 | 0.1450 |
| | | 2.2.4 年人均收入（万元） | 小学 | 5.12 | 0.54 | 0.2031 |
| | | | 初中 | 5.32 | 0.49 | 0.1181 |
| | 2.3 校园校舍 | 2.3.1 生均校园面积（m²） | 小学 | 16.07 | 11.50 | 0.6457 |
| | | | 初中 | 37.76 | 17.66 | 0.4868 |
| | | 2.3.2 生均校舍面积（m²） | 小学 | 6.11 | 3.13 | 0.4996 |
| | | | 初中 | 5.15 | 3.93 | 0.5194 |
| | | 2.3.3 生均运动场（馆）面积（m²） | 小学 | 5.85 | 8.05 | 0.424 |
| | | | 初中 | 9.62 | 4.53 | 0.3242 |

（续表）

| 一级 | 二级 | 三级 | | 发展水平 | 均衡水平 | |
|---|---|---|---|---|---|---|
| | | | | | 标准差 | 差异系数 |
| 2. 资源配置 | 2.4 设施设备 | 2.4.1 运动场（馆）达标校（%） | 小学 | 68.89 | — | — |
| | | | 初中 | 97.73 | — | — |
| | | 2.4.2 体育器械达标校（%） | 小学 | 68.89 | — | — |
| | | | 初中 | 97.73 | — | — |
| | | 2.4.3 音乐器材达标校（%） | 小学 | 68.89 | — | — |
| | | | 初中 | 97.73 | — | — |
| | | 2.4.4 美术器材达标校（%） | 小学 | 68.89 | — | — |
| | | | 初中 | 97.73 | — | — |
| | | 2.4.5 理科仪器达标校（%） | 小学 | 68.89 | — | — |
| | | | 初中 | 97.73 | — | — |
| | | 2.4.6 实验开出率（%） | 小学 | 68.89 | 12.55 | 0.3370 |
| | | | 初中 | 97.73 | 12.43 | 0.1657 |
| | | 2.4.7 生均图书（册） | 小学 | 28.39 | 7.93 | 0.4813 |
| | | | 初中 | 36.28 | 10.32 | 0.3453 |
| | | 2.4.8 生均计算机（台） | 小学 | 0.02 | 0.02 | 0.5509 |
| | | | 初中 | 0.21 | 0.04 | 0.5335 |
| | | 2.4.9 班级多媒体比例（%） | 小学 | 3.03 | 4.49 | 0.6640 |
| | | | 初中 | 17.22 | 5.93 | 0.5352 |
| | 2.5 学校布局 | 2.5.1 校均规模（人） | 农村小学 | 962 | 447 | 0.7270 |
| | | | 农村初中 | 465 | — | — |
| | | | 城市小学 | 1154 | 390 | 0.3436 |
| | | | 城市初中 | 960 | 317 | 0.1902 |
| | | 2.5.2 班额控制（人） | 农村小学 | 52 | 19 | 0.4491 |
| | | | 农村初中 | 49 | — | — |
| | | | 城市小学 | 43 | 11 | 0.2076 |
| | | | 城市初中 | 55 | 1 | 0.0820 |
| 3. 学校管理 | 3.1 全面执行教学计划（%) | | | 100 | 0.00 | 0.0000 |
| | 3.2 校舍利用率（%） | | 小学 | 100 | 30.41 | 0.0895 |
| | | | 初中 | 87.17 | 12.64 | 0.1264 |

（续表）

| 一级 | 二级 | 三级 | 发展水平 | 均衡水平 | |
|---|---|---|---|---|---|
| | | | | 标准差 | 差异系数 |
| 4. 教育质量 | 4.1 学生合格率（%） | 4.1.1 农村学生 | 97.56 | 2.44 | 0.0250 |
| | | 4.1.2 城市学生 | 87.93 | 8.20 | 0.0934 |
| | 4.2 学生对学习的满意度（%） | | — | | |
| | 4.3 九年制义务教育完成率（%） | | — | | |
| | 4.4 社区对义务教育均衡发展的反响 | | — | | |
| 总发展水平 | | | 0.8639 | | |
| 总均衡指数 | | | 0.2384 | | |

说明：在此预测结果中，我们分别采用了趋势外推法、移动平均法及综合预测法。如本市指标体系中的生均教育事业费、生均公用经费、生均运动场（馆）面积、生均图书册数等指标，就是在直接预测（趋势外推法、移动平均法）得到结果的基础上，综合考虑各方面因素得到的综合预测值，其他指标值均为直接预测值。生均教育事业费［小学预测值为10637（3463－17811）；综合值为10492；初中预测值为20810（7432－34187），综合值为19005］、生均公用经费［小学预测值为672（244－1100），综合值为914；初中预测值为735（371－1099），综合值为1223］、年人均收入为直接预测值、生均运动场（馆）面积选取值为直接预测值、生均图书［小学选取为直接预测值，初中预测值为62.67（36.28－89.05），综合值为36.28］。

附表5－15  2020年湖南省泸溪县义务教育均衡发展综合预测结果

| 一级 | 二级 | 三级 | | 发展水平 | 均衡水平 | |
|---|---|---|---|---|---|---|
| | | | | | 标准差 | 差异系数 |
| 1. 教育机会 | 1.1 小学适龄儿童入学率（%） | | | 98.57 | 5.64 | 0.0395 |
| | 1.2 巩固率（%） | 1.2.1 小学 | | 99.97 | 0.37 | 0.0037 |
| | | 1.2.2 初中 | | 97.56 | 1.29 | 0.0132 |
| 2. 资源配置 | 2.1 经费（元/年·生） | 2.1.1 教育事业费 | 小学 | 7728 | 872 | 0.5316 |
| | | | 初中 | 11873 | 823 | 0.3030 |
| | | 2.1.2 公用经费 | 小学 | 818 | 32 | 0.1328 |
| | | | 初中 | 1165 | 150 | 0.4162 |
| | 2.2 师资 | 2.2.1 数量（生师比） | 农村小学 | 16.29 | 0.75 | 0.5154 |
| | | | 农村初中 | 9.77 | 0.16 | 0.1393 |
| | | | 城市小学 | 14.4 | 0.37 | 0.1013 |
| | | | 城市初中 | 19.37 | — | — |
| | | 2.2.2 初中教师专业对口率（%） | | — | | |

（续表）

| 一级 | 二级 | 三级 | | 发展水平 | 均衡水平 | |
|---|---|---|---|---|---|---|
| | | | | | 标准差 | 差异系数 |
| 2. 资源配置 | 2.2 师资 | 2.2.3 职称结构 | 小学 | 0.24 | 0.02 | 0.1174 |
| | | | 初中 | 0.24 | 0.01 | 0.0356 |
| | | 2.2.4 年人均收入（万元） | 小学 | 5.27 | 0.32 | 0.1844 |
| | | | 初中 | 5.17 | 0.37 | 0.1793 |
| | 2.3 校园校舍 | 2.3.1 生均校园面积（m²） | 小学 | 17.4 | 11.15 | 0.3498 |
| | | | 初中 | 17.31 | 12.94 | 0.2975 |
| | | 2.3.2 生均校舍面积（m²） | 小学 | 7.41 | 1.94 | 0.4945 |
| | | | 初中 | 5.67 | 3.64 | 0.4696 |
| | | 2.3.3 生均运动场（馆）面积（m²） | 小学 | 4.69 | 2.69 | 0.6992 |
| | | | 初中 | 5.34 | 4.61 | 0.4652 |
| | 2.4 设施设备 | 2.4.1 运动场（馆）达标校（%） | 小学 | 46.88 | — | — |
| | | | 初中 | 0 | — | — |
| | | 2.4.2 体育器械达标校（%） | 小学 | 46.88 | — | — |
| | | | 初中 | 0 | — | — |
| | | 2.4.3 音乐器材达标校（%） | 小学 | 46.88 | — | — |
| | | | 初中 | 0 | — | — |
| | | 2.4.4 美术器材达标校（%） | 小学 | 46.88 | — | — |
| | | | 初中 | 0 | — | — |
| | | 2.4.5 理科仪器达标校（%） | 小学 | 46.88 | — | — |
| | | | 初中 | 0 | — | — |
| | | 2.4.6 实验开出率（%） | 小学 | 93.72 | 4.91 | 0.0680 |
| | | | 初中 | 100 | 7.50 | 0.0000 |
| | | 2.4.7 生均图书（册） | 小学 | 17.49 | 9.79 | 0.2629 |
| | | | 初中 | 17.38 | 11.98 | 0.4681 |
| | | 2.4.8 生均计算机（台） | 小学 | 0.06 | 0.02 | 0.1167 |
| | | | 初中 | 0.03 | 0.02 | 0.6173 |
| | | 2.4.9 班级多媒体比例（%） | 小学 | 0 | 0.00 | — |
| | | | 初中 | 2.51 | 0.00 | — |

（续表）

| 一级 | 二级 | 三级 | | 发展水平 | 均衡水平 | |
|---|---|---|---|---|---|---|
| | | | | | 标准差 | 差异系数 |
| 2. 资源配置 | 2.5 学校布局 | 2.5.1 校均规模（人） | 农村小学 | 634 | 604 | 0.9242 |
| | | | 农村初中 | 1941 | 891 | 0.4803 |
| | | | 城市小学 | 586 | 195 | 0.2201 |
| | | | 城市初中 | 2618 | — | — |
| | | 2.5.2 班额控制（人） | 农村小学 | 37 | 22 | 0.6137 |
| | | | 农村初中 | 64 | 5 | 0.0745 |
| | | | 城市小学 | 54 | 7 | 0.1181 |
| | | | 城市初中 | 54 | — | — |
| 3. 学校管理 | 3.1 全面执行教学计划（%） | | | 100 | 0.00 | 0.0000 |
| | 3.2 校舍利用率（%） | 小学 | | 100 | 0.53 | 0.0046 |
| | | 初中 | | 100 | 0.50 | 0.0056 |
| 4. 教育质量 | 4.1 学生合格率（%） | 4.1.1 农村学生 | | 100 | 16.43 | 0.2105 |
| | | 4.1.2 城市学生 | | 92.02 | 6.57 | 0.074 |
| | 4.2 学生对学习的满意度（%） | | | — | — | — |
| | 4.3 九年制义务教育完成率（%） | | | — | — | — |
| | 4.4 社区对义务教育均衡发展的反响 | | | — | — | — |
| 总发展水平 | | | | 0.7947 | | |
| 总均衡指数 | | | | 0.2634 | | |

说明：此表中的生均教育事业费、生均公用经费、生师比、年人均收入等指标，是在直接预测基础上综合考虑各方面因素后得到的综合预测值，其他指标中所得到值均为直接预测值（趋势外推法、移动平均法等）。生均教育事业费［小学预测值为5787（3656-7919），综合值为7728；初中预测值为11040（5216-16863），综合值为11873］、生均公用经费［小学预测值为412（135-689），综合值为818；初中预测值为939（538-1340），综合值为1165］、生师比［农村小学预测值为9.34（3.37-16.29），综合值为16.29；城市小学预测值为6.15（2.52-9.77），综合值为9.77；初中选取值为直接预测值］、年人均收入［小学预测值为4.77（3.07-6.47），综合值为5.27；初中预测值为2.19（1.94-3.18），综合值为5.17］。

附表 5-16  2020 年四川省双流县义务教育均衡发展综合预测结果

| 一级 | 二级 | 三级 | | 发展水平 | 均衡水平 | |
|---|---|---|---|---|---|---|
| | | | | | 标准差 | 差异系数 |
| 1. 教育机会 | 1.1 小学适龄儿童入学率（%） | | | 100 | 0.01 | 0.0001 |
| | 1.2 巩固率（%） | 1.2.1 小学 | | 100 | 2.75 | 0.0275 |
| | | 1.2.2 初中 | | 99.54 | 3.21 | 0.0322 |
| 2. 资源配置 | 2.1 经费（元/年·生） | 2.1.1 教育事业费 | 小学 | 11341 | 941 | 0.3258 |
| | | | 初中 | 11429 | 1133 | 0.3006 |
| | | 2.1.2 公用经费 | 小学 | 1802 | 560 | 0.5940 |
| | | | 初中 | 1964 | 1014 | 0.6151 |
| | 2.2 师资 | 2.2.1 数量（生师比） | 农村小学 | 14.85 | 2.73 | 0.1418 |
| | | | 农村初中 | 16.77 | 4.10 | 0.2630 |
| | | | 城市小学 | 15.96 | 2.74 | 0.1343 |
| | | | 城市初中 | 16 | 2.92 | 0.1448 |
| | | 2.2.2 初中教师专业对口率（%） | | — | — | — |
| | | 2.2.3 职称结构 | 小学 | 0.24 | 0.05 | 0.2458 |
| | | | 初中 | 0.22 | 0.02 | 0.0769 |
| | | 2.2.4 年人均收入（万元） | 小学 | 8.01 | 1.16 | 0.3501 |
| | | | 初中 | 7.73 | 1.41 | 0.4298 |
| | 2.3 校园校舍 | 2.3.1 生均校园面积（m²） | 小学 | 35.3 | 9.77 | 0.6520 |
| | | | 初中 | 19.53 | 9.86 | 0.4531 |
| | | 2.3.2 生均校舍面积（m²） | 小学 | 6.21 | 3.55 | 0.7286 |
| | | | 初中 | 7.65 | 2.88 | 0.3404 |
| | | 2.3.3 生均运动场（馆）面积（m²） | 小学 | 4.87 | 2.52 | 0.5492 |
| | | | 初中 | 10.71 | 6.60 | 0.6161 |
| | 2.4 设施设备 | 2.4.1 运动场（馆）达标校（%） | 小学 | 100 | — | — |
| | | | 初中 | 100 | — | — |
| | | 2.4.2 体育器械达标校（%） | 小学 | 100 | — | — |
| | | | 初中 | 100 | — | — |
| | | 2.4.3 音乐器材达标校（%） | 小学 | 100 | — | — |
| | | | 初中 | 100 | — | — |

(续表)

| 一级 | 二级 | 三级 | | 发展水平 | 均衡水平 | |
|---|---|---|---|---|---|---|
| | | | | | 标准差 | 差异系数 |
| 2. 资源配置 | 2.4 设施设备 | 2.4.4 美术器材达标校（%） | 小学 | 100 | — | — |
| | | | 初中 | 100 | — | — |
| | | 2.4.5 理科仪器达标校（%） | 小学 | 100 | — | — |
| | | | 初中 | 100 | — | — |
| | | 2.4.6 实验开出率（%） | 小学 | 93.19 | 16.12 | 0.1651 |
| | | | 初中 | 97.89 | 14.24 | 0.1576 |
| | | 2.4.7 生均图书（册） | 小学 | 37.65 | 4.48 | 0.3058 |
| | | | 初中 | 35.59 | 4.55 | 0.3117 |
| | | 2.4.8 生均计算机（台） | 小学 | 0.14 | 0.03 | 0.0949 |
| | | | 初中 | 0.1 | 0.02 | 0.0967 |
| | | 2.4.9 班级多媒体比例（%） | 小学 | 22.33 | 7.71 | 0.5122 |
| | | | 初中 | 49.2 | 3.92 | 0.4314 |
| | 2.5 学校布局 | 2.5.1 校均规模（人） | 农村小学 | 862 | 566 | 0.5108 |
| | | | 农村初中 | 960 | 253 | 0.2418 |
| | | | 城市小学 | 3307 | 1649 | 0.7860 |
| | | | 城市初中 | 3135 | 1448 | 0.6251 |
| | | 2.5.2 班额控制（人） | 农村小学 | 34 | 5 | 0.0972 |
| | | | 农村初中 | 41 | 4 | 0.0867 |
| | | | 城市小学 | 58 | 8 | 0.1581 |
| | | | 城市初中 | 64 | 9 | 0.1682 |
| 3. 学校管理 | 3.1 全面执行教学计划（%） | | | 100 | 0.00 | 0.0000 |
| | 3.2 校舍利用率（%） | | 小学 | 98.26 | 20.67 | 0.2119 |
| | | | 初中 | 93.94 | 8.96 | 0.0961 |
| 4. 教育质量 | 4.1 学生合格率（%） | 4.1.1 农村学生 | | 100 | 10.75 | 0.1144 |
| | | 4.1.2 城市学生 | | 99.57 | 1.51 | 0.0155 |
| | 4.2 学生对学习的满意度（%） | | | — | — | — |
| | 4.3 九年制义务教育完成率（%） | | | — | — | — |
| | 4.4 社区对义务教育均衡发展的反响 | | | — | — | — |
| 总发展水平 | | | | 0.9539 | | |
| 总均衡指数 | | | | 0.2894 | | |

说明：此表中的生均教育事业费、生均公用经费、生师比、年人均收入等指标，是在直接预测基础上综合考虑各方面因素后得到的综合预测值，其他指标中所得到值均为直接预测值（趋势外推法、移动平均法等）。生均教育事业费［小学预测值为8109（3245－11341），综合值为11341；初中预测值为11341（889－11429），综合值为11429］、生均公用经费［小学预测值为1350（562－1802），综合值为1802；初中预测值为880（760－1801），综合值为1964］、生师比［农村小学预测值为9.17（3.49－14.85），综合值为14.85；城市小学、初中选取值为直接预测值］、年人均收入［小学预测值为8.40（1.42－15.37），综合值为8.01；初中预测值为7.78（1.49－14.06），综合值为7.73］。

附表5-17 2020年四川省德阳市旌阳区义务教育均衡发展综合预测结果

| 一级 | 二级 | 三级 | | 发展水平 | 均衡水平 | |
|---|---|---|---|---|---|---|
| | | | | | 标准差 | 差异系数 |
| 1. 教育机会 | 1.1 小学适龄儿童入学率（%） | | | 100 | 0.02 | 0.0004 |
| | 1.2 巩固率（%） | 1.2.1 小学 | | 100 | 0.25 | 0.0025 |
| | | 1.2.2 初中 | | 99.95 | 0.48 | 0.0066 |
| 2. 资源配置 | 2.1 经费（元/年·生） | 2.1.1 教育事业费 | 小学 | 9064 | 1241 | 0.5347 |
| | | | 初中 | 10486 | 1166 | 0.4317 |
| | | 2.1.2 公用经费 | 小学 | 1620 | 133 | 0.2691 |
| | | | 初中 | 1790 | 304 | 0.4520 |
| | 2.2 师资 | 2.2.1 数量（生师比） | 农村小学 | 12.68 | 3.67 | 0.2266 |
| | | | 农村初中 | 10.62 | 5.41 | 0.3131 |
| | | | 城市小学 | 22.91 | 2.75 | 0.1177 |
| | | | 城市初中 | 16.04 | 1.18 | 0.0739 |
| | | 2.2.2 初中教师专业对口率（%） | | — | — | — |
| | | 2.2.3 职称结构 | 小学 | 0.24 | 0.01 | 0.0561 |
| | | | 初中 | 0.24 | 0.01 | 0.0474 |
| | | 2.2.4 年人均收入（万元） | 小学 | 6.81 | 0.49 | 0.1750 |
| | | | 初中 | 7.86 | 0.63 | 0.2196 |
| | 2.3 校园校舍 | 2.3.1 生均校园面积（m²） | 小学 | 18.19 | 12.47 | 0.5300 |
| | | | 初中 | 20.71 | 8.85 | 0.4549 |
| | | 2.3.2 生均校舍面积（m²） | 小学 | 6.07 | 2.62 | 0.0852 |
| | | | 初中 | 8.8 | 1.82 | 0.2959 |
| | | 2.3.3 生均运动场（馆）面积（m²） | 小学 | 3.1 | 11.43 | 0.6639 |
| | | | 初中 | 4.18 | 13.55 | 0.5977 |

(续表)

| 一级 | 二级 | 三级 | | 发展水平 | 均衡水平 | |
|---|---|---|---|---|---|---|
| | | | | | 标准差 | 差异系数 |
| 2. 资源配置 | 2.4 设施设备 | 2.4.1 运动场（馆）达标校（%） | 小学 | 90.06 | — | — |
| | | | 初中 | 25 | — | — |
| | | 2.4.2 体育器械达标校（%） | 小学 | 90.06 | — | — |
| | | | 初中 | 25 | — | — |
| | | 2.4.3 音乐器材达标校（%） | 小学 | 90.06 | — | — |
| | | | 初中 | 25 | — | — |
| | | 2.4.4 美术器材达标校（%） | 小学 | 90.06 | — | — |
| | | | 初中 | 25 | — | — |
| | | 2.4.5 理科仪器达标校（%） | 小学 | 90.06 | — | — |
| | | | 初中 | 25 | — | — |
| | | 2.4.6 实验开出率（%） | 小学 | 71.08 | 30.84 | 0.0000 |
| | | | 初中 | 100 | 6.95 | 0.0681 |
| | | 2.4.7 生均图书（册） | 小学 | 9.26 | 7.69 | 0.4934 |
| | | | 初中 | 24.42 | 12.72 | 0.5698 |
| | | 2.4.8 生均计算机（台） | 小学 | 0.19 | 0.03 | 0.5689 |
| | | | 初中 | 0.13 | 0.37 | 0.9003 |
| | | 2.4.9 班级多媒体比例（%） | 小学 | 98.73 | 44.79 | 0.0311 |
| | | | 初中 | 5.24 | 48.03 | 0.9279 |
| | 2.5 学校布局 | 2.5.1 校均规模（人） | 农村小学 | 1361 | 504 | 0.3709 |
| | | | 农村初中 | 1104 | 226 | 0.2049 |
| | | | 城市小学 | 1714 | 774 | 0.1839 |
| | | | 城市初中 | 1517 | 786 | 0.5177 |
| | | 2.5.2 班额控制（人） | 农村小学 | 43 | 10 | 0.2884 |
| | | | 农村初中 | 43 | 11 | 0.2721 |
| | | | 城市小学 | 62 | 6 | 0.0942 |
| | | | 城市初中 | 58 | 5 | 0.0913 |
| 3. 学校管理 | 3.1 全面执行教学计划（%) | | | 100 | 0.00 | 0.0000 |
| | 3.2 校舍利用率（%） | | 小学 | 100 | 27.59 | 0.2353 |
| | | | 初中 | 99.28 | 2.45 | 0.0247 |

（续表）

| 一级 | 二级 | 三级 | 发展水平 | 均衡水平 ||
|---|---|---|---|---|---|
| | | | | 标准差 | 差异系数 |
| 4. 教育质量 | 4.1 学生合格率（%） | 4.1.1 农村学生 | 97.94 | 1.60 | 0.0164 |
| | | 4.1.2 城市学生 | 94.80 | 8.04 | 0.0912 |
| | 4.2 学生对学习的满意度（%） | | — | — | — |
| | 4.3 九年制义务教育完成率（%） | | | | |
| | 4.4 社区对义务教育均衡发展的反响 | | | | |
| 总发展水平 | | | 0.9061 | | |
| 总均衡指数 | | | 0.2669 | | |

说明：此表中的生均教育事业费、生均公用经费、年人均收入、生均校园面积、生均计算机等指标，是在直接预测基础上综合考虑各方面因素后得到的综合预测值，其他指标中所得到值均为直接预测值（趋势外推法、移动平均法等）。生均教育事业费［小学预测值为7539（4961－10117），综合值为9064；初中选取值为预测值］、生均公用经费［小学选取值为预测值；初中预测值为1278（766－1790），综合值为1790］、年人均收入［小学预测值为5.78（4.75－6.81），综合值为6.81；初中预测值为6.47（5.07－7.86），综合值为7.86］、生均校园面积［小学选取值为直接预测值；初中预测值为47.82（20.71－74.93），综合值为20.71］、生均计算机［小学预测值为0.12（0.06－0.19），综合值为0.19；初中预测值为0.08（0.04－0.13），综合值为0.13］。

**附表5－18　2020年四川省乐至县义务教育均衡发展综合预测结果**

| 一级 | 二级 | 三级 | | 发展水平 | 均衡水平 ||
|---|---|---|---|---|---|---|
| | | | | | 标准差 | 差异系数 |
| 1. 教育机会 | 1.1 小学适龄儿童入学率（%） | | | 100 | 1.53 | 0.0156 |
| | 1.2 巩固率（%） | 1.2.1 小学 | | 99.24 | 1.21 | 0.0122 |
| | | 1.2.2 初中 | | 98.06 | 0.44 | 0.0045 |
| 2. 资源配置 | 2.1 经费（元/年·生） | 2.1.1 教育事业费 | 小学 | 8827 | 701 | 0.2740 |
| | | | 初中 | 8078 | 1344 | 0.4158 |
| | | 2.1.2 公用经费 | 小学 | 1125 | 149 | 0.4786 |
| | | | 初中 | 1731 | 344 | 0.7253 |
| | 2.2 师资 | 2.2.1 数量（生师比） | 农村小学 | 12 | 3.87 | 0.2409 |
| | | | 农村初中 | 11.2 | 2.06 | 0.1390 |
| | | | 城市小学 | 13.02 | 0.81 | 0.0373 |
| | | | 城市初中 | — | — | — |
| | | 2.2.2 初中教师专业对口率（%） | | — | — | — |

(续表)

| 一级 | 二级 | 三级 | | 发展水平 | 均衡水平 | |
|---|---|---|---|---|---|---|
| | | | | | 标准差 | 差异系数 |
| 2. 资源配置 | 2.2 师资 | 2.2.3 职称结构 | 小学 | 0.23 | 0.02 | 0.0691 |
| | | | 初中 | 0.24 | 0.01 | 0.0458 |
| | | 2.2.4 年人均收入（万元） | 小学 | 6.82 | 0.54 | 0.2283 |
| | | | 初中 | 6.97 | 0.69 | 0.2819 |
| | 2.3 校园校舍 | 2.3.1 生均校园面积（$m^2$） | 小学 | 16.74 | 14.35 | 0.8373 |
| | | | 初中 | 18.47 | 2.22 | 0.2044 |
| | | 2.3.2 生均校舍面积（$m^2$） | 小学 | 9.71 | 9.25 | 1.6570 |
| | | | 初中 | 5.17 | 1.24 | 0.2408 |
| | | 2.3.3 生均运动场（馆）面积（$m^2$） | 小学 | 5.18 | 3.87 | 0.6619 |
| | | | 初中 | 2.82 | 1.65 | 0.4865 |
| | 2.4 设施设备 | 2.4.1 运动场（馆）达标校（%） | 小学 | 71.4 | — | — |
| | | | 初中 | 66.7 | — | — |
| | | 2.4.2 体育器械达标校（%） | 小学 | 71.4 | — | — |
| | | | 初中 | 33.3 | — | — |
| | | 2.4.3 音乐器材达标校（%） | 小学 | 71.4 | — | — |
| | | | 初中 | 33.3 | — | — |
| | | 2.4.4 美术器材达标校（%） | 小学 | 71.4 | — | — |
| | | | 初中 | 33.3 | — | — |
| | | 2.4.5 理科仪器达标校（%） | 小学 | 71.4 | — | — |
| | | | 初中 | 66.7 | — | — |
| | | 2.4.6 实验开出率（%） | 小学 | 80.94 | 33.99 | 0.2424 |
| | | | 初中 | 92.98 | 3.38 | 0.0000 |
| | | 2.4.7 生均图书（册） | 小学 | 45.22 | 8.19 | 0.5921 |
| | | | 初中 | 19.43 | 5.05 | 0.1826 |
| | | 2.4.8 生均计算机（台） | 小学 | 0.13 | 0.04 | 0.8856 |
| | | | 初中 | 0.1 | 0.06 | 0.2948 |
| | | 2.4.9 班级多媒体比例（%） | 小学 | 11.12 | 5.58 | 0.3733 |
| | | | 初中 | 22.64 | 11.28 | 0.6760 |

（续表）

| 一级 | 二级 | 三级 | | 发展水平 | 均衡水平 | |
|---|---|---|---|---|---|---|
| | | | | | 标准差 | 差异系数 |
| 2. 资源配置 | 2.5 学校布局 | 2.5.1 校均规模（人） | 农村小学 | 490 | 373 | 0.4719 |
| | | | 农村初中 | 572 | 219 | 0.4021 |
| | | | 城市小学 | 2036 | 1260 | 0.6185 |
| | | | 城市初中 | — | | |
| | | 2.5.2 班额控制（人） | 农村小学 | 44 | 12 | 0.2776 |
| | | | 农村初中 | 59 | 6 | 0.0918 |
| | | | 城市小学 | 56 | 6 | 0.1012 |
| | | | 城市初中 | — | | |
| 3. 学校管理 | 3.1 全面执行教学计划（%） | | | 100 | 0.00 | 0.0000 |
| | 3.2 校舍利用率（%） | | 小学 | 97.13 | 12.88 | 0.1288 |
| | | | 初中 | 100 | 5.36 | 0.0478 |
| 4. 教育质量 | 4.1 学生合格率（%） | 4.1.1 农村学生 | | 83.59 | 17.31 | 0.2071 |
| | | 4.1.2 城市学生 | | 99.05 | 0.95 | 0.0098 |
| | 4.2 学生对学习的满意度（%） | | | — | | |
| | 4.3 九年制义务教育完成率（%） | | | — | | |
| | 4.4 社区对义务教育均衡发展的反响 | | | — | | |
| 总发展水平 | | | | 0.8525 | | |
| 总均衡指数 | | | | 0.2928 | | |

说明：此表中的生均教育事业费、生均公用经费、生师比、年人均收入、生均图书、生均计算机等指标，是在直接预测基础上综合考虑各方面因素后得到的综合预测值，其他指标中所得到值均为直接预测值（趋势外推法、移动平均法等）。生均教育事业费［小学预测值为9368（5939-12797），综合值为8827；初中预测值为6320（4561-8078），综合值为8078］、生均公用经费［小学预测值为761（607-915），综合值为1125；初中选取值为预测值］、生师比［农村小学预测值为2.61（2.09-12.00），综合值为12.00；农村初中预测值为7.63（2.09-11.20），综合值为11.2；城市小学预测值为6.63（2.09-13.02），综合值为13.02；城市初中没有采集到相应数据］、年人均收入［小学预测值为6.28（3.26-9.30），综合值为6.82；初中预测值为5.77（2.92-8.62），综合值为6.97］、生均图书［小学预测值45.22（28.00-62.44），综合值为28；初中预测值为16.31（13.19-19.43），综合值为19.43］、生均计算机［小学选取值为预测值；初中预测值为0.05（0.01-0.10），综合值为0.10］。

附表5-19 2020年县域内义务教育均衡发展测评结果的标准差比较分析

| 指标 | 辽宁省 | 湖南省 | 四川省 |
|---|---|---|---|
| 1.1 小学适龄儿童入学率（%） | 0.00/0.00/0.00 | 8.93/4.86/0.00 | 1.53/0.52/0.01 |

(续表)

| 指标 | | 辽宁省 | 湖南省 | 四川省 |
|---|---|---|---|---|
| 1.2 巩固率（%） | 小学 | 0.02/0.01/0.00 | 0.37/0.25/0.07 | 2.75/1.65/0.25 |
| | 初中 | 0.02/0.01/0.00 | 1.29/0.68/0.03 | 3.21/1.38/0.44 |
| 2.1.1 教育事业费（元/年·生） | 小学 | 1916/1686/1540 | 872/703/492 | 1241/961/701 |
| | 初中 | 7028/4134/1485 | 823/648/505 | 1344/1214/1133 |
| 2.1.2 公用经费（元/年·生） | 小学 | 82/40/0 | 73/46/32 | 560/281/133 |
| | 初中 | 1340/570/92 | 251/166/98 | 1014/554/304 |
| 2.2.1 师资数量（生师比） | 农村小学 | 2.37/2.00/1.63 | 5.71/3.57/0.75 | 3.87/3.42/2.73 |
| | 农村初中 | 3.22/3.10/2.99 | 6.40/3.71/0.37 | 5.41/3.86/2.06 |
| | 城市小学 | 14.50/8.41/2.98 | 2.81/1.48/0.16 | 2.75/2.10/0.81 |
| | 城市初中 | 6.84/6.21/5.57 | 3.56/2.74/1.92 | 2.92/2.05/1.18 |
| 2.2.2 初中教师专业对口率（%） | | --/--/-- | --/--/-- | --/--/-- |
| 2.2.3 教师职称结构 | 小学 | 0.03/0.02/0.01 | 0.03/0.03/0.02 | 0.05/0.03/0.01 |
| | 初中 | 0.02/0.01/0.01 | 0.04/0.03/0.01 | 0.02/0.01/0.01 |
| 2.2.4 教师年人均收入（万元） | 小学 | 1.68/0.99/0.52 | 0.54/0.43/0.32 | 1.16/0.73/0.49 |
| | 初中 | 1.53/0.75/0.20 | 0.49/0.41/0.37 | 1.41/0.91/0.63 |
| 2.3.1 生均校园面积（$m^2$） | 小学 | 54.64/31.26/7.15 | 52.54/25.06/11.15 | 14.35/12.19/9.77 |
| | 初中 | 195.34/83.02/20.54 | 21.47/17.36/12.94 | 9.86/6.98/2.22 |
| 2.3.2 生均校舍面积（$m^2$） | 小学 | 8.4/5.14/3.13 | 5.46/3.51/1.94 | 9.23/5.14/2.62 |
| | 初中 | 10.99/7.18/2.51 | 5.83/4.47/3.64 | 2.88/1.98/1.24 |
| 2.3.3 生均运动场（馆）面积（$m^2$） | 小学 | 48.01/20.01/5.00 | 8.08/6.12/2.69 | 11.43/5.94/2.52 |
| | 初中 | 14.20/10.55/6.00 | 5.47/4.87/4.53 | 13.55/7.27/1.65 |
| 2.4.1 运动场（馆）达标校（%） | 小学 | --/--/-- | --/--/-- | --/--/-- |
| | 初中 | --/--/-- | --/--/-- | --/--/-- |
| 2.4.2 体育器械达标校（%） | 小学 | --/--/-- | --/--/-- | --/--/-- |
| | 初中 | --/--/-- | --/--/-- | --/--/-- |
| 2.4.3 音乐器材达标校（%） | 小学 | --/--/-- | --/--/-- | --/--/-- |
| | 初中 | --/--/-- | --/--/-- | --/--/-- |
| 2.4.4 美术器材达标校（%） | 小学 | --/--/-- | --/--/-- | --/--/-- |
| | 初中 | --/--/-- | --/--/-- | --/--/-- |

(续表)

| 指标 | | 辽宁省 | 湖南省 | 四川省 |
|---|---|---|---|---|
| 2.4.5 理科仪器达标校（%） | 小学 | --/--/-- | --/--/-- | --/--/-- |
| | 初中 | --/--/-- | --/--/-- | --/--/-- |
| 2.4.6 实验开出率（%） | 小学 | 0.38/0.24/0.04 | 12.55/5.82/0.00 | 33.99/26.98/16.12 |
| | 初中 | 0.43/0.19/0.06 | 12.43/6.64/0.00 | 14.24/8.19/3.38 |
| 2.4.7 生均图书（册） | 小学 | 17.84/10.08/4.73 | 30.31/16.01/7.93 | 8.19/6.79/4.48 |
| | 初中 | 28.67/20.34/11.84 | 25.71/16.00/10.32 | 12.72/7.44/4.55 |
| 2.4.8 生均计算机（台） | 小学 | 0.06/0.03/0.01 | 0.13/0.06/0.02 | 0.04/0.03/0.03 |
| | 初中 | 0.09/0.04/0.01 | 0.20/0.08/0.02 | 0.37/0.15/0.02 |
| 2.4.9 班级多媒体比例（%） | 小学 | 0.77/0.45/0.25 | 4.49/1.54/0.00 | 44.79/19.36/5.58 |
| | 初中 | 0.65/0.33/0.05 | 5.93/2.05/0.00 | 48.03/21.08/3.92 |
| 2.5.1 校均规模（人） | 农村小学 | 1834/1370/905 | 604/421/212 | 566/481/373 |
| | 农村初中 | 417/292/167 | 390/272/195 | 253/233/219 |
| | 城市小学 | 437/336/276 | 891/593/294 | 1649/1228/774 |
| | 城市初中 | 1253/687/198 | 317/177/38 | 1448/1117/786 |
| 2.5.2 班额控制（人） | 农村小学 | 16/11/6 | 22/18/14 | 12/9/5 |
| | 农村初中 | 20/15/10 | 10/8/5 | 11/7/4 |
| | 城市小学 | 23/14/7 | 11/10/7 | 8/6/6 |
| | 城市初中 | 22/13/2 | 7/4/1 | 9/7/5 |
| 3.1 全面执行教学计划（%） | | 0.00/0.00/0.00 | --/--/-- | 0.00/0.00/0.00 |
| 3.2 校舍利用率（%） | 小学 | 1.10/0.53/0.12 | 30.41/18.85/0.53 | 27.59/20.38/12.88 |
| | 初中 | 0.47/0.31/0.12 | 43.24/18.79/0.50 | 8.96/5.59/2.45 |
| 4.1 学生合格率（%） | 小学 | 0.20/0.15/0.10 | 14.69/11.19/2.44 | 17.31/9.89/1.601 |
| | 初中 | 0.28/0.23/0.12 | 18.26/11.01/6.57 | 8.04/3.50/0.95 |
| 4.2 学生对学习的满意度（%） | | --/--/-- | --/--/-- | --/--/-- |
| 4.3 九年制义务教育完成率（%） | | --/--/-- | --/--/-- | --/--/-- |
| 4.4 社区对义务教育均衡发展的反响 | | --/--/-- | --/--/-- | --/--/-- |

说明：各个指标的序号、定义、计算公式及其权重与表2-1相同。

## 三、2020 年县域内义务教育均衡发展综合预测结果的单项均衡水平差异分析

附表 5-20  2020 年辽宁省辽中县义务教育均衡发展综合预测结果的单项均衡水平差异分析

| 均衡等次 | 均衡指标及其差异系数 |
| --- | --- |
| 非常均衡 | 小学适龄儿童入学率（0.00），小学巩固率（0.00），小学公用经费（0.00），农村小学师资数量（0.18），城市小学师资数量（0.14），小学职称结构（0.04），初中职称结构（0.02），小学年人均收入（0.15），初中年人均收入（0.19），小学生均运动场（馆）面积（0.11），小学实验开出率（0.03），初中实验开出率（0.04），小学班级多媒体比例（0.01），初中班级多媒体比例（0.01），城市小学校均规模（0.00），农村小学班额控制（0.16），城市小学班额控制（0.12），全面执行教学计划（0.00），城市学生合格率（0.00） |
| 比较均衡 | 小学教育事业费（0.21），初中生均计算机台数（0.23），农村小学校均规模（0.30），农村学生合格率（0.11），城市初中校均规模（0.26） |
| 一般均衡 | 初中巩固率（0.02），农村初中师资数量（0.32），城市初中师资数量（0.36），农村初中校均规模（0.31），农村初中班额控制（0.44），城市初中班额控制（0.35） |
| 不太均衡 | 初中教育事业费（0.61），初中公用经费（0.59），初中生均校园面积（0.61），初中生均运动场（馆）面积（0.64），小学生均图书（0.66），初中生均图书（0.46），小学校舍利用率（0.32），农村学生合格率（0.11） |
| 非常不均衡 | 小学生均校园面积（0.84），小学生均校舍面积（0.82），初中生均校舍面积（0.71），初中校舍利用率（0.60），小学生均计算机台数（0.76） |

说明：分析的依据是差异系数；分析的指标到四级。

附表 5-21  2020 年辽宁省鞍山市铁西区义务教育均衡发展综合预测结果的单项均衡水平差异分析

| 均衡等次 | 均衡指标及其差异系数 |
| --- | --- |
| 非常均衡 | 小学适龄儿童入学率（0.00），小学巩固率（0.00），小学职称结构（0.10），初中职称结构（0.09），小学年人均收入（0.08），初中年人均收入（0.04），小学生均校舍面积（0.06），小学实验开出率（0.18），初中实验开出率（0.05），小学班级多媒体比例（0.16），初中班级多媒体比例（0.11），全面执行教学计划（0.00） |
| 比较均衡 | 小学公用经费（0.24），城市小学师资数量（0.22），初中校舍利用率（0.08） |
| 一般均衡 | 初中巩固率（0.01），小学生均计算机台数（0.37），城市小学班额控制（0.43），城市小学校均规模（0.43），小学校舍利用率（0.14） |
| 不太均衡 | 小学教育经费（0.57），初中公用经费（0.59），城市初中师资数量（0.46），小学生均校园面积（0.46），小学生均运动场（馆）面积（0.50），小学生均图书（0.61），城市初中校均规模（0.54），城市学生合格率（0.09） |

（续表）

| 均衡等次 | 均衡指标及其差异系数 |
|---|---|
| 非常不均衡 | 初中教育事业费（0.83），初中生均校园面积（0.86），初中生均校舍面积（0.87），初中生均运动场（馆）面积（0.85），初中生均图书（0.68），初中生均计算机台数（0.62），城市初中班额控制（0.80） |

说明：分析的依据是差异系数；分析的指标到四级。

**附表 5–22　2020 年辽宁省阜蒙县义务教育均衡发展综合预测结果的单项均衡水平差异分析**

| 均衡等次 | 均衡指标及其差异系数 |
|---|---|
| 非常均衡 | 小学适龄儿童入学率（0.00），小学公用经费（0.11），初中公用经费（0.08），农村小学师资数量（0.06），农村初中师资数量（0.08），小学职称结构（0.14），初中职称结构（0.05），初中生均图书（0.00），小学生均计算机比例（0.05），初中生均计算机比例（0.18），小学班级多媒体比例（0.01），初中班级多媒体比例（0.03），城市初中校均规模（0.10），城市初中班额控制（0.03），全面执行教学计划（0.00） |
| 比较均衡 | 城市初中师资数量（0.28），初中生均运动场（馆）面积（0.23），小学生均图书（0.26），农村初中班额控制（0.25），城市小学班额控制（0.22） |
| 一般均衡 | 初中巩固率（0.01），城市小学师资数量（0.34），小学实验开出率（0.36），农村小学校均规模（0.37），城市小学校均规模（0.38） |
| 不太均衡 | 小学巩固率（0.02），初中教育事业费（0.65），初中年人均收入（0.60），小学生均校园面积（0.63），小学生均校舍面积（0.41），初中实验开出率（0.47），初中校舍利用率（0.36），农村学生合格率（0.24） |
| 非常不均衡 | 小学教育事业费（0.71），小学年人均收入（0.73），初中生均校园面积（0.71），初中生均校舍面积（0.73），小学生均运动场（馆）面积（0.74），农村初中校均规模（0.75），农村小学班额控制（0.77），小学校舍利用率（0.60），城市学生合格率（0.36） |

说明：分析的依据是差异系数；分析的指标到四级。

**附表 5–23　2020 年湖南省醴陵市义务教育均衡发展综合预测结果的单项均衡水平差异分析**

| 均衡等次 | 均衡指标及其差异系数 |
|---|---|
| 非常均衡 | 小学巩固率（0.00），农村小学师资数量（0.19），城市初中师资数量（0.18），小学职称结构（0.07），初中职称结构（0.16），小学教师年人均收入（0.17），初中教师年人均收入（0.17），小学实验开出率（0.06），初中实验开出率（0.04），小学班级多媒体比例（0.02），城市初中校均规模（0.07），农村初中班额控制（0.11），城市小学班额控制（0.03），城市初中班额控制（0.16），全面执行教学计划（0.00） |
| 比较均衡 | 小学适龄儿童入学率（0.00），初中巩固率（0.00），农村初中师资数量（0.24），初中生均校舍面积（0.25） |

（续表）

| 均衡等次 | 均衡指标及其差异系数 |
|---|---|
| 一般均衡 | 城市小学师资数量（0.35），初中生均校园面积（0.40），城市小学校均规模（0.36），农村小学班额控制（0.42），农村学生合格率（0.17），小学生均计算机比例（0.44） |
| 不太均衡 | 小学公用经费（0.58），初中公用经费（0.66），小学生均校舍面积（0.58），初中生均运动场（馆）面积（0.50），初中班级多媒体比例（0.51），农村小学校均规模（0.54），农村初中校均规模（0.46），城市学生合格率（0.22），初中生均计算机比例（0.67） |
| 非常不均衡 | 小学教育事业费（0.87），初中教育事业费（0.80），小学生均校园面积（0.84），小学生均运动场（馆）面积（0.91），小学生均图书（0.89），初中生均图书（0.68），小学校舍利用率（0.50），初中校舍利用率（0.74） |

说明：分析的依据是差异系数；分析的指标到四级。

附表 5-24  2020 年湖南省邵阳市双清区义务教育均衡发展综合预测结果的单项均衡水平差异分析

| 均衡等次 | 均衡指标及其差异系数 |
|---|---|
| 非常均衡 | 初中教育事业费（0.18），小学公用经费（0.15），小学教师职称结构（0.13），初中教师职称结构（0.15），小学年人均收入（0.20），初中年人均收入（0.12），初中实验开出率（0.17），城市初中校均规模（0.19），城市小学班额控制（0.21），城市初中班额控制（0.08），全面执行教学计划（0.00），小学校舍利用率（0.09） |
| 比较均衡 | 初中公用经费（0.27），农村小学师资数量（0.21），城市小学师资数量（0.22），城市初中师资数量（0.27），农村学生合格率（0.03） |
| 一般均衡 | 小学巩固率（0.00），初中巩固率（0.01），小学教育事业费（0.32），小学生均运动场（馆）面积（0.42），初中生均运动场（馆）面积（0.32），小学实验开出率（0.34），初中生均图书（0.35），初中生均校园面积（0.49），农村小学班额控制（0.45），城市小学校均规模（0.34），初中校舍利用率（0.13） |
| 不太均衡 | 小学适龄儿童入学率（0.08），小学生均校园面积（0.65），初中生均校舍面积（0.52），小学生均校舍面积（0.50），小学生均图书（0.48），小学生均计算机比例（0.55），初中生均计算机比例（0.53），小学班级多媒体比例（0.66），初中班级多媒体比例（0.54），城市学生合格率（0.09） |
| 非常不均衡 | 农村小学校均规模（0.73） |

说明：分析的依据是差异系数；分析的指标到四级。

附表5-25 2020年湖南省泸溪县义务教育均衡发展综合预测结果的单项均衡水平差异分析

| 均衡等次 | 均衡指标及其差异系数 |
|---|---|
| 非常均衡 | 小学公用经费（0.13），农村初中师资数量（0.14），城市小学师资数量（0.10），小学教师职称结构（0.12），初中教师职称结构（0.04），小学教师年人均收入（0.18），初中教师年人均收入（0.18），小学实验开出率（0.07），初中实验开出率（0.00），小学生均计算机比例（0.12），农村初中班额控制（0.07），城市小学班额控制（0.12），全面执行教学计划（0.00） |
| 比较均衡 | 初中教育事业费（0.30），初中生均校园面积（0.30），小学生均图书（0.26），城市小学校均规模（0.22），小学校舍利用率（0.00），初中校舍利用率（0.01） |
| 一般均衡 | 小学巩固率（0.00），初中巩固率（0.01），初中公用经费（0.42），小学生均校园面积（0.35），城市学生合格率（0.07） |
| 不太均衡 | 小学适龄儿童入学率（0.04），小学教育事业费（0.53），农村小学师资数量（0.52），小学生均校舍面积（0.49），初中生均校舍面积（0.47），初中生均运动场（馆）面积（0.47），初中生均图书（0.47），初中生均计算机比例（0.62），农村初中校均规模（0.48），农村小学班额控制（0.61），农村学生合格率（0.21） |
| 非常不均衡 | 小学生均运动场（馆）面积（0.70），农村小学校均规模（0.92） |

说明：分析的依据是差异系数；分析的指标到四级。

附表5-26 2020年四川省双流县义务教育均衡发展综合预测结果的单项均衡水平差异分析

| 均衡等次 | 均衡指标及其差异系数 |
|---|---|
| 非常均衡 | 小学适龄儿童入学率（0.00），农村小学师资数量（0.14），城市小学师资数量（0.13），城市初中师资数量（0.14），初中职称结构（0.08），小学实验开出率（0.17），初中实验开出率（0.16），小学生均计算机比例（0.09），初中生均计算机比例（0.10），农村小学班额控制（0.10），农村初中班额控制（0.09），城市小学班额控制（0.16），城市初中班额控制（0.17），全面执行教学计划（0.00） |
| 比较均衡 | 初中教育事业费（0.30），农村初中师资数量（0.26），小学职称结构（0.25），小学生均图书（0.31），农村初中校均规模（0.24），城市学生合格率（0.02） |
| 一般均衡 | 小学教育事业费（0.33），小学年人均收入（0.35），初中年人均收入（0.43），初中生均校园面积（0.45），初中生均校舍面积（0.34），初中生均图书（0.31），初中班级多媒体比例（0.43），初中校舍利用率（0.10） |
| 不太均衡 | 小学巩固率（0.03），初中巩固率（0.03），小学公用经费（0.59），初中公用经费（0.62），小学生均校园面积（0.65），小学生均运动场（馆）面积（0.55），初中生均运动场（馆）面积（0.62），小学班级多媒体比例（0.51），农村小学校均规模（0.51），城市初中校均规模（0.63），小学校舍利用率（0.21），农村学生合格率（0.11） |
| 非常不均衡 | 小学生均校舍面积（0.73），城市小学校均规模（0.79） |

说明：分析的依据是差异系数；分析的指标到四级。

**附表 5-27　2020 年四川省德阳市旌阳区义务教育均衡发展综合预测结果的单项均衡水平差异分析**

| 均衡等次 | 均衡指标及其差异系数 |
|---|---|
| 非常均衡 | 城市小学师资数量（0.12），城市初中师资数量（0.07），小学职称结构（0.06），初中职称结构（0.05），小学年人均收入（0.18），小学生均校舍面积（0.09），小学实验开出率（0.00），初中实验开出率（0.07），农村初中校均规模（0.20），城市小学校均规模（0.18），城市小学班额控制（0.09），城市初中班额控制（0.09），小学班级多媒体比例（0.03），全面执行教学计划（0.00），初中校舍利用率（0.02） |
| 比较均衡 | 小学适龄儿童入学率（0.00），小学巩固率（0.00），初中巩固率（0.01），小学公用经费（0.27），农村小学师资数量（0.23），农村初中师资数量（0.31），初中年人均收入（0.22），初中生均校舍面积（0.30），农村小学班额控制（0.29），农村初中班额控制（0.27），农村学生合格率（0.02） |
| 一般均衡 | 初中教育事业费（0.43），初中公用经费（0.45），初中生均校园面积（0.45），农村小学校均规模（0.37） |
| 不太均衡 | 小学教育事业费（0.53），小学生均校园面积（0.53），小学生均运动场（馆）面积（0.66），初中生均运动场（馆）面积（0.60），小学生均图书（0.49），初中生均图书（0.57），小学生均计算机比例（0.57），城市初中校均规模（0.52），小学校舍利用率（0.24），城市学生合格率（0.09） |
| 非常不均衡 | 初中生均计算机比例（0.90），初中班级多媒体比例（0.93） |

说明：分析的依据是差异系数；分析的指标到四级。

**附表 5-28　2020 年四川省乐至县义务教育均衡发展综合预测结果的单项均衡水平差异分析**

| 均衡等次 | 均衡指标及其差异系数 |
|---|---|
| 非常均衡 | 农村初中师资数量（0.14），城市小学师资数量（0.04），小学职称结构（0.07），初中职称结构（0.05），初中生均校园面积（0.20），初中实验开出率（0.00），初中生均图书（0.18），全面执行教学计划（0.00），农村初中班额控制（0.09），城市小学班额控制（0.10） |
| 比较均衡 | 小学教育事业费（0.27），农村小学师资数量（0.24），小学年人均收入（0.23），初中年人均收入（0.28），初中生均校舍面积（0.24），小学实验开出率（0.24），初中生均计算机比例（0.29），初中校舍利用率（0.05），城市学生合格率（0.01），农村小学班额控制（0.28） |
| 一般均衡 | 小学适龄儿童入学率（0.02），小学巩固率（0.01），初中巩固率（0.00），初中教育事业费（0.42），小学班级多媒体比例（0.37），农村初中校均规模（0.40），小学校舍利用率（0.13） |
| 不太均衡 | 小学公用经费（0.48），小学生均运动场（馆）面积（0.66），初中生均运动场（馆）面积（0.49），小学生均图书（0.59），农村小学校均规模（0.47），城市小学校均规模（0.62），农村学生合格率（0.21） |

（续表）

| 均衡等次 | 均衡指标及其差异系数 |
|---|---|
| 非常不均衡 | 初中公用经费（0.73），小学生均校园面积（0.84），小学生均校舍面积（1.66），小学生均计算机比例（0.89），初中班级多媒体比例（0.68） |

说明：分析的依据是差异系数；分析的指标到四级。

## 四、2015年省域内义务教育均衡发展综合预测结果

附表5-29　2015年辽宁省省域内义务教育均衡发展综合预测结果

| 一级 | 二级 | 三级 | | 发展水平 | 均衡水平 | |
|---|---|---|---|---|---|---|
| | | | | | 标准差 | 差异系数 |
| 1. 教育机会 | 1.1 小学适龄儿童入学率（%） | | | 99.95 | 0.00 | 0.0018 |
| | 1.2 巩固率（%） | 1.2.1 小学 | | 99.06 | 0.56 | 0.5050 |
| | | 1.2.2 初中 | | 99.06 | 0.56 | 0.5050 |
| 2. 资源配置 | 2.1 经费（元/年·生） | 2.1.1 教育事业费 | 小学 | 7454 | 2159 | 0.5700 |
| | | | 初中 | 9002 | 2662 | 0.6150 |
| | | 2.1.2 公用经费 | 小学 | 993 | 325 | 0.7346 |
| | | | 初中 | 1476 | 483 | 0.7532 |
| | 2.2 师资 | 2.2.1 数量（生师比） | 小学 | 13.67 | 2.74 | 0.0600 |
| | | | 初中 | 11.5 | 2.91 | 0.1200 |
| | | 2.2.2 初中教师专业对口率（%） | | 94.88 | 0.05 | 0.0463 |
| | | 2.2.3 职称结构 | 小学 | 0.22 | 0.01 | 0.0575 |
| | | | 初中 | 0.23 | 0.02 | 0.0916 |
| | | 2.2.4 年人均收入（万元） | 小学 | 6.62 | 0.64 | 0.5750 |
| | | | 初中 | 6.12 | 0.40 | 0.3400 |
| | | 2.2.5 年人均培训经费（元） | 小学 | 145 | 124 | 0.7173 |
| | | | 初中 | 148 | 123 | 0.7405 |
| | 2.3 校园校舍 | 2.3.1 生均校园面积（m²） | 小学 | 17.96 | 16.31 | 0.4800 |
| | | | 初中 | 28.25 | 12.40 | 0.3572 |
| | | 2.3.2 生均校舍面积（m²） | 小学 | 5.71 | 2.20 | 0.4259 |
| | | | 初中 | 10.07 | 3.94 | 0.4998 |
| | | 2.3.3 生均运动场（馆）面积（m²） | 小学 | 14.49 | 6.22 | 0.3968 |
| | | | 初中 | 14.85 | 5.29 | 0.3846 |

(续表)

| 一级 | 二级 | 三级 | | 发展水平 | 均衡水平 | |
|---|---|---|---|---|---|---|
| | | | | | 标准差 | 差异系数 |
| 2. 资源配置 | 2.4 设施设备 | 2.4.1 运动场（馆）达标校（%） | 小学 | 79.22 | 0.19 | 0.0000 |
| | | | 初中 | 79.66 | 0.24 | 0.2664 |
| | | 2.4.2 体育器械达标校（%） | 小学 | 80.84 | 0.23 | 0.0000 |
| | | | 初中 | 71.56 | 0.30 | 0.0150 |
| | | 2.4.3 音乐器材达标校（%） | 小学 | 83.38 | 0.25 | 0.0350 |
| | | | 初中 | 71.98 | 0.28 | 0.0050 |
| | | 2.4.4 美术器材达标校（%） | 小学 | 80.84 | 0.27 | 0.0000 |
| | | | 初中 | 72.92 | 0.28 | 0.0450 |
| | | 2.4.5 理科仪器达标校（%） | 小学 | 86.8 | 0.26 | 0.1000 |
| | | | 初中 | 89.93 | 0.25 | 0.2100 |
| | | 2.4.6 实验开出率（%） | 小学 | 97 | 0.10 | 0.0150 |
| | | | 初中 | 95.74 | 0.09 | 0.0050 |
| | | 2.4.7 生均图书（册） | 小学 | 17.31 | 8.33 | 0.4856 |
| | | | 初中 | 24.59 | 11.14 | 0.5189 |
| | | 2.4.8 生均计算机（台） | 小学 | 0.09 | 0.05 | 0.6460 |
| | | | 初中 | 0.16 | 0.04 | 0.3863 |
| | | 2.4.9 班级多媒体比例（%） | 小学 | 2.81 | 0.01 | 0.6985 |
| | | | 初中 | 3.7 | 0.02 | 0.6250 |
| | 2.5 学校布局 | 2.5.1 特殊学校建设 | | 100 | 0.00 | 0.0000 |
| | | 2.5.2 校均规模（人） | 小学 | 717 | 548 | 0.7881 |
| | | | 初中 | 723 | 205 | 0.2515 |
| | | 2.5.3 班额控制（人） | 小学 | 28 | 10 | 0.3136 |
| | | | 初中 | 37 | 16 | 0.3414 |
| 3. 县域管理 | | 3.1 标准化学校比例（%） | | 95.67 | 0.06 | 0.0578 |
| | | 3.2 校长交流比例（%） | 小学 | 48.70 | 0.37 | 0.7700 |
| | | | 初中 | 39.82 | 0.23 | 0.5854 |
| | | 3.3 校舍利用率（%） | 小学 | 100 | 0.62 | 0.5136 |
| | | | 初中 | 73.85 | 0.38 | 0.3413 |

(续表)

| 一级 | 二级 | 三级 | 发展水平 | 均衡水平 | |
|---|---|---|---|---|---|
| | | | | 标准差 | 差异系数 |
| 4. 教育质量 | 4.1 九年制义务教育完成率（%） | | 88.69 | 0.12 | 0.1343 |
| | 4.2 社区对义务教育均衡发展的反响 | | — | — | — |
| 总发展水平 | | | | — | |
| 总均衡指数 | | | | 0.4095 | |

说明：此表中的生均教育事业费、生均公用经费、生师比、年人均收入、生均图书等指标，是在直接预测基础上综合考虑各方面因素后得到的综合预测值，其他指标中所得到值均为直接预测值（趋势外推法、移动平均法等）。生均教育事业费［小学选取值为直接预测值；初中预测值为9553（6890－12217），综合值为9002］、生均公用经费［小学预测值为884（535－1233），综合值为993；初中预测值为1394（964－1823），综合值为1476］、生师比［小学预测值为12.76（11.85－13.67），综合值为13.67；初中预测值为8.34（5.17－11.50），综合值为11.5］、年人均收入［小学预测值为6.95（5.13－8.77），综合值为6.62；初中预测值为5.96（4.36－7.57），综合值6.12］、生均图书［小学预测值15.66（14.02－17.31），综合值为17.31；初中预测值为20.7（16.82－24.59），综合值为24.59］。

附表5－30　2015年湖南省省域内义务教育均衡发展综合预测结果

| 一级 | 二级 | 三级 | | 发展水平 | 均衡水平 | |
|---|---|---|---|---|---|---|
| | | | | | 标准差 | 差异系数 |
| 1. 教育机会 | 1.1 小学适龄儿童入学率（%） | | | 100 | 1.47 | 0.0174 |
| | 1.2 巩固率（%） | 1.2.1 小学 | | 99.53 | 0.57 | 0.0057 |
| | | 1.2.2 初中 | | 98.58 | 2.36 | 0.0246 |
| 2. 资源配置 | 2.1 经费（元/年·生） | 2.1.1 教育事业费 | 小学 | 6235 | 445 | 0.1963 |
| | | | 初中 | 11469 | 1415 | 0.4082 |
| | | 2.1.2 公用经费 | 小学 | 993 | 217 | 0.3185 |
| | | | 初中 | 1657 | 469 | 0.5371 |
| | 2.2 师资 | 2.2.1 数量（生师比） | 小学 | 16.98 | 1.51 | 0.0661 |
| | | | 初中 | 12.23 | 2.14 | 0.1604 |
| | | 2.2.2 初中教师专业对口率（%） | | 93.14 | 6.96 | 0.0804 |
| | | 2.2.3 职称结构 | 小学 | 0.21 | 0.03 | 0.1429 |
| | | | 初中 | 0.24 | 0.02 | 0.1047 |
| | | 2.2.4 年人均收入（万元） | 小学 | 4.9 | 0.30 | 0.1316 |
| | | | 初中 | 5.09 | 0.26 | 0.1163 |

(续表)

| 一级 | 二级 | 三级 | | 发展水平 | 均衡水平 | |
|---|---|---|---|---|---|---|
| | | | | | 标准差 | 差异系数 |
| 2. 资源配置 | 2.2 师资 | 2.2.5 年人均培训经费（元） | 小学 | 281 | 76.69 | 0.3685 |
| | | | 初中 | 348 | 66.74 | 0.2887 |
| | 2.3 校园校舍 | 2.3.1 生均校园面积（m²） | 小学 | 23.73 | 9.05 | 0.1617 |
| | | | 初中 | 39.36 | 10.60 | 0.2840 |
| | | 2.3.2 生均校舍面积（m²） | 小学 | 6.99 | 2.82 | 0.3850 |
| | | | 初中 | 9.96 | 4.42 | 0.3424 |
| | | 2.3.3 生均运动场（馆）面积（m²） | 小学 | 6.67 | 4.22 | 0.7324 |
| | | | 初中 | 10.96 | 7.82 | 1.0411 |
| | 2.4 设施设备 | 2.4.1 运动场（馆）达标校（%） | 小学 | 82.6 | 40.97 | 0.1910 |
| | | | 初中 | 73.08 | 44.42 | 0.4757 |
| | | 2.4.2 体育器械达标校（%） | 小学 | 82.6 | 40.97 | 0.1910 |
| | | | 初中 | 73.08 | 44.42 | 0.4757 |
| | | 2.4.3 音乐器材达标校（%） | 小学 | 82.6 | 40.97 | 0.1910 |
| | | | 初中 | 73.08 | 44.42 | 0.4757 |
| | | 2.4.4 美术器材达标校（%） | 小学 | 82.6 | 40.97 | 0.1910 |
| | | | 初中 | 73.08 | 44.42 | 0.4757 |
| | | 2.4.5 理科仪器达标校（%） | 小学 | 82.6 | 40.97 | 0.1910 |
| | | | 初中 | 73.08 | 44.42 | 0.4757 |
| | | 2.4.6 实验开出率（%） | 小学 | 91.47 | 8.83 | 0.0809 |
| | | | 初中 | 100 | 3.32 | 0.0362 |
| | | 2.4.7 生均图书（册） | 小学 | 21.26 | 1.72 | 0.0863 |
| | | | 初中 | 26.39 | 3.70 | 0.0705 |
| | | 2.4.8 生均计算机（台） | 小学 | 0.07 | 0.28 | 0.8100 |
| | | | 初中 | 0.09 | 0.08 | 0.2355 |
| | | 2.4.9 班级多媒体比例（%） | 小学 | 7.21 | 5.02 | 0.8193 |
| | | | 初中 | 6.2 | 4.8 | 0.7918 |
| | 2.5 学校布局 | 2.5.1 特殊学校设立的比例（%） | | 100 | 50 | 0.0000 |
| | | 2.5.2 校均规模（人） | 小学 | 332 | 186 | 0.4056 |
| | | | 初中 | 392 | 517 | 0.7838 |

（续表）

| 一级 | 二级 | 三级 | | 发展水平 | 均衡水平 | |
|---|---|---|---|---|---|---|
| | | | | | 标准差 | 差异系数 |
| 2. 资源配置 | 2.5 学校布局 | 2.5.3 班额控制（人） | 小学 | 46 | 8 | 0.0201 |
| | | | 初中 | 57 | 5 | 0.0907 |
| 3. 县域管理 | | 3.1 标准化学校比例（%） | | 77.88 | 4.3 | 0.0823 |
| | | 3.2 校长交流比例（%） | 小学 | 31.81 | 20.10 | 0.6060 |
| | | | 初中 | 31.61 | 13.99 | 0.4307 |
| | | 3.3 校舍利用率（%） | 小学 | 83 | 0.73 | 0.4919 |
| | | | 初中 | 79 | 0.37 | 0.3387 |
| 4. 教育质量 | | 4.1 九年制义务教育完成率（%） | | 88.42 | 10.32 | 0.0539 |
| | | 4.2 社区对义务教育均衡发展的反响 | | — | — | — |
| 总发展水平 | | | | | — | |
| 总均衡指数 | | | | | 0.3616 | |

说明：此表中的生均教育事业费、生均公用经费、生师比、年人均培训经费等指标，是在直接预测基础上综合考虑各方面因素后得到的综合预测值，其他指标中所得到值均为直接预测值（趋势外推法、移动平均法等）。生均教育事业费［小学选取值为直接预测值；初中预测值为13533（9680-17385），综合值为11469］、生均公用经费［小学预测值为857（800-914），综合值为993；初中预测值为2113（1290-2936），综合值为1657］、生师比［小学预测值为15.64（14.31-16.98），综合值16.98；初中预测值为11.34（6.36-12.23），综合值为12.23］、年人均培训经费［小学预测值为363（281-446），综合值为281；初中预测值为418（348-488），综合值348］。

附表5-31  2015年四川省省域内义务教育均衡发展综合预测结果

| 一级 | 二级 | 三级 | | 发展水平 | 均衡水平 | |
|---|---|---|---|---|---|---|
| | | | | | 标准差 | 差异系数 |
| 1. 教育机会 | 1.1 小学适龄儿童入学率（%） | | | 99.52 | 3.06 | 0.0337 |
| | 1.2 巩固率（%） | 1.2.1 小学 | | 100 | 1.90 | 0.0190 |
| | | 1.2.2 初中 | | 100 | 1.90 | 0.0191 |
| 2. 资源配置 | 2.1 经费（元/年·生） | 2.1.1 教育事业费 | 小学 | 5591 | 572 | 0.2769 |
| | | | 初中 | 8639 | 766 | 0.3291 |
| | | 2.1.2 公用经费 | 小学 | 818 | 254 | 0.5429 |
| | | | 初中 | 1877 | 571 | 0.8511 |

（续表）

| 一级 | 二级 | 三级 | | 发展水平 | 均衡水平 | |
|---|---|---|---|---|---|---|
| | | | | | 标准差 | 差异系数 |
| 2. 资源配置 | 2.2 师资 | 2.2.1 数量（生师比） | 小学 | 16.78 | 2.89 | 0.1347 |
| | | | 初中 | 15.47 | 2.26 | 0.1253 |
| | | 2.2.2 初中教师专业对口率（%） | | 96.51 | 5.93 | 0.0668 |
| | | 2.2.3 职称结构 | 小学 | 0.23 | 0.02 | 0.0814 |
| | | | 初中 | 0.23 | 0.02 | 0.0723 |
| | | 2.2.4 年人均收入（万元） | 小学 | 5.9 | 0.40 | 0.1359 |
| | | | 初中 | 6.04 | 0.44 | 0.1454 |
| | | 2.2.5 年人均培训经费（元） | 小学 | 1251 | 329 | 0.6428 |
| | | | 初中 | 1533 | 405 | 0.6376 |
| | 2.3 校园校舍 | 2.3.1 生均校园面积（m²） | 小学 | 16.40 | 4.28 | 0.3169 |
| | | | 初中 | 16.97 | 4.78 | 0.2983 |
| | | 2.3.2 生均校舍面积（m²） | 小学 | 5.45 | 1.27 | 0.2757 |
| | | | 初中 | 6.80 | 1.97 | 0.3443 |
| | | 2.3.3 生均运动场（馆）面积（m²） | 小学 | 7.99 | 5.96 | 0.7440 |
| | | | 初中 | 8.42 | 7.15 | 0.8441 |
| | 2.4 设施设备 | 2.4.1 运动场（馆）达标校（%） | 小学 | 100 | 10.85 | 0.1570 |
| | | | 初中 | 100 | 23.98 | 0.4457 |
| | | 2.4.2 体育器械达标校（%） | 小学 | 57.56 | 30.10 | 0.5653 |
| | | | 初中 | 55.22 | 45.98 | 0.4960 |
| | | 2.4.3 音乐器材达标校（%） | 小学 | 80.36 | 25.21 | 0.4577 |
| | | | 初中 | 74.34 | 44.58 | 0.5495 |
| | | 2.4.4 美术器材达标校（%） | 小学 | 80.81 | 24.25 | 0.6222 |
| | | | 初中 | 80.04 | 45.21 | 0.7109 |
| | | 2.4.5 理科仪器达标校（%） | 小学 | 39.10 | 29.01 | 0.6863 |
| | | | 初中 | 39.60 | 34.93 | 0.6813 |
| | | 2.4.6 实验开出率（%） | 小学 | 78.81 | 12.65 | 0.1628 |
| | | | 初中 | 81.23 | 11.38 | 0.1431 |
| | | 2.4.7 生均图书（册） | 小学 | 24.53 | 5.00 | 0.5711 |
| | | | 初中 | 27.2 | 6.59 | 0.7125 |

(续表)

| 一级 | 二级 | 三级 | | 发展水平 | 均衡水平 | |
|---|---|---|---|---|---|---|
| | | | | | 标准差 | 差异系数 |
| 2. 资源配置 | 2.4 设施设备 | 2.4.8 生均计算机（台） | 小学 | 0.08 | 0.01 | 0.0277 |
| | | | 初中 | 0.11 | 0.02 | 0.0700 |
| | | 2.4.9 班级多媒体比例（%） | 小学 | 34.39 | 7.83 | 0.7189 |
| | | | 初中 | 39.4 | 3.88 | 0.2572 |
| | 2.5 学校布局 | 2.5.1 特殊学校设立的比例（%） | | 100 | 0.00 | 0.0000 |
| | | 2.5.2 校均规模（人） | 小学 | 943 | 561 | 0.7386 |
| | | | 初中 | 733 | 291 | 0.3391 |
| | | 2.5.3 班额控制（人） | 小学 | 43 | 6 | 0.1449 |
| | | | 初中 | 47 | 12 | 0.2009 |
| 3. 县域管理 | 3.1 标准化学校比例（%） | | | 100 | 0.00 | 0.0000 |
| | 3.2 校长交流比例（%） | | 小学 | 15.9 | 7.53 | 0.6267 |
| | | | 初中 | 14.75 | 8.41 | 0.7533 |
| | 3.3 校舍利用率（%） | | 小学 | 100 | 20.15 | 0.1922 |
| | | | 初中 | 100 | 21.30 | 0.2063 |
| 4. 教育质量 | 4.1 九年制义务教育完成率（%） | | | 96.02 | 14.83 | 0.1740 |
| | 4.2 社区对义务教育均衡发展的反响 | | | — | — | — |
| 总发展水平 | | | | — | | |
| 总均衡指数 | | | | 0.3992 | | |

说明：针对于此表中的生均教育事业费、生均公用经费、生师比、年人均收入、生均计算机等指标，是在直接预测基础上综合考虑各方面因素后得到的综合预测值，其他指标中所得到值均为直接预测值（趋势外推法、移动平均法等）。生均教育事业费［小学预测值为 7389（5697-9080），综合值为 5591；初中选取值为直接预测值］、生均公用经费［小学预测值为 1465（1131-1799），综合值为 818；初中预测值为 2516（2058-2974），综合值为 1877］、生师比［小学预测值为 10.0（3.23-16.78），综合值为 16.78；初中预测值为 12.4（9.33-15.47），综合值为 15.47］、年人均收入［小学预测值为 6.15（4.47-7.83），综合值为 5.9；初中预测值为 6.07（4.71-7.44），综合值 6.04］、生均计算机［小学预测值为 0.05（0.02-0.08），综合值为 0.08；初中预测值为 0.11（0.06-0.15），综合值 0.11］。四川省 2005—2009 年数据具有一定的特殊性，由于 2008 年汶川特大地震对四川各方面的影响，来自国家、地方政府、社会各界的投入，使其后期数据具有一定的特殊性。

## 五、2020年省域内义务教育均衡发展综合预测结果

附表 5-32  2020年辽宁省省域内义务教育均衡发展综合预测结果

| 一级 | 二级 | 三级 | | 发展水平 | 均衡水平 | |
|---|---|---|---|---|---|---|
| | | | | | 标准差 | 差异系数 |
| 1. 教育机会 | 1.1 小学适龄儿童入学率（%） | | | 99.95 | 0.00 | 0.0017 |
| | 1.2 巩固率（%） | 1.2.1 小学 | | 99.07 | 0.57 | 0.4425 |
| | | 1.2.2 初中 | | 99.07 | 0.56 | 0.5425 |
| 2. 资源配置 | 2.1 经费（元/年·生） | 2.1.1 教育事业费 | 小学 | 11822 | 2205 | 0.4450 |
| | | | 初中 | 17638 | 2721 | 0.5275 |
| | | 2.1.2 公用经费 | 小学 | 1674 | 336 | 0.7494 |
| | | | 初中 | 1920 | 501 | 0.7684 |
| | 2.2 师资 | 2.2.1 数量（生师比） | 小学 | 13.24 | 2.70 | 0.0000 |
| | | | 初中 | 10.73 | 2.89 | 0.0700 |
| | | 2.2.2 初中教师专业对口率（%） | | 96.8 | 0.05 | 0.0461 |
| | | 2.2.3 职称结构 | 小学 | 0.22 | 0.01 | 0.0590 |
| | | | 初中 | 0.23 | 0.02 | 0.0936 |
| | | 2.2.4 年人均收入（万元） | 小学 | 9.72 | 0.67 | 0.8125 |
| | | | 初中 | 10.31 | 0.42 | 0.4900 |
| | | 2.2.5 年人均培训经费（元） | 小学 | 178 | 125 | 0.6809 |
| | | | 初中 | 182 | 124 | 0.7068 |
| | 2.3 校园校舍 | 2.3.1 生均校园面积（m²） | 小学 | 17.52 | 16.17 | 0.4550 |
| | | | 初中 | 28.34 | 12.35 | 0.3568 |
| | | 2.3.2 生均校舍面积（m²） | 小学 | 5.69 | 2.25 | 0.4362 |
| | | | 初中 | 10.19 | 4.05 | 0.5106 |
| | | 2.3.3 生均运动场（馆）面积（m²） | 小学 | 14.35 | 6.06 | 0.3903 |
| | | | 初中 | 14.87 | 5.28 | 0.3832 |
| | 2.4 设施设备 | 2.4.1 运动场（馆）达标校（%） | 小学 | 79.62 | 0.19 | 0.0000 |
| | | | 初中 | 79.66 | 0.24 | 0.2666 |
| | | 2.4.2 体育器械达标校（%） | 小学 | 81.62 | 0.22 | 0.0000 |
| | | | 初中 | 72.38 | 0.30 | 0.0000 |

(续表)

| 一级 | 二级 | 三级 | | 发展水平 | 均衡水平 | |
|---|---|---|---|---|---|---|
| | | | | | 标准差 | 差异系数 |
| 2. 资源配置 | 2.4 设施设备 | 2.4.3 音乐器材达标校（%） | 小学 | 83.83 | 0.25 | 0.0000 |
| | | | 初中 | 72.77 | 0.28 | 0.0000 |
| | | 2.4.4 美术器材达标校（%） | 小学 | 81.62 | 0.27 | 0.0000 |
| | | | 初中 | 73.76 | 0.28 | 0.0000 |
| | | 2.4.5 理科仪器达标校（%） | 小学 | 87.91 | 0.26 | 0.0000 |
| | | | 初中 | 91.36 | 0.25 | 0.1600 |
| | | 2.4.6 实验开出率（%） | 小学 | 97.89 | 0.10 | 0.0000 |
| | | | 初中 | 96.38 | 0.09 | 0.0000 |
| | | 2.4.7 生均图书（册） | 小学 | 19.5 | 8.52 | 0.4962 |
| | | | 初中 | 31.05 | 11.44 | 0.5270 |
| | | 2.4.8 生均计算机（台） | 小学 | 0.12 | 0.05 | 0.6472 |
| | | | 初中 | 0.22 | 0.04 | 0.3872 |
| | | 2.4.9 班级多媒体比例（%） | 小学 | 3.69 | 0.01 | 0.6986 |
| | | | 初中 | 3.91 | 0.02 | 0.5875 |
| | 2.5 学校布局 | 2.5.1 特殊学校设立的比例（%） | | 100 | 0.00 | 0.0000 |
| | | 2.5.2 校均规模（人） | 小学 | 735 | 561 | 0.7869 |
| | | | 初中 | 736 | 202 | 0.2484 |
| | | 2.5.3 班额控制（人） | 小学 | 28 | 10 | 0.3163 |
| | | | 初中 | 37 | 16 | 0.3432 |
| 3. 县域管理 | 3.1 标准化学校比例（%） | | | 95.78 | 0.06 | 0.0563 |
| | 3.2 校长交流比例（%） | | 小学 | 48.67 | 0.37 | 0.7200 |
| | | | 初中 | 40.06 | 0.23 | 0.5742 |
| | 3.3 校舍利用率（%） | | 小学 | 100.00 | 0.64 | 0.5287 |
| | | | 初中 | 73.75 | 0.39 | 0.3488 |
| 4. 教育质量 | 4.1 九年制义务教育完成率（%） | | | 88.92 | 0.12 | 0.1312 |
| | 4.2 社区对义务教育均衡发展的反响 | | | — | — | — |
| 总发展水平 | | | | 0.9568 | | |
| 总均衡指数 | | | | 0.4002 | | |

说明：针对于此表中的生均教育事业费、生均公用经费、生师比、年人均收入、生均图书等指标，是在直接预测基础上综合考虑各方面因素后得到的综合预测值，其他指标中所得到值均为直接预

测值（趋势外推法、移动平均法等）。生均教育事业费［小学预测值为10588（6553－14623），综合值为11822；初中预测值为13528（9418－17638），综合值为17638］、生均公用经费［小学预测值为1191（652－1729），综合值为1674；初中选取值为直接预测值］、生师比［小学预测值为11.84（10.44－13.24），综合值为13.24；初中预测值为5.84（1－10.73），综合值为10.73］、年人均收入［小学预测值为9.72（6.91－12.52），综合值为9.72；初中预测值为8.15（5.67－10.63），综合值10.31］、生均图书［小学预测值16.96（14.42－19.50），综合值为19.50；初中预测值为25.06（19.06－31.05），综合值为31.05］。

附表5－33　2020年湖南省省域内义务教育均衡发展综合预测结果

| 一级 | 二级 | 三级 | | 发展水平 | 均衡水平 | |
|---|---|---|---|---|---|---|
| | | | | | 标准差 | 差异系数 |
| 1. 教育机会 | 1.1 小学适龄儿童入学率（%） | | | 100 | 1.44 | 0.0168 |
| | 1.2 巩固率（%） | 1.2.1 小学 | | 99.65 | 0.56 | 0.0056 |
| | | 1.2.2 初中 | | 98.69 | 2.44 | 0.0254 |
| 2. 资源配置 | 2.1 经费（元/年·生） | 2.1.1 教育事业费 | 小学 | 9903 | 454 | 0.1963 |
| | | | 初中 | 19327 | 1468 | 0.4150 |
| | | 2.1.2 公用经费 | 小学 | 1673 | 224 | 0.3263 |
| | | | 初中 | 2792 | 487 | 0.5471 |
| | 2.2 师资 | 2.2.1 数量（生师比） | 小学 | 15.32 | 1.43 | 0.0653 |
| | | | 初中 | 12.01 | 2.11 | 0.1600 |
| | | 2.2.2 初中教师专业对口率（%） | | 93.33 | 7.10 | 0.0818 |
| | | 2.2.3 职称结构 | 小学 | 0.21 | 0.03 | 0.1423 |
| | | | 初中 | 0.24 | 0.02 | 0.1063 |
| | | 2.2.4 年人均收入（万元） | 小学 | 6.74 | 0.30 | 0.1336 |
| | | | 初中 | 7.01 | 0.27 | 0.1170 |
| | | 2.2.5 年人均培训经费（元） | 小学 | 352 | 75.14 | 0.3662 |
| | | | 初中 | 451 | 64.53 | 0.2858 |
| | 2.3 校园校舍 | 2.3.1 生均校园面积（m²） | 小学 | 23.68 | 8.93 | 0.0067 |
| | | | 初中 | 39.61 | 10.82 | 0.2874 |
| | | 2.3.2 生均校舍面积（m²） | 小学 | 6.97 | 2.77 | 0.3844 |
| | | | 初中 | 10.03 | 4.49 | 0.3454 |
| | | 2.3.3 生均运动场（馆）面积（m²） | 小学 | 6.73 | 4.28 | 0.7463 |
| | | | 初中 | 11.11 | 8.02 | 1.0646 |

（续表）

| 一级 | 二级 | 三级 | | 发展水平 | 均衡水平 | |
|---|---|---|---|---|---|---|
| | | | | | 标准差 | 差异系数 |
| 2. 资源配置 | 2.4 设施设备 | 2.4.1 运动场（馆）达标校（%） | 小学 | 92.24 | 40.63 | 0.0000 |
| | | | 初中 | 75.36 | 44.27 | 0.3750 |
| | | 2.4.2 体育器械达标校（%） | 小学 | 92.24 | 40.63 | 0.0000 |
| | | | 初中 | 75.36 | 44.27 | 0.3750 |
| | | 2.4.3 音乐器材达标校（%） | 小学 | 92.24 | 40.63 | 0.0000 |
| | | | 初中 | 75.36 | 44.27 | 0.3750 |
| | | 2.4.4 美术器材达标校（%） | 小学 | 92.24 | 40.63 | 0.0000 |
| | | | 初中 | 75.36 | 44.27 | 0.3750 |
| | | 2.4.5 理科仪器达标校（%） | 小学 | 92.24 | 40.63 | 0.0000 |
| | | | 初中 | 75.36 | 44.27 | 0.3750 |
| | | 2.4.6 实验开出率（%） | 小学 | 95.97 | 8.81 | 0.0664 |
| | | | 初中 | 100 | 3.33 | 0.0362 |
| | | 2.4.7 生均图书（册） | 小学 | 24.66 | 1.66 | 0.0858 |
| | | | 初中 | 29.42 | 3.71 | 0.0180 |
| | | 2.4.8 生均计算机（台） | 小学 | 0.09 | 0.28 | 0.7478 |
| | | | 初中 | 0.12 | 0.08 | 0.0000 |
| | | 2.4.9 班级多媒体比例（%） | 小学 | 6.97 | 5.00 | 0.8270 |
| | | | 初中 | 6.1 | 4.8 | 0.8002 |
| | 2.5 学校布局 | 2.5.1 特殊学校设立的比例（%） | | 100 | 50 | 0.0000 |
| | | 2.5.2 校均规模（人） | 小学 | 332 | 187 | 0.2654 |
| | | | 初中 | 392 | 514 | 0.7840 |
| | | 2.5.3 班额控制（人） | 小学 | 46 | 8 | 0.0000 |
| | | | 初中 | 57 | 5 | 0.0917 |
| 3. 县域管理 | | 3.1 标准化学校比例（%） | | 95.83 | 4.38 | 0.0829 |
| | | 3.2 校长交流比例（%） | 小学 | 32.36 | 20.59 | 0.6157 |
| | | | 初中 | 31.79 | 14.56 | 0.4480 |
| | | 3.3 校舍利用率（%） | 小学 | 84 | 0.73 | 0.4923 |
| | | | 初中 | 78 | 0.37 | 0.3386 |

（续表）

| 一级 | 二级 | 三级 | 发展水平 | 均衡水平 标准差 | 均衡水平 差异系数 |
|---|---|---|---|---|---|
| 4. 教育质量 | 4.1 九年制义务教育完成率（%） | | 88.53 | 10.30 | 0.0348 |
| | 4.2 社区对义务教育均衡发展的反响 | | — | — | — |
| 总发展水平 | | | 0.8492 | | |
| 总均衡指数 | | | 0.3349 | | |

说明：此表中的生均教育事业费、生均公用经费、生师比、年人均培训经费等指标，是在直接预测基础上综合考虑各方面因素后得到的综合预测值，其他指标中所得到值均为直接预测值（趋势外推法、移动平均法等）。生均教育事业费［小学预测值为8808（5984－11632），综合值为9903；初中预测值为19788（13843－25733），综合值为19327；］、生均公用经费［小学预测值为1133（1045－1221），综合值为1673；初中预测值为2978（1708－4249），综合值为2792］、生师比［小学预测值为13.25（11.19－15.32），综合值为15.32；初中预测值为11.06（1.49－12.01），综合值为12.01］、年人均培训经费［小学预测值为478（352－605），综合值为352；初中预测值为559（451－667），综合值451］。

**附表 5－34　2020 年四川省省域内义务教育均衡发展综合预测结果**

| 一级 | 二级 | 三级 | | 发展水平 | 均衡水平 标准差 | 均衡水平 差异系数 |
|---|---|---|---|---|---|---|
| 1. 教育机会 | 1.1 小学适龄儿童入学率（%） | | | 99.49 | 3.01 | 0.0331 |
| | 1.2 巩固率（%） | 1.2.1 小学 | | 100 | 1.89 | 0.0189 |
| | | 1.2.2 初中 | | 100 | 1.89 | 0.0190 |
| 2. 资源配置 | 2.1 经费（元/年·生） | 2.1.1 教育事业费 | 小学 | 9421 | 585 | 0.2763 |
| | | | 初中 | 12361 | 768 | 0.3229 |
| | | 2.1.2 公用经费 | 小学 | 1378 | 262 | 0.5405 |
| | | | 初中 | 2920 | 588 | 0.8496 |
| | 2.2 师资 | 2.2.1 数量（生师比） | 小学 | 14.45 | 2.92 | 0.1368 |
| | | | 初中 | 14.37 | 2.25 | 0.1249 |
| | | 2.2.2 初中教师专业对口率（%） | | 100 | 5.83 | 0.0655 |
| | | 2.2.3 职称结构 | 小学 | 0.23 | 0.02 | 0.0819 |
| | | | 初中 | 0.23 | 0.02 | 0.0748 |
| | | 2.2.4 年人均收入（万元） | 小学 | 8.39 | 0.40 | 0.1350 |
| | | | 初中 | 8.24 | 0.43 | 0.1444 |

(续表)

| 一级 | 二级 | 三级 | | 发展水平 | 均衡水平 | |
|---|---|---|---|---|---|---|
| | | | | | 标准差 | 差异系数 |
| 2. 资源配置 | 2.2 师资 | 2.2.5 年人均培训经费（元） | 小学 | 1773 | 340 | 0.6560 |
| | | | 初中 | 2203 | 424 | 0.6540 |
| | 2.3 校园校舍 | 2.3.1 生均校园面积（m²） | 小学 | 16.42 | 4.29 | 0.3178 |
| | | | 初中 | 17.00 | 4.71 | 0.2969 |
| | | 2.3.2 生均校舍面积（m²） | 小学 | 5.45 | 1.26 | 0.2720 |
| | | | 初中 | 6.82 | 1.96 | 0.3403 |
| | | 2.3.3 生均运动场（馆）面积（m²） | 小学 | 8.02 | 6.01 | 0.7474 |
| | | | 初中 | 8.45 | 7.20 | 0.8466 |
| | 2.4 设施设备 | 2.4.1 运动场（馆）达标校（%） | 小学 | 100 | 10.94 | 0.1567 |
| | | | 初中 | 100 | 24.29 | 0.4447 |
| | | 2.4.2 体育器械达标校（%） | 小学 | 69.35 | 31.00 | 0.5835 |
| | | | 初中 | 66.55 | 46.78 | 0.5083 |
| | | 2.4.3 音乐器材达标校（%） | 小学 | 92.05 | 26.11 | 0.4745 |
| | | | 初中 | 100 | 45.28 | 0.5596 |
| | | 2.4.4 美术器材达标校（%） | 小学 | 95.84 | 25.04 | 0.6389 |
| | | | 初中 | 93.45 | 46.06 | 0.7249 |
| | | 2.4.5 理科仪器达标校（%） | 小学 | 39.16 | 29.84 | 0.7089 |
| | | | 初中 | 39.63 | 35.56 | 0.7038 |
| | | 2.4.6 实验开出率（%） | 小学 | 78.73 | 12.52 | 0.1614 |
| | | | 初中 | 81.08 | 11.33 | 0.1429 |
| | | 2.4.7 生均图书（册） | 小学 | 33.06 | 5.18 | 0.5888 |
| | | | 初中 | 35.76 | 6.71 | 0.7260 |
| | | 2.4.8 生均计算机（台） | 小学 | 0.11 | 0.01 | 0.0275 |
| | | | 初中 | 0.15 | 0.02 | 0.0710 |
| | | 2.4.9 班级多媒体比例（%） | 小学 | 51.11 | 8.19 | 0.7376 |
| | | | 初中 | 57.11 | 4.09 | 0.2663 |
| | 2.5 学校布局 | 2.5.1 特殊学校设立的比例（%） | | 100 | 0.00 | 0.0000 |
| | | 2.5.2 校均规模（人） | 小学 | 950 | 570 | 0.7426 |
| | | | 初中 | 731 | 293 | 0.3406 |

（续表）

| 一级 | 二级 | 三级 | | 发展水平 | 均衡水平 | |
|---|---|---|---|---|---|---|
| | | | | | 标准差 | 差异系数 |
| 2. 资源配置 | 2.5 学校布局 | 2.5.3 班额控制（人） | 小学 | 43 | 6 | 0.1434 |
| | | | 初中 | 46 | 12 | 0.2024 |
| 3. 县域管理 | 3.1 标准化学校比例（%） | | | 100 | 0.00 | 0.0000 |
| | 3.2 校长交流比例（%） | | 小学 | 16.47 | 7.53 | 0.6235 |
| | | | 初中 | 15.26 | 8.43 | 0.7516 |
| | 3.3 校舍利用率（%） | | 小学 | 100 | 20.39 | 0.1946 |
| | | | 初中 | 100 | 20.86 | 0.2022 |
| 4. 教育质量 | 4.1 九年制义务教育完成率（%） | | | 96.36 | 14.58 | 0.1674 |
| | 4.2 社区对义务教育均衡发展的反响 | | | — | — | — |
| 总发展水平 | | | | 0.9220 | | |
| 总均衡指数 | | | | 0.4013 | | |

说明：此表中的生均教育事业费、生均公用经费、生师比、年人均培训经费、生均计算机等指标，是在直接预测基础上综合考虑各方面因素后得到的综合预测值，其他指标中所得到值均为直接预测值（趋势外推法、移动平均法等）。生均教育事业费［小学预测值为10677（8066－13287），综合值为9421；初中选取值为直接预测值］、生均公用经费［小学预测值为2107（1591－2622），综合值为1378；初中预测值为3627（2920－4334），综合值为2920］、生师比［小学预测值为3.99（0－14.45），综合值为14.45；初中预测值为9.63（4.89－14.37），综合值为14.37］、年人均培训经费［小学选取值为直接预测值；初中预测值为2542（2203－2881），综合值为2203］、生均计算机［小学预测值为0.06（0.01－0.11），综合值为0.11；初中预测值为0.15（0.08－0.22），综合值0.15］。四川省2005—2009年数据具有一定的特殊性，因为2008年遭受汶川地震，国家对四川省教育包括义务教育的投入比较多，因而其教育投入的数据具有一定的特殊性。

## 六、2020年省域内义务教育均衡发展综合预测结果的单项均衡水平差异分析

**附表5－35　2020年辽宁省省域内义务教育均衡发展综合预测结果的单项均衡水平差异分析**

| 均衡等次 | 均衡指标及其差异系数 |
|---|---|
| 非常均衡 | 小学师资数量（0.00），初中师资数量（0.07），初中教师专业对口率（0.05），小学职称结构（0.06），初中职称结构（0.09），小学运动场（馆）达标校（0.00），小学体育器械达标校（0.00），初中体育器械达标校（0.00），小学音乐器材达标校比例（0.00），初中音乐器材达标校比例（0.00），小学美术器材达标校比例（0.00），初中美术器材达标校比例（0.00），小学理科仪器达标校比例（0.00），初中理科仪器达标校比例（0.16），小学实验开出率（0.00），初中实验开出率（0.00），特殊学校设立比例（0.00），标准化学校比例（0.06） |

（续表）

| 均衡等次 | 均衡指标及其差异系数 |
|---|---|
| 比较均衡 | 小学适龄儿童入学率（0.00），初中运动场（馆）达标校（0.27），初中校均规模（0.25），小学班额控制（0.32），初中班额控制（0.34） |
| 一般均衡 | 小学教育事业费（0.45），小学生均校园面积（0.46），初中生均校园面积（0.36），小学生均校舍面积（0.44），小学生均运动场（馆）面积（0.39），初中生均运动场（馆）面积（0.38），初中生均计算机比例（0.39），初中校舍利用率（0.35） |
| 不太均衡 | 初中教育事业费（0.53），初中年人均收入（0.49），小学年人均培训经费（0.68），初中生均校舍面积（0.51），小学生均图书（0.50），初中生均图书（0.53），小学生均计算机比例（0.65），初中班级多媒体比例（0.59），初中校长交流比例（0.57），小学校舍利用率（0.53） |
| 非常不均衡 | 小学巩固率（0.44），初中巩固率（0.54），小学公用经费（0.75），初中公用经费（0.77），小学年人均收入（0.81），初中年人均培训经费（0.71），小学班级多媒体比例（0.70），小学校均规模（0.79），小学校长交流比例（0.72），九年制义务教育完成率（0.13） |

说明：分析的依据是差异系数；分析的指标到四级。

**附表 5-36　2020 年湖南省省域内义务教育均衡发展综合预测结果的单项均衡水平差异分析**

| 均衡等次 | 均衡指标及其差异系数 |
|---|---|
| 非常均衡 | 小学教育事业费（0.20），小学师资数量（0.07），初中师资数量（0.16），初中教师专业对口率（0.08），小学职称结构（0.14），初中职称结构（0.11），小学年人均收入（0.13），初中年人均收入（0.12），小学生均校园面积（0.01），小学运动场馆达标校（0.00），小学体育器械达标校（0.00），小学音乐器材达标校比例（0.00），小学美术器材达标校比例（0.00），小学理科仪器达标校比例（0.00），小学实验开出率（0.07），初中实验开出率（0.04），小学生均图书（0.09），初中生均图书（0.02），初中生均计算机（0.00），特殊学校设立比例（0.00），小学班额控制（0.00），初中班额控制（0.09），标准化学校比例（0.08） |
| 比较均衡 | 小学巩固率（0.01），小学公用经费（0.33），初中年人均培训经费（0.29），初中生均校园面积（0.29），小学校均规模（0.27） |
| 一般均衡 | 小学适龄儿童入学率（0.02），初中巩固率（0.03），初中教育事业费（0.42），小学年人均培训经费（0.37），小学生均校舍面积（0.38），初中生均校舍面积（0.35），初中运动场馆达标校（0.38），初中体育器械达标校（0.38），初中音乐器材达标校比例（0.38），初中美术器材达标校比例（0.38），初中理科仪器达标校比例（0.38），初中校长交流比例（0.45），初中校舍利用率（0.34），九年制义务教育完成率（0.03） |
| 不太均衡 | 初中公用经费（0.55），小学校长交流比例（0.62），小学校舍利用率（0.49） |

| 均衡等次 | 均衡指标及其差异系数 |
| --- | --- |
| 非常不均衡 | 小学生均运动场（馆）面积（0.75），初中生均运动场（馆）面积（1.06），小学生均计算机比例（0.75），小学班级多媒体比例（0.83），初中班级多媒体比例（0.80），初中校均规模（0.78） |

说明：分析的依据是差异系数；分析的指标到四级。

**附表5-37　2020年四川省省域内义务教育均衡发展综合预测结果的单项均衡水平差异分析**

| 均衡等次 | 均衡指标及其差异系数 |
| --- | --- |
| 非常均衡 | 小学师资数量（0.14），初中师资数量（0.12），初中教师专业对口率（0.07），小学职称结构（0.08），初中职称结构（0.07），小学年人均收入（0.14），初中年人均收入（0.14），小学运动场（馆）达标校（0.16），小学实验开出率（0.16），初中实验开出率（0.14），小学生均计算机比例（0.03），初中生均计算机比例（0.07），特殊学校设立比例（0.00），小学班额控制（0.14），初中班额控制（0.20），标准化学校比例（0.00）小学校舍利用率（0.19），初中校舍利用率（0.20） |
| 比较均衡 | 小学教育事业费（0.28），初中教育事业费（0.32），小学生均校园面积（0.32），初中生均校园面积（0.30），小学生均校舍面积（0.27），初中班级多媒体比例（0.27） |
| 一般均衡 | 小学巩固率（0.02），初中巩固率（0.02），初中生均校舍面积（0.34），初中运动场馆达标校（0.44），小学音乐器材达标校比例（0.47），初中校均规模（0.34） |
| 不太均衡 | 小学适龄儿童入学率（0.03），小学公用经费（0.54），小学年人均培训经费（0.66），初中年人均培训经费（0.65），小学体育器械达标校（0.58），初中体育器械达标校（0.51），初中音乐器材达标校比例（0.56），小学美术器材达标校比例（0.64），小学生均图书（0.59），小学校长交流比例（0.62），九年制义务教育完成率（0.17） |
| 非常不均衡 | 初中公用经费（0.85），小学生均运动场（馆）面积（0.75），初中生均运动场（馆）面积（0.85），初中美术器材达标校比例（0.72），小学理科仪器达标校比例（0.71），初中理科仪器达标校比例（0.70），初中生均图书（0.73），小学校均规模（0.74），小学班级多媒体比例（0.74），初中校长交流比例（0.75） |

说明：分析的依据是差异系数；分析的指标到四级。

# 第六章 附录

## 2020年湖南省县域内义务教育均衡发展省级目标的检验结果

附表6-1 2020年湖南省株洲市芦淞区义务教育均衡发展省级目标的检验结果

| 指标 | | 发展水平 | 均衡水平 | |
|---|---|---|---|---|
| | | | 标准差 | 差异系数 |
| 1.1 小学适龄儿童入学率（%） | | 100 | 0.00 | 0.0000 |
| 1.2 巩固率（%） | 1.2.1 小学 | 100 | 0.00 | 0.0000 |
| | 1.2.2 初中 | 99.89 | 0.17 | 0.0017 |
| 2.1.1 教育事业费（元/年·生） | 小学 | 12980 | 2987 | 0.5768 |
| | 初中 | 16020 | 1487 | 0.2228 |
| 2.1.2 公用经费（元/年·生） | 小学 | 1202 | 175 | 0.3920 |
| | 初中 | 1654 | 1019 | 0.6781 |
| 2.2.1 师资数量（生师比） | 农村小学 | 17.24 | 3.41 | 0.1793 |
| | 农村初中 | — | — | — |
| | 城市小学 | 16.77 | 1.06 | 0.0536 |
| | 城市初中 | 13.40 | 4.87 | 0.5280 |
| 2.2.2 初中教师专业对口率（%） | | 94.51 | 3.72 | 0.0386 |
| 2.2.3 教师职称结构 | 小学 | 0.65 | 0.13 | 0.2591 |
| | 初中 | 0.53 | 17.83 | 0.2211 |
| 2.2.4 教师年收入（万元/人） | 小学 | 8.94 | 1.95 | 0.4376 |
| | 初中 | 9.50 | 0.78 | 0.1776 |
| 2.3.1 生均校园面积（m²） | 小学 | 16.1 | 12.82 | 0.6009 |
| | 初中 | 18.9 | 7.39 | 0.3344 |
| 2.3.2 生均校舍面积（m²） | 小学 | 6.84 | 4.27 | 0.8538 |
| | 初中 | 8.10 | 9.29 | 0.5543 |
| 2.3.3 生均运动场（馆）面积（m²） | 小学 | 3.49 | 3.31 | 0.8054 |
| | 初中 | 4.79 | 2.20 | 0.3972 |
| 2.4.1 运动场（馆）达标校（%） | 小学 | 83.93 | 50.03 | 0.5301 |
| | 初中 | 100 | 49.75 | 0.6011 |

(续表)

| 指标 | | 发展水平 | 均衡水平 | |
|---|---|---|---|---|
| | | | 标准差 | 差异系数 |
| 2.4.2 体育器械达标校（%） | 小学 | 100 | 34.03 | 0.3927 |
| | 初中 | 100 | 54.70 | 0.5818 |
| 2.4.3 音乐器材达标校（%） | 小学 | 100 | 12.46 | 0.1320 |
| | 初中 | 100 | 57.12 | 0.5799 |
| 2.4.4 美术器材达标校（%） | 小学 | 100 | 14.83 | 0.1483 |
| | 初中 | 100 | 56.36 | 0.5636 |
| 2.4.5 理科仪器达标校（%） | 小学 | 100 | 3.07 | 0.0346 |
| | 初中 | 100 | 57.74 | 0.5774 |
| 2.4.6 实验开出率（%） | 小学 | 100 | 2.21 | 0.0229 |
| | 初中 | 100 | 1.79 | 0.0181 |
| 2.4.7 生均图书（册） | 小学 | 40.65 | 22.82 | 0.6097 |
| | 初中 | 50.00 | 7.92 | 0.2996 |
| 2.4.8 生均计算机（台） | 小学 | 13.71 | 7.17 | 0.7831 |
| | 初中 | 13.62 | 9.24 | 0.3174 |
| 2.4.9 班级多媒体比例（%） | 小学 | 100 | 47.34 | 0.6002 |
| | 初中 | 100 | 20.75 | 0.2571 |
| 2.5.1 校均规模（人） | 农村小学 | 335 | 89 | 0.2972 |
| | 农村初中 | — | — | — |
| | 城市小学 | 1427 | 535 | 0.4392 |
| | 城市初中 | 1300 | 727 | 0.6751 |
| 2.5.2 班额控制（人） | 农村小学 | 39 | 7 | 0.1594 |
| | 农村初中 | — | — | — |
| | 城市小学 | 52 | 7 | 0.1295 |
| | 城市初中 | 46 | 5 | 0.1074 |
| 3.1 全面执行教学计划（%） | | 99.39 | 1.05 | 0.0105 |
| 3.2 校舍利用率（%） | 小学 | 100 | 2.39 | 0.0251 |
| | 初中 | 91.81 | 12.01 | 0.1215 |
| 4.1 学生合格率（%） | 4.1.1 农村 | 94.44 | 5.10 | 0.0541 |
| | 4.1.2 城市 | 84.74 | 24.64 | 0.5011 |

（续表）

| 指标 | 发展水平 | 均衡水平 | |
|---|---|---|---|
| | | 标准差 | 差异系数 |
| 4.2 学生对学习的满意度（%） | 93.26 | 2.83 | 0.0304 |
| 4.3 九年制义务教育完成率（%） | — | — | — |
| 4.4 社区对义务教育均衡发展的反响 | 96.67 | 2.35 | 0.0242 |
| 总发展指数 | — | | |
| 总均衡指数 | | — | |

**附表 6-2　2020 年湖南省沅江市义务教育均衡发展省级目标的检验结果**

| 指标 | | 发展水平 | 均衡水平 | |
|---|---|---|---|---|
| | | | 标准差 | 差异系数 |
| 1.1 小学适龄儿童入学率（%） | | 99.83 | 0.44 | 0.0044 |
| 1.2 巩固率（%） | 1.2.1 小学 | 99.97 | 0.08 | 0.0008 |
| | 1.2.2 初中 | 98.47 | 1.92 | 0.0195 |
| 2.1.1 教育事业费（元/年·生） | 小学 | 11652 | 1383 | 0.3524 |
| | 初中 | 14424 | 1396 | 0.2700 |
| 2.1.2 公用经费（元/年·生） | 小学 | 1076 | 119 | 0.1822 |
| | 初中 | 1399 | 108 | 0.1751 |
| 2.2.1 师资数量（生师比） | 农村小学 | 16.48 | 2.95 | 0.2066 |
| | 农村初中 | 9.78 | 2.63 | 0.3209 |
| | 城市小学 | 16.69 | 4.40 | 0.3370 |
| | 城市初中 | 9.77 | 3.83 | 0.4364 |
| 2.2.2 初中教师专业对口率（%） | | 89.43 | 30.27 | 0.3918 |
| 2.2.3 教师职称结构 | 小学 | 0.48 | 0.11 | 0.2203 |
| | 初中 | 0.53 | 0.12 | 0.2253 |
| 2.2.4 教师年人均收入（万元） | 小学 | 6.93 | 0.90 | 0.2866 |
| | 初中 | 6.81 | 0.98 | 0.3132 |
| 2.3.1 生均校园面积（$m^2$） | 小学 | 22.46 | 15.63 | 0.5768 |
| | 初中 | 40.94 | 24.14 | 0.4877 |
| 2.3.2 生均校舍面积（$m^2$） | 小学 | 7.06 | 4.08 | 0.6840 |
| | 初中 | 11.98 | 9.35 | 0.6799 |

(续表)

| 指标 | | 发展水平 | 均衡水平 | |
|---|---|---|---|---|
| | | | 标准差 | 差异系数 |
| 2.3.3 生均运动场（馆）面积（m²） | 小学 | 4.22 | 2.26 | 0.6404 |
| | 初中 | 9.29 | 4.44 | 0.6178 |
| 2.4.1 运动场（馆）达标校（%） | 小学 | 72.02 | — | — |
| | 初中 | 96.06 | — | — |
| 2.4.2 体育器械达标校（%） | 小学 | 75.03 | — | — |
| | 初中 | 70.43 | — | — |
| 2.4.3 音乐器材达标校（%） | 小学 | 65.40 | — | — |
| | 初中 | 78.75 | — | — |
| 2.4.4 美术器材达标校（%） | 小学 | 63.76 | — | — |
| | 初中 | 56.92 | — | — |
| 2.4.5 理科仪器达标校（%） | 小学 | 86.02 | — | — |
| | 初中 | 85.34 | — | — |
| 2.4.6 实验开出率（%） | 小学 | 69.23 | 53.97 | 0.6655 |
| | 初中 | 86.79 | 42.73 | 0.4566 |
| 2.4.7 生均图书（册） | 小学 | 26.46 | 7.73 | 0.4152 |
| | 初中 | 40.00 | 15.70 | 0.5377 |
| 2.4.8 生均计算机（台） | 小学 | 7.79 | 1.34 | 0.5374 |
| | 初中 | 13.07 | 2.46 | 0.5133 |
| 2.4.9 班级多媒体比例（%） | 小学 | 2.05 | 0.98 | 0.5094 |
| | 初中 | 15.57 | 1.86 | 0.4904 |
| 2.5.1 校均规模（人） | 农村小学 | 419 | 431 | 0.7237 |
| | 农村初中 | 671 | 499 | 0.7187 |
| | 城市小学 | 2586 | 1309 | 0.6995 |
| | 城市初中 | 1597 | 809 | 0.8051 |
| 2.5.2 班额控制（人） | 农村小学 | 48 | 18 | 0.6138 |
| | 农村初中 | 53 | 11 | 0.2718 |
| | 城市小学 | 73 | 5 | 0.0757 |
| | 城市初中 | 53 | 11 | 0.2145 |
| 3.1 全面执行教学计划（%） | | 96.56 | 7.32 | 0.0804 |

（续表）

| 指标 | | 发展水平 | 均衡水平 | |
|---|---|---|---|---|
| | | | 标准差 | 差异系数 |
| 3.2 校舍利用率（%） | 小学 | 93.95 | 10.01 | 0.1087 |
| | 初中 | 90.60 | 19.28 | 0.2085 |
| 4.1 学生合格率（%） | 4.1.1 农村 | 83.45 | 15.95 | 0.1917 |
| | 4.1.2 城市 | 95.58 | 3.62 | 0.0387 |
| 4.2 学生对学习的满意度（%） | | 87.64 | 20.35 | 0.3082 |
| 4.3 九年制义务教育完成率（%） | | — | | |
| 4.4 社区对义务教育均衡发展的反响 | | 87.43 | 20.30 | 0.3081 |
| 总发展指数 | | — | | |
| 总均衡指数 | | | — | |

附表6-3 2020年湖南省慈利县义务教育均衡发展省级目标的检验结果

| 指标 | | 发展水平 | 均衡水平 | |
|---|---|---|---|---|
| | | | 标准差 | 差异系数 |
| 1.1 小学适龄儿童入学率（%） | | 99.78 | 0.54 | 0.0054 |
| 1.2 巩固率（%） | 1.2.1 小学 | 99.88 | 0.31 | 0.0030 |
| | 1.2.2 初中 | 99.88 | 0.80 | 0.0080 |
| 2.1.1 教育事业费（元/年·生） | 小学 | 9277 | 1019 | 0.2763 |
| | 初中 | 12894 | 1336 | 0.3133 |
| 2.1.2 公用经费（元/年·生） | 小学 | 766 | 87 | 0.2213 |
| | 初中 | 1074 | 48 | 0.1016 |
| 2.2.1 教师数量（生师比） | 农村小学 | 16.77 | 5.00 | 0.2762 |
| | 农村初中 | 11.40 | 2.09 | 0.1735 |
| | 城市小学 | 15.89 | 7.52 | 0.3585 |
| | 城市初中 | 10.72 | 4.65 | 0.3256 |
| 2.2.2 初中教师专业对口率（%） | | 70.4 | 20.51 | 0.5698 |
| 2.2.3 教师职称结构 | 小学 | 0.46 | 0.13 | 0.2566 |
| | 初中 | 0.54 | 0.16 | 0.2636 |
| 2.2.4 教师年人均收入（万元） | 小学 | 5.32 | 0.40 | 0.1578 |
| | 初中 | 5.27 | 0.35 | 0.1369 |

（续表）

| 指标 | | 发展水平 | 均衡水平 | |
|---|---|---|---|---|
| | | | 标准差 | 差异系数 |
| 2.3.1 生均校园面积（m²） | 小学 | 21.46 | 15.28 | 0.5091 |
| | 初中 | 32.04 | 9.18 | 0.2845 |
| 2.3.2 生均校舍面积（m²） | 小学 | 8.96 | 4.03 | 0.3678 |
| | 初中 | 11.90 | 2.78 | 0.2292 |
| 2.3.3 生均运动场（馆）面积（m²） | 小学 | 3.96 | 0.62 | 0.2109 |
| | 初中 | 5.56 | 1.60 | 0.4785 |
| 2.4.1 运动场（馆）达标校（%） | 小学 | 86.77 | — | — |
| | 初中 | 100 | — | — |
| 2.4.2 体育器械达标校（%） | 小学 | 85.27 | — | — |
| | 初中 | 86.05 | — | — |
| 2.4.3 音乐器材达标校（%） | 小学 | 47.34 | — | — |
| | 初中 | 40.60 | — | — |
| 2.4.4 美术器材达标校（%） | 小学 | 40.95 | — | — |
| | 初中 | 46.18 | — | — |
| 2.4.5 理科仪器达标校（%） | 小学 | 88.84 | — | — |
| | 初中 | 84.91 | — | — |
| 2.4.6 实验开出率（%） | 小学 | 100 | 29.83 | 0.5986 |
| | 初中 | 100 | 15.67 | 0.2178 |
| 2.4.7 生均图书（册） | 小学 | 28 | 7.51 | 0.3914 |
| | 初中 | 38 | 7.52 | 0.3263 |
| 2.4.8 生均计算机（台） | 小学 | 5.49 | 1.04 | 0.3176 |
| | 初中 | 12.51 | 2.75 | 0.4821 |
| 2.4.9 班级多媒体比例（%） | 小学 | 12.84 | 3.03 | 0.5990 |
| | 初中 | 13.21 | 2.82 | 0.4576 |
| 2.5.1 校均规模（人） | 农村小学 | 335 | 224.06 | 0.2635 |
| | 农村初中 | 641 | 205.24 | 0.4068 |
| | 城市小学 | 2532 | 1303.84 | 0.7916 |
| | 城市初中 | 1384 | 716.42 | 0.6504 |

(续表)

| 指标 | | 发展水平 | 均衡水平 | |
|---|---|---|---|---|
| | | | 标准差 | 差异系数 |
| 2.5.2 班额控制（人） | 农村小学 | 38 | 6.38 | 0.1943 |
| | 农村初中 | 50 | 4.22 | 0.0844 |
| | 城市小学 | 50 | 19.33 | 0.4038 |
| | 城市初中 | 56 | 7.64 | 0.1285 |
| 3.1 全面执行教学计划（%） | | 80.59 | 3.63 | 0.2269 |
| 3.2 校舍利用率（%） | 小学 | 100 | 0.84 | 0.0085 |
| | 初中 | 98.05 | 3.45 | 0.0348 |
| 4.1 学生合格率（%） | 4.1.1 农村 | 76.49 | 16.27 | 0.2130 |
| | 4.1.2 城市 | 85.07 | 17.26 | 0.2029 |
| 4.2 学生对学习的满意度（%） | | — | — | — |
| 4.3 九年制义务教育完成率（%） | | — | — | — |
| 4.4 社区对义务教育均衡发展的反响 | | — | — | — |
| 总发展指数 | | | — | |
| 总均衡指数 | | | — | |

# 后 记

本书是国家社会科学基金"十一五"规划教育学重点课题"区域内义务教育均衡发展的实证研究"的核心子课题——"区域内义务教育均衡发展省级目标和标准研究"的成果。课题从立项到基本完成，历时近3年，大致经历了三个阶段。第一阶段，2009年下半年，课题组开始提出研究的理论框架、基本思路和区域内义务教育均衡发展的指标体系。在此阶段，课题组先后到北京、上海、杭州、长沙等地教育行政机构、高校、出版社和图书馆拜访了知名专家，查阅了大量资料，聘请了北京师范大学杜育红教授、华中师范大学范先佐教授等作为课题指导专家，并和辽宁、四川、湖南等省的教育工作者进行了多次论证，历时约1年。第二阶段，2010年开始，课题组成员分赴辽宁省辽中县、铁西区、阜蒙县，湖南省醴陵市、双清区、泸溪县，四川省双流县、旌阳区、乐至县采集、整理、分析数据，进行区域内义务教育均衡发展测评和分析，并在此基础上进行了2020年区域内义务教育均衡发展的预测及分析。为确保数据的准确性和真实性，我们对所采集的样本县数据进行了反复核实确认，对有的样本县的数据还几次到现场进行核实。直到2011年4月，才基本完成这个阶段的研究。第三阶段，2011年5月开始，根据2020年区域内义务教育均衡发展预测的结果及分析结论，选择《2020年湖南省县域内/省域内义务教育均衡发展省级目标》，并制定相应的省级标准。另外，还在湖南省内抽取株洲市芦淞区、沅江市、慈利县，对目标选择的结果进行检测，并根据检验情况予以修正。2011年8月，初步完成本课题的研究。

本课题研究的是一个比较新的领域，涉及面广、任务重、难度大，因而参加的人员比较多。主持人彭世华教授统筹安排课题研究的全过程，提出研究的理论框架和指标体系，指导数据采集、分析、测评、预测以及目标选择与标准制定，撰写研究报告。伍春辉博士和湖南省教育厅基础教育处张晓春副处长协助主持，组织数据采集、分析、测评、预测，以及目标选择与标准制定的具体工作，并承担部分研究任务。谭日辉博士负责课题研究的内部联络和外部协调，参与数据采集、分析、测评、预测，以及目标选择与标准制定的部分工作。范晓玲教授参与了部分理论和指标体系研究，参与了指标体系的试测、数据收集和测评工作。陈亮同志承担了数据测评和预测后期工作，并和李云同志开发设计了《区域内义务教育均衡发展检测软件》。张德启博士承担了指标体系的敏感性分析和区域内义务教育均衡发展的比较预测。周炀茗硕士计算了区域内义务教育均衡发展指标体系的权重。此外，蔡华副教授、黄文静博士、匡代军博士、彭蝶飞教授和湖南师范大学研究生曾凡梅、姜鹭、谭文、龙莹等同学也参与了部分工作。

  经过两年多的研究，本课题提出了区域内义务教育均衡发展省级目标和标准的理论框架，包括：提出了概念体系，如区域内、目标和标准、义务教育均衡发展水平与评价等基础性概念，区域内义务教育均衡发展测评与预测及分析等过渡性概念，以及省级目标选择和标准制定、检测与偏离指数等结果性概念；提出了区域内义务教育均衡发展省级目标选择和标准制定的模式，包括程序设计以及依据、背景分析、指标和数值选取、结果检验等；根据省级目标选择和标准制定的需要，设计了对区域内义务教育均衡发展进行测评和预测的相关数学模型，包括总体和各个单项指标（包括发展水平和均衡水平）的测量方法与评价标准；抽取了 3 个样本省 12 个样本县 100 多所样本学校，测评和预测了县域内义务教育均衡发展，并以预测结果为依据选择了《2020 年湖南省县域内/省域内义务教育均衡发展省级目标》，并制定了相应的省级标准。此外，还根据省级标准提出了对区域内义务教育均衡发展进行检测的模式，以及以偏离指数为重点的检测结果。但由于历史条件和课题组的人力、物力以及学术水平的限制，本课题研究也有一定的局限性，特别是样本量略感不足。

  本课题研究能够比较顺利地完成，离不开方方面面的重视和支持，特别是总课题主持人张放平教授的重视和指导，以及湖南省教科院李三福教授和李倡平研究员、湖南省教育厅基教处郭荣学处长、湖南省教育督导办公室雷桂平主任等的关心和支持。本课题研究涉及大量基础性数据的采集，我们得到了辽宁辽中县、鞍山市铁西区、阜蒙县、四川省教育厅基教处、教科所和双流县、德阳市旌阳区、乐至县、湖南醴陵市、邵阳市双清区、泸溪县、株洲市芦淞区、沅江市、慈利县等地相关部门的配合和支持。在此，一并致以谢意。

彭世华

二〇一一年十月　于长沙市星沙

出版人　所广一
责任编辑　崔　丽
版式设计　北京博祥图文设计中心
责任校对　贾静芳
责任印制　曲凤玲

**图书在版编目（CIP）数据**

义务教育均衡发展目标与标准研究/彭世华，伍春辉，张晓春著.—北京：教育科学出版社，2012.4
 ISBN 978-7-5041-6346-2

Ⅰ.①义… Ⅱ.①彭…②伍…③张… Ⅲ.①义务教育—区域发展—目标—研究—中国②义务教育—区域发展—标准—研究—中国 Ⅳ.①G522.3

中国版本图书馆CIP数据核字（2012）第035887号

### 义务教育均衡发展目标与标准研究
YIWU JIAOYU JUNHENG FAZHAN MUBIAO YU BIAOZHUN YANJIU

| | | | | |
|---|---|---|---|---|
| 出版发行 | 教育科学出版社 | | | |
| 社　　址 | 北京·朝阳区安慧北里安园甲9号 | 市场部电话 | 010-64989009 |
| 邮　　编 | 100101 | 编辑部电话 | 010-64989142 |
| 传　　真 | 010-64891796 | 网　　址 | http://www.esph.com.cn |
| 经　　销 | 各地新华书店 | | |
| 制　　作 | 北京博祥图文设计中心 | | |
| 印　　刷 | 北京中科印刷有限公司 | 版　次 | 2012年4月第1版 |
| 开　　本 | 169毫米×239毫米　16开 | 印　次 | 2012年4月第1次印刷 |
| 印　　张 | 21.25 | 印　数 | 2000册 |
| 字　　数 | 430千 | 定　价 | 43.00元 |

如有印装质量问题，请到所购图书销售部门联系调换。